风华

中建材玻璃新材料研究总院
（1953—2023）

彭 寿 主编

中国建材工业出版社
北 京

图书在版编目(CIP)数据

风华：中建材玻璃新材料研究总院：1953—2023 / 彭寿主编. -- 北京：中国建材工业出版社，2024.8
ISBN 978-7-5160-3896-3

Ⅰ. ①风… Ⅱ. ①彭… Ⅲ. ①玻璃-建材企业-概况-蚌埠-1953-2023 Ⅳ. ①F426.91

中国国家版本馆CIP数据核字（2023）第222583号

风华——中建材玻璃新材料研究总院（1953—2023）
FENGHUA——ZHONGJIANCAI BOLI XINCAILIAO YANJIU ZONGYUAN (1953—2023)
彭寿　主编

| 出版发行：中国建材工业出版社 |
| 地　　址：北京市西城区白纸坊东街2号院6号楼 |
| 邮　　编：100054 |
| 经　　销：全国各地新华书店 |
| 印　　刷：北京印刷集团有限责任公司 |
| 开　　本：787mm×1092mm　1/16 |
| 印　　张：31.75 |
| 字　　数：600千字 |
| 版　　次：2024年8月第1版 |
| 印　　次：2024年8月第1次 |
| 定　　价：168.00元 |

本社网址：www.jccbs.com，微信公众号：zgjcgycbs
请选用正版图书，采购、销售盗版图书属违法行为
版权专有，盗版必究。本社法律顾问：北京天驰君泰律师事务所，张杰律师
举报信箱：zhangjie@tiantailaw.com　　举报电话：(010) 63567684
本书如有印装质量问题，由我社事业发展中心负责调换，联系电话：(010) 63567692

编委会

主　任　彭　寿

委　员　马立云　陶立纲　陈　勇　徐　斌　张　冲
　　　　　汤红运　江龙跃　周　鸣　孙仕忠　焦佳嘉
　　　　　陈　雯　吴雪良　蒋荣英

主　编　彭　寿

副主编　周　鸣

编　辑　刘爱丽　单发勇　秦旭升　吴学理　章　伟
　　　　　刘　娜　王保军　刘曼丽　方　秀　袁羽佳
　　　　　刘水淞　傅益玲

序

全面建设世界一流玻璃新材料研究院

周育先

欣闻中建材玻璃新材料研究总院成立 70 周年，我代表中国建材集团表示热烈祝贺。

70 年前，中研院前身在北京成立，伴随共和国成长和改革开放经济高速增长，不断砥砺壮大、风雨同行；52 年前，为支援国家"大三线建设"，百余名行业前辈义无反顾从北京来到蚌埠，建设蚌埠院，一路为中国玻璃事业默默耕耘；23 年前，蚌埠院改制加入集团。以彭寿院士为代表的新一代玻院人传承了老一辈的精神，始终坚定不移执行集团战略，始终毫无保留落实集团部署，秉持在拼搏中前行、在干事中进取的态度，坚持战略引领、创新引领、产业引领、党建引领，一路心系"国之大者"，打造"国之大材"，在践行"材料创造美好世界"的道路上，以科技自立自强推动企业自立自强，得到了习近平总书记的两次肯定。中研院成长为集团玻璃新材料的核心研发平台，取得了引领中国玻璃技术和产业领跑世界的辉煌成绩，世界一流企业的雏形已然显现。

世界一流企业是中国式现代化的重要载体，是中国式现代化不可或缺的中坚力量。作为玻璃新材料领域的中央企业，中研院要按照习近平总书记的重要指示精神，立足集团无机非金属材料领域国家队的定位，提高政治站位，胸怀"两个大局"，紧扣"三个关键"，全面建设世界一流玻璃新材料研究院。

第一个关键是把准建设世界一流的战略目标。加快建设世界一流企业，是党中央立足新时代、统筹两个大局作出的重大战略决策。今年，集团入选新一批创建世界一流示范企业名单。中研院要坚持党的领导，抢抓机遇、乘势而上，充分发挥材料工业特色，全面挖掘集团国有资本投资公司潜力，带头加快提升核心竞争力、增强核心功能，紧紧围绕增强科技创新力、产业控制力和安全支撑力的目标，重点在提升科技创新能力、价值创造能力、公司治理能力、资源整合能力、品牌引领能力这5种能力上下功夫，努力成为集团加速建设世界一流企业的排头兵、先锋队。

第二个关键是发挥全面改革创新的引领作用。改革是中研院的底色，创新是中研院的名片，中研院通过改革创新把市场面包做大的精神难能可贵。自1953年成立以来，中研院经历了从院所转制到全方位发展的重大飞跃，突破多项玻璃新材料关键技术，形成多项"世界第一、中国首创"的关键产品，为集团新材料产业的高质量发展作出了重要贡献。下一步，要聚焦"四个面向"，落实国企改革深化提升行动各项任务，做好关键核心技术攻关，建好创新能力生态，抓好人才和机制两个重点，坚持战略理性和经济理性平衡统一，深入开展专业化整合，紧盯"数字引领材料创造"的转型愿景，体系化推进研发设计数字化、生产制造智能化、经营管理数字化和客户服务敏捷化，把好成果更高效地形成好产品、好产业、好效益，让更多玻璃新材料"飞入寻常百姓家"。

第三个关键是走好国际化发展的未来道路。国际化是迈向世界一流的必由之路。30多年来，集团坚持"走出去"战略，加快融入新发展格局，不断开拓国际市场和成长空间，成为我国建材行业走出去的领军企业。其间，中研院的中国建材国际工程公司肩负"走向世界"的使命，在"一带一路"多个国家深入布局，稳定占据国内出口玻璃工程超90%的市场份额，成为全球最大的玻璃工程综合服务商，为构建人类命运共同体贡献了"中国建材"力量。下一步，要坚定大踏步走出去的信心和决心，做好全业务、全流程、全要素的国际化，探索出一套具有自身特点特色特长的国际化"打法"，持续在全球建项目、为全球树品牌，加快国内国际市场的双融合、双发展，以实际行动助力集团用10年时间在海外再造一个"中国建材"。

历史由奋斗者书写，发展在前行中绘就。70年的成就和荣光来之不易，希望中研院持之以恒牢记习近平总书记的嘱托，持之以恒紧跟国资委和集团的部署，始终铭记历史、把握当下、接续奋斗，始终坚定战略、坚持创新、坚决改革，始终团结共进、勇毅前进、实干兴邦，齐心协力让中国建材的明天更美好！

再祝中研院越来越好！

致辞

赓续荣光，凝心聚力再出发

——写在中建材玻璃新材料研究总院成立70周年

彭 寿

岁月的年轮刻录历史的荣光。回望中研院极不寻常的70年，一场场艰苦的硬仗、一个个拼搏的昼夜、一代代精神的传承，彰显出所有玻院人振兴民族玻璃工业的勇毅和坚韧，材料创造美好世界的使命和追求，让中国玻璃事业全面领跑世界玻璃行业的砥砺担当。

这70年，我们始终坚定跟党奋斗，一路赓续红色荣光。中国共产党的领导是党和国家的根本所在、命脉所在。中国玻璃工业发展的历史，充分证明没有共产党，就没有中国玻璃工业的发展。中研院自1953年成立就紧跟党的路线方针政策，从支援"大三线"建设到参与研发"洛阳浮法工艺"，从科研院所改制到中国玻璃工程走出去。尤其是党的十八大以来，我们坚决做到"两个维护"，牢记总书记对中研院的两次重要指示，不断创新领先、发展壮大、走向世界。

这70年，我们始终坚定创新自强，一路赓续拼搏荣光。中研院实现快速成长靠的是创新，未来实现自立自强、创建世界一流还要靠创新。多年来，我们坚持"四个面向"，在满足国家战略和行业需求的同时，以"创新驱动"为核心，构建卓越创新链，支撑卓越工程链，打造卓越产业链，不断提升企业可持续发展的能力，打通从科技强到企业强、产业强、经济强的通道。

这70年，我们始终坚定改革应变，一路赓续发展荣光。面对新形势、新要求、新任务，中研院不断解放思想、跳出传统，提出了"快鱼吃慢鱼"的速度文化，以"做大蛋糕"为目标导向，秉持"与巨人共舞"的开放精神，持续推进体制、机制和模式的改革，实现了从传统科研院所到高科技产业集团的革命性跨越。

这 70 年，我们始终坚定挺膺担当，一路赓续实干荣光。担当是玻院人的胸怀，实干是玻院人的传承。这些年我们从未向困难低头，一路主动担当历史使命，一路锤炼团队的凝聚力、战斗力，在主动改制成立国际化工程公司后，又以自身为核心打造凯盛科技，做到了每年超额完成经营目标的同时，让划转企业全部实现扭亏为盈，树立了凤凰涅槃的典范，形成了高质量发展的格局。

这 70 年，我们始终坚定依靠人民，一路赓续团结荣光。中研院发展取得的一切成绩，都是由全体干部职工共同奋斗而来，不论是在科技攻关前沿，还是在生产经营一线、工程项目现场，玻院人总与一个个"中国玻璃创造""中国玻璃奇迹"紧密相连。得益于所有玻院人的齐心协力，我们站在了行业发展最前端，实现了创新引领大发展。

历史只会眷顾坚定者、奋进者、搏击者，而不会等待犹豫者、懈怠者、畏难者。70 年的奋斗汇聚铸就了 70 年的荣光，这份荣光是中研院实现高质量发展的精神之源，是中研院建成世界一流企业的不竭动力。让我们更加紧密团结在以习近平同志为核心的党中央周围，在国务院国资委的正确领导下，在中国建材集团的战略引领下，赓续荣光、重整行装，凝心聚力再出发！

风华 中建材玻璃新材料研究总院（1953—2023）

企业简介 | BRIEF INTRODUCTION

中建材玻璃新材料研究总院（原国家建材局蚌埠玻璃工业设计研究院，以下简称中研院）是1953年在北京成立的第一批国家级综合性甲级科研设计单位，是国家重点高新技术企业、国家技术创新示范企业、国家级工业设计中心，国有企业混合所有制改革试点单位，2000年加入中国建材集团并改制成立中国建材国际工程集团有限公司，2014年以中研院为核心企业在北京注册成立凯盛科技集团有限公司，2022年更名为中建材玻璃新材料研究总院，打造集科研开发、产业孵化、工程服务于一体的玻璃新材料研究院。

中建材玻璃新材料研究总院

浮法玻璃新技术国家重点实验室

国家玻璃新材料创新中心

历史沿革 | HISTORY

1953

中研院前身中央重工业部建筑材料工业管理局设计公司成立。

玻璃设计院新立

1954

秦皇岛耀华玻璃厂1号窑复建工程开始实行现场设计，这是由玻璃设计院设计的、也是我国自行设计的第一条玻璃生产线。

1957

时任中共中央副主席、中国人民解放军总司令的朱德（左四）在原建筑材料工业部部长赖际发（左三）、副部长焦善民（左五）的陪同下到建材院调研。

1959

建筑工程部决定，保留建筑材料工业设计院的玻璃专业，改名为玻璃工业设计院。

中建材玻璃新材料研究总院（1953—2023）

1963

毛主席同党和国家领导人接见后来担任院党委书记的梁亚宁等（第二排右起第八位）。

1965

中国洛阳浮法工艺研发攻关。

1969

院职工分批下放到广东英德建材部"五七"干校。

聚力管庄

1970

玻璃设计院一分为四，分别下放到株洲、自贡、蚌埠、秦皇岛。

1971

由北京迁至安徽蚌埠，隶属于国家建材局。

历史沿革 | HISTORY

中国洛阳浮法工艺研发攻关

1965 中国浮法玻璃工艺技术研发项目启动。

1966 按照科技司的安排，玻璃工业设计院成立的浮法工艺试验组与北京建材研究院的试验组合，共同研发浮法攻关项目。

1967 以株洲玻璃厂为主，完成浮法玻璃工艺中间试验任务。

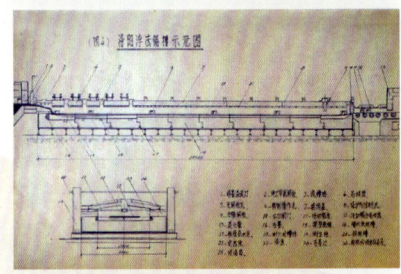

1969 提出中间试验的半工业试验综合设计方案。

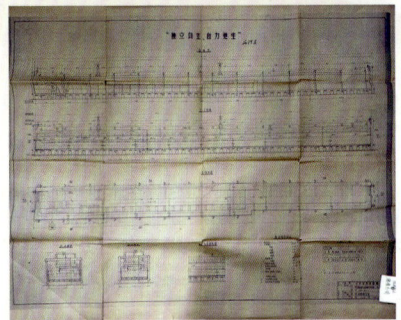

1970 株洲玻璃厂浮法工艺技术半工业试验成功，这是一段承前启后的重要环节。

1971 正式进入洛阳玻璃厂压改浮工业试验阶段，同年成功拉出了6mm×1350mm浮法玻璃，至此中国"洛阳浮法"与英国的"皮尔金顿浮法工艺"、美国的"匹兹堡浮法工艺"齐名，被誉为"全球三大浮法工艺"。

1987 在原来九机垂直引上平板玻璃生产线基础上，改造建设成为洛玻第三条浮法玻璃生产线。

印记时光

◀ 洽商在安徽省调整成立玻璃设计院的意见文件

▲ 关于"中国玻璃发展中心"建设事项的通知

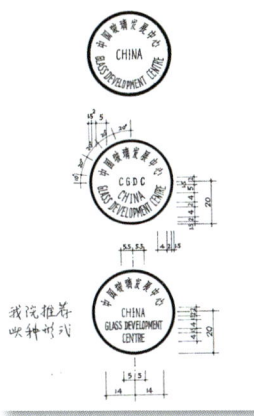

◀ 中国玻璃发展中心印章

▲ 1991年9月蚌埠院在国家"七五"科技攻关中获3个部委重大成果奖

▲ 关于确认建材部院所名称的通知

历史沿革 | HISTORY

强基固本

1975年,院办公楼

1975年,建院初期,大家自主加入工地劳动

1975年,新员工入院培训,学习交流

1977年,自贡玻璃厂代表出席工业学大庆会议

1983年,日本专家授课

1983年,美国专家授课

1984年，玻璃设计院第二期英语中级班

1987年，原国家计委直属中国国际工程咨询公司在洛玻召开"洛阳浮法玻璃"关键核心技术经济效果评估会

1988年，院运动会

1991年，时任全国人大常委会委员长乔石来院视察

1992年，国际玻璃工业节能技术和能源管理培训班

1999年，国家建材局直属设计院体制改革座谈会

历史沿革 | HISTORY

盛名远扬

1985年,在深圳蛇口设立国家建材局蚌埠玻璃工业设计研究院深圳分院

1987年,联合国开发计划署援建中国玻璃发展中心的一期工程在蚌埠建成

1994,第一条出口的印尼ARB300t/d浮法玻璃生产线

中建材玻璃新材料研究总院（1953—2023）

1995年，深圳宝安区福永镇塘尾村南玻超薄浮法玻璃厂开工典礼现场

1990年，援助东海玻璃厂

1995年，与太仓市签订合同

1996年，UNIDO（联合国工发组织）国际平板玻璃工业发展研讨会

历史沿革 | HISTORY

走向辉煌

2000年,因国家建材局改制,加入中国建材集团

2002年,成立中国建材国际工程集团有限公司(原中国凯盛国际工程公司)

2010年,建设我国玻璃行业唯一的国家重点实验室

2014年，以中研院为核心企业在北京注册成立凯盛科技集团有限公司

2021年，创建行业唯一的国家玻璃新材料制造业创新中心

2022年，更名为中建材玻璃新材料研究总院

中研院成立 70 周年
70TH ANNIVERSARY CELEBRATION

大合影

合影前与我院老同志亲切握手

中建材玻璃新材料研究总院（1953—2023）

领导参观院史馆

离退休老同志参观院史馆

离退休老同志参观院史馆

相见甚欢

"玻璃创造美好世界"中研院70周年创新发展成就展

中研院成立 70 周年
70TH ANNIVERSARY CELEBRATION

中研院高质量发展暨成立 70 周年大会

开展"70 年 70 人 70 事"系列专题报道 30 期,浏览量达 20 万余次

重新发布院徽

中研院企业文化中心

中研院/中国建材工程集团团拜会

追求真理　勇攀高峰——中研院成立70周年大讲堂

中研院成立70周年
70TH ANNIVERSARY CELEBRATION

秋季"人月圆"环山健步走

青年才艺大赛

夏季"浪淘沙"游泳比赛

春季"满庭芳"女子跳绳比赛

冬季"夺锦标"羽毛球比赛

职工篮球比赛

战略目标

中研院大力推进玻璃新材料领域科研及成果转化为1个核心，工程服务平台、装备平台、数字化平台3平台建设的"1+3"发展战略，创新链、工程链、产业链，形成"以创新服务产业、以产业反哺创新"的发展模式，持续优化重点成果产业转化渠道，将创新优势转化为产业发展优势。

科研及成果转化
INDUSTRIALIZATION OF RESEARCH FINDINGS

创新平台建设

中研院建设有国际研发中心 3 个,国家玻璃新材料创新中心、浮法玻璃新技术国家重点实验室等国家级创新平台 19 个和省部级创新平台 43 个;累计承担国家 863、973、重点研发计划项目 12 项;获得国家科技进步奖 4 项,中国工业大奖 2 项,国家制造业单项冠军 2 项,国家级专精特新"小巨人"4 家,省部级科技成果奖数百项。

科研创新团队

创新平台

诺贝尔化学奖获得者马里奥·莫利纳工作站

诺贝尔物理学奖获得者谢尔登·格拉肖工作站

中国玻璃发展中心重点实验室创新中心

浮法玻璃新技术国家重点实验室

国家玻璃新材料制造业创新中心

玻璃工业节能技术国家地方联合工程研究中心

国家示范型国际科技合作基地

国家级博士后科研工作站

国家工业设计中心

国家企业技术中心

国家技术创新示范企业

国家知识产权示范企业

玻璃新材料工业互联网平台

硅基材料安徽省实验室

……

德国CTF研发团队

中建材先进材料研究中心（美国）

科研成果产业化
INDUSTRIALIZATION OF RESEARCH FINDINGS

国家科技进步奖 4 项

工业烟气多污染物协同深度治理技术及应用（2020）

超薄信息显示玻璃工业化制备关键技术及成套装备开发（2016）

浮法玻璃微缺陷控制与节能关键技术及产业化应用（2013）

太阳能电池用微铁高透过率玻璃成套技术及产业化开发（2011）

承担国家项目课题 25 项

OLED 显示玻璃材料关键技术开发（2022）

高世代大尺寸玻璃基板超精密超净磨抛工艺技术（2021）

5G 高频高速印制电路板（PCB）用中空玻璃微珠（2020）

全海深海底地震仪玻璃球舱研制与示范应用（2018）

高世代电子玻璃基板和盖板核心技术开发及产业化示范（2016）

……

国家级优秀工程奖 36 项

伊朗 AFC800t/d 浮法玻璃生产线项目（2017）

中建材电子信息显示超薄基板项目（2017）

中建材电子信息显示超薄基板项目（2016）

……

省部级科技奖、发明奖 34 项

8.5 代 TFT-LCD 浮法玻璃基板关键技术及应用（2022）
溅射后硒化法高效制备铜铟镓硒薄膜电池规模化成套技术与应用开发（2022）
超轻高强空心玻璃微珠制备技术及产业化（2020）
……

省部级优秀工程奖 375 项

凯盛（自贡）太阳能材料项目一期工程（2022）
凤阳凯盛硼硅酸盐特种玻璃生产线（2021）
莱西市现代智慧农业项目（工程总承包）（2021）
……

中国工业大奖 2 项

师昌绪新材料技术奖

第四届中国质量奖提名奖

科研成果产业化 ｜
INDUSTRIALIZATION OF RESEARCH FINDINGS

一核心——科研及成果转化

应用材料

研发并商业化生产锆系、硅系、钛系、ITO 靶材等高性能产品

锆基材料　电熔氧化锆

锆基材料　核级海绵锆

硅基材料　高纯石英

高性能空心玻璃微珠

碳基材料　石墨碳材料

硅基材料　合成二氧化硅

科研成果产业化
INDUSTRIALIZATION OF RESEARCH FINDINGS

一核心——科研及成果转化

新能源材料

研发生产超白光伏玻璃和发电玻璃,全面打造中国新能源产业升级版,助力实现国家碳达峰、碳中和目标。

世界最高光电转换率 20.4% 铜铟镓硒发电玻璃

中建材玻璃新材料研究总院（1953—2023）

国际领先的光伏玻璃

大面积（1.92m²）碲化镉发电玻璃

科研成果产业化
INDUSTRIALIZATION OF RESEARCH FINDINGS

一核心——科研及成果转化

优质浮法玻璃和特种玻璃

优质浮法玻璃包括 Low-E 镀膜玻璃、中空玻璃、真空玻璃和智能光控玻璃等。

国内首支中性硼硅药用玻璃管

高强耐冲击锂铝硅酸盐航空玻璃

优质浮法玻璃

中建材玻璃新材料研究总院（1953—2023）

世界最大面积高硼硅防火玻璃

工程服务
ENGINEERING SERVICES

三平台——工程服务平台

玻璃工程

国内高端玻璃工程市场占有率超 80%

高端玻璃装备全球市场占有率超 50%

国家企业技术中心"优秀"等级

上海硬核科技企业十强(工程领域唯一)

勘察设计企业工程总承包营业额排名榜单第一方阵

国内代表项目

中国首条 8.5 代 TFT-LCD 玻璃基板生产示范线

国内首条50t/d高硼硅防火玻璃生产线

世界首条1200t/d一窑八线光伏玻璃生产线

发电玻璃工厂

5.0中性硼硅药用玻璃生产线

福耀集团汽车玻璃生产线

工程服务
ENGINEERING SERVICES

三平台——工程服务平台

美国 ENR 国际工程设计公司 250 强（全球 59 名、行业第一）

全球工程设计公司 150 强（全球 65 名、行业第一）

国际高端玻璃工程市场占有率 65%，连续 15 年稳居全球第一

持续为国内外龙头玻璃企业及"一带一路"20 多个国家提供工程技术服务

国外代表项目

首次采用全套中国浮法玻璃生产技术和装备的加迪安沙特 750t/d 浮法玻璃生产线冷修改造项目

中国目前出口最大的 1200t/d 浮法玻璃项目

中亚地区最先进的哈萨克斯坦奥尔达浮法玻璃生产线

越南首条600t/d超白浮法玻璃项目

中国浮法玻璃生产技术和成套装备出口单项合同额最大、产能最大的印度Gold Plus 2x800t/d浮法玻璃生产线项目

工程服务
ENGINEERING SERVICES

新能源工程

大力拓展全球太阳能工程技术市场,成为新能源领域生力军。

欧洲单体装机容量最大的葡萄牙 Solara4 220MW 光伏电站

美国加州 100MW 地面光伏电站

阿根廷里奥塞科 35MW 项目(VM)

绿色建筑工程

以设计为龙头,以核心技术为支撑的绿色建筑工程总承包业务。

中国玻璃新材料科技产业园光伏建筑一体化应用项目

攀枝花仁和区橄榄坪工业厂房项目

上海首个安装容量最大的薄膜光伏建筑一体化项目

工程服务
ENGINEERING SERVICES

张家口冬奥会场馆光伏建筑一体化项目

德国图宾根 Paul-Horn 运动场

节能环保工程

立足于传统建材产业升级改造,研发全氧燃烧、余热发电、烟气脱硫脱硝、窑炉保温节能、二氧化碳捕集等绿色低碳技术。

世界首条玻璃窑全氧燃烧耦合 5 万吨二氧化碳捕集与提纯项目

世界最大光伏玻璃陶瓷滤管工程——建材行业烟气治理工程(福莱特项目)

工程服务
ENGINEERING SERVICES

设施农业工程

已在山东、安徽、四川、河南、江西、黑龙江、宁夏、陕西等地建成并投入运营智能温室基地近 3000 亩。

安徽凤阳小岗村"设施农业智能化示范平台"

亚洲单体最大的德州智慧农业玻璃温室项目

装备制造
EQUIPMENT MANUFACTURING

三平台——装备平台

实现了高端玻璃装备、光电装备、节能环保装备等核心装备的国产化，是亚洲最大玻璃装备制造集成商，高端玻璃装备全球市场占有率超过50%。

浮法玻璃退火窑

特种玻璃智能化生产线装备及系统

双银Low-E镀膜玻璃生产线

装备制造 | EQUIPMENT MANUFACTURING

8.5 代 TFT-LCD 面板机器人包装和上下片系统

光伏玻璃智能仓储

超薄玻璃拉边机

数字化平台
DIGITAL PLATFORM

三平台——数字化平台

　　数字化平台的建设实现生产过程高端化、自动化、智能化、精密化、绿色化，带动企业整体技术水平的提升。

玻璃新材料 AGM 工业互联网平台

蚌埠凯盛 5G 车间

国显科技大数据中心

企业文化
ENTERPRISE CULTURE

价值理念

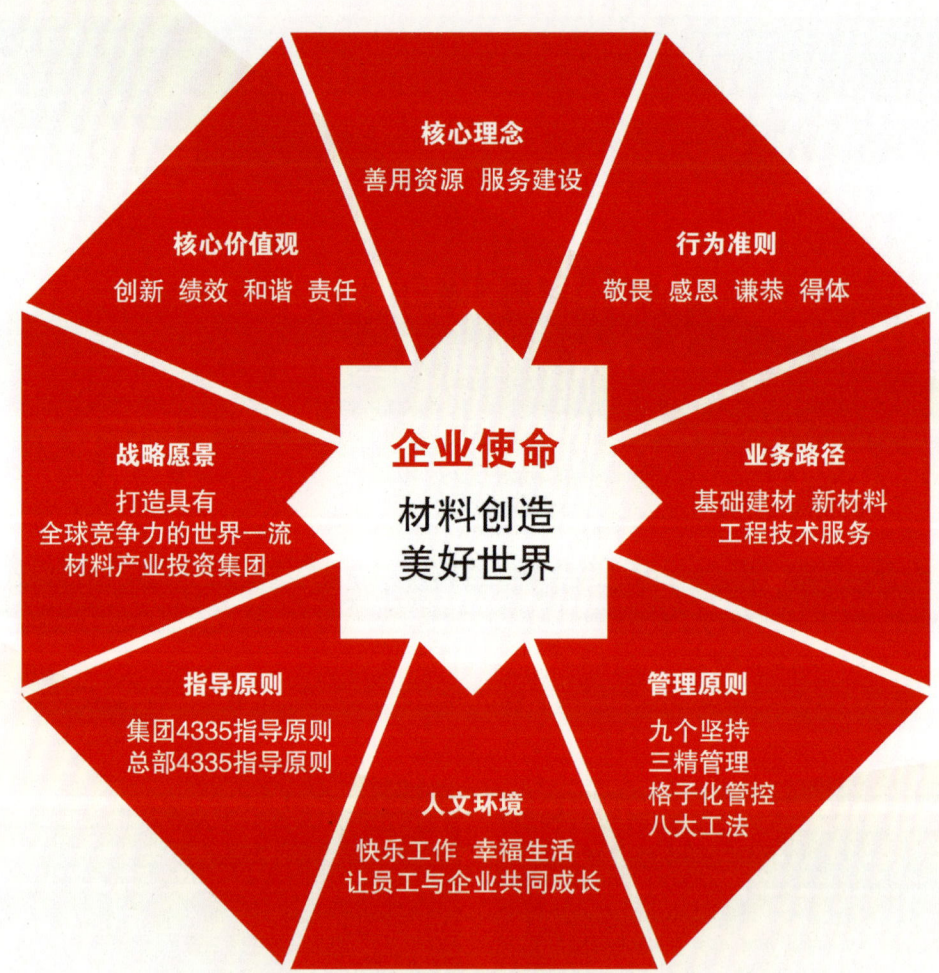

中建材玻璃新材料研究总院（1953—2023）

创新文化

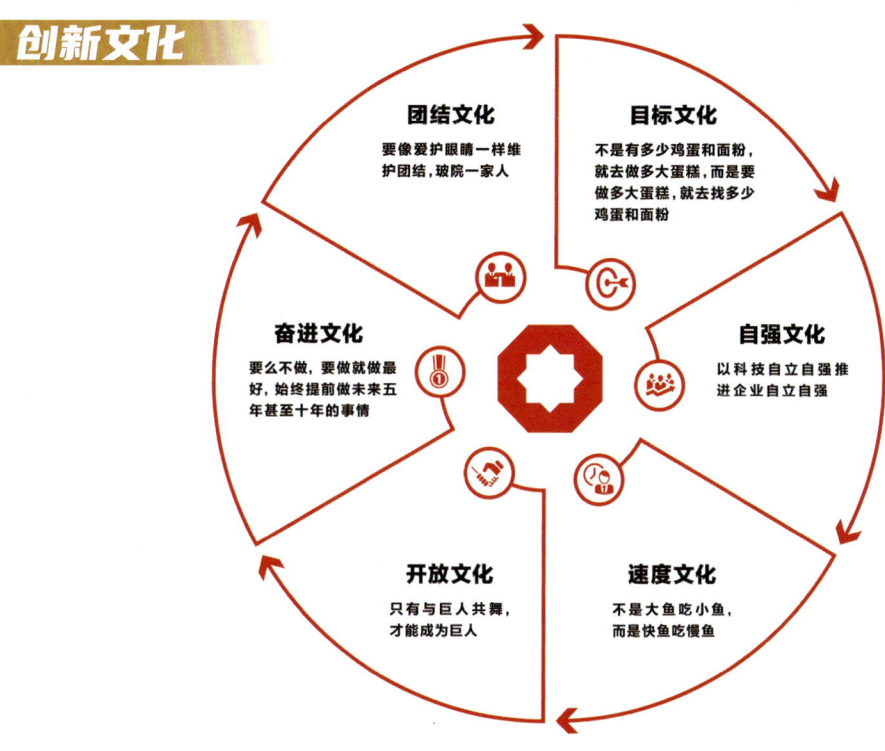

- **团结文化**：要像爱护眼睛一样维护团结，玻院一家人
- **目标文化**：不是有多少鸡蛋和面粉，就去做多大蛋糕，而是要做多大蛋糕，就去找多少鸡蛋和面粉
- **自强文化**：以科技自立自强推进企业自立自强
- **速度文化**：不是大鱼吃小鱼，而是快鱼吃慢鱼
- **开放文化**：只有与巨人共舞，才能成为巨人
- **奋进文化**：要么不做，要做就做最好，始终提前做未来五年甚至十年的事情

质量文化

- **质量使命**：三精铸就世界一流玻璃新材料
- **质量愿景**：打造世界一流玻璃新材料行业质量标杆
- **质量行为准则**：执着专注 精益求精 一丝不苟 追求卓越
- **质量价值观**：质量源于设计 精于专业 成于过程
- **质量方针**：诚信创新 绿色和谐 健康安全 To Be The Best

企业文化 | ENTERPRISE CULTURE

品牌文化

安全环保文化

党建引领
LEADING PARTY BUILDING

基层党建"六三"标准工作法

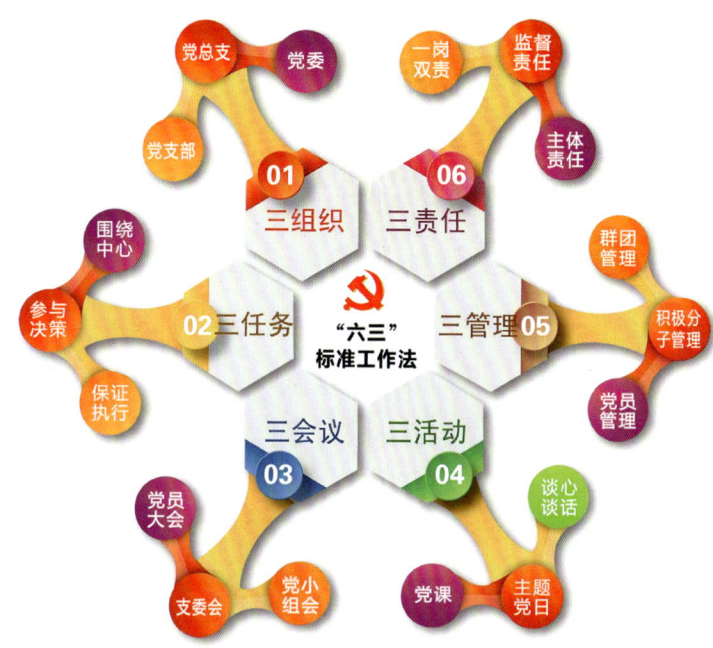

"五个一"微党课

企业文化 | ENTERPRISE CULTURE

党风廉政建设"五牛"精神

群团工作"五大工法"

当家做主	▶	职代会等
神工鬼斧	▶	劳动竞赛等
莺歌燕舞	▶	业余文化生活
访贫问苦	▶	帮扶困难职工
生龙活虎	▶	团员青年工作

党建引领
LEADING PARTY BUILDING

中建材玻璃新材料研究总院（1953—2023）

在思政工作中探索"双引领、三融合"

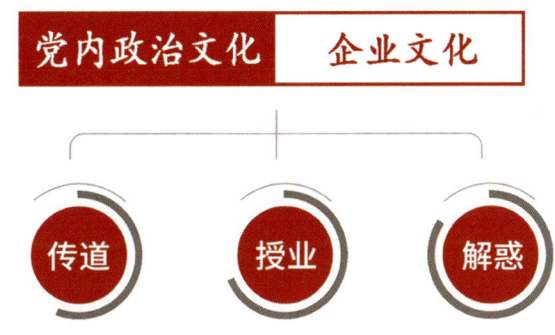

"双引领、三融合"思政工作法

以铸魂工程为基础的中央企业青年精神素养提升

交流合作
COOPERATION

与华为就显示材料深化战略合作

访问日本旭硝子公司

与波兰 GPC 公司签署光伏电站总承包合同

访问埃及开罗玻璃公司

访问土耳其 SISECAM 集团

访问法国圣戈班总部

实地考察在德企业

中国航天先进材料创新联盟成立大会

与五粮液集团交流合作

交流合作 | COOPERATION

与北京大学共建北大—凯盛石墨烯研究中心

与清华大学共同开展"十三五"国家重点专项攻关

在浙江大学参加"求是大讲堂"活动

与武汉理工大学签订战略合作协议

与新泽西理工大学签订合作协议

在美国新泽西理工大学建立光电材料研究中心

与美国宾夕法尼亚州立大学、德国慕尼黑大学进行交流合作

企业荣誉 | CORPORATE HONORS

国家卓越工程师团队

全国先进基层党组织

全国文明单位

中央企业先进集体

全国国有企业创建"四好"领导班子先进集体

全国五一劳动奖状

模范职工之家

第20届青年文明号

2022年度全国青年安全生产示范岗

国家企业技术中心

中国百佳创新示范企业

全国质量奖卓越项目奖

全国企事业知识产权试点单位

中国国际工业博览会大奖

"十三五"国家科技计划执行优秀团队

全国扶贫开发先进集体

全国工会会员评议职工之家

中央企业法制宣传教育先进单位

国家知识产权示范企业

全国机冶建材工会先进集体

中央企业五四红旗团委

全国五四红旗团支部

全国勘察设计行业创新型优秀企业

……

企业荣誉 | CORPORATE HONORS

未来展望
FUTURE OUTLOOK

中建材玻璃新材料研究总院（1953—2023）

中建材玻璃新材料研究总院将坚持"四个面向"服务国家战略

在中国建材集团的战略引领下，心怀"国之大者"

打造"国之大材"，坚定创新自信，发扬斗争精神

勇攀科技高峰，破解发展难题

全力打造世界一流玻璃新材料研究院

以推动科技改革发展的生动实践，书写科技自立自强、建设科技强国新篇章

目 录
CONTENTS

⊃ 继往开来

坚定不移地传承、创新、开放 / 3
纪念建院 70 周年 / 8
笃行致远展宏图——纪念中建材玻璃新材料研究总院建院 70 周年 / 22
风华赓续　薪火相传 / 26
有感科研院所人才管理——纪念中建材玻璃新材料研究总院成立 70 周年 / 31
我曾参加中国"洛阳浮法"试验 / 33
中国浮法玻璃工艺技术研发初期的回顾 / 39
"70 年 70 人 70 事"系列专题报道制作侧记 / 45

⊃ 创新发展

心怀"国之大者"　勇攀科技高峰 / 51
守正创新　勇毅前行　战略咨询研究院创新发展之路 / 54
抓热点　攻难点　除痛点　奋力打造国际一流的中研院节能品牌 / 58
助力数字化转型"双跨"平台赋强能——中研院工业互联网平台建设之路 / 63
以打造世界一流玻璃新材料原创技术策源地为目标的科技创新 / 70
科研院所产研融合的技术创新体系建设 / 78
抓内审、强内控、防风险、促合规　护航企业高质量发展 / 90
混资本、改机制、强主业　全力打造玻璃新材料原创技术策源地 / 94
继往开来，传承玻璃工艺　创新不息，引领设计品质 / 98
中国建材工程集团国际业务部：我 21 岁啦！——凯盛国外玻璃业务成长记 / 103
与低碳同行，与绿色共生 / 107
在"硬科技"满满的上海看闯进前十的科技企业有多硬核 / 113

以市场为导向，加强装备技术创新和转化应用，不断开拓玻璃装备高质量发展
　　新局面　　　　　　　　　　　　　　　　　　　　　　　　　　　　　　/ 117
秉承绿色发展理念　绘就生态文明蓝图　　　　　　　　　　　　　　　　　/ 123
潮平两岸阔　风正一帆悬　　　　　　　　　　　　　　　　　　　　　　　/ 126
奋进中的新疆凯盛　　　　　　　　　　　　　　　　　　　　　　　　　　/ 130
以新促质　以创筑梦　奋笔谱写高端装备转型蝶变新篇章　　　　　　　　　/ 132
矢志创新守蓝天　砥砺前行绽芳华　　　　　　　　　　　　　　　　　　　/ 137
立足绿色"双碳"、放眼国际征程，勇当凯盛节能先锋　　　　　　　　　　/ 141
立足绿色低碳发展　坚定不移走高质量发展道路　　　　　　　　　　　　　/ 147
九十二载薪火传承　凯盛筑梦重焕荣光　在"3+1"战略赛道上谱写中国式现代化
　　转型发展新篇章　　　　　　　　　　　　　　　　　　　　　　　　　/ 151
脚踏实地　真抓实干　努力打造世界一流中低世代液晶玻璃优质供应商　　　/ 156

➲ 党的建设

使命引领　文化赋能　以一流企业文化助推世界一流玻璃新材料研究院建设　/ 163
加强党建品牌建设　推动企业高质量发展——党建"六三"标准工作法　　　/ 168
党风廉政建设"五牛"精神　　　　　　　　　　　　　　　　　　　　　　/ 174
新时代国企加强和改进思想政治工作研究——"双引领三融合"思政工作法　/ 178
提升国企基层党组织党课质效的制度探索——以中建材玻璃新材料研究院集团
　　有限公司"五个一"微党课为例　　　　　　　　　　　　　　　　　　/ 192
探索新时期国有企业群团工作"五大工法"　　　　　　　　　　　　　　　/ 200
让清风吹拂在玻璃新材料原创策源地上　　　　　　　　　　　　　　　　　/ 204
中国建材工程集团"融合型党建134"模式的实践探索　　　　　　　　　　/ 209
坚持党的领导，以品牌建设推动党建与生产互促互融，实现装备制造业
　　高质量发展　　　　　　　　　　　　　　　　　　　　　　　　　　　/ 213
固本强基打造红色引擎　三融三聚激发转型动能　　　　　　　　　　　　　/ 219

➲ 经典回放

凯盛集团彭寿：把玻璃做成"黑科技"更薄更柔更好　　　　　　　　　　　/ 225
中国首片自主研发8.5代液晶玻璃基板下线　　　　　　　　　　　　　　　/ 228
安徽玻璃，创新实现领跑　　　　　　　　　　　　　　　　　　　　　　　/ 229
徽故事："六稳""六保"，要攻克产业链供应链——全国两会上的安徽
　　"声音"　　　　　　　　　　　　　　　　　　　　　　　　　　　　/ 231

目 录

新材料领域关键技术在蚌埠实现重大突破——柔性可折叠玻璃工业化生产启动	/233
蚌埠柔性超薄玻璃攻克五大难题 突破"卡脖子"技术	/235
蚌埠薄膜光伏建筑一体化应用示范项目提交"碳中和"亮眼成绩单	/237
单位 GDP 能耗降低 13.5%	/239
聚焦凯盛新材料科技成果转化	/242
全力打造科技创新策源地	/246
彭寿代表：完善政策体系，加速光伏建筑一体化发展	/249
全力攻克产业链供应链"卡脖子"环节——两会声音｜彭寿代表：建议强化基础原材料开发保障国家战略产业安全	/250
彭寿：加快新旧动能转换 打造世界级"灯塔工厂"	/251
中建材玻璃新材料研究总院：以"独门绝技"赓续创新	/254
柔性玻璃薄如蝉翼	/260
代表之声	/262
可折叠卷曲，OLED 显示玻材研发获批国家重点研发计划项目	/263
创新是推动产业领跑世界的关键力量——访全国人大代表、中国工程院院士、中国建材集团总工程师彭寿	/264
如何加快建设世界科技强国？全国人大代表彭寿：要从源头和底层解决"卡脖子"问题	/268
中国建材发电玻璃获得"中国工业大奖表彰奖"	/270
彭寿：推进科技创新 中国建材为我国航天重大工程提供关键材料支撑	/272
显示玻璃：打开世界的"多彩视窗"	/274
加速推动材料产业实现根本性转变	/276
中研院：厚植创新沃土 提升品牌实力 激活高质量发展密码	/278
六零路上｜彭寿："六零"，为建材行业高质量发展进一步指明方向	/280
彭寿：勇攀玻璃创新高峰	/284
中建材玻璃新材料研究总院：世界最薄玻璃是如何炼成的	/286
第四届中国光电材料大会在蚌埠举办	/292
中建材玻璃新材料研究总院成立 70 周年——一部中国玻璃工业的奋斗史	/294
中国建材工程："亮"出中国玻璃的世界显示度	/298
最强生产力｜中国玻璃"芯"跑出智造加速度	/303
践行党的二十大精神——中研院：砥砺奋进七十载 释放创新发展强劲动能	/308
中研院举行高质量发展暨成立 70 周年大会	/313
中建材玻璃新材料研究总院高质量发展暨成立 70 周年大会召开	/315

一场别开生面的聚会——中研院成立70周年大会侧记 /316

◯ 员工风采

没有坦途　终将璀璨 /323

我和数学的故事 /334

忆玻院追梦路上 /342

一位党员志愿者的执勤日记 /346

传承与创新中的"青年玻璃梦" /348

有梦想作伴，便耐得住书斋五更寒——中研院第三批赴美交流访学团队
　　学习生活侧记 /350

"顺势而行"的建筑教育新理念——中国建材工程集团蚌埠分公司教育类建筑
　　设计心得 /354

凯盛青年的防疫志愿者日志 /357

挺起装备制造的脊梁 /359

团十九大代表风采江琦：青春逢盛会　奋斗正当时 /365

凯盛节能硬汉柔情 /368

强企报国追逐梦想　感恩奋进一路同行 /371

责任　创新　奉献——干出来的光电梦 /373

中国共产党百年纪庆（七排律） /375

桃花依旧笑春风——中国战"疫"纪 /377

逐光 /379

一片玻璃的梦想 /381

◯ 大事记

继往开来

坚定不移地传承、创新、开放

彭寿

今年是中建材玻璃新材料研究总院深耕玻璃行业的整整70年,一个个历史时刻、一段段拼搏故事,见证了70年的光荣与梦想,更让人感受到中研院的朝气与活力。70年的发展源自坚守,70年的精彩来自奋斗,70年的成绩实属不易,我们必须坚定不移地传承、创新、开放,在中国玻璃行业、材料事业高质量发展的伟大进程中,再续中研院的辉煌篇章。

一、接续历史,坚定不移传承精神

作为新中国第一批国家级科研院所,玻璃院自1953年在北京诞生后,一路风雨,一路前行;1971年,百余名玻璃前辈从北京来到蚌埠,进行玻璃研究和创新,从此诞生了蚌埠玻璃设计研究院。一路走来,老一辈玻院人经历了各种艰辛困难,但从未放弃梦想,从未放弃追求,为中国玻璃事业默默耕耘,孕育了创造、奋斗、团结的基因,在砥砺奋进中形成了引领企业前进的精神之源。这种精神是玻璃院的动力所在,这种精神是玻璃院的信心所在,这种精神是玻璃院的活力所在,这种精神助推我国平板玻璃产量跃居世界首位,开启了民族玻璃工业的新纪元。

2000年,国家开始科研院所改制,面对新选择、新机遇,新一代玻院人秉承老一辈的改革创新精神,在宋志平董事长等集团领导的亲自指导下,提出了"企业化、市场化、工程化、国际化"的"四化"战略,从此玻璃院迈上改革发展的新征程。

围绕实施国家科技重大专项,围绕突破重大技术瓶颈,面对"卡脖子"难题,我们坚守"十年磨一剑"的创新精神,自主搭建了国家级创新平台19个,特别是2010年联合共建了玻璃行业唯一的浮法玻璃新技术国家重点实验室,在此创新平台下,我们创造了6年三获国家科技进步二等奖的非凡成就,每项成果都支撑了一个战略性产业的发展。

我们的科技成果转化得到党和国家领导人的高度重视和充分肯定。2016年4月,

中建材玻璃新材料研究总院
1953—2023

习近平总书记在合肥召开知识分子、劳动模范、青年代表座谈会，听取了我们生产出0.2毫米超薄玻璃的汇报后，指出"玻璃的应用领域很广"，鼓励我们要加快从追赶型进入领跑型；2020年8月，总书记视察安徽期间，看到了0.12毫米世界最薄电子触控玻璃创新成果后，在大会上指出"安徽这几年在量子通信、动态存储芯片、陶铝新材料、超薄玻璃等领域实现并跑领跑的成绩"。牢记总书记的重要指示和殷切期望，中研院自主研发出世界领先30微米柔性可折叠玻璃、中国首片自主知识产权高世代浮法液晶玻璃基板、世界最大面积和最高转化率的两种发电玻璃、中国首支疫苗用中性硼硅玻璃管，保障了国家产业安全和地方经济发展。

得益于创新链、工程链、产业链的深度融合，玻璃院从2000年收入不到5000万元，经过数十年奋斗，2011年圆梦"百亿集团"；"十三五"末再创历史新高，完成收入331亿元，利润23亿元。在经营业绩稳中有进的过程中，我们重整战略，先后联合重组安徽华光、洛阳玻璃、中联玻璃、联合装备、耀华玻璃等国内外知名企业，打造了中国玻璃领域集研发、产业、装备制造、工程服务于一体的全产业平台——凯盛科技集团。2022年2月12日，在王清宪省长、周育先董事长、黄晓武书记的共同见证下，中国建材国际工程集团正式回归，新的"中建材玻璃新材料研究总院"应运而生，开启建设世界一流企业的新征程。

伟大精神引领伟大事业，伟大事业孕育伟大精神。总结成绩和经验：中研院的大跨越、大发展是紧跟党和国家路线方针政策、总书记对玻璃行业的重要指示精神，抢出来、干出来的；是赓续传承"锐意创新、敢为人先、永不言弃"的玻院精神，闯出来、拼出来的。尤其是进入新时代以来，我们持之以恒突出"两个维护"首要任务，用好科技创新第一动力，激发改革开放内生活力，秉承人民至上发展关键，把牢实干兴邦制胜秘诀，万众一心让世界玻璃强国版图有了中国的一席之地。

回望过去，中研院经历过生存的危机、转型的阵痛、成功的喜悦，深感"事非经过不知难，成如容易却艰辛"，但更加坚定了"越是艰险越向前"的定力和担当；中研院经历过"受制于人"的困境，深感"关键核心技术要不来、买不来、讨不来"，但更加坚定了扛起振兴中国玻璃工业的旗帜，走出了一条全面领跑全球的道路。

展望未来，中研院必须坚定这条领跑的道路，时刻牢记"我们从哪里来、要到哪里去"的发展方向，深刻把握"唯有成功才能专注发展，惟有奋斗才能实现发展，唯有创新才能持续发展"的规律认识，用打造"国之大材"的理念，落实"国之大者"的重任，充分发挥玻璃新材料国家队的作用，加快建设世界一流玻璃新材料研究院，以实际行动扛起中国玻璃技术和产业全面领跑的使命担当。

二、自立自强，坚定不移创新领跑

创新是中研院的基因，我们由创新而生、因创新壮大、靠创新走向未来。多年来，中研院一路坚定创新、坚决创新，肩负玻璃新材料"主力军"的重任，聚焦核心创新能力提升，全力打造原创技术策源地，构建起战略定向、平台引领、人才支撑、管理赋能、机制保障的全要素、一体化创新链，助推中国玻璃实现高水平科技自立自强。

我们围绕"四个面向"，把玻璃做得更薄、更大、更新、更精，为新型工业化、"碳达峰碳中和"等国家战略保障了关键功能材料。同时，我们助力强化国家战略科技力量，牵头建成"十四五"首批、行业唯一国家玻璃新材料创新中心，上海光电玻璃装备工程技术中心两次获得上海总评第一，玻璃新材料工业互联网平台成为国家大数据产业发展示范项目，发明专利数量年均复合增长率达31%，有力推进了行业的高端化、智能化、绿色化转型。

在全行业的共同努力下，中国玻璃技术和产业实现了并跑到领跑，但作为玻璃新材料的创新者，中研院仍有关键新材料技术需要突破。面对新的战略机遇、战略任务、战略环境，最根本的是要顶住下行压力、把握发展大势、抢抓发展机遇，时刻保持忧患意识、创新意识、风险意识，用战略定力和务实担当做好自己的事情，不断用自主创新、应用创新、融通创新实现全面领跑。

一要瞄准自主创新，全面实现科技自立自强。围绕"从0到1"，切实加强玻璃新材料的基础应用研究，大力推进战略导向的体系化研究、前沿导向的探索性攻关、市场导向的应用性突破，全速推进先进玻璃材料全国重点实验室等创新平台建设，全力破解事关企业、行业长远发展的关键问题，以打造更多独有的、核心的新质生产力为目标，扎实提升技术和产品的抗压能力、应变能力、对冲能力、反制能力。

二要瞄准应用创新，全面支撑产业自立自强。围绕高端化、数字化、绿色化、国际化，牵头整合集聚创新资源，助推玻璃新材料产业基础再造工程，坚持问题导向、需求导向、结果导向，联动协同国家制造业创新中心等应用平台，示范打造具有强大融通能力的高精尖产业体系，引领促进全领域的短板产业补链、优势产业延链、传统产业升链、新兴产业建链。

三是瞄准融通创新，全面推动企业自立自强。围绕"四链"一体部署、深度融合、开放协同，以增强核心功能为引领打造创新链，以提升核心竞争力为重点巩固产业链，以

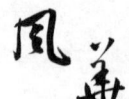

金融和市场为纽带优化资金链，以高素质队伍建设为抓手提升人才链，打造独有的现代科技成果研发转化体系和协同应用生态，聚力让中国玻璃新材料技术和产业领跑全球。

三、走向世界，坚定不移开放发展

中研院和工程公司同根同源，传承共同基因，实现了从蚌埠走向上海、从上海走向世界的跨越。21年前，为落实"四化"战略，中研院将工程公司置入中国建材股份；21年后，为落实"3+1"战略，工程公司回归中研院，这是战略的选择、发展的选择、历史的选择。

工程公司作为中研院对外开放的窗口，坚持国际化赋能发展，在积极融入国内国际双循环中，建成了一批典型的国际化项目，打造了一批响亮的国际化名片，积累了一批丰厚的国际化资源，引领着中国玻璃工程技术走出国门、享誉世界。

一方面是实现了国际化的全面推进，在"一带一路"多个国家深入布局，稳定占据国内出口玻璃工程超90%的市场份额，累计出口64条优质浮法玻璃生产线，总包建设10余条全球最大1200t/d生产线，玻璃装备远销海外50多个地区，成为全球最大的玻璃工程综合服务商。另一方面是实现了工程品牌的全面树立，联合推动2022年成为联合国"国际玻璃年"，持续为法国圣戈班、美国加迪安、韩国KCC以及福耀玻璃提供工程技术服务。企业连续多年跻身全国勘察设计企业工程总承包前10强，并与多家科技领军企业一起，入选上海硬核科技企业前10强。

改革开放40多年的实践启示我们：开放带来进步，封闭必然落后。在我们发展战略的演变过程中，永远不变的就是国际化战略。未来，中研院和工程公司必须坚持胸怀天下，充分认识到国际化是服务国家战略的必由之路、企业持续发展的必由之路、创建世界一流的必由之路，践行"材料创造美好世界"的使命，为共建"一带一路"、构建人类命运共同体贡献力量。

一要立足全球产业分工，加强与全球产业链、供应链的深度融合，努力推进具有企业特色、相对优势突出、职能分工明确、价值共同提升的全方位国际化，在业务全面国际化的基础上，统筹推进研发、设计、制造、工程、标准、服务的全流程国际化。

二要立足自身技术优势，以"一带一路"和RCEP建设为重点，推动优势技术、优势产品、优势工程海外布局，聚焦"用领先技术抢占市场"，以玻璃工程为引领，努力在新能源、绿色建筑、设施农业、节能环保、装备制造等领域创品牌、闯新路，再打造一批世界领先精品工程。

三要立足世界一流对标，加强交流互鉴，进一步扩大全球科技合作，用好全球产业资源。同时，要通过弘扬"蛋糕和面粉"的目标文化、自立自强的创新文化、"快鱼吃慢鱼"的速度文化、"与巨人共舞"的开放文化、"要做就做到最好"的奋进文化、包容共进的团结文化，讲好企业故事、凝聚全球人才，共促高质量发展。

伟大事业都始于梦想、基于创新、成于实干。身处大有可为的新时代，有幸见证、参与、亲历中研院70年的伟大成就，我们更加懂得梦想的价值、创新的重要、实干的意义。希望每一位玻院人都心怀梦想、勇于创新、埋头实干，中研院的事业将一往无前，中研院的未来将光明无限。

纪念建院 70 周年

戴志良

我今年已84岁，正值我院建院70周年之际，应邀撰写此文留下一些院发展的史实和个人亲历，有些可能鲜为人知。特此献给蚌埠玻璃院，以示纪念！同时，亦作为我在院工作32年的小结，欢迎批评、指正。

（一）

我国建材工业最早的专业设计机构是1948年东北人民政府工业部建材局成立的设计处。1952年秋，重工业部建工局成立了设计处。不久，重工业部建筑材料工业管理局决定，将上述两个设计处合并，于1953年3月在沈阳成立建材工业设计公司。

1954年1月，该建材工业设计公司从沈阳迁至北京管庄。1955年2月，公司改院，更名为中央重工业部建筑材料工业管理局建筑材料工业设计院。1956年2月，从建筑材料工业设计院分列出水泥工业设计院。

1958年，设计主管部局陆续将建筑材料工业设计院内的陶瓷、砖瓦、石棉水泥制品、非金属矿和混凝土预制构件等专业分别划给其他有关机构，并将建筑材料工业设计院改名为玻璃工业设计院。

1961年12月，建筑工程部又将水泥和玻璃两设计院合并。1965年8月16日，建筑材料工业部玻璃工业设计院和建筑材料工业部水泥工业设计院又分开办公。

（二）

"文化大革命"时期，玻璃设计院大部分职工陆续被下放到建材部广东英德"五七"干校，从事农业劳动。1970年10月11日，北京玻璃工业设计院、北京水泥工业设计院被撤销，北京玻璃工业设计院职工分为四个设计队，分散下放到秦皇岛、蚌埠、株洲和自贡，分别并入秦皇岛耀华玻璃厂、蚌埠玻璃厂、株洲玻璃厂（后又从株洲迁至杭州）和自贡玻璃厂。1970年11月，英德"五七"干校结束，在校人员直接从干校奔赴指定地点报到。据 1990 年中国社会科学出版社出版的《当代中国的建筑材料工业》披露，那个时候，仅北京玻璃工业设计院就有 288 名技术人员流散各地。

1966 年，我与玻璃设计院华南珍结婚。我所在工作单位得知华南珍将下放到四川后，即派人去玻璃院商调，但遭婉拒。最终，只好把我放给玻璃院。我于 1970 年 11 月 20 日去北京玻璃工业设计院报到。之后辗转到自贡玻璃厂。

我到玻璃设计院后的第一个项目为自贡玻璃厂，全程参与了工厂建设。

1974 年 8 月，国家建委决定：蚌埠玻璃工业设计院与自贡玻璃工业设计院合并。

1975 年 11 月，自贡玻璃工业设计院陆续迁归蚌埠。

1976 年春节后，我又返回自贡玻璃厂，任驻厂组组长，参加投产、测试和攻关，写有论文《平拉通路玻璃液流研究》，直到 1978 年回到蚌埠。

1977 年我被评为蚌埠市先进工作者。

（三）

1978—1981 年我在蚌埠玻璃设计院，先后任工艺二组副组长、组长，参加完成斯里兰卡和我国九江等地的玻璃厂设计工作。此间，我大量阅读了蚌埠玻璃院情报室编译的浮法专利和平板玻璃资料，为我以后参加设计和研发工作，做了较为翔实有用的知识储备。

不久后，我先后参加了上海 SYP 引进浮法线的前期准备和洛阳玻璃厂浮法一线蹲点工作。

洛阳玻璃厂浮法一线蹲点的 4 个月中写出的蹲点报告，肯定了一线已取得的成绩、明确了差距、找出了原因、提出了措施，引得洛阳一线锡槽师傅们纷纷传抄。

上海 SYP 系中外合资引进英国浮法技术的生产线。据说该线筹建负责人的原意是，按三院的地区划分，让蚌埠院做前期工作和配套设计。蚌埠院让我从工艺角度做些准备，我做了个 650 吨 / 日的方案，并画了张工艺布置草图。后因种种缘故，厂方另找了一家当地的通用设计院替代了我们，有些遗憾。

（四）

1983—1993 年，陈未远出任蚌埠院院长。他在任期内，为我院的生存和发展作出了不可磨灭的重大贡献。他至少抓了以下六件大事，对院的长期生存和发展有着至关重要的作用：

1. 抓全面质量管理，树立和加强了我院脚踏实地、一步一印、认真负责的院风。

2. 1981 年 12 月在中国玻璃发展中心成立蚌埠院，该中心由中国政府与联合国工业发展组织合办，提高了我院在行业的知名度和影响力，促进了国内外的交流。

3. 提出了"同心圆"发展理念，指明了我院的发展路径。

4. 1985年成立蚌埠玻璃工业联合公司，系蚌埠院与洛玻和航空部西安航空发动机公司合作，后又扩大吸收了冶金部第六有色冶金建设公司及冷水江耐火材料厂，共同拓展国内外玻璃工程市场。

首次成功地将九机有槽生产线改为浮法生产线（洛玻三线），投产效果很好。事实告知天下，蚌埠院不仅会设计浮法线，而且水平居三院之首。其间，蚌埠院还拿下了大连引进浮法的配套工程、印度尼西亚ARB和TS-3浮法工程，还承担了沈阳500吨/日浮法线工程设计。

1990年1月设立蚌埠工程顾问公司，开拓深圳市场；10月，成立工程承包处，承包印度尼西亚TS-3浮法项目。

5. 重视技术研究开发，提高了院的技术水平。

6. 随着国家下达的任务和政府拨给的事业费逐年减少，我院逐步过渡到靠自己闯市场、找任务、自收自支的经营状态。

（五）

1981年12月开始，我担任中国玻璃发展中心办公室副主任和院技术开发处处长。1983年11月，任蚌埠玻璃设计院副院长，分管技术开发工作。

我1958年考进上海华东化工学院，分配到第一无机系硅83班，学习玻璃专业。1961年2月，被华东化工学院院部抽调到马列主义教研组做培养师资，协助马仲义老师教毛泽东选集，负责答疑，并任第二无机系政治辅导员。1962年9月，我又去硅92班继续学习玻璃专业。

在此期间，学习了一些马列著作和全套毛泽东选集，对树立为人民服务思想，运用实践论、矛盾论，把握立场、观点和方法，对往后做人、做事和待人接物，都大有裨益。

（六）

1985年10月，院改名为国家建筑材料工业局蚌埠玻璃工业设计研究院，从此加了"研究"二字。

说到院的研究开发工作，我要向时任开发处总工程师的邹一鸣同志致以崇高的敬意！感谢他为院的技术开发付出了艰辛努力、承担了大量工作、取得了丰硕成果。他不仅知识面广，而且有足够的深度；他不仅了解本院各专业的技术状况，也了解兄弟院的技术水平和国外的技术发展趋势。他提出的"人无我有，人有我优"的立项原则和要求，卓有成效。据他统计，在此期间，生产线从头到尾，包括砂矿采选、称量、投料、熔窑、玻璃液熔化和液流控制、锡槽、玻璃成型、拉边器、锡液净化、锡液流和保护气体控制、退火和退火窑、切割和包装、刀轮和磨刀机等，以及其他新产品开发，如玻璃微珠等，总共完成176项。其中，85%已用于设计、生产和制造。开发项目的全过程，从立项申请报告，到项目中间报告、项目完成报告和申请鉴定报告等，无不留有他的字迹。他为提高院的技术水平和竞争实力，多抽了多少包烟呀！

（七）

以下双引号中的内容，摘自《当代中国的建筑材料工业》第二编第六章。所谓的，浮法和引上之争！

1971年9月，中国第一条浮法试验线在洛阳玻璃厂投产，在生产、科研、设计单位密切合作下，已能稳定地生产质量较高的3~12毫米平板玻璃。而蚌埠院未被列入发明单位，蚌埠院人员也从参加浮法试验人员名单中消失了。1981年4月，国家科委在洛阳玻璃厂召开国家级鉴定会，宣告中国平板玻璃浮法成型工艺技术研究成功，定名为"中国洛阳浮法玻璃工艺"，并授予国家发明二等奖。

"在洛阳浮法工艺试验线不断完善的同时，1975年，又开始建设通辽、南宁两个浮法玻璃厂。"

1980年8月5日，建材部科学技术委员会在北戴河召开了第一次会议，讨论玻璃工业的发展方针，提出关于新建玻璃厂应积极采用浮法工艺的重要建议。

在第六个五年计划期间，虽然中国洛阳浮法玻璃工艺的开发工作不断取得进展，但是否能取代其他工艺而普遍推广，存在不同看法，一度争论相当激烈，我院深受影响。

1982年，洛阳玻璃厂400吨级浮法二线被列入"六五"攻关计划，浮法"六五"攻关也没有蚌埠院的份。其时，蚌埠院手上没有浮法厂设计任务，国家批准的4家八机无槽生产厂，给蚌埠院下达了两家。于是，行业中有人给蚌埠院起了个外号——不会浮法设计的"垂直院"。

1983年，国家建材局组织制定建材工业技术政策，对平板玻璃技术发展方针进行讨论。经过论证，统一了认识，确定："平板玻璃工业发展以浮法工艺为中心的现代平板玻璃生产技术，除已批准建设的九机垂直有槽引上玻璃厂外，今后不再批准新建大型有槽垂直引上厂。"该项政策经国务院批准公布实施。

1987年，采取中外合资方式，在上海和深圳各建了一条从国外引进的大型浮法玻璃生产线，其产品质量达到国际先进水平，从而扭转了高质量玻璃全部依赖进口的局面。

（八）

1985年，洛阳玻璃厂拟将原九机垂直引上生产线改造成第三条浮法线。七八月间，洛玻厂和刚从咸阳显管玻璃厂调回洛玻任副厂长的刘宝林向蚌埠院发出邀请，参加投标。

受陈院长委托，我带一支设计队伍去了洛阳。我请薛忠当设总，组织各专业主要骨干共17人，去现场了解情况，做设计方案，参加投标，最终获胜，承担了洛阳浮法三线——九机改浮法项目。

洛阳三线，施工期仅半年。在施工中，曾遇拦路虎。熔窑设计中，采用了一些新技术，碹要抬高，窑要向东加长，而熔制厂房东山墙上，有根大梁太低，挡住了熔窑东延。拆厂房重建，既耗时又耗钱。我院土建所结构专业胡国栋高工站出来，提了解决方案，并亲自指导施工，安全地把大梁抬到足够高度，去掉了拦路虎。当时好多人都怕，怕二十多年的老山墙倒塌，出事故。因胡国栋的高招，保证了安全，缩短了工期，节省了投资，令人敬佩。

1987年12月8日，洛阳浮法三线——九机改浮法项目，按期投产。生产效果很好，不仅产品质量好、能耗低，成品率也高（一、二级品达84.45%），也好控制，而且日生产能力还可加大50吨。洛阳厂总师问我，"效果这么好，你们有什么诀窍？"在设计中，我们尽量利用老厂房、老设施，决算投资只有3988万元，大大降低了生产成本。三线投产后，洛玻开始扭亏为盈。

《当代中国的建筑材料工业》一书对此评价称："洛阳玻璃厂与蚌埠玻璃工业设计研究院协作，成功地将原垂直引上生产线改造为第三条浮法生产线，为中国垂直引上窑的改造开辟了新途径，实现了中国浮法技术从旧到新的突破。"

洛玻三线改造也结束了蚌埠院没有设计过浮法线的"历史"。实际上，当时蚌埠院正在设计蚌埠浮法线，但比洛阳三线晚投产一年。接着，洛阳浮法二线改500吨项目、青岛500吨项目、郴州浮法线和洛阳浮法一线改600吨项目，也都先后让蚌埠院承担设计了。

1989年3月，洛阳浮法三线获建材优秀设计一等奖，次年又获全国优秀工程设计金质奖。

（九）

"六五"末、"七五"初，国家正在安排"七五"浮法攻关项目，适逢刘宝林调任国家建材局科技司副司长。我几次上京，向科技司分管攻关立项的部门介绍情况，力争参加"七五"浮法攻关。最后我院申报的以下7个子项被列入"七五"浮法攻关"日产500吨浮法生产线成套技术"项目：

1. 熔窑横向液流控制技术和装置；

2. 冷却部温度压力微调技术和装置；

3. 保护气体净化技术和装置；

4. 保护气体气流控制技术和装置；

5. 锡液净化技术；

6. 用气、液燃料锡槽烘烤技术和装置；

7. 浮法玻璃切割刀具。

经有关技术人员几年的共同努力，上述项目都按期按质通过验收，投入使用。

1991年9月，当时的国家计委、国家科委和财政部联名给院颁发荣誉证书，表彰我院在"七五"攻关中获得重大成果。

我院还趁蚌埠浮法线放水冷修机会，经厂同意，在放水前做了两项试验：

1. 试拉1.6~1.7毫米厚的浮法玻璃

根据当时的生产条件，我亲自拟定了一套工艺参数，包括流槽玻璃液温度、拉引速度、各对拉边器的转速、偏角和压入深度等，交给当班的操作工，请他们按表逐渐调整，调了一天，就拉出了1.6~1.7毫米厚的浮法薄玻璃。次日，又稳定拉引了一天。

2. 锡液净化试验

锡液氧化是造成浮法玻璃下表面缺陷的重要原因。为此我们找到一种物质，其对氧的亲和力比锡氧亲和力更强。将其放入锡液后，锡液面会更明亮，从而减少了氧化锡对玻璃下表面的污染。

（十）

1993年5月27日我被国家建筑材料工业局正式任命为蚌埠玻璃工业设计研究院

院长。

上任的第二天，财务处就给了我一份报告：现金流短缺，财务仅有现金24.6万元。这份报告，向院反映问题是对的，但似乎缺乏些主人翁精神和责任感。作为职能部门，应该考虑此况是如何造成的，我部门有何责任，今后应如何避免。这份报告，也引发我思考了很多问题。主要有：

1. 今后国外市场需求会逐步扩大，我院应加大国外市场开拓力度，逐步走向"跨国工程集团公司"。

2. 我们设计和建造的浮法线，生产出的玻璃质量、总成品率和能耗等，只有达到国际水平，才会有国际竞争力。

3. 全院职工，人人都代表着院，人人都是院的"经营"者。与人为善、以诚待人、优质服务，才能取得信任。口碑好，才会项目多。

4. 职权应该下沉，让职能部门从全局看本职，当家作主，充分发挥职能作用。

5. 给年轻人压担子，为院的未来，培养一批中青年技术骨干和管理骨干。

6. 院长不仅要考虑当下，更要着重考虑国内外的发展趋势，为院今后的生存和发展做好准备，为下届班子做好铺垫。

（十一）

国家建材局对院实行院长承包责任制，由局人事司每年来院进行考核，确定全院奖金总额。按局规定：每年新增奖金总额不得超过上年总额的15%；新增奖金总额，当年只能发放80%，20%归入奖励基金，以备来年补欠。为使新增奖金总额最大化，我们对每年的年收入加以控制，超过了预计数，就列入暂收款，计入下年，从而实现了职工的年奖金总额每年增幅略超15%。在此我要感谢时任企业管理部的金明坤部长。她还对各部门、各核算单位进行考核，制定奖金分配方案等，做了大量工作。

其间，我在任蚌埠市科协副主席时，科协主席告诉我，按国家科委规定，你们只要在科协开业余设计户头，就可少量搞些业余设计。业余设计的收入需存入在你们科协户下，科协收些管理费后，你们就可按规定比例提取业余设计奖励，直接发给个人。剩余的业余设计收入只能用于购置房产和装备等，不能再发给职工个人。

我就让经营部去了解情况，办理户头，并请经营部负责管理。每年需提取多少业余设计奖励，由经营部和管理部商定，用以扩充局核定的年度奖金总额。这就是每年增幅略超15%的缘由。

（十二）

1993—2002年我兼任中国建筑玻璃和工业玻璃协会副会长，这对了解行业动态和广交朋友很有好处。为此，我们做了以下两类工作。

1. 布局设点，争夺市场

深圳点的房子租期快到了，于是我们决定买房，成立深圳分院，请彭寿同志主持深圳分院工作，负责开拓南方市场。彭寿搞得有声有色，效果明显。

之前曾想在上海办分院，但进不去。只好就近在太仓买房，办了太仓分院，并圈了块土地，寻机搞些实业。

上海浦东设特区后，有件事给我印象很深。某国要建玻璃厂，派人来院考察和商谈。按来宾要求，院派车去上海机场接，直接从机场回蚌埠，不在上海停留。当时还没有高速公路，从上海到蚌埠要花七八个小时，路还不平，上下颠簸。客人感慨地说："路太远了，我再也不来蚌埠啦！"可见当时蚌埠的这个地理位置不利于我院开拓国外市场。

为此，我们下决心，经职代会决议同意在上海办分支机构。经调研，初步确定落脚普陀区。再请施纯仁副院长带队，与普陀区区政府会商，签署协议。协议同意，为我院解决100名去沪职工的上海户口，后又扩增20名。

几经反复，终于2000年2月24日，院与苏州泰盛设备安装有限公司和上海天正投资发展中心合资成立上海东方华光工程设计咨询公司，王宗伟主持日常工作。

另外，还设立大连办事处，负责开拓东北市场；设立重庆办事处，负责开拓重庆和西南市场；还派专人常驻海南，紧盯海南浮法项目。

在国外，2000年，设立越南办事处，由苏学勇负责，紧盯越南浮法项目，开拓东南亚市场。2001年1月，签订越南350吨浮法项目，还签下缅甸玻璃瓶厂水玻璃改造项目。

2. 利用优势，创办实业

为开辟新的创收渠道，利用院的技术优势和研发成果，创办实体。同时，增加了直接生产人员，减少了非生产人员，并使一批员工走上一线，经受锻炼。

除实验厂继续加工和制造玻璃生产设备外，20世纪90年代先后成立了一批实体，如：

1992年4月15日，院后勤部门主导成立华利玻璃机具公司。

1993年3月16日，成立蚌埠华海矿产原料新技术实业公司，生产半导体封装材料球形硅粉。

1993年8月2日，院后勤部门又主导成立华艺装饰工程公司。

1993年8月，国家外经部正式授予我院对外经营权。随即将原工程承包处更名为蚌埠玻璃工业设计研究院对外经济技术合作公司。从此，可直接对外签约，实现"两条腿走路"的经营模式。

1993年12月22日，与新加坡维盛科技有限公司合资，成立蚌埠华盛自控技术装备有限公司，李天增出任公司法人代表、董事长；副董事长林汉能（外方）、过南礼；总经理华南珍；副总经理王宗伟。首项开发粉状物料系列电子称量设备。

1994年9月16日，成立太仓市华辉装饰玻璃有限责任公司，再与地方合作建了太仓镀膜玻璃厂。华辉提供设备和技术，地方提供土地，不参加日常管理。双方派人组成董事会，对厂进行领导。可惜试生产时镀膜质量不过关，靶材供货厂家一直未派人来处理。

1995年11月1日，成立蚌埠华洋粉体技术有限公司，法人代表王永和。

1998年前后，建立华诚工程建设监理公司。公司成立后，总经理崔怀明和副总经理孙志，接连不断地承接和完成了大量监理工作。

之后在四川江油建玻璃微珠厂等。

我们还用以往不能分发的奖励基金结余创办了华金公司，为职工又开辟了一条创收渠道。当时，还计划让华金公司开发环保技术和装备。

（十三）

1996年9月，我受中国硅酸盐学会委派，接替中国科学院光机所干福熹院士，代表中国出任国际玻璃协会（ICG）理事会理事，去土耳其参加ICG理事会，在理事会上当选为执行委员会委员。从此，每年要参加国际玻璃协会大会或年会、执委会和理事会。直到2007年7月在法国召开的ICG理事会上，彭寿院长代表中国出任理事。

ICG 2005年年会暨国际玻璃研讨会于4月10—14日在上海召开,来自40多个国家的250多位代表参会。我主持了开幕式并致辞。

（十四）

1997年1月,蚌埠院开始内部模拟现代企业制度运作,内部设总经理。国家建材局任命的院领导班子,既是董事会成员,又是总经理班子成员,基本上按公司法行使职权。院长的工作一分为二,对外代表院,对内负责抓大事、抓发展、管投资,全院的日常行政管理工作交由总经理主持。

行政职能部门重组为四部一处。生产系统、后勤系统和院属经济实体,模拟子公司,全部实行自主经营、独立核算、自负盈亏。由企业管理部对各子公司进行年度考核,提出奖励方案。

总经理轮换一事,后来没能实现,不仅没能实现,在局工作组嘴里,"轮换"还成了政治问题。

（十五）

1997年3月,洛阳玻璃厂委托蚌埠院设计,将日拉引量为230吨的浮法一线改造成600吨浮法线。这是我国自行设计的第一条600吨浮法线。在设计中,蚌埠院尽最大努力,争取产品质量达到国际水平。1998年1月投产后,产品质量总体不错,但不稳定,时好时坏，条纹、波筋偏重。

后经不断调整改进，终于能稳定地生产出优质玻璃，足以证明：蚌埠院设计的浮法线能稳定生产优质玻璃。

（十六）

1998年3月，我荣获国家科委和司法部颁发的1994—1997年"全国知识产权工作先进个人"。

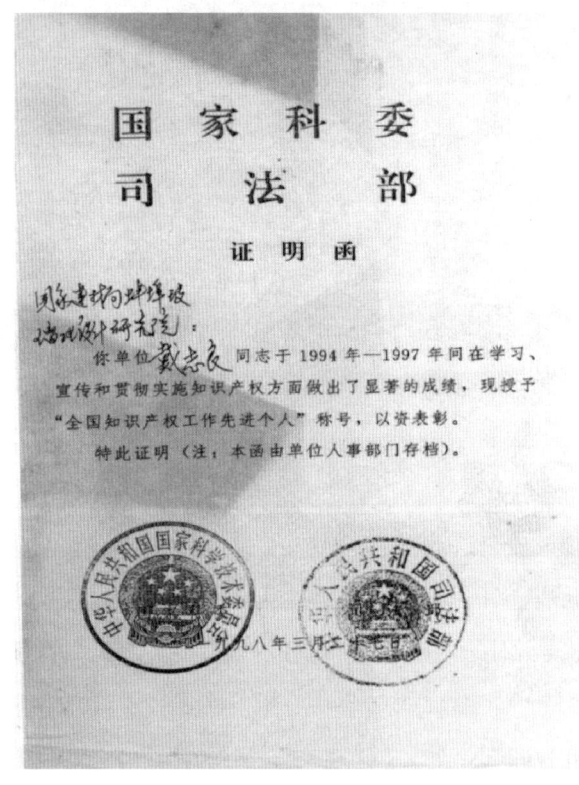

（十七）

1998年，中央决定研究机构和设计单位改制，由事业单位改制为企业，自行创收、自我发展、自负盈亏。出路有三：进国家企业集团；自我独立；归地方国有。国家建材局希望，局属研究、设计单位自行选择进国家建材局的中国新型建筑材料集团或中国材料科技集团。

职工退休金，从2000年起，由事业单位退休金向企业退休金过渡，每年减少20%。

院何去何从？经院领导反复酝酿商讨、中新集团邀请、职代会讨论表决，最终决定进入中国新型建筑材料集团，现中国建材集团。

1999年1月,蚌埠玻璃工业设计研究院进入中国新型建筑材料(集团)公司。

(十八)

"三讲"教育结束后,中新集团公司葛总让我组建一个三院合一的筹备组。于是,我请每院安排两人。其中,杭院一位同志负责办公室工作、秦院一位同志负责财务工作、蚌院一位同志负责人事工作。

筹备组的首要任务是为公司起名。先大家广泛提,再筛选,研究了一天,最终选出"凯盛"两字,报给了葛总。之前,中新集团曾在上海注册过一个带"中国"字头的公司,葛总请人把该公司名称改为"中国凯盛国际工程咨询公司"。这样,凯盛又带上了"中国"字头。

1999年7月12日,中新集团在上海召开科研、设计院改制研讨会。

会议决定:由中新集团的蚌埠、杭州、秦皇岛3个玻璃设计研究院各出资330万元在上海成立中国凯盛国际工程咨询公司,三院资质统归公司。之后,西安砖瓦设计研究院、咸阳陶瓷研究院、合肥水泥研究设计院、哈尔滨玻璃钢研究院和中新设计公司等再逐步归入。

(十九)

1999年11月底,我到退休年龄了,但是中新集团公司葛总不让我退,要我再干几年。

2000年4月29日,我被中新集团公司聘为中国凯盛国际工程咨询公司总经理。

接着，中新集团公司行文（新材资发〔2000〕099号），将中国新型建筑材料工业设计研究院、秦皇岛玻璃工业研究设计院和国家建材局蚌埠玻璃工业设计研究院，委托中国凯盛国际工程咨询公司管理。

过后，葛总又要求调整三院领导班子，并让我提个交叉任职的方案。方案经批准后，交由中国凯盛国际工程咨询公司行文。

2000年8月14日，中国凯盛国际工程咨询公司下文，聘任彭寿同志任蚌埠玻璃工业设计研究院院长，免去我的蚌埠玻璃工业设计研究院院长职务。

（二十）

我在中国凯盛国际工程咨询公司总经理任上干了一阵后，感到上层意见不一，建议中新集团本部邢宁同志出任总经理。2001年12月21日，中新集团公司下文，免去我的中国凯盛国际工程咨询公司总经理职务，改任专务董事。

2002年12月，中国凯盛国际工程咨询公司被上海市人民政府评为实施"走出去"战略先进单位。

2002年8月28日，中新集团公司下文，批准我退休。

（二十一）

回首往事，在玻璃院工作32年，可谓没有虚度。主要成绩有三：

1. 为中国平板玻璃工业和技术的发展，尤其是浮法玻璃工业，由小到大、由大到强，作出了努力和贡献。

2. 承前启后，为蚌埠玻璃工业设计研究院成为行业的中坚力量，为走向跨国集团公司作出了积极努力。任期内，院内成长起了一批胸怀理想、认真负责、团结协作、一心为院、艰苦奋斗的骨干力量，也积累了较好的技术资源，既为院积累了财富，也为职工提高了收入。进入"中新"集团公司,在上海建立"东方华光"和"中国凯盛",为后继者创造更美好未来创立了平台,也为更多的职工子女上大学、留学和就业创造了便利条件。

3.同时,我也终身享受了国务院政府特殊津贴,成了教授级高工,2000年还被当时国家建设部授予"全国优秀勘察设计院院长"荣誉称号。当然这是全院职工努力的结果,这是蚌埠玻璃工业设计研究院的荣耀!

在此,感激原工艺所张林书记和陈未远院长对我的栽培!

感谢蚌埠玻璃工业设计研究院全体在职和离退休职工!

感谢彭寿院士为院发展做出杰出贡献,取得卓越成就!

祝愿我们院,更加兴旺发达!

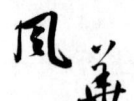

中建材玻璃新材料研究总院
1953—2023

笃行致远展宏图

——纪念中建材玻璃新材料研究总院建院 70 周年

孙建安

中建材玻璃新材料研究总院（简称中研院）的前身是国家建材局蚌埠玻璃工业设计研究院，自从 2000 年和政府脱钩，从事业单位转制成企业单位，加入中国建材集团后的 24 年来，其发展壮大的历程可以说是科研院所转制的典范。从 2000 年开始，中研院实现了从蚌埠走向上海、走向北京、走向全球的历程。从中研院到中国建材国际工程集团有限公司（简称中国建材工程集团），到今天的凯盛科技集团有限公司，其业务范围、科技成果、产业实力，影响无不极大。企业规模不断发展壮大，营业收入从 2002 年的几千万元到 2022 年的 170 多亿元，年复合增长率大于 30%，利润总额从 2002 年的 1000 多万元到 2022 年的 7 亿多元，年复合增长率大于 20%。因其卓著的业绩和成就，获得全国文明单位、全国先进基层党组织、全国五一劳动奖状和中央企业先进集体等多项国家级荣誉。

回顾以往，1982 年 8 月中旬，我们 40 多名大学毕业生从全国各地赶到了珠城蚌埠，进入中研院这个行业著名的设计单位，典型的大院文化深深地吸引了我们，前辈们严谨科学的工作态度至今还历历在目。中研院的优秀基因在 40 多年的工作实践和教育培养过程中注入了我们的身体里。我在 1996 年以前一直从事结构专业设计和建筑所的设计管理工作，1996 年任院长助理，1998 年任副院长，2000 年到上海，2002 年任副院长和中国建材工程集团副总裁。2014 年上级要求两家单位领导班子分开，我不再担任中研院副院长职务。2018 年任中国建材工程集团总裁，2020 年退休。作为这 20 多年跨越式发展壮大的亲历者，我回望总结得到四点体会：①中国建材集团的战略引领和指导；②领头人彭寿院士的魄力胆识和坚定不移的决心；③团队的团结一致和务实拼搏精神；④坚持开发创新科研引领的良好作风。这四点是中研院得以快速发展的重要因素。

任何事业都需要遵循规律，在开拓新业务领域方面，中国建材集团领导给予了中研院重要的指导，从单一的工程设计发展到全过程的工程总承包，从核心装备需要行业配套到现在自己开发、自己加工制造、自己调试、自己改进提高成套设备供货全过程。这一改变不仅仅是业务内容的延伸和扩展，而是在实际实施过程中不断得到验证、反馈、改进、提升的良性循环的过程，无论是经济造价还是施工周期都得到最佳的效果，大大地提升了自身的工艺技术水平、竞争力和影响力。

从蚌埠走向上海是中研院和中国建材工程集团发展的关键节点。2000年7月3日中国凯盛国际工程咨询公司在上海中期大厦正式运营，2002年集团决定中国凯盛国际工程咨询公司与蚌埠玻璃工业设计研究院合并运作，一个班子、一个团队、一个事业，交两份答卷，这一举措在队伍稳定、国际合作、业务开拓方面发挥了不可磨灭的历史作用。

进入中国建材股份公司是中国建材工程集团和中研院的重要一步。2004年，中国建材集团在全集团范围内遴选优质资产组建大股份公司，当时各院所均在遴选范围之内，集团决定将中国建材工程集团改制并将中研院优质资产并入股份公司的重要组成部分和盈利来源。进入中国建材股份公司，是中国建材工程集团和中研院发展壮大的关键，其业务的开拓、管理的提升、能力的增长、实力的壮大都得到了几何级的增长。

对于中研院和中国建材工程集团来说，以前只做业务，在战略发展方面遵循的是有多少面粉就蒸多大馒头的逻辑，对于资本运作一般不敢涉足，在集团公司的战略引领和具体指导下，多年来重组相关企业几十个，对业务开拓、企业规模、配套能力增强、竞争影响力扩大，发挥了巨大作用。回想当初第一次运作时，我自己由于站位和认识的问题，对此资本运作投过反对票，可在班子决定执行后，我又是具体的实施者，后来作为公司资本运作和业务重组实施者，我参与重组的企业有十余个。

企业的发展离不开带头人的杰出作用，中研院今天的发展景象，彭寿功不可没。彭寿2007年当选十七大党代表，从2012年起连续三次当选十二、十三、十四届全国人大代表，2019年当选院士，这些重大国家级荣誉是对彭寿院士的充分肯定。他是集科学家、企业家等身份于一身的杰出人才；他坚定地执行集团公司的战略部署，坚定不移地去克服困难，竭尽全力地去完成任务，具有知人善任的慧眼和关心员工的情怀，以及不怕吃苦的工作作风，这些都是企业发展的重要因素。

一个企业的发展壮大和长时间的兴盛，离不开一个好的企业家和好班长，我们中研院和中国建材工程集团非常有幸，遇到了彭寿院士。一般人在决策干不干某一个事情时，存在三个百分比：0%、50%、100%，如果认为不行、条件不具备，选择不干，那就是0%；认为条件差不多，抱着试一试的心态去做，成功的概率最多50%，当判断自己的条件基本

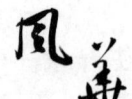

具备，全力以赴地执行实施，爬沟过坎解难题，那成功的概率大部分是100%，而在彭院士的选择里，要么不做，要么只有100%。

中研院的企业文化氛围好，有大院文化的传统。大家关心互爱，有大家庭的感觉；大家相互交流学习，有学校的感觉；工作中认真负责，不扯皮推诿，既各担各责又相互补位，有军队的作风。没有在外界说自己企业坏话的习惯，特别是领导们团结，带头带得好，从上到下有拧成一股绳的劲头。

中研院和中国建材工程集团从来都是一家人，一条心，即使是在中研院隶属建材研究总院，中国建材工程集团隶属建材股份公司期间，也一直是合作配合、相互帮助补位。捏合、结合、配合，共同发展进步。

中研院和中国建材工程集团在继承院所优秀的家文化和学校文化的同时，又克服了院所文化里的一些陋习，打造出了优秀的军队文化，也可以说是从院所转变为企业过程中思想认识和行动比较快的单位。大家知道，科研院所里的知识分子多是高学历，有文化、有个性，也有脾气，喜欢讨论单位的发展方向、议论领导的决策，而脱胎于科研院所的中研院和中国建材工程集团的军队气质和作风是转型最突出的，这也在实践中验证了领导的决策正确和"快鱼吃慢鱼"的道理，造就了其内部的执行力很强，形成了企业坚强的战斗能力。

"诚信创新 绿色和谐 健康安全 TO Be The Best"是中研院和中国建材工程集团的管理方针，作为以工程技术服务为主的企业，诚信非常重要，保证工程项目的成功先进、经济合理是企业对用户的郑重承诺，决不让用户的投资打水漂。由于生产线竞争力差，为了实现这一目标，广大科研技术和工程管理人员努力钻研，不断进步。"太阳能电池用微铁高透过率玻璃成套技术及产业化开发"获得2011国家科学技术进步奖二等奖；"浮法玻璃微缺陷控制与节能关键技术及产业化应用"获得2013年国家科学技术进步奖二等奖；"超薄信息显示玻璃工业化制备关键技术及成套装备开发"获得2016年国家科学技术进步奖二等奖；"工业烟气多污染物协同深度治理技术及应用"获2020年国家科学技术进步奖一等奖。这些国家级的科技进步奖就是对中研院和中国建材工程集团的充分肯定。

玻璃领域的科研开发从不停顿，TFT超薄玻璃、0.12毫米超薄玻璃、柔性可折叠玻璃、碲化镉太阳能发电玻璃、铜铟镓硒太阳能发电玻璃、高硼医用玻璃瓶等生产线相继建成投产，0.12毫米超薄浮法触控玻璃、30微米柔性玻璃打破国外技术垄断，填补了国内技术的空白，发展到了与国外技术并排领跑的程度，极大地提升中国技术的影响力和竞争力，为企业的长期快速发展奠定了坚实的基础。

总结成功的经验可以有千条万条，比如各级地方政府对企业发展过程中的支持就非常重要。2006年中国建材股份有限公司在香港成功上市，蚌埠市领导也抓住发展的机会，决定将龙子湖区2000多亩的开发区整体交给中研院开发，这是极大的信任，也是一个创举，给了中研院动力、压力，更创造了得天独厚的创业发展条件，实现了企业和地方的共同发展。

这四条总结体会，我认为团队很重要。团队的精神面貌很重要，曾记得行业中一个大院所的党委书记很羡慕我们的团队精神，说看见你们的每个人都是嗷嗷的，有拼劲；带头人很重要，有胆识、果断决策、善选人用人、心胸大度、攻坚克难、不懈坚持都是非常可贵的；脚踏实地的工作作风很重要，人人都是业务能手、行家里手，不断地总结提高自己工作领域的水平和效率，才能不断提高整体的竞争力；当然，发展的过程中，中国建材集团的指导帮助和支持尤为重要，毕竟集团领导站得更高看得更远，给予的方向肯定是正确的，我们坚定地执行一定会有好结果。

20多年前彭寿提出了"百亿集团、百年老店"的长远目标，百亿集团的目标早已提前实现，实现百年老店的目标需要岁月，需要年轻后辈们的继承发扬和光大，中研院百年老字号需要一代代青年人的接续奋斗。可喜的是，我们看到了彭寿院士提出的"60后"传帮带、"70后"有舞台、"80后"有平台、"90后"能担当、"00后"敢冲锋，现在大批的年轻人成长成了业务能手，走上了领导管理岗位，我们的事业后继大有人在。

我希望广大年轻人认真学习贯彻习近平新时代中国特色社会主义思想主题教育，同时在工作中继承中研院的优良传统，学习彭寿院士的作风情怀，建议可以读读《高效能人士的七个习惯》，始终在学习中完善自我、在岗位中提升自我，为建设世界一流玻璃新材料科技产业集团，实现百年老店的目标而努力奋斗，谱写新的美丽篇章！

中建材玻璃新材料研究总院 1953—2023

风华赓续　薪火相传

马立云

春秋代序，岁月峥嵘。2023年幸逢改革开放45周年，中建材玻璃新材料研究总院（以下简称"中研院"）迎来建院70华诞。

70载风雨兼程，70载砥砺前行。从淮河之滨到浦江之畔，从步履维艰的国内发展到大放异彩的全球布局；从寥寥数人的设计团队发展壮大至数以千计的企业员工，从单一科研院所转制成国际化科技型企业集团；从跟跑到并跑，再到领跑，中研院在转型升级中实现了华丽转身。

70载初心不改，70载传承创新。一代代凯盛人坚持不懈地艰苦奋斗、默默耕耘和无私奉献，成就了凯盛集团的焕然风貌。他们挥洒汗水、奉献青春，用满腔热情书写平凡而伟大的故事；他们开拓进取、笃行实干，用聪明才智描绘改革与发展的美丽画卷。

70载辛勤耕耘，70载春华秋实。如今，中研院的发展日新月异，技术实力行业领先，工程服务走出国门，品牌建设享誉世界。2019年，中研院院长彭寿当选为中国工程院院士，更是对中研院70年传承、创新、发展的美好诠释。

我作为昨日的亲历者和见证者，回首近40年走过的路程，曾经的过往历历在目。同时，作为明日的参与者和创造者，更壮阔恢宏的征程正铺展在脚下。正可谓：四秩峥嵘，长歌奋进与企业共成长；矢志乘风，再续高质量发展新华章！

一、沉淀·耕耘

（一）**钩沉索隐几十载，披沙沥金铸匠心。**中研院立于新中国建设之初的艰苦岁月，兴于改革开放波澜壮阔的新时期，强于中华民族伟大复兴的新时代。其前身是中央重工业部建筑材料工业管理局设计公司，于沈阳成立，随即迁至北京，1971年迁到蚌埠建立蚌埠玻璃工业设计院（现更名为中建材玻璃新材料研究总院）。同年，我国第一条浮法玻璃生产线在洛阳玻璃厂建成，"中国洛阳浮法玻璃工艺"由此诞生，中国玻璃生产进入现代工业新纪元。1985年，我和来自五湖四海的青年来到了蚌埠院。从此，我们的个人命运便和中国玻璃工业发展紧紧连在了一起。很快，我便有幸参与了洛阳玻璃厂第三条浮法玻璃生产线的设计技改工作——国内第一条由垂直引上改为浮法玻璃的生产线。1996年，我又参加了洛玻一线的升级改造及厂院联合攻关，与诸多技术人员一起画图纸、做试验、跑工厂，在实验室中夜以继日、在生产线上东奔西走。在大家的共同努力下，生产线达到国内玻璃行业的最高水平，成为行业示范线。

但是我国玻璃工业的发展并非一帆风顺。特别是近些年来，华光、洛玻、耀华等企业面对困顿，几度沉浮。中国工程院院士、中研院院长彭寿勇挑重担，攻坚克难，充分发挥凯盛的"管理优势、技术优势、协同优势、文化优势"，带领昔日的老企业实现凤凰涅槃，被誉为"央企救活地方国企的典范""国有企业处僵治困的典范"，赓续了中华民族玻璃工业的精神血脉。

（二）**看似寻常最奇崛，成如容易却艰辛**。振兴民族玻璃工业，是一代代凯盛人的梦想。在提升传统浮法工艺的同时，增强关键核心技术领域的自主创新能力，成为一条贯穿始终的主线。多年来，我们聚焦国家重大战略需求，瞄准行业发展方向，打造技术创新高地，主持承担和参与国家重点研发计划、国家973计划、国家863计划、科技支撑计划课题共21项，省部级科研项目97项，主持制定国际标准2项、国家标准13项，累计拥有2442件专利，其中发明专利844件、国际专利345件……中国玻璃技术逐渐完成了从无到有、从弱到强，领跑世界的历史沉淀。回望风雨，在国家重点实验室中，在生产一线攻关破解难题上，在灯火通明的办公室里，无数个通宵达旦，无数次测算与试验，从"摸着石头过河"到"闯出一条新路"，正是这些科技创新成果的不断积累，为后续"中国制造和中国创造并举"打下了坚实的基础，也是院多年来坚持科技兴企、勇攀科技高峰的具体体现。

二、蜕变·涅槃

（一）**同舟共济扬帆起，乘风破浪万里航**。在战略的选择、发展的选择，更是历史的选择中，中研院转型求变，格局日新。中国工程院院士、中研院院长彭寿很快提出了"以EPC为主、相关业务并存"的国际化工程公司这一全新的公司业务模式。2000年，中研院分离主营业务，在上海成立中国凯盛国际工程公司（后更名为中国建材国际工程集团有限公司，以下简称"国际工程"）。董事长彭寿院士带领国际工程深耕国内市场，开拓海外业务，以便在更广阔的国际市场上"与巨人共舞"，打造中国建材技术出口的"航空母舰"。2001年1月，国际工程中标越南300t/d浮法玻璃生产线项目总包合同，打响公司迈入国际市场的第一枪。项目人员克服重重困难，项目建成后被越南建设部评为2002年度榜样工程。自此，我们通过不断的学习、摸索和实践，逐步成长、不断蜕变，最终完成了涅槃和突破。国际工程逐步承接了压延玻璃、浮法玻璃、冷修改造等项目，设计产能从300t/d，到600t/d、900t/d，不断攀升到1200t/d（世界最大产能），实现了由"单一设计"向"设计装备一体化"出口、工程总承包的成功转型，更是带动了水泥工程、新能源工程、节能环保工程等其他业务的协同出海。

国际工程在海外市场披荆斩棘、杀出一片天地的同时，中研院内修于心，努力打造玻璃新材料原始创新策源地，搭建了浮法玻璃新技术国家重点实验室、国家玻璃新材料创新中心、玻璃节能技术国家地方联合工程研究中心、国家企业技术中心、国家示范型国际科技合作基地等一大批国家及省部级科研平台，建立了特聘专家工作站、博士后科研工作站。从此，创新和产业的"转化器"作用得到充分发挥，使得一大批科技成果成功实施产业化和工程化，累计创造研发转化利润近百亿元。在积极识变应变下，在经营业务不断延伸中开拓多元发展新版图，在产业体系不断演进中打开事业发展新天地。

（二）**喜看稻菽千重浪，跃上葱茏四百旋**。通过研发带动工程、工程促进研发，平台创新、技术创新、产品创新齐头并进，我们创造了10年四获国家科学技术进步奖、卓越质量奖、中国工业大奖等一批国家级奖项的非凡成就。2011年，"太阳能电池用微铁高透过率玻璃成套技术及产业化开发"成果荣获国家科学技术进步奖二等奖，这是企业科技创新历史上第一个国家级别的政府科技大奖，是汇聚我院近60年玻璃基础理论和工艺技术研究优势和经验的结晶，为中国太阳能光伏产业的快速发展提供支撑。2013年，我们在国家科技大奖申报上"梅开二度"——"浮法玻璃微缺陷控制与节能关键技术及产业化应用"获得国家科学技术进步奖二等奖，该成果推动了我国浮法玻璃技术进步与产业结构升级，为后续浮法玻璃技术升级"走出去"的爆发式增长打下了坚实的基础。2016年，院里研发的"超薄信息显示玻璃工业化制备关键技术及成套装备开发"被授予国家科学技术进步奖二等奖，该成果保障了国家电子信息显示产业的安全，对于引领中国玻璃迈向国际高端，实现从"跟跑"到"领跑"的创新跨越具有重要意义。2018年，中研院"超薄触控玻璃关键技术与成套装备开发及产业化"成果荣获中国工业大奖，助推我国信息显示产业的快速发展，同时也标志着中国玻璃已进入世界舞台的中央。2021年，中研院下属中建材环保研究院（江苏）有限公司与清华大学等单位联合研发的"工业烟气多污染物协同深度治理技术及应用"项目成果荣获国家科学技术进步奖一等奖，推动我国多行业烟气污染物迈入超低排放的新阶段，为打赢蓝天保卫战发挥了重要科技支撑作用。

70年革故鼎新，创新之途从未止步。以上成果和荣誉，涵盖太阳能光伏产业、玻璃技术产业、信息显示产业和绿色低碳等领域，是中研院"以创新促发展、以创新谋未来、以创新开新局"的生动实践，更是中研院"引领中国玻璃行业核心技术创新发展，为国家重要行业提供关键可靠原材料、为建设世界科技强国"贡献凯盛力量的充分见证。

三、新篇·华章

（一）**蓝图绘就卷亦开，奋楫扬帆启新程**。2021年是集团新材料产业发展平台建立元年，同时也是玻璃新材料原始创新策源地的开创之年。在凯盛集团玻璃新材料"3+1"战略布局的指引下，蚌埠院和国际工程顺利合并——中建材玻璃新材料研究总院成功揭牌，一个崭新的"大凯盛"孕育诞生。在"研发＋工程"的双轮驱动作用下，我们立足技术创新，专注研发设计，聚焦国家战略需求，致力打造全产业链协同发展产业集群。作为中研院的核心企业，国际工程以玻璃新材料技术为基础，推动创新链、工程链、产业链的深度融合，开创了玻璃工程、新能源工程、建筑工程、设施农业、节能环保、装备制造六大板块业务协同快速发展的新局面。我们以打造世界一流企业为己任，以"国际化、绿色化、智能化、高端化"为着力点，在全球化经营中打造精品工程，树立凯盛品牌。以沙特750t/d浮法线冷修改造工程为例，我们与世界一流的企业合作，业主方为世界最大的平板玻璃公司；我们有世界一流的技术和装备，设计人员克服改造项目没有原始图纸等重重困难，通过三维扫描技术，将本项目的技术参数、成本预算等方面提升到国际领先水平，蚌埠凯盛出口设备更是获得欧盟认证；我们有世界一流的工程服务团队，现场项目人员克服高温、沙尘暴等天气条件，以"5+2""白加黑"的工作热情，赢得了客户的信赖与赞赏。2023年5月，我飞赴沙特，看到为保证项目进度，施工如火如荼、人员热血奋战的场面，心底油然而生一股凯盛人的自豪和骄傲，我们正走在一代代前辈们锚定的赛道上，前仆后继的凯盛人正在用他们的青春书写着新的征程。

（二）**征途回望千山远，放眼前程万木春**。"十三五"期间，习近平总书记两次亲临安徽视察时对玻璃行业发展寄予的深切厚望，是对凯盛集团巨大的鼓舞鞭策，也为企业高质量发展指明了方向。在此期间，我们牢记习近平总书记的嘱托，在中国建材集团战略引领下，在彭寿院士的带领下，坚持创新发展、坚定"四个面向"，诞生了多项具有自主知识产权、世界领先的重大创新成果，其中包括世界最薄0.12mm超薄触控玻璃、中国首片8.5代TFT-LCD玻璃基板、30μm柔性可折叠玻璃、世界第一块大面积1.92m²碲化镉发电

中建材玻璃新材料研究总院
1953—2023

玻璃、光电转换率达到 20.3% 刷新世界纪录的铜铟镓硒发电玻璃以及应用在"海马号"的高性能空心玻璃微珠等，助推了中国玻璃工业实现高水平科技自立自强，保障了国家战略性产业安全和地方经济发展。

10年前，习近平总书记提出共建"一带一路"倡议，身为国家"走出去"战略的先行者和排头兵，在中研院的技术支撑下，国际工程通过"技术出口带动产品装备、工程服务加快市场布局、文化交流打造品牌效应"的全链条模式，在国际舞台中不断彰显"中国力量"，推动2022年成为联合国国际玻璃年。作为全球最大的玻璃工程服务商，高端玻璃工程全球市场占有率稳居65%以上，在全球20多个国家和地区出口玻璃生产线60多条，连续多年跻身美国ENR全球顶级工程设计咨询公司200强、全国勘察设计行业工程总承包企业前6强。另外，玻璃装备和光伏产品远销50多个国家和地区；以余热发电、碳捕集、烟气治理为代表的绿色低碳技术正在全球市场中崭露头角。下一步，国际工程将以中研院为依托，进一步提升工程技术和服务能力，以全球化视野聚创新之势，以国际化布局汇合作之力，努力提升海外竞争力、影响力和引领力，奋力谱写共建"一带一路"高质量发展的"新篇章"。

回首七秩，中国玻璃工业一次次创新突破、一件件大国重器、一项项超级工程……都融成了最辉煌的中研院年代记。中研院始终践行中国建材集团的战略和文化，肩负振兴民族玻璃工业的使命，践行对国家、社会和行业进步的责任与担当，在贡献国家、服务社会、造福人民方面坚定履行好中央企业应有的各项责任。未来，我们将秉承"勇立潮头敢为先，乘风破浪正当时"的姿态，以"满眼生机转化钧，天工人巧日争新"的精神，勇于担当、持之以恒、不懈奋斗，在新发展格局中再造更多"中国第一、世界领先"，在跻身世界一流中再造更多"凯盛震撼""中国震撼"，向着世界一流的玻璃新材料研究院不断前进、向着创造企业高质量发展的优异业绩前进、向着中华民族伟大复兴前进！

有感科研院所人才管理

——纪念中建材玻璃新材料研究总院成立70周年

张宝鲁

科研院所,是知识、技术、人才密集的所在。可以说,人才是发展之本。对于类似中研院这样地处三四线城市的科研院所来说,如何引进和留住人才,对其发展至关重要。

中建材玻璃新材料研究总院(以下简称中研院)是1953年在北京组建的老院。20世纪八九十年代的设计院,老员工居多。这些历经沧桑,随院南征北战的老专家、老同志,曾为中国的玻璃工业做出过重要贡献。但他们毕竟年事已高,到了退休或接近退休的年龄。由于所处城市规模不大,经济欠发展,对引进人才缺乏吸引力。招不进大学毕业生,致使有些专业"断档",出现青黄不接的现象,还有的年轻人,进院后抱有临时观点,锻炼两三年,待专业技术熟悉后,再展翅高飞。中研院因此被员工自嘲为"人才培训基地"。

这种困境,直到2000年彭寿同志主持全院工作后,开始有了转机。彭院长对设计院进行了大刀阔斧的改革,蚌埠院的发展日新月异,逐渐在国内外享有了较高知名度。同时,员工的收入也有了大幅度提高,福利待遇令人羡慕。员工对院里的发展前景充满信心。引进的人才不仅有大批本科生,还有硕士生和博士生,以及国外高端人才。人才结构基本上满足了企业发展的需要。

一、靠事业吸引人才

彭寿院长上任后,与时俱进,制定了中研院的总体发展战略。每个分支机构都有自己的定位和发展重点,每个员工都有自己的发展平台。员工看到了公司的美好愿景,对留在院里工作充满希望。其实,在这方面,我们也曾有过波折。改制初期,由于一部分专业技术人员迁往上海组建的工程公司工作,留下来的员工对蚌埠的发展方向不明确,有疑虑,出现过一夜之间流失20多位专业技术人员的情况。所以,企业的发展思路清晰、战略定

中建材玻璃新材料研究总院
1953—2023

位明确是研究院所吸引人才的必要条件。

用好人才是稳定人心的重要条件。彭院长常说："天生我材必有用。给每个员工搭建发挥才能的平台，每个员工都有用武之地。"在院里，大家对彭院长一个共同的评价是"会用人"。知人善任，用其所长。在设计研究院这个温馨和谐的大家庭里，员工工作生活得心情舒畅。领导的信任又变成一种动力，一种责任。不管是一个人工作，还是团队行动；不管是在院本部，还是在现场服务，都能积极主动去完成任务。许多企业的领导对院驻厂人员的评价是"比自己厂里的人还负责任"。

二、靠人性化管理，稳定人才

彭寿院长主持工作后，实行人性化管理。在他任职的 20 多年里，做了大量温暖人心、为员工排忧解难的实事。突出的是解决新老同志的住房困难问题。面对老员工住房拥挤、年轻员工无婚房的问题，院里指定专人，调查研究，提出利用自用土地自建住房的方案。向市政府提出申请，并获得政府支持，先后在蚌埠地区建设了 3 栋共计 35050 平方米的住宅楼。比之前 30 年建造的旧房面积还多 1200 多平方米。既解决了年轻员工的住房困难，也改善了离退休老员工的居住条件。

考虑到上海房价高，迁往上海工作的员工买房困难及今后上海公司的发展，院里利用多年来和江苏太仓市的合作关系，在太仓置地，建造了 8 栋 7.5 万平方米的住宅楼。对于员工的困难，院里总是放在心上，千方百计地去解决。

重视收入分配。随着院和公司的快速发展，企业效益有了惊人增长，对国家的贡献越来越大，员工收入也有了大幅度提高，并建立了企业年金。对于调动员工的积极性和稳定人才，起了重要作用。

员工不仅在职时有较高的收入，退休待遇也明显高于地方。在养老保险制度改革时，院里坚持实事求是，按政策办事，为每个员工足额计算工资。结果是院里上缴的统筹基金高了，员工退休后的养老金高了。

企业关心员工，员工反哺企业，形成了企业蒸蒸日上、蓬勃发展的良性循环。这样的企业谁不热爱？深信，总院的明天更美好！

我曾参加中国"洛阳浮法"试验

华南珍

纵观中国的浮法试验，可分为三个阶段：1. 1960—1967 年，实验室试验；2. 1967—1971 年，株洲中间试验；3. 1971—1981 年，洛阳工业试验。

中国浮法实验室试验，先后在上海（耀华玻璃厂研究院）和管庄（国家建筑材料科学研究院与国家建材部玻璃设计院）两地进行。陈正树和我在玻璃设计院组织了浮抛项目组，参加管庄阶段的浮抛工艺试验。当时管庄试验总负责人是国家建筑材料科学研究院的黄钧老师。之后，我又被派去参加在株洲玻璃厂进行的浮法中间试验。

此后，还曾参加洛阳三线（国内首次九机改浮法）、洛阳二线改造、洛阳一线（600 吨/日）等多条浮法线设计、施工驻厂和投产工作，并参加了国家浮法"七五"攻关工作。

现将我了解或亲历的情况，做番介绍。

一、上海实验室试验

1960 年国家建材部给上海耀华研究所下达任务：1）为中国浮法选择合理金属溶液；2）确定良好惰性气体和数量；3）金属浴槽用什么耐火材料；4）合理的工艺制度；5）采用什么玻璃成分；6）金属浴槽的结构。

1960 年 8 月在上海耀华开始小型试验。1961 年 10 月建成一个试验系统。该系统由三部分构成：预热室、浴槽和锡槽。各部分尺寸如下。预热室长 500mm、宽 220mm、高 200mm，采用电热丝加热，窑内温度控制在 600℃。浴槽由高温、过渡和低温三个区组成。

浴槽、锡槽尺寸　　　　　　　　　　　　　单位：mm

	长	宽	高
高温区	1000	300	200
过渡区	300	200	115

续表

	长	宽	高
低温区	700	200	200
锡槽	200	200	115

高温区用硅碳棒加热（φ18共8根），低温区用电热丝加热（12号电热丝）。保护气体用发生炉煤气，压力40~150mmH$_2$O。

采用原片玻璃进行抛光试验。试验时，先将原片玻璃送入预热室预热，再经浴槽，送入锡槽进行抛光试验。

试验窑的部分如图1所示：

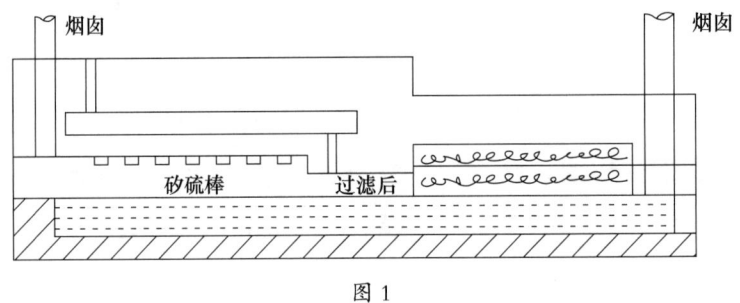

图1

锡槽，采用20%的槽子土和80%的熟料，用水玻璃调和砌筑。

在升温加锡后，漏锡严重，6个小时锡漏了一半。

惰性气体利用本厂洗涤煤气。当发生炉煤气压力大于120mmH$_2$O、高温区温度880~920℃时，玻璃表面光亮。

1961年11月至1962年1月，共试验了4次。

当时，曾对锡铝合金的氧化做了很多实验室试验。1964年对锡和锡合金提出了7点要求：熔点600℃以下；沸点1200℃以上；熔融金属的相对密度必须比玻璃大；金属不粘玻璃，且不与玻璃起反应；合金，液相不分层；挥发少，蒸气无毒；经济等。

二、北京管庄浮抛试验

1. 半连续浮抛试验

管庄的试验是在上海试验基础上进行的，除了继续做实验室单元试验外，还在车间里砌筑了一条小型半连续试验线。

为了验证单元试验的正确性，使拉引出的样品表面光洁；同时，为了探讨生产工艺中的关键问题，明确下阶段试验的主攻方向，1965年5月—11月共安排了6次玻璃棒和玻璃片的半连续试验。

其中，第5次试验用的玻璃是国产普通玻璃；第6次是用本院重油坩埚窑和生料熔制的类压延玻璃，成分如下：

	SiO_2	Al_2O_3	Fe_2O_3	CaO	MgO	K_2O	Na_2O	SO_2
第5次	72.2	2	0.22	6.6	4	1	13.8	0.3
第6次	71.6	1	0.1	9.5	3.8		14.0	

间断地将玻璃熟料加入硅碳棒电炉，热至1100~1200℃，熔成1000~1100℃的玻璃液。玻璃液如何引入锡槽，曾试验了以下两种方法。

一是让玻璃液从锡槽端部开口处流入，此时玻璃液会与开口两侧的耐火砖或石墨块接触，再淌到锡液上，如图2所示。

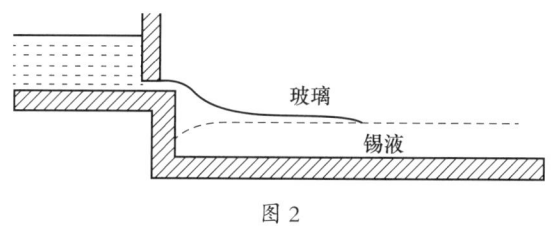

图2

但当玻璃液与耐火砖或石墨粘住后，难以拉引，尤其是边缘温度较低时，会有浮渣沾玻璃底面，造成下表面不光洁。

二是试验了在锡槽高温区，用不锈钢的流嘴将玻璃液以流股方式自由地降落到锡液表面上，如图3所示。

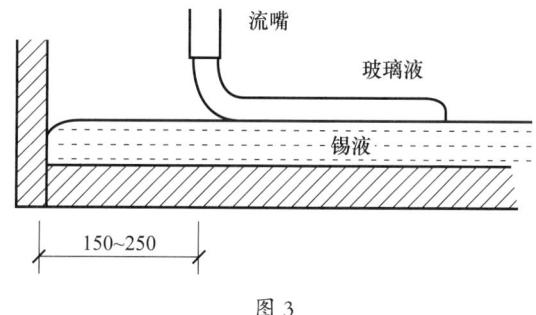

图3

不锈钢的流嘴宽度80mm，加大电流后使其加热至950~1050℃。这样做，拉引是方便了，但是由于高温下玻璃表面张力和自重的作用，宽度骤缩，很难控制玻璃板的宽度、厚度。另外，不锈钢的流嘴的寿命有限，而且不能实现要流就流、要停就停的工艺。当时，没有找到好的连续拉引办法。

2. 连续浮抛试验

1967年3月至4月，在管庄进行了连续成型试验，用压延机连续不断地向锡槽供给玻璃带，进行连续抛光试验。

试验选用了容积为 1.6m³（1.8m×0.9m×1m）的全电熔窑，装机功率约130kW，每小时熔化生料130kg。

熔窑内先装株洲玻璃厂（压延）的碎玻璃，升温后再加秦皇岛厂的生料。先用压延机将玻璃液压成玻璃带，直接送入锡槽浮抛。

压延机压延速度25~60m/h，成型温度1200℃。压延后进入锡槽的玻璃宽度150~230mm、厚6mm（曾拉到9mm）。

锡槽有效长度为8m，宽度459mm，锡液深度35~55mm。锡槽由矾土水泥耐热混凝土现场施工，分4段捣打，接缝处用水管冷却以防漏锡，外有保温砖，再用3mm钢板焊成外壳。

锡槽的加热分上、下两部分。上部空间加热器是用 ϕ4.5 的铁铬铝电热丝，绕成螺旋管状放在异形黏土砖槽内；锡槽下部加热，是用沉在锡液内的石墨加热器。

在试验中，石墨电加热器大部分损坏，在以后的试验中，也就放弃了锡槽下部加热；上部的电热丝虽然也损坏较多，尤其是高温带损坏更多，为此我们在高温带又补安装了硅碳棒，代替电热丝加热，从而能继续进行玻璃拉引试验。

玻璃引头子和牵引是人工从锡槽侧孔中用工具将玻璃头拨出锡槽，再用钳子钳到牵引机上。

退火是自然退火。

试验时压延速度一般为35~40m/h，牵引速度为45~50m/h。高温区的温度为850~900℃，出口温度为450~500℃。试验线如图4所示：

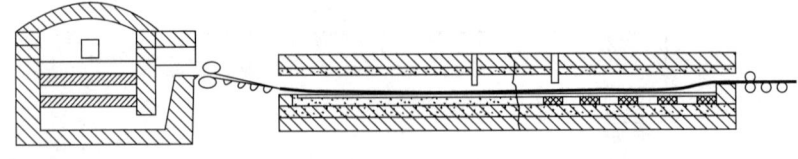

图4

连续拉引试验共进行了15次，其中最长一次达18h。虽然玻璃表面质量不够满意，但是抛光效果是显著的。这次试验基本形成了中国浮抛技术的雏形。当然，从现在来看，如成型时用压延机压制玻璃还是有局限的。

根据这次连续拉引的试验，总结了锡槽的深度（宜100~150mm）、长度（拉引速度

40~50m/h 时，浮抛 6mm 玻璃要停留 12~15min）、宽度（玻璃不宜完全覆盖锡液，每边要留 100~150mm）、加热温度（高温区 1000~1050℃）、锡槽内的温度制度。

从锡槽出口往进口：

距出口	0mm	250mm	500mm	750mm	1070mm
温度	720℃	770℃	850℃	890℃	995℃

锡液，认识到不能用 Sn-Al 合金，因 Al 夺取氧的能力太强，高温时不能还原，所以要以纯 Sn 为基础（Sn > 99.56%）的 Sn-Ag 合金为宜，实际上用的是工业 2 级锡（Sn > 99.56%）的纯锡；采用水煤气或氮气作为保护气体，但以加入 5%~10% 的氢气为宜；玻璃组成以低 Fe_2O_3 高 CaO 的快硬玻璃为宜；玻璃应加热到 800~1000℃时，再与锡液接触为宜；为了防止浮抛锡槽漏锡，可用黏土砖砌筑，用磷酸铝耐火泥浆砌缝，内壁贴石墨。

另外，还做了许多实验室研究，如水蒸气的影响；Fe^{+2}、Fe^{+3} 和 SO_4^{-2} 对玻璃颜色的影响……

通过管庄试验，在技术上，已具备进行扩大浮抛连续试验的条件了，黄钧老师提出，希望在工厂进行浮抛中间试验，并上报请当时的国家建材部、局和国家科委研究决定。

三、株洲中间试验

1967 年，建材部批准在株洲玻璃厂进行浮法玻璃中间试验。当时主要是有国家建筑材料科学研究院、国家建材部玻璃设计院和株洲玻璃厂参加。

研究院是在黄钧老师带领下的一批在管庄参加试验的年轻大学生，为了防止锡槽漏锡的关键问题，锡槽高温段槽底也是他们几个年轻人，手持振动锤，一锤一锤精心打造的。

设计院是由项目负责人曹济林带近 10 个工种（工艺、窑炉、电、水、煤气、建筑、结构、设备、概预算等）的技术人员去现场做改造设计。

这次中间试验是利用株洲厂当时已停产多年的球窑生产线加以改造进行的。制球与浮法试验所需的楼板标高完全不同，改造工作量很大。我当时负责这次改造的工艺设计，要给其他工种提供资料。因参加过管庄的浮抛试验，深知浮抛工艺的要求和难度，所以在确定方案前，先调查了国内具有球窑生产经验的厂家，再结合浮抛要求进行改造设计。从以后的试验看，基本满足了自然厚度（6mm 玻璃板）的浮抛工艺要求。

株洲浮法玻璃中间试验主要指标是：

锡槽的浮抛能力	15t/d
槽身尺寸	25m×1.0m

浮抛玻璃的宽度	300~900mm
浮抛速度范围	40~910m/h
锡槽总电耗	~380kW

其中：高温加热器为硅碳棒；低温加热器为电热丝。

在株洲中间试验顺利地拉出浮法6mm玻璃后，必须再进行5mm薄玻璃试验。为此，需要对该压延生产线进一步改造，以进行浮法工业性试验。当时，因株洲压延生产线生产正常，也是国内最好的压花玻璃生产线，株洲玻璃厂没有同意继续做浮法工业试验。而洛阳玻璃厂欢迎改造其压延生产线进行浮法工业试验。因此，浮法工业试验就改在洛阳玻璃厂压延线上进行了。

在洛阳试验前，我已下"五七"干校，所以没能参加洛阳浮法工业试验。

我因参加了两次浮法试验工作，尤其是在管庄的连续浮抛试验工作，与研究院七八个新大学生一起在黄钧老师的领导下，共同研究方案、共同打造混凝土锡槽槽底、共同锯石墨建造锡槽、共同进行升温和试验操作、共同处理漏锡事故等。经常十几个小时都在现场，遇到困难一起设法解决，不分白天与黑夜，尽量维持玻璃连续的拉引。在试验中，直接体会了影响浮抛玻璃的各种因素，使自己对制造浮法玻璃有了深入的直观了解，对我今后锡槽设计帮助很大。

我们浮法试验负责人是管庄研究院的黄钧老师，他病重时，我曾去北京看望他。他告诉我，在报发明单位和参加人员时，"我把你和蚌埠院一并报上去了"。老专家自己病了，还不忘参加试验的人员，让我们深深敬佩。

参加了浮法试验工作，获益匪浅。例如，我在以后的洛阳浮法三线（九机有槽改浮法）的设计中，改进了流道和唇砖，为洛阳浮法三线成为当时国内效益最好的浮法生产线创造了有利条件。又如，1998年在洛阳二线改造设计中，为了锡槽有个稳定的板根，计算了多种情况，最后确定了适应我国浮法用的短小流线型唇砖，并调整了距离锡液面的高度，实际生产效果很好，为该项目获得全国优秀工程设计银质奖助了一臂之力。

随着国家基础工业的发展，我们以前遇到的许多困难已经不在话下。我想，在我国基础工业不发达的20世纪60年代，英国浮法也在试验和完善当中，国外又对我们进行封锁，在资料十分缺乏的情况下，参与人员在党和国家的关怀下艰苦奋斗、自主创新，为发明中国浮法尽了自己的最大努力，作出了应有的贡献。

记下这段史实，献给蚌埠玻璃工业设计研究院，纪念建院70周年！

中国浮法玻璃工艺技术研发初期的回顾

薛稚颖

浮法工艺生产磨光平板玻璃是英国皮尔金顿公司首先试验成功的新技术。国际玻璃界认为这是玻璃工业的革命性成就。1959年英国皮尔金顿公司宣布它发明的该项技术获得专利权。由于浮法工艺技术的革命性优点，使其在世界各地得到迅速的推广和发展。

20世纪60年代初，我国的经济建设已经发展得很快，高质量的磨光玻璃的供给已远不能满足国家发展的需要，所以尽快提高我国高档玻璃的产量是非常迫切的任务。当时要建新的生产线有2种生产工艺可选：一是传统的机械磨光生产，这样可以快些，但花外汇多、产能低、成本高、环保差、产品售价高；二是采用当时世界上新兴的先进浮法工艺生产，但英国拒绝提供和转让技术，只能靠中国人自己研发。

本文回顾的是这2种方法的后一种，自己研发的概况。

三厂·三研发阶段

第一厂：北京建材研究院试验室、试验厂

第一研发阶段：基础理论研究和分析、相关小试验、热态半连续试验。

第二厂：株洲玻璃厂

第二研发阶段：冷热态单元小试验、半工业试验成功。

第三厂：洛阳玻璃厂

第三研发阶段：工业试验成功，延续提高质量试验。

第一厂·第一研发阶段

1960—1963年建材研究院（建研院）和上海耀华玻璃厂曾分别或协作在实验室进行过初步探索性试验，但都未获得明确结果。

1965年建研院重新组织力量（主要是本院建筑玻璃室的人员），正式科研立项，拨发试验经费，专题项目启动。

1966年初，按照科技司的安排，玻璃设计院成立的浮法工艺试验组（当时的成员有：

陈正树、华南珍、薛稚颖、李承本、张素英、潘丽莉6人）与建研院的试验组合并一起攻关浮法项目。初始阶段，由于国外封锁和拒绝转让技术，我们当时自己所掌握的实用技术很有限。于是首先组织力量大量收集和浮法工艺相关的专利、资料，进行基础理论的研究和分析，提出各类与浮法有关的科研课题。例如：液态成分、玻璃和金属液的物理化学反应、保护气体……还进行多项冷态和热态的单元试验，其中主要的一个项目是1967年3月25日—4月17日在建研院的试验厂内进行的一次热态综合性半连续试验。在当时的现场条件下能完成的试验装备有：

容积为1.8m^{3}的全电熔窑。

辊径为ϕ112mm的压延机。

锡槽：有效长8m，内宽450mm，锡液深55~35mm，槽体内层用矾土水泥耐热混凝土，分4段捣打，接缝下有冷却水管，槽体外层有硅藻土保温砖，最外层是3mm厚钢板外壳。

加热元件：铁铬铝电炉丝、硅碳棒。

保护气体：本厂水煤气。

试验结果：试验运行了20多天，共拉引玻璃15次。最长的一次运行18个小时，但最后还是没取得成功。总结其原因是一些基本的试验条件没能连续满足，例如：玻璃熔化质量不好、锡槽里的锡液基本漏光、大部分电加热元件损坏、槽内温度达不到950℃以上，所以最后没能得到理想的玻璃样品。但是这个热态半连续试验的流程运行操作却让参加试验的人员发现了很多资料上不能发现的问题，增强了试验人员再继续试下去的信心，并且验证了英国人声称的浮法工艺流程的非神秘性。

总结之后，汇总了那段时间所做的各类大小试验，为下一阶段再提高一步的中间试验打下很好的技术基础。可问题是建研院的这个试验厂条件不能满足下一阶段试验的要求，那就得赶紧另找合适的试验场地。最理想的条件是在一个有一定规模的玻璃厂内，共享现成的场地、公用设施和有经验的各类操作和管理人员。可选的有秦皇岛玻璃厂和株洲玻璃厂，其中后者积极性很高，专门派人到部里请战，并且厂内还有一条水平压延玻璃生产线可满足浮法生产条件。

第二厂·第二研发阶段

1967年12月国家科委批文：以株洲玻璃厂为主，建材研究院、玻璃设计院协助共同完成浮法玻璃工艺中间试验任务，同时下拨180万元专项试验经费。1968年初，三方立刻开始接力北京建研院试验厂前一阶段的试验成功和还没有完成的项目，以及新定多项单元冷热试验课题，尤其对锡槽的结构、材料、施工、电加热、保护气体、相关设备等单项技术继续调研，补充试验。

1969年中，在基本完成以前各种试验的基础上，提出做中间试验的半工业试验综合设计方案：锡槽、电加热、保护气体部分由三方联合试验组负责设计，其他如新建厂房、公用工程、设备、窑炉改造、新建退火窑等部分由设计院另派现场设计组负责，厂方负责全面的领导和施工安装组织。

具体的设计要求：①在现有的煤气站增建静电脱焦系统；②对原制球车间后部楼板和熔窑工作部按试验要求修改；③全新建造锡槽、退火窑及相关的厂房1948m^2；④新建750kV·A变电所。

主要技术经济指标设计能力：

①马蹄形火焰窑熔化能力：15t/d；

②压延机：压延速度45~140m/h，压延机辊径ϕ150mm；

③锡槽：抛光能力15t/d，有效长24780mm，有效宽1000mm；

④玻璃板宽400~900mm；

⑤电加热器共289根，总耗电500kW·h；

⑥保护气体用发生炉冷煤气半完全燃烧设备（外拨）；

⑦双辊拉边机8对，地轴传动（只在试验后期用1对）；

⑧新建退火窑39m长。

以上各项任务在1970年中完成。

1970年6月16日晚7时，锡槽通电烘烤，熔窑过大火。7月28日锡槽第一次引头子没成功。接着经过一个多月的反复拉引，虽然能比较容易拉引出6mm×500mm的玻璃带，但玻璃带表面上鱼鳞斑（因压延机水冷辊）的痕迹即便是把锡槽的加热功率全开也不能消除。

9月6日，把压延机撤掉，置换上流槽砖，让玻璃液直接流到锡槽的锡液上，这样持续拉引8天，终于在9月14日可以稳定地拉引6mm×（300~500）mm的表面平整度达到抛光要求的超过普通平板玻璃一级品质量标准的真正的初级浮法玻璃样品，验证株洲玻璃厂浮法工艺技术半工业试验成功了。它圆满地完成了研发过程的第二阶段试验任务，这是一段重要的承前启后的环节，是我国浮法工艺发展史上一个重大的突破。

第三厂·第三研发阶段

研发的第二阶段成功之后，再扩大的第三研发阶段工业化试验线建在何处？这对整体试验的进度、成功概率、投资、后续发展和提高都有很大的影响。当时的选址有2个，一个是在株洲玻璃厂的南面围墙外有一片农田，可以新建一条试验线。但投资和时间相对困难，另一个选址是在洛阳玻璃厂新建的不具备社会效益和经济效益的有价值压延机械磨光玻璃生产线上（原压延磨光玻璃生产线被废除的原因一是已投废的压延玻璃线长时间运行不正常，二是原定从西德引进磨光机组的合同取消了）。

1971年上半年是株洲玻璃厂和洛阳玻璃厂都在找新出路的关键时刻，当时的国家计委和建材部抓住这个时机做出决定：把原洛玻的压延磨光生产线改造成继株洲玻璃半工业试验线成功后接力的浮法工艺试验线。这样实施的好处是：第一，可以节省大量的新建投资，除新建一座锡槽和截短一段退火窑外再没有什么大的新工程，其他建筑、设备、辅助设施都可以直接用原压延磨光线的资产；第二，节省很长的新建和改造时间；第三，有前阶段的成功经验，这阶段的试验成功把握性较大；第四，当时的国家计委和建材部大力支持，及时下拨了改造经费（190余万元）。

这对洛阳玻璃厂来说绝对是天赐良机。厂房立即启动压改浮工程，首先组建一个浮法玻璃工艺技术工业试验的联合试验组：洛阳玻璃厂、建材研究院、秦皇岛玻璃设计院（因某些历史原因，蚌埠玻璃设计院没有参加）。在洛玻的组织下，经历了"七十天会战"，按时完成了新建和改造任务。其中，新建的锡槽是最主要的热工设备，它的主要结构、材料和配套是在株洲半工业试验的锡槽基础上建造的。

当时设计的主要技术指标（1972年现场考察的资料）：

锡槽全长：25500mm，有效长：25000mm；

外宽：3400mm，有效宽：2400mm；

锡槽池深：130~70mm，密铝量：26.5t；

抛光能力：110t/d（常用70~80t/d）；

抛光板宽：1850~2000mm；

抛光板厚：6~7mm；

正常功率：171kW（锡槽 P=0）；

保护气体量：300~400mm/h。

锡槽进口用流道砖，槽体用矾土水泥混凝土分段浇筑，接缝处有冷却水包，壳体仍沿用14mm钢板，电热元件用硅碳棒和铁铬铝电炉丝，保护气体仍用冷煤气半完全燃烧（设备由株洲玻璃厂拆运过来，在原机械磨光机组工段安装）；

熔窑用原有90t/d压延窑（不放水全保温）；

退火窑用原 100m 压延退火窑截除前端 25m；

截除的 25m 位置用作新建锡槽；

锡槽出口与退火窑之间新增一套过渡辊台；

其他配套设施都按计划完成接口后确定。

1971 年 9 月 23 日，提开玻璃熔窑流液道上闸板，玻璃液顺利流入锡槽锡液面上。此刻正式进入洛阳玻璃厂压改浮的工业试验阶段。

由于有株玻半工业试验的操作运行经验借鉴，这里仅用了一周的时间就在"十一"国庆节成功拉出了 6mm×1350mm 浮法玻璃。玻璃表面标准，可以作为商品磨光玻璃对市场出售了。

至此，中国浮法玻璃工艺成型技术逐步成为比肩英国皮尔金顿公司和美国匹兹堡公司的三大浮法技术之一，掀开了我国玻璃工艺技术发展史上新的一页，为我国民族玻璃工业的发展树起了一座丰碑！

1965—1971 年，在当时动乱的历史年代里，还能有机会参加三厂·三阶段的全新试验任务，所有参加试验的单位都值得国家的荣誉和表彰。

1981 年 4 月，国家科委主持了继国产万吨巨轮和万吨水压机后第三个国家级鉴定会，并于 3 个月后由当时的国家计委颁发给本项目"国家发明二等奖"。

本人知道后感到非常高兴，我们玻璃工业能拿到国家级大奖，很值得庆幸，也因为自己和许多同事曾在此项目前两个研发阶段贡献过微薄之力而自豪。但略感有些遗憾，就是授奖单位中没有蚌埠玻璃设计院。毕竟蚌埠玻璃设计院参加了研发过程的前两个阶段（即项目开始至半工业试验成功）。而没有参加前两个试验阶段工作，只参加"会战"和后续试验的少数单位却得了奖。

这在当时给蚌埠玻璃设计院的声誉带来很大的负面影响，因而有传言"蚌埠院是垂直院，不会做浮法设计"。当时国家已规定不许再建垂直引上和平拉生产线，这样，蚌埠院就处在新老工艺都无法参与的困境，可想而知当年全院上下的心情。

为尽快扭转这种局面，全院上下尽最大努力，到 20 世纪 80 年代中期，获得一个国内 500t/d 浮法厂的工程项目。从设计到投产都得到各方好评，并获得了"全国勘察设计银奖"，从此蚌埠院才算翻过身来，并在此后不久就接连拿到了国内外的浮法工程总承包或配套设计工程项目。蚌埠院从被轻视转为被重视，跻身国家顶级设计院之列。

今天，蚌埠院 70 年华诞之际，回顾历史，今非昔比。承载玻璃行业 70 年，展望未来，豪情满怀，开启创新发展新征程，数风流人物，还看今朝。蚌埠院在彭寿院长的带领

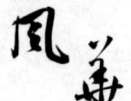

下继续充分把握新时代的大好时机，把具有中国特色的浮法玻璃新工艺技术再进一步提高发展起来，取得更加辉煌的伟大成就！

　　此文是谨借院庆之际回顾了中国浮法玻璃工艺技术研发初期阶段的部分历史之事，若有不当之处，请当年参加过这段工作的领导和同事们指正。

"小"故事绘就"大"故事

"70年70人70事"系列专题报道制作侧记

2024年2月9日，阴历兔年大年三十上午。

"今天是除夕了，视频制作的工作人员都回家了，最后一期视频里面的文字中的引号能不能不加了？""不行，作为最后一期压轴内容，是重头戏，更是全年工作的总结，必须严格要求，要认真对待，抓紧想办法。"

为展现中建材玻璃新材料研究总院（原国家建材局蚌埠玻璃工业设计研究院，之前简称"蚌埠院"，现简称"中研院"）成立70年发展历史，策划拍摄团队的工作状态一如既往，从年头持续到年尾。

要想一个好的方式

走得再远，都不能忘记来时的路。

具有70年历史并且还在持续高质量发展的企业数量不多，以什么样的形式展现这段历史，才能既突出厚重的历史文化，又抓住传播规律和时代特点，被受众特别是年轻人所接受？

"70年历史，我们能不能找70个人，讲述70个企业发展过程中的故事？""这个主意好，找什么样的人呢？以什么形式展现呢？""找的人要有覆盖面和代表性，年龄上要包括老中青三代，有离退休的，也要有在职的。""现在的年轻人喜欢刷视频，以视频形式展现吧，不要以图片和文字了，没人看。""是不是拍一批有代表性的就可以了，其余人的故事用文字表达就可以？""要拍齐70个人吗？""好！你讲得好！70个人，一个不少，都拍视频。""就叫'回忆、传承、发展'——'70年70人70事'系列专题报道吧。"

2023年3月，策划制作团队在你一言我一语的讨论中，形成了初步方案，之后成为中研院成立70周年系列主题宣传活动中的重头戏。2023年3月至2024年2月，策划拍

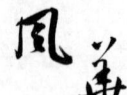

摄制作团队辗转安徽、上海、江苏、深圳、北京等地，联系沟通上万次，拍摄70多个小时视频，后期制作960个小时，节省经费近200万元。2023年12月，"70年70人70事"系列专题报道被国资委党委主题教育简报刊登。

"开工"没有回头箭

说起来容易，做起来远没有想象的那么简单。

制作系列专题报道，不亚于完成一部纪录片，需要专业团队专业策划专业制作，在电视台基本需要几十人甚至上百人的团队。

第一稿计划和拍摄名单出来了，每个被访者都拍视频，经费成了问题。为了节省成本，团队自立自强，从零开始，自己拍自己剪自己制作。之前，蚌埠院也有自己的电视台，这是历史的寄托，更是文化和精神的传承。

开工，需要组建工作团队、制定方案、联系协调、具体拍摄、后期制作、审核校对，需要认真策划，精心挑选被采访者，确定被采访者身体状况、家庭住址、采访时间、讲述的故事主题，需要长期坚持，多长时间发一期、一期几人讲述，至少持续一年时间，不能半途而废，需要转变工作方式，从以图文宣传为主转向以视频方式为主，每一步都不能马虎，每个细节都不能疏忽。

团队接受的挑战，是为了实现一个大目标，长期坚持的毅力；是为了完成一个小目标，耐心细致的态度。如果不经历，如何成长？不能成长，如何挑起更重的担子？

要么不做，要做就做最好。

认真对待每一期

2023年7月11日第1期诞生，至2024年2月16日最后一期收官，一共发出30期。

每一次采访，都认真策划；每一帧画面，都认真拍摄；每一个文字，都认真校对。为了达到最优的拍摄效果，团队配备了灯具、麦克风，每次采访都把装备带到拍摄地，在后面录制快结束时，连三脚架都坏了。不仅要拍摄，还要在视频里配图配文字，要多方搜集包括企业改革发展中关键时点、重大成果、重大项目等具有历史意义的照片，还有受访者的个人照片，图片在视频中出现的时机要协调，文字不能出差错。在图文模式下修改很简单，几秒搞定，在视频模式下每修改一次，都要重新导出，有时改一次需要几个小时。但是，不管几点，该修改的必须改到位，到了该发的时间节点，深夜12点前必须搞定……

就这样，团队熬过了一个又一个不眠之夜，加班到凌晨一两点是常态，有时躺下了又起床修改，视频拍摄、制作、修改对于没有经验的小伙伴更是全新的挑战。

当然，再细致也有忙中出错的地方，有一次视频已发出却发现有个错别字，只好删了重发。但是，这样的问题尽量降到最低，每一次都要把最完美的作品展现给受众。

质变是建立在每次量变的基础之上的。

最大的褒奖

"你们这个专题报道和系列视频拍得太好了！""你们这是怎么拍的，是不是做好长时间才能做出来？" 30期视频，平均每条点击量6000次，最高单条阅读量突破1万。

再苦再累，观众的一句话和实实在在的数据，是对团队最大的鼓励和最高的褒奖，更是不懈前进的动力。

各成员企业和被采访者的高度重视与密切配合，也是成功的重要前提和基础。有些离退休老同志被通知接受采访，激动得一夜没睡好，想着第二天怎么说；有些人说，你们这个视频拍晚了，有些老同志已经离开了，要早个10年就好了；有些被采访者认真整理思路、准备稿件、准备服装，以最好的状态出镜；有些被采访者精益求精，拍摄1遍不行就2遍，2遍不行就3遍，直到满意为止；每个视频拍摄制作出来以后，都需要经被采访者逐个确认。

被采访者讲述的故事和对待每个视频的态度，也深深感染着制作团队。制作团队也从这次拍摄过程中感受到企业的沧桑巨变，也感受到老一辈玻院人的谦逊、无私奉献和由心底而生的自豪感，录制过程也是制作团队收获的宝贵经历和成长的洗礼。

回忆传承发展

最终呈现的30期系列专题报道，纵贯了70年的发展历程和重大事件，内容涵盖科研、产业、工程、改革、国际、党建、员工等多个方面，全景展现了企业的奋斗史、创新史、改革史、开放史、团结史。

70名亲历者，年龄跨度从24岁到94岁，跨越几代人，分别从不同时期、不同地域、不同岗位，从当年在北京成立时的回忆，讲到打造"百亿集团、百年老店"的战略；从当年参与洛阳浮法科技攻关的过程，讲到屡屡为国际玻璃巨头提供世界领先的玻璃技术、装备和工程服务；从当年的转企建制加入中国建材，讲到奋力打造世界一流玻璃新材料研究院。

70名参与者，分别从不同时间、不同故事、不同感受，讲述了"我"与"中研院"

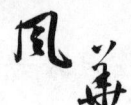

中建材玻璃新材料研究总院

的不解之缘和动人故事，用心阐述以目标文化、自强文化、速度文化、开放文化、争先文化、团结文化为主要内容的创新文化的丰富内涵。

70名见证者，分别从不同视野、不同角度、不同观念，表达了对企业的热爱、对付出的肯定、对事业的执着、对未来的期许。

事实证明，能在这个平台亲历、参与、见证的人是幸运的，既包括被采访者，也包括采访者，还有制作者。

对历史最好的纪念，就是把老一辈玻院人的初心使命和情怀担当续写成高质量发展的新篇章。

从成立70年到打造"百年老店"，还需要勇于面对前进路上的巨大挑战、克服征途上的重重困难。"70年70人70事"系列报道是目前持续时间最长、采访最多、跨度最大的一个专题，也是最有历史意义，最具收藏价值，最值得反复回味的历史资料，目的就是通过回忆历史、感受文化、继承血脉，激励年轻一代接续奋斗、传承发展。

当然，也有遗憾，有些员工想出镜却没有安排，特别是海外员工，让我们在发展中弥补吧。

当中研院成立80年、90年、100年时，我们准备好了张开怀抱等着您。

故事，还在继续……

创新发展

心怀"国之大者" 勇攀科技高峰

浮法玻璃新技术国家重点实验室

浮法玻璃新技术国家重点实验室（以下简称实验室）是2010年由科技部批准，依托中建材玻璃新材料研究院集团有限公司和中国洛阳浮法玻璃集团有限责任公司建设而成，是我国玻璃行业首个企业国家重点实验室。

实验室面向国家重大战略需求和产业发展导向，以科技创新为己任，围绕高品质浮法玻璃、玻璃节能减排技术、玻璃功能膜材料设计和镀制技术、玻璃新材料四个方向，开展前沿、共性、重大关键技术研究。

10余年来，在彭寿院士的带领下，实验室守正创新、攻坚克难、砥砺奋进，持续引领我国玻璃行业自主创新和科技进步，得到了党和国家领导人高度肯定。

打造自主创新平台 夯实创新发展根基

实验室现有科研用房1.5万m^2，建设有垂直连续式高真空溅镀中试线、特种玻璃粉体中试线等多条试验线，拥有高温熔融观察系统、黏度测试系统、气泡仪、扫描电子显微镜、X射线衍射仪、原子力显微镜等仪器设备300余台/套，设备总值超5500万元，满足玻璃领域科研开发和检测所需。

实验室建设有电子信息显示玻璃共性技术、玻璃节能减排技术、玻璃功能膜材料设计和镀制、硅质资源绿色制队、玻璃粉体材料等9个创新团队，固定人员113名，高级职称及以上技术人员占52.2%，为玻璃材料的科学研究和技术开发提供了有力保障。

瞄准世界科技前沿 提供坚实科技支撑

实验室组建以来，先后承担国家重点研发计划、国家应急专项、"863计划""973计划"及省部级科研项目60余项，获专项资金达2.4亿元。解决了玻璃领域多项技术难题，特别在电子信息显示玻璃、光伏玻璃、药用玻璃、玻璃粉体等方面取得一系列重大创新成

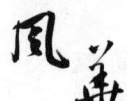

果，实现了多个领域关键材料的国产化。创新性地研发出0.12mm超薄电子玻璃，推动了中国玻璃制造由跟跑到并跑、领跑的跨越；自主开发的全球唯一全流程化30μm柔性可折叠玻璃，支撑了柔性显示技术与器件发展；实现了8.5代TFT-LCD玻璃基板工业化制备，使我国成为继美、日之后全球第3个掌握高世代TFT-LCD玻璃基板生产技术的国家。在全球率先开发出1.5mm高透光伏玻璃，引领了光伏组件由单玻向双玻演变；开发的高应变点薄膜太阳能电池用基板玻璃，实现了薄膜光伏组件关键材料的国产化；开发出世界最高光电转换效率达20.4%的铜铟镓硒发电玻璃组件，为国家实现"双碳"目标贡献了力量。开发出的高性能空心玻璃微珠产品成功用于我国首台4500m级深海潜器"海马号"；研制的首套国产全海深海底地震仪玻璃球舱，实现了我国全海深玻璃球舱制备"零"的突破；研制的国内首支中性硼硅药用玻璃管，保障了我国疫苗包装材料自主可控。获国家科学技术进步奖二等奖3项，中国工业大奖1项，省部级科技类奖项20余项；实验室科研人员在核心期刊发表论文150余篇，出版专著4部，主持及参与制定国家标准14项、行业标准5项，授权国家发明专利136项。

深化合作交流 促进协同创新发展

实验室充分发挥行业的带头与引领作用，通过与企业、高校、科研单位、用户的多维合作，实现了"产学研用"一体化的新型研发模式。与国内外包括北京大学、曼彻斯特大学、美国新泽西理工大学、武汉理工大学、四川大学、中国工程物理研究院、中国科学院上海光学精密机械研究所等20多所院校和科研院所，建立了长期产学研合作关系；同时，强化"需求导向、应用导向"，与华为技术有限公司、德国AVANCIS GmbH、广东中航特种玻璃技术有限公司等多家玻璃上下游企业，开展协同创新和应用研发。"十三五"期间，实验室联合东旭集团有限公司、浙江大学、北京工业大学、河北省沙河玻璃技术研究院、四川旭虹光电科技有限公司等15家单位，牵头申报了国家重点研发计划"高世代电子玻璃基板和盖板核心技术开发及产业化示范"项目，该项目取得了圆满收官，获评"优秀"绩效等级。"十四五"期间，再次联合武汉理工大学、浙江大学、华为技术有限公司、维信诺科技股份有限公司等国内长期从事显示玻璃研发生产、OLED面板制造及显示终端应用的全产业链协同创新团队牵头申报了国家重点研发计划"OLED显示玻璃材料关键技术开发"，将再次攻关突破显示材料的世界前沿技术。

为了加强与高校、院所的长期合作，促进人才交流，提升基础研究能力，实验室面向国家和区域科技发展需求，在电子显示、新能源等多个领域设置了开放课题46项，科研经费达 475 万元。

实验室积极承办和参与国内外学术会议，广泛开展学术交流和宣传。2012 年 6 月 7 日，在荷兰马斯特里赫特召开的国际玻璃协会理事会会议上，实验室主任彭寿正式就任国际玻璃协会主席，开创了中国人在国际玻璃协会担任主席的先河，彰显了中国玻璃界在全球范围的地位、影响力和融合力，以及在国际玻璃行业的影响力。实验室多次组团出访进行学术交流，也吸引了国内外知名专家学者前来访问交流；组建以来，主办/承办国际国内学术会议 20 余次，科研人员在各类学术会议上做主题报告近百次。

树立开放共享理念　构建共享服务平台

实验室作为行业的开放和共享平台，充分利用自身的科研、人才和资源优势，积极开展各种形式的科普活动，被列为合肥工业大学、陕西科技大学、河南科技大学、洛阳理工学院社会实践基地，以及当地政府（蚌埠市、洛阳市）科普教育基地和对外宣传展示的窗口。实验室每年承接各行各业的参观人员约 1000 人次，通过社会开放与科学普及，使越来越多的大众对我国玻璃行业的发展历程、发展现状、未来的发展趋势、玻璃的功能化和应用领域等有了更加深入的了解。

实验室秉承统一管理、分级负责、责任到人、全面开放的管理理念，对大型仪器设备实行开放、共享的运行机制，最大限度地发挥仪器设备功能和潜力，最大程度地提高仪器设备使用率和完好率。目前，实验室共有大型仪器设备 26 台（套）（原值 50 万元以上），均已纳入国家、省、市大型仪器设备共享平台，仪器设备型号、功能等信息均可以网上查询，为外部科研机构使用设备提供了便利，每年为行业上百家企业、高等院校提供玻璃及相关产品缺陷诊断、关键性能指标测试和质量控制等技术咨询、技术服务，取得了满意的效果。

"十四五"期间，实验室将坚持"四个面向"，瞄准国家"碳达峰、碳中和"目标，持续加强科技创新和前沿基础研究，突破"卡脖子"关键核心技术难题，打造一批战略性前沿玻璃材料重大原始创新成果，为实现高水平科技自立自强提供有力支撑。

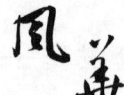

中建材玻璃新材料研究总院
1953—2023

守正创新 勇毅前行
战略咨询研究院创新发展之路

洪伟 叶良恒 吴波 杜杰杰

中建材战略咨询研究院（以下简称战略咨询研究院）是凯盛科技集团、中研院从事工程项目建设前期咨询和提供企业、产业、行业发展战略咨询的部门，拥有工程咨询甲级资信（建材、电力）和工程咨询乙级资信（机械、轻工、建筑）。累计完成工程咨询服务2600余项，其中规划100余项，可研报告、资金申请报告等1500余项，概预算500余项，环评500余项；工程咨询成果获国家一等奖3项、二等奖3项、三等奖2项，行业一等奖30余项、行业二等奖30余项。

战略咨询研究院在服务集团战略、业务模式创新、部门转型发展、人才团队建设、质量管理体系建设等方面成绩斐然。

一、夯实主业服务企业发展战略

科学谋划集团企业发展路径。发展战略事关全局，在全方位开展深入调查、分析研判的基础上，战略咨询研究院结合凯盛集团的特点，系统提出"3+1"战略布局，从总体战略蓝图、业务发展规划、关键保障措施、战略目标测算等方面对公司战略发展和战略部署进行详细规划。为加速凯盛科技集团"3+1"战略落地，战略咨询研究院积极开展股权转让、企业并购、业务尽调、EHS尽调等咨询编制工作，为集团内部企业重组做好前期服务工作；根据凯盛集团业务板块划分，开展光伏玻璃和发电玻璃、优质浮法玻璃和特种玻璃、新型显示和应用材料、工程和研发四大板块战略滚动规划编制工作，为集团发展提供战略支撑。

围绕凯盛集团矿产资源战略布局，战略咨询研究院编制了《凯盛集团硅砂材料平台"十四五"规划》，以中国建材集团"4335"原则为指导，贯彻落实凯盛集团"3+1"发展战略，依托现有基础，以"存量做优、增量做强、全面规划、分步实施"为原则，围绕"资源整合、原料保供、大利润平台"定位，制定了"一总部、五区域、多基地"的"1+5+N"发展战略；围绕品牌战略，战略咨询研究院按照"母子公司多品牌"的架构体系，编制了《凯盛集团有限公司品牌发展战略规划》。

发挥专业优势，加速产业落地。战略咨询研究院牢记"善用资源、服务建设"的中建材人使命，放眼举国需求，勇担行业责任，先后承担《8.5代TFT-LCD超薄浮法玻璃基板生产线一期工程可行性研究报告》《超薄柔性玻璃（UTG）一期项目可行性研究报告》《凯盛君恒5.0中性硼硅药用玻璃生产线扩建项目可行性研究报告》等多项"卡脖子"关键材料产业化项目可行性研究报告编制工作。战略咨询研究院开创性开展国内外市场分析、竞争力分析、技术经济分析、风险分析等多项比选工作，为我国高世代液晶玻璃基板、微米级超薄柔性玻璃、5.0中性药用玻璃等多种"卡脖子"材料打破封锁形成有力支撑，为我国信息显示、国民生命健康等领域的安全发展贡献了咨询力量。

二、创新业务发展模式

大力拓展全过程工程咨询服务业务。现行传统工程咨询服务模式，项目业主一般分别与多个项目咨询单位签订多个咨询技术合同，咨询单位彼此互不联系沟通，形成咨询的单项与碎片化服务，导致项目建设过程极易产生分歧意见，加大了项目业主协调工作量和制度性成本，从而在制度、机制上难以实现项目决策意图和项目全过程建设的控制。2017年2月，国务院办公厅发布《关于促进建筑业持续健康发展的意见》，2019年3月国家发展改革委、住房城乡建设部联合印发《关于推进全过程工程咨询服务发展的指导意见》，要大力推进全过程工程咨询服务模式。工程咨询院积极拓展全过程工程咨询服务业务，近五年综合性服务合同超过50项，在合同总额占比中超过30%。

积极开拓光伏产能听证咨询业务。2020年以来，光伏玻璃产蓬勃发展。面对光伏玻璃产业的新形势，战略咨询研究院迅速调整工作机制，推行"5+2"工作标准，实现项目资料收集齐全后5天内完成听证报告编制工作，2天内完成项目内部评审与意见修改，大大提升了听证咨询的质量和效率。在团队全员共同努力下，2022年全年完成光伏玻璃项目听证材料56项，完成听证产能全国占比达到36%，有力支撑了我国光伏玻璃行业有序发展，各生产项目顺利推进。

积极扩大环保咨询业务。战略咨询研究院组织专家团队，赶赴凯盛石英（黄山）和凯盛石英（太湖）等企业现场排查和指导，提供"体检"和"问诊"服务，及时提出了预警和针对性的整改方案，协助企业完成环保升级。为落实习近平总书记"把碳达峰、碳中和纳入生态文明建设整体布局"的重要指示精神，凯盛科技集团所属企业开展了2020年度碳排放核查工作，战略咨询研究院成立了碳排放核查小组，成为碳排放核查工作的排头兵。战略咨询研究院立足环评咨询主体，同时拓展环保竣工验收、排污许可、应急预案等环保咨询服务，与蚌埠中光电、凯盛科技股份、凯盛石英（黄山）公司和凯盛石英（太湖）公司等单位分别签订了环保管家合同，并先后赴合肥、宜兴、成都、桐城等地开展碳排放现场核查工作，正式开启以环保管家为主线的全过程环保咨询服务业务，实现了环保管家和碳排放两项环保咨询业务零的突破。当前，战略咨询研究院开始从传统单一建设项目环境影响评价向环保管家服务、建设项目竣工环境保护验收、企业突发环境应急预案、排污许可申报、碳排放报告及核查报告、环保工程设计及施工、环保政策和法律咨询等全过程环保咨询服务方向转变。

三、实施战略转型

近年来，战略咨询研究院在彭寿院士及凯盛科技集团、中研院领导的带领下，从传统工程咨询向战略咨询转型升级，积极参与国家智库建设工作，服务国家战略研究，为国家的科学决策和产业发展提供重要依据。战略咨询研究院代表凯盛集团、院（公司）深度参与国家、地方高层次战略咨询研究工作，先后牵头参与工业和信息化部、中国工程院、地方研究院等咨询研究项目17项，其中已完成13项，研究领域涉及材料发展、技术体系、品牌体系、企业创新、"双碳"目标等多个方面。战略咨询研究院承担的中国工程院重点咨询研究项目"信息显示关键材料发展战略研究"、中国工程院高端智库专项"激发企业创新活力的政策举措研究"、工业和信息化部委托项目"新能源硅基材料创新发展路径及政策研究"于2022年顺利完成成果验收，为我国信息显示产业、新能源产业以及创新生态体系建设做出突出贡献。

积极响应地方政府号召，参与地方产业顶层设计工作。战略咨询研究院青年同志访企业、下车间，摸排地方产业基础，依托专业知识，规划产业发展布局，先后编制完成《安徽省"十四五"新材料产业发展规划》《安徽省硅基新材料产业发展规划》《蚌埠市绿色建材产业发展规划》《蚌埠市"十四五"滤清器产业发展规划》《安徽省蚌埠市高新区新型显示小镇概念性规划》，为安徽省以及蚌埠市产业发展谋篇布局，引领产业高质量发展。其中，安徽省新材料产业规划获得王清宪省长的高度认可，批示"新材料产业规划方案，规范、深入、细致、精准，可作规范参照"。

四、人才团队培养

通过择优选聘、各层次培训、保持师带徒传统等多种方式，在实践中培育出一支业务精湛、专业齐全、高素质的员工队伍。

师徒制培养。近5年来，工程咨询院持续加强人才团队建设，新引进员工15人。为持续提升新员工业务技能水平，不断夯实技能型人才队伍建设基础，战略咨询研究院立足工作实际及新员工的职业发展需要，采用"师带徒"的形式，对新员工开展"传帮带"培养。为进一步提升培养效果，部门在原有"一带多"师带徒模式基础上，实施"一师一徒"管理模式，为新员工精心选配一名导师，结合每名新员工的特点有针对性地确定指导方向和培养目标。

实战培养。在实战中培养复合型人才，为高质量服务提供保障。战略咨询研究院为新员工提供实战平台，由经验丰富的员工指导，新员工负责项目全过程推进。战略咨询研究院通过员工在"干中学、学中干"，不断取长补短，梳理各阶段工作流程和关键点管控，加强了横向和纵向之间的互相联系和技术支撑，打造了一支技术过硬的专业协作团队。

对外交流。进一步壮大了团队力量，部门积极开展对外交流，先后邀请余热发电、光伏发电、脱硫脱硝等行业专家进行授课，组织员工参加安徽省节能协会节能培训，开展注册咨询工程师继续教育，组织参加光伏展、科技周、行业论坛等多种行业活动，提升员工整体技能水平。

五、质量管理体系建设

围绕持续做强做优工程咨询主责主业的工作主线，战略咨询研究院积极稳作风、强管理、练内功、优服务，不断优化工作机制。战略咨询研究院严格执行三级复核校对制度。一级复核为项目负责人复核，对项目报告进行全过程的全面详细复核；二级复核为部门总师审核，对咨询报告产业政策符合性、规范标准引用的规范性、方案比选的科学性、咨询成果的准确性等一系列关键章节进行质量把关；三级复核是部门高级工程师及以上专业技术人员对咨询成果进行校对，对项目报告的合规性，工作底稿与报告的相关、一致、合法性，以及报告格式、附件的规范性；文字用词的准确性等进行详细复核，保证成果文件的规范性和准确性。

未来，在凯盛科技集团战略引领下，在中研院的带领下，战略咨询研究院将以科学、专业、高效、务实的服务理念，以规范、严谨、客观、公平的咨询准则，踔厉奋发、笃行不息，积极打造国内一流的工程咨询服务品牌。

抓热点 攻难点 除痛点
奋力打造国际一流的中研院节能品牌

王贵祥

中建材玻璃新材料研究院集团有限公司节能技术应用研究院，专注于工业节能领域热点、难点、痛点问题，进行新材料、新技术和新装备的攻关与应用。一路走来，"创新"成为这个部门发展的底色，探索出节能材料、节能技术、节能装备"三大板块、八大业务"创新发展模式；落实了"从市场中来，到市场中去"创新原则，将重大专项培育的星星之火，转化为引领产业自立自强的燎原之势；实现了经营业绩跨越式增长，近五年利润复合年均增长率超30%，全员劳动生产率2022年达270万元/人，2023年预计达到280万元/人，连续三年荣获凯盛科技集团"特殊贡献奖"，逐步成长为集团创新成果落地转化优秀标杆。

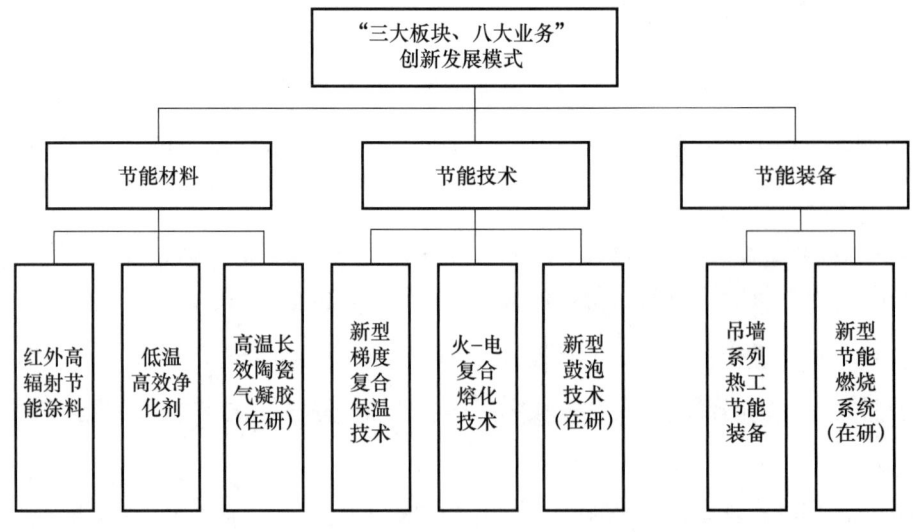

图1 "三大板块、八大业务"创新发展模式

聚焦热点，持续推出节能新材料

一直以来，践行"材料创造美好世界"使命的节能技术应用研究院，时刻关注行业节能降耗"方向标"，坚持前瞻布局，致力研发更多节能新材料，掌握更多关键核心技术，确保发展的高质量和可持续性。

瞄准玻璃熔窑内部高温下热辐射效率低的热点问题，抢抓"第二代中国浮法玻璃技术装备创新研发技术攻关"行业改革机遇，节能技术应用研究院成功研制出适用于特殊工况的玻璃熔窑红外高辐射节能涂料，该项创新成果可以将辐射到碹顶的90%辐射热，重新反射回窑内，被玻璃液及配合料吸收，熔窑内热量利用率极大增强，节能效果3%~12%，性能指标达到国际领先水平，填补了国内玻璃领域涂料技术空白。如今，已应用在国内外100多座大型玻璃熔窑上，喷涂面积达十余万平方米，创收近2亿元，市场占有率高达90%。经国家部委认定，推荐为建材行业节能提效技术。

面向经济主战场，创造新的增长点。节能技术应用研究院积极响应国家新能源战略发展要求，围绕光伏组件制造流程产生的有毒有害气体，重点攻关铜铟镓硒（CIGS）薄膜太阳能板生产线尾气用低温高效净化剂"卡脖子"技术，为行业绿色可持续发展提供技术支撑。2022年，成功研制出低温高效H_2S尾气净化剂，实现了在低温下（15~150℃）高效地将CIGS生产线尾气中H_2S气体浓度由5000ppm降低至ppb级（十亿分之一），打破了国外技术壁垒和市场垄断，已成功导入CIGS生产线，打通了CIGS太阳能电池组件生产线国产化"最后一公里"，成为节能技术应用研究院新的经济增长点。

被誉为"可以改变世界的神奇材料"气凝胶，因其绝热性能优异，在"双碳"目标下得到国家大力支持，一度成为隔热材料界的超级明星。作为一种新型高效节能材料，未来应用前景十分广阔，预测2023年和2025年国内相关产业市场规模将分别达48.6亿元、122.6亿元。现阶段，节能技术应用研究院正在与国内高等院校进行联合创新，揭榜全国建材行业重大科技攻关项目，攻克传统气凝胶绝热材料脆性易碎、析晶粉化以及难以实现高温绝热特性等力热互斥瓶颈问题，探究晶格畸变、迟滞扩散及协同增强等效应对气凝胶力学增韧、热学增稳和高温绝热的作用机理，开发出耐高温、低热导、稳定长效的新型气凝胶绝热材料，拓宽节能新材料赛道。

攻克难点，不断开辟节能新技术

新时代能源政策日益趋紧，行业节能降耗需求强烈，急需进一步提高能源热利用效率，减少能源消耗和碳排放量。面对行业急迫需求，节能技术应用研究院依托中研院创新平台优势，集中优秀人才、优质资源，重点攻关新型节能核心技术。

值得一提的是，节能技术应用研究院首创"以纤维及纤维制品为主材、以不同耐火等级的材料梯度降温为手段、以纤维喷涂一体化施工工艺为特征"的新型梯度复合保温技术，攻克了传统保温技术保温效果差、易剥落、易衰减、玻璃单耗高、车间温度高等诸多难题，取代了传统保温技术，一跃成为行业保温技术新秀。科学严谨的保温方案、接近体温的窑体表面温度和效益显著的保温效果，让这项技术在全国各地的众多新窑建设和旧窑改造工程中迅速推广使用，业务覆盖台玻集团、旗滨集团、南玻集团、韩国 KCC、孟加拉国 NGIL、印度 GP 等国内外知名玻璃集团，市场占有率达 60%，累计创收 3 亿元。与传统保温技术相比，节能 6% 以上，被列入国家节能降碳成熟技术名单。

工业节能新技术的创新任重道远，但节能技术应用研究院团队始终冲锋在前。针对国内大型平板玻璃熔窑电助熔技术长期存在的电极分区布置、功率分配、能源成本、玻璃缺陷等关键难点，团队整合资金、人才、技术、仪器设备等优质资源，采用数学模拟和物理模拟相结合的辅助手段，攻关大型玻璃熔窑用火-电复合熔化技术，已获得安徽省科技重大专项支持。团队创新基础研究与工程应用协同开展模式，加速了攻关进度，现已在首座玻璃熔窑上成功示范应用，有望快速推广至国内外各种类型玻璃熔窑，为行业节能降耗再添新动能。

可以说，创新的"基因"已经深深融入节能技术应用研究院的发展之中。目前，团队正在探究不同类型玻璃熔窑连续鼓泡、脉冲鼓泡等不同进气方式对玻璃液流的扰动影响，将研发出适用于不同玻璃熔窑、不同玻璃品种的系列鼓泡技术及装备，满足市场多样化需求，提高鼓泡技术与玻璃液流的适配性，助力玻璃熔窑节能提质增效再上新台阶。

破解痛点，打造一流节能新装备

随着平板玻璃熔窑吨位日益大型化、特种玻璃熔窑日渐兴起、玻璃熔窑逐渐大龄化、能源消耗日趋低量化、玻璃品质优量化等要求的显现，传统节能装备寿命短、稳定性差、热损失大、污染玻璃液、服役环境受限等痛点问题急需解决。

在集团的大力支持下，节能技术应用研究院举全院之力建设新一代吊墙系列热工装备。为解决第一代吊墙装备质量稳定性差这一痛点，研制出"低铁、低气孔和低高温蠕变率"的"三低莫来石砖""高抗碱、低蠕变、低气孔和高热震稳定性"的"镁铝尖晶石砖"，为消除传统吊墙"爆皮"、污染玻璃液等痛点提供了理想的解决方案。

创新发展

为快速实现节能装备高龄化、服役环境特殊化性能，节能技术应用研究院做了大量改进升级，设计出凹凸镶嵌错缝咬合结构挡焰墙、可更换式L型吊墙、全复合结构L型吊墙等新型节能装备，有效满足行业多元化要求，节能装备使用年限覆盖玻璃熔窑窑龄。

经过不断探索与攻关，节能技术应用研究院的"拳头产品"——吊墙系列热工节能装备，涵盖"两大系列、十五种单品"，形成了自有关键核心技术圈，能有效满足平板玻璃熔窑及各种特种玻璃熔窑密封与隔断要求。至今，吊墙系列热工节能装备已在国内外超过700座（含冷修改造）玻璃熔窑上应用，单品累计销售3000多台/套，创造营收近20亿元，占领了国内吊墙三分之二市场，成为玻璃行业当之无愧的单品"隐形冠军"。跻身国际吊墙先进行列，成就了国产吊墙从无到有、从弱到强的非凡之路，为深耕玻璃行业节能降耗、减少碳排放奠定了深厚基础。

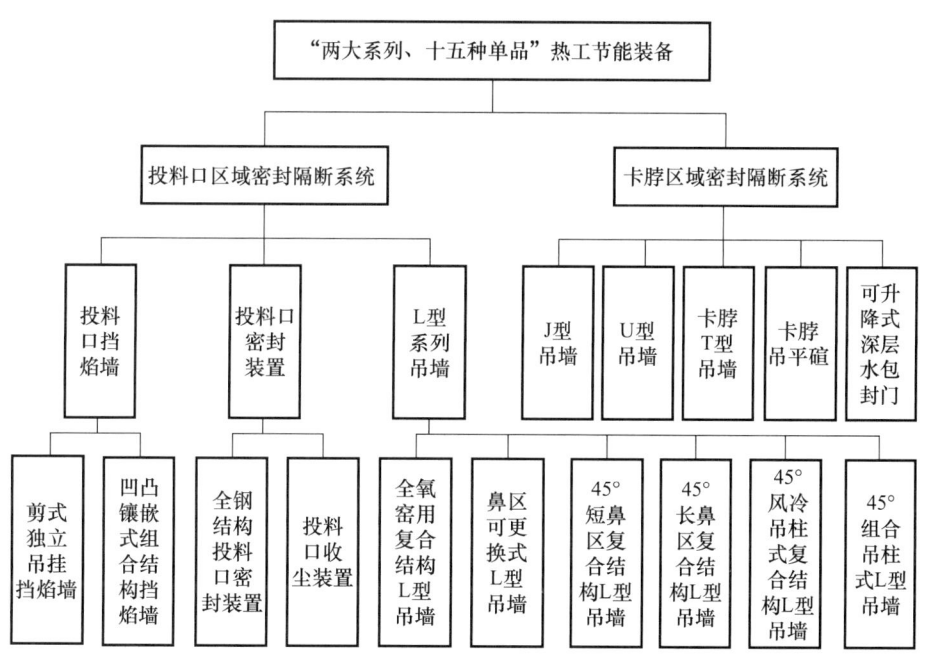

图2　"两大系列、十五种单品"——吊墙系列热工节能装备

在玻璃熔窑用节能装备领域，节能技术应用研究院助力我国实现了与国际领先水平的并跑和部分领跑，创新攻关路上，这个团队一直砥砺前进。现阶段，正在布局开发新型节能燃烧系统及燃烧器装备，攻克多重节能措施与燃烧工艺的耦合难题，运用数学模拟，结合工程建设实际，快速实现节能燃烧系统装备与玻璃生产工艺的高效匹配，开发出具有全球竞争力的节能燃烧系统装备。

坚守匠心，培育国际知名品牌

持续创新是节能技术应用研究院发展的底色，成果转化是其耀眼的本色。在中研院的支持下，节能技术应用研究院拼出了一条从无到有、从弱到强的崛起之路。未来，将继续瞄准工业节能领域热点难点痛点，急行业之所急，解行业之所困，攻关突破关键技术，高效转化科技成果，推动和引领行业绿色低碳高质量发展。

助力数字化转型 "双跨" 平台赋强能

——中研院工业互联网平台建设之路

周芸　孙艳　胡华波　邓凡乐

"十四五"时期，信息化进入加快数字化发展、建设数字中国的新阶段。为深入贯彻党中央、国务院关于发展数字经济的决策部署，立足新发展阶段、贯彻新发展理念、构建新发展格局，推进高质量发展，培育数字新动能，打造数字竞争力，中建材玻璃新材料研究总院（以下简称中研院）在中国建材集团的决策部署下，省市两级信息化主管部门的关怀指导下，以新一代信息技术与制造业深度融合为主线，以推进智能制造和数字赋能为主攻方向，合力打造玻璃新材料工业互联网平台。

一、工业互联网平台建设背景与数字时代使命

中研院成立于1953年，是中华人民共和国成立后创建的第一批国家级综合性甲级科研设计院所之一，是国家重点高新技术企业。2000年加入中国建材集团，2014年以中研院为核心在北京成立了凯盛科技集团有限公司（以下简称凯盛科技），2021年完成重组增资，中国建材国际工程集团有限公司（以下简称中国建材工程集团）成为中研院全资子公司。

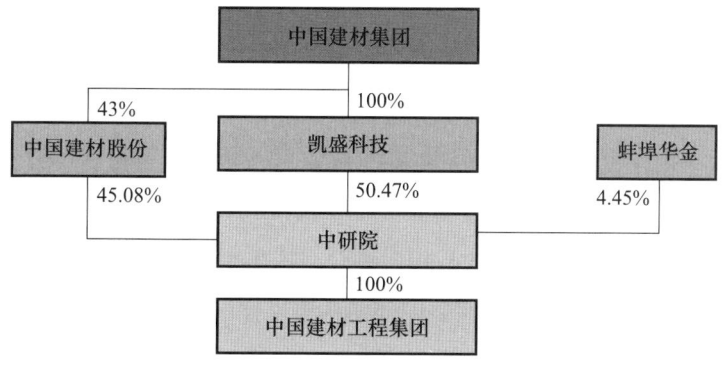

图1　中研院股权结构图

中建材玻璃新材料研究总院
1953—2023

作为玻璃新材料国家新型产业示范基地核心企业、新型显示国家产业集聚发展试点核心企业，中研院通过多年来的自主创新，研发中国首片 8.5 代 TFT-LCD 浮法玻璃基板、世界最薄 0.12mm 触控显示玻璃、5.0 中性硼硅药用玻璃，通过集成吸收再转化，研发生产出世界最高光电转换率 20.4% 的 300mm×300mm 铜铟镓硒薄膜太阳能冠军模组、建成世界第一条 1200mm×1600mm 大面积碲化镉发电玻璃生产线，将中国玻璃成功缔造成为世界制造业的"中国名片"，助推中国玻璃产业在国际上由追赶型进入领跑型，先后获得国家科技进步奖二等奖 3 项、中国工业大奖、全国先进基层党组织、中央企业先进集体、全国五一劳动奖状、全国国有企业创建"四好"班子先进集体、国家火炬计划重点高新技术企业等荣誉。

作为深耕玻璃行业 70 年的老牌科研院所，中研院一直高度重视信息化建设。从 20 世纪 90 年代力推 CAD 制图软件代替传统手工制图，到 21 世纪初 OA、ERP 等管理信息系统的部署，都积极探索。进入"十四五"后，针对企业、行业发展现状，中研院在建设数字实验室、智能工厂、卓越供应链等方面又有了新的需求。

建设行业数字共享实验室。数字化技术在实验室中的应用，对于玻璃新材料研发具有十分重要的意义和价值。大型实验仪器投入大，在兼顾自身研发需求的同时，应最大程度发挥其在服务社会的价值，需要基于互联网搭建大型科学仪器设备共享服务平台，充分发挥实验室的社会服务属性。工业领域从研发设计到产业化困难重重，基于传统做法和经验的新材料研发效率低下。通过分子建模搭建材料的数字孪生模型，通过虚拟仿真和计算机模拟，快速筛选最优方案，为科研创新提质增效降本。科研文献、档案、论文等的查询检索，实验数据的追溯分析、实验设备的管理和维护，以及试验工作流程均需要用数字化的技术来实现数字化实验室的建设和管理。

可复制、可推广的灯塔智能工厂。玻璃行业工厂自动化程度较高，但各控制系统之间数据相互独立，无法整合各控制系统数据做到进一步分析。智能工厂的构建基于控制层的数据支撑，需要打破各控制系统的数据孤岛，将底层数据进行统一采集并且整合。随着玻璃行业的发展，不同玻璃区域的产品加工也存在产品的多样性，根据产品类型不同所面对的加工方式也各有不同，不能系统性地做到生产、计划、销售、仓库之间的立体分析。智能制造下设备管理需形成电子化设备台账，以设备数据采集为基础，将重点设备的运行和停机时间进行采集、统计，计算出设备异常造成的生产损失，为设备管理考核提供数据基础。能源管理涉及的系统比较分散，相对独立，需要建立统一的能源管理中心，通过对能源数据的实时采集，实现能源数据集中管理、能耗指标周期统计、能源使用过程监视、能源利用效率评价及对标考核、能效优化指导。玻璃质量在线监测系统的数据只有在现场才能查看，数据保存周期短，数据量大，对于现场在线检测系统的相关数据和人工抽检记录的数据缺少展示平台，无法准确、直观地展示缺陷的个数、种类、等级等信息。

打造卓越的供应链协同管理平台。玻璃行业客户大多是基层企业人员参考上两年的需求数据，根据经验进行需求的计划填报工作，上游企业计划管理员汇总需求会按照一定比例进行粗犷的"一刀切"，计划管理的科学性有待改善。采购寻源阶段，玻璃行业供应商管理仅针对玻璃行业供应商在集团内部的履约情况进行分级评价，信息相对片面。

基于此，中研院开始构想围绕研发设计、运维服务、供应链管理、生产制造、安全生产、节能减排、运营管理、质量管控、仓储物流九大领域，运用互联网、物联网、云计算、大数据、5G、人工智能等新一代信息技术，打造数字实验室、智能工厂、卓越供应链三大应用主题，逐渐形成可提供玻璃新材料行业产业链 + 价值链数字化整体解决方案的工业互联网平台。

二、工业互联网平台建设现状与行业赋能成效

2021 年 9 月 2 日，安徽省人民政府发布《安徽省工业互联网创新发展行动计划（2021—2023 年）》，在中国工程院院士，中国建材集团首席科学家，中研院党委书记、院长彭寿亲自筹划部署下，中研院抢抓机遇，专门成立了工业互联网创新中心，全面启动玻璃新材料行业工业互联网平台（凯盛 AGM 工业互联网平台）建设，确立了以建设玻璃新材料行业工业互联网平台为核心的数字化战略发展规划。

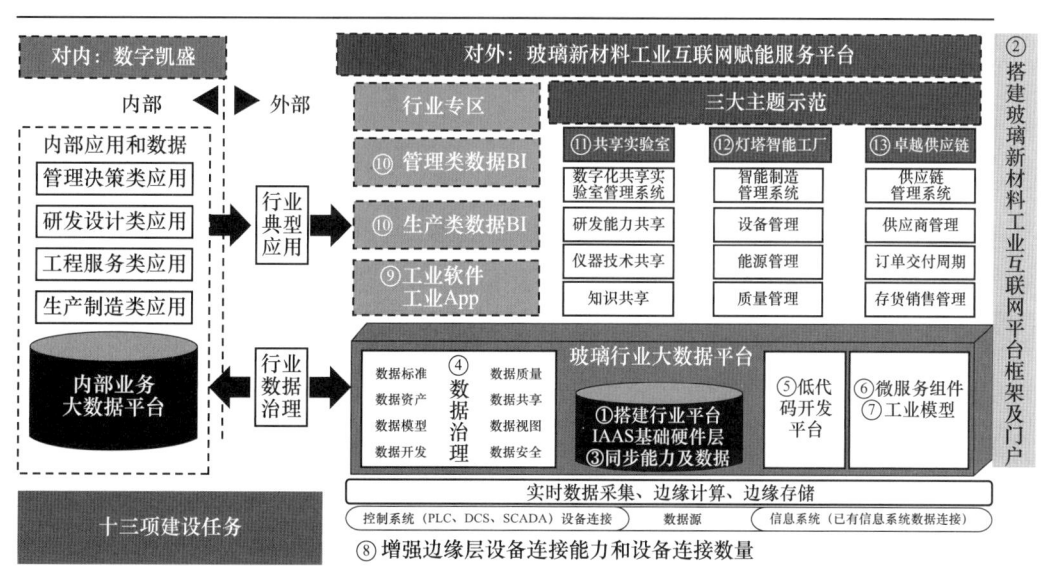

图 2　凯盛 AGM 工业互联网平台框架

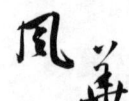

凯盛 AGM 工业互联网平台以工业互联网平台技术架构为支撑，立足已有数字化建设基础，通过平台协同内部数字化能力和资源、汇聚外部数字化生态，创新数字化 EPC 模式，着力将平台打造成覆盖建材、电子、机械、电力、建筑、农业、轻工、食品、汽车等十一大行业，研发设计、生产制造、运营管理、仓储物流、运维服务、安全生产、节能减排、质量管控、供应链管理等九大领域的一站式的数字化、智能化解决方案的供应商和服务商，提供工业互联网+数字化研发、工业互联网+协同设计、工业互联网+智慧工程管理、工业互联网+智能设备运维、工业互联网+智能生产运营、工业互联网+智慧园区、工业互联网+光伏运维管理、工业互联网+智慧矿山、工业互联网+双碳能源管理、工业互联网+产业链供应链等十大系统解决方案，贯通行业的全价值链条。

凯盛 AGM 工业互联网平台旨在通过平台化运营，汇聚中研院所属企业数字化能力及资源，对内助力企业数字化转型、打造试点示范，对外开展数字化业务、引领行业发展。通过点（信息化系统）、线（数据打通）、面（平台建设）、体（生态汇聚）的统筹规划，同步推进，平台建设与数字化业务开拓并举，数据治理体系与数据价值挖掘并重，为玻璃新材料"3+1"战略布局落实落地提供决策依据，为玻璃新材料行业高质量发展数字赋能。

中研院先后打造了运营管理大数据平台、研发创新开放平台、工程建造全过程数字化平台以及智能工厂和碳足迹监测平台。在平台推广上，依托中研院牵头建设的国内唯一国家玻璃新材料制造业创新中心以及硅基新材料产业技术创新战略联盟，汇聚行业上下游企业生态，构建"工业互联网服务平台与国家创新中心融合发展"新模式。

目前，凯盛 AGM 工业互联网平台已成为安徽省行业特色型和国家级特色专业型工业互联网平台，也是全国首个玻璃新材料行业工业互联网服务平台，获评 2023 年国家跨行业跨领域工业互联网平台。

中研院积极参加各级别关于工业互联网、数字化的项目遴选，屡获殊荣。"凯盛 AGM 玻璃新材料工业互联网平台"成功入选工业和信息化部"2022 年新一代信息技术与制造业融合发展试点示范"面向重点行业的特色专业型工业互联网平台，位列前十；"玻璃新材料工业大数据应用平台"荣获工业和信息化部"2022 年大数据产业发展试点示范项目"以及 2022 数博会领先科技成果"优秀项目"；"凯盛 AGM 工业互联网碳足迹监测平台"获评工业和信息化部"工业互联网平台+绿色低碳试点示范"。中研院 2023 年完成"双跨"型工业互联网平台的申报和评选，获得工业和信息化部认证。中研院还积极加入工业和信息化部工业互联网产业联盟、国务院国资委央企融通平台工作组、建材行业智能制造标准委员会委员单位、工业互联网行业产教融合共同体等组织，同时作为安徽省工业互联网协会的发起单位，为行业及政府的数字化转型和工业互联网建设贡献力量。在标准制定上，中研院参与编写国家标准《工业互联网平台应用实施指南》，参与编写《建材工业鼓励推广应用的智能化技术和装备》目录，牵头编写行业标准《玻璃行业能源管理系统技术要求》。

三、工业互联网平台建设展望

作为工业创新发展的重要组成部分，工业互联网平台正在重塑工业生产制造和服务体系，为经济高质量发展注入新的动力。平台经济在时代发展大潮中应运而生，为扩大需求提供了新空间，为创新发展提供了新引擎，为就业创业提供了新渠道，为公共服务提供了新支撑，在发展全局中的地位和作用日益凸显。在全面建设社会主义现代化国家新征程上，平台经济大有可为。

区别于行业级平台，跨行业跨领域工业互联网平台（以下简称"双跨"平台）具有跨行业、跨领域，体量更大、覆盖范围更广、影响力更强等特征，代表着国内工业互联网平台的最高水平。中国工业互联网研究院公开的数据显示，"双跨"平台发展规模呈现健康有序、高质量的增长态势，平台平均连接工业设备超 218 万台、平均承载工业机理模型超 2.45 万个，覆盖 9 大领域。"双跨"平台整体开放运营能力突出，平均营业收入已达到 69 亿元，平均工业 App 数量达 8738 个，平均服务企业数量超过 23.4 万家。涉及知识产权覆盖到云平台、大数据、边缘计算、智能制造、数字孪生、低代码开发、工业智能、区块链、标识解析等国家重点核心技术。

为助力中研院及凯盛科技数字化转型发展，推动传统产业与信息技术的融合，引领产业结构调整和优化，实现产业升级和转型，经过多年谋划与两年跨越式发展，中研院打造的凯盛 AGM 工业互联网平台 2023 年成功跻身国家级"双跨"平台。中研院将继续夯实基础，继续研磨提升凯盛 AGM 工业互联网平台，将继续深耕跨行业跨领域服务能力作为下一阶段的重点工作来部署。

中研院坚持继续建设"双跨"型工业互联网平台的基本原则为开放拓展性原则、安全合法性原则、智能协同性原则。开放拓展性原则：平台应具有良好的开放性和可扩展性，能够与各种硬件、软件和服务进行高效集成，随着业务需求的变化和技术的发展能进行灵活扩展，支持不同类型的工业应用和业务需求。安全合法性原则：保证平台数据和通信的安全性。实施严格的数据加密、访问控制和防护措施，以确保企业和用户数据的隐私和安全。在平台建设和运营过程中，遵守国家和地区的相关法律法规，确保平台合规合法运营。智能协同性原则：平台应具备强大的互操作性，能够在不同系统、设备和应用之间实现高效的数据交换和协同工作。应运用先进的数据分析和人工智能技术，实现对大量工业数据的智能处理、分析和决策支持。

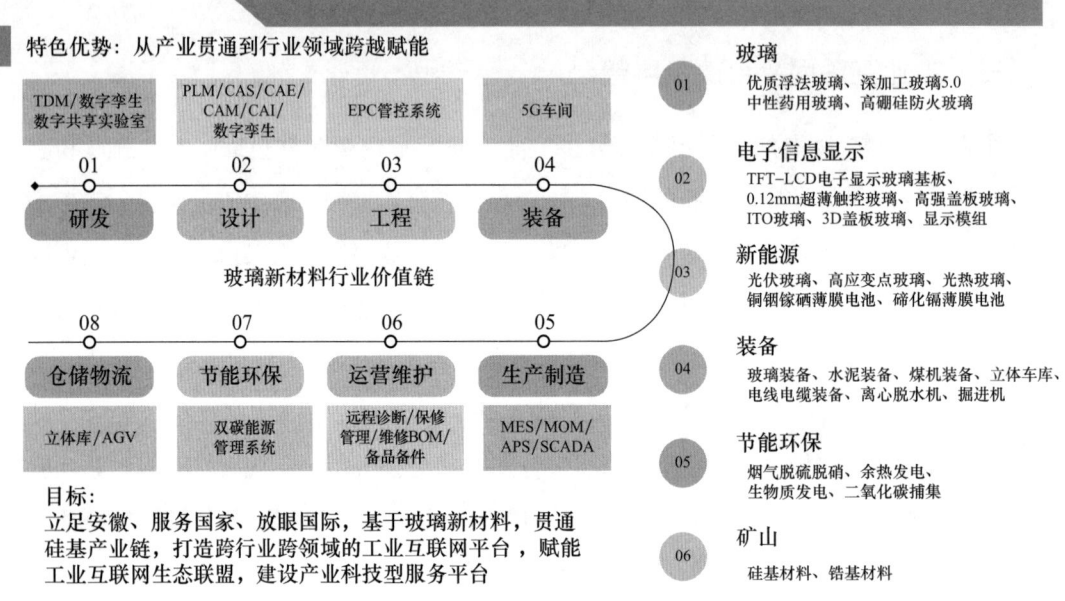

图 3　凯盛 AGM 工业互联网"双跨"平台

2024 年实现平台的推广和应用，以市场需求为导向，研发和推广一批适用于不同行业的解决方案，进一步扩大平台的服务范围。着力提升团队技能水平，加强人才培养和引进。持续优化平台技术，提高服务质量，满足更多用户需求。

2025 年实现平台的全面升级，进一步提高平台在全国范围内的知名度和市场占有率，整合云计算、边缘计算和人工智能等技术在平台中的应用，为企业提供更智能化、高效的服务。通过成果转化和应用推广，实现平台在全国范围内的普及覆盖，助力产业转型升级发展。

四、结束语

数字时代已然来临，新一轮工业革命正在进行。工业互联网平台作为数字经济时代工业的"新底座"，衡量其是否成功有两大关键指标，分别是能否最终解决企业的实际问题，为企业带来经济价值，以及最终能不能形成"造血"能力，是否有正常的商业循环。"道阻且长，行则将至；行而不辍，未来可期。"面对"双碳"目标，中研院的工业互联网平台将深化新一代信息技术与低碳工艺技术融合，以数字化转型助力传统产业绿色低碳发展，推动产业链供应链上下游数字化贯通，不断激发数据要素活力，发挥数据赋能、赋值、赋智作用，增强产业链供应链稳定性和竞争力，走出一条具有凯盛特色的数字化转型之路。

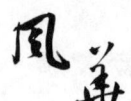

中建材玻璃新材料研究总院 1953—2023

以打造世界一流玻璃新材料原创技术策源地为目标的科技创新

官敏　钱学君　成惠峰　郝志云　段美江

中建材玻璃新材料研究总院（以下简称中研院），是1953年在北京成立的第一批全国综合性甲级科研设计单位，20世纪70年代落户蚌埠。2014年，以中研院为核心在北京注册成立凯盛科技集团有限公司，2019年成为国有企业混合所有制改革试点单位，2022年3月更名为中建材玻璃新材料研究院集团有限公司。作为全球领先的玻璃新材料领域集研发、咨询、设计、建造、服务于一体的总承包服务商，中研院先后被认定为国家重点高新技术企业、国家技术创新示范企业、国家知识产权示范企业。

中研院始终坚持"创新是引领发展的第一动力"，传承创新基因，以玻璃新材料核心技术突破为己任，聚焦国家"四个面向"，勠力解决"卡脖子"技术难题，践行"玻璃创造美好世界"的企业使命，努力打造世界一流的玻璃新材料原创技术策源地。

一、以打造世界一流玻璃新材料原创技术策源地为目标的科技创新管理背景

（一）践行国家发展战略，适应时代发展的必然趋势

"十四五"时期，是中国制造和中国创造的并举期，也是传统产业加快向更高端、节能、环保、智能化方向转变的窗口期，科技创新模式正在发生深刻变化，原有的引进消化吸收再创新模式已不能支撑我国制造业发展战略目标，无论是生产型企业，还是科研院所，必须从源头开始加强基础理论研究和颠覆性技术的探索，超前布局，注重应用基础研究，增强原始创新、自主创新能力，开发原创性和颠覆性技术，才能形成先发优势。同时，进入新时代的中国，"绿水青山就是金山银山"的理念深入人心，新型显示材料、新能源材料、应用新材料等将得到大力发展。材料结构功能一体化、功能材料智能化、材

与器件集成化、制备及应用过程绿色化成为新兴产业发展的重要方向。

（二）抓住外部发展机遇，满足产业发展的客观需要

战略性新兴产业已成为工业产业发展新的战略制高点，新型显示、新能源以及节能环保产业等战略性新兴产业的发展离不开玻璃新材料等相关材料的支持。在实现"碳达峰、碳中和"目标的发展背景下，大力发展战略性新兴产业，推进供给侧结构性改革，实施大气污染防治攻坚战，推进行业生态文明建设，推进两化融合、智能制造、高端制造等方面，都要求玻璃新材料行业必须以技术进步为支撑，加快科技创新步伐。

（三）提升创新能力，实现企业发展目标的必然选择

随着我国混合所有制企业改革的不断深入，中研院必须快速适应行业发展趋势，将科技创新工作上升到企业战略层面，在市场竞争中真正发挥作用，不断缩小与同行业国际领先企业之间的差距。中研院在肩负"玻璃创造美好世界"的使命，争创具有全球竞争力的世界一流玻璃新材料中央应用研究院的发展目标中，必然要求全面实施科技创新战略，攻克关键核心技术，推动技术创新。

二、以打造世界一流玻璃新材料原创技术策源地为目标的科技创新管理内涵和主要做法

中研院瞄准国家产业政策和国内外玻璃新材料市场需求，跟踪研判国际先进玻璃新材料领域技术动向，以打造世界一流玻璃新材料原创技术策源地为目标，以加强科技创新体制机制建设为保证，以突破"卡脖子"关键核心技术为切入点，健全科技项目及经费管理办法，保证科技投入，完善研发项目管理制度，规范科技项目管理；深化科技创新体制机制改革，建立产学研合作机制，开展协同创新破解技术难题；整合科技资源，促进技术成果转化应用；搭建科技创新平台，集聚创新资源；大力引进和培养高精尖人才，提高创新"软实力"；创新链和产业链深度融合，打造玻璃新材料战略高地；强化知识产权创造运用与保护，赢得核心竞争优势；积极参与标准制定，以标准引领行业发展。

（一）加强顶层设计，强化科技创新战略引领

成为行业一流的领军企业，离不开科学高效的科技创新管理体系的支撑和保障。中研院完善内部创新体系建设，充分整合内外部创新资源，形成高效的管理制度，建立科技投入长效机制，推动科技创新顺利实施。

1. 优化科技创新管理机构，完善组织保障

为不断提升技术创新水平和决策管理水平，中研院进一步完善技术创新管理的决策和组织结构，设立科学技术委员会，由彭寿院士任主任，行业领军人才及专家任委员。科学技术委员会作为中研院科技工作中重大学术问题的最高决策机构，审议中长期发展规划；负责对战略性、前瞻性的技术进行探讨和预判，提出产业发展的方向性建议；负责对院重大项目进行可行性论证，对技术攻关提供决策咨询；审议中研院研发项目的立项和重大项目的验收评审工作，并提出建设性意见，指导重大项目技术创新工作的顺利开展。中研院科技管理部对外衔接国家、省级及地方科技主管部门申报各级科技项目，沟通协调科学技术委员会、研发部门及相关产业公司，确立技术发展路径，协调项目论证、立项、研发、管理、验收到产业化过程，对研发环节出现的问题及时反馈和协调解决。整个过程形成了决策—研发—问题反馈的循环，不仅增强了对科技创新的管控力，同时为技术委员会的正确决策提供了依据。

2. 建立科技投入长效机制，确保营业收入反哺科技创新

中研院实施技术领先战略，以重大技术突破和重大发展需求为基础，保持企业的技术和产品的不断创新。科技投入是技术创新的根本保障。作为国家重点高新技术企业，中研院始终把科技投入作为科技兴企的重要战略，将科技投入纳入企业预算管理，建立科技投入的长效机制，综合运用各种方式筹措科技经费，通过引导全社会多渠道、多形式和多层次的科技投入，形成以"科研立项"为主线的多元化科技投入机制，即以政府投入为引导、企业投入为主体、金融信贷为支撑、社会投入为补充的科技投入融资体系。近三年，中研院每年研发投入比重均达到6%以上，并逐年增加，确保科技投入随着企业的发展壮大而持续增长，并避免科技投入大幅波动，以应对研发过程中面临的技术风险、市场风险和产业风险，保证了企业前瞻性技术研发和战略性技术储备投入的不断增加。

3. 完善项目管理机制，规范项目实施全过程

在国家、省部级等重大项目方面，中研院充分落实项目承担单位的法人责任，在专业机构和责任专家的管理和指导下，对项目进行全面主持、协调和管理。建立项目负责人、项目咨询专家组、管理办公室全面协调负责的综合管理机制。项目负责人负责项目的组织实施，以及技术执行过程中的协调与管理。聘请行业内专家组成项目咨询专家组，负责项目的"顶层设计"，把握项目和课题的总体目标及研发方向，对项目实施方案和技术路线进行科学论证和指导，对项目研究进展进行评估。在具体管理方面，组建项目管理办公室，负责项目的总体组织与管理，推进各参与单位项目实施进度、监督各参与单位项目经

费管理、促进各单位之间的沟通与协调、及时传达上级主管部门的精神和要求。项目管理办公室下设项目技术执行组（技术线）、财务管理组（资金线）和行政管理组（行政线），分别在研发、资金使用、项目管理方面进行对口管理，保证项目如期、高质、高效达到预定目标。

为加速关键技术研发和成果转化，中研院通过对项目实施过程中发现的问题及细节研究，研究制定有针对性的管理制度，保证项目管理的科学化、规范化，通过不断完善创新管理制度，充分发挥制度的价值驱动和战略牵引作用。中研院制定《科研开发项目管理办法》，对项目从立项、实施到结题的全过程，以及知识产权归属和成果转化等方面做了详细规定；编制《科研经费管理办法》，对科研项目经费支出、预算编制和审批、分配和使用以及决算和结余等方面进行管理，确保项目经费执行合理合法合规；出台《科技项目揭榜制工作实施办法》，规定了拟发榜、揭榜项目的申报、实施、监督相关条款，以不断提升科技研发能力和水平，加快推动科技成果转化；《"卡脖子"重点项目保落实机制及监督机制》强化项目监督管理，着力推进项目研发进度；为激励科技人员开展技术创新，修订《科技奖励办法》，加大奖励范围和力度，规范奖励程序，奖励对象向一线倾斜，真正起到创新激励作用。

（二）建立产学研合作机制，开展协同创新突破技术难题

中研院在国家"四个面向"的基础上，坚持以"自主研发为主，合作研发为辅"的研发模式，大力推进产学研合作，加快实施创新驱动发展战略，推动产学研深度融合。

1. 开展产学研联合创新、协同攻关

中研院联合知名高校院所、行业优势企业进行科技攻关，开展合作创新。联合清华大学、上海交通大学、浙江大学、武汉理工大学等国内多个高等院校建立研发合作体系，合作突破关键技术。如中研院与清华大学联合开发的"十三五"烟气多污染物国家课题，研究成果获得国家科学技术进步奖一等奖；中研院与浙江大学、武汉理工大学等多家高校、科研院所和行业领军企业共同申报"十三五"国家研发计划重点专项，合作完成"高世代电子玻璃基板和盖板核心技术开发及产业化示范"，该项目验收时获得了科技部优秀评级；目前，中研院牵头联合武汉理工大学、华为等高校及行业领军企业联合申报了"十四五"国家重点研发计划，正在开展OLED显示玻璃材料关键技术研发。

2. 引进与消化、吸收、再创新相结合，提高自主创新能力

2014年，中研院收购了圣戈班旗下德国阿旺西斯有限公司，获得了CIGS（铜铟镓硒）薄膜太阳能电池配套高应变点玻璃专利技术。中研院利用高应变点玻璃专利技术，集成上

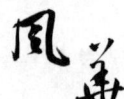

下游产业链，通过引进消化吸收再创新，在蚌埠建设了一条 CIGS 薄膜太阳能电池用高应变点玻璃生产线和一条镀钼导电玻璃生产线，实现了国产化配套，有效降低了 CIGS 薄膜太阳能电池生产成本。高应变点玻璃项目荣获 2018 年安徽省科技进步奖一等奖。中研院主导制定的国家标准《铜铟镓硒薄膜太阳能电池用基板玻璃》（GB/T 41744—2022）也已于 2023 年 5 月 1 日实施。

（三）加强创新平台建设，强化技术创新支撑

为尽快攻破"卡脖子"关键核心技术和科技成果的产业化，中研院不断完善科技创新基础设施建设。位于蚌埠市龙子湖区占地面积 2600 亩的中国玻璃新材料科技产业园内浮法玻璃新技术国家重点实验室拥有办公及科研大楼面积 28577m^2，其中办公及实验室 20577m^2、中试基地 8000m^2，拥有约 400 台套进口及国产的先进实验装备、实验仪器及材料测试仪器，总价值约 5600 万元。根据研发需要，每年不断进行更新、完善，为科技创新提供硬件支撑。

目前，中研院已拥有浮法玻璃新技术国家重点实验室等国家级创新平台 17 个，硅基材料安徽省实验室、安徽省玻璃新材料工程技术研究中心等省部级创新平台 43 个。为培育孵化现代产业链"链长"，围绕玻璃新材料领域的技术研发，中研院又牵头组建了"十四五"首批国家玻璃新材料制造业创新中心，奋力打造具有国际竞争力的原始创新平台。通过对项目发现、筛选、评价、开发、产业化技术支撑体系进行系统设计与整合，以平台促进新技术新产品开发，不断激发创新新动能。

（四）大力引进和培养高精尖人才，提高创新"软实力"

中研院以国家玻璃新材料产业化发展为导向，深入践行人才强国战略，利用科技平台优势"筑巢引凤""外部引智、内部育才"，打造"雁阵式"人才团队，形成领跑行业的院士创新智库、技术创新梯队、产业创新团队。建成了由首席科学家、领域权威和学科带头人组成的高层次人才梯队，建设科技创新高地和人才集聚高地，形成"以才引才、以才育才"的人才裂变效应，成为推动产业转型升级的引擎，打造玻璃新材料领域人才高地，不断提升创新"软实力"。

（五）创新链和产业链深度融合，打造玻璃新材料战略高地

1. 围绕产业链部署创新链，确保技术领先优势

中研院以产业化为目标开展立项研发，针对产业化需求，开发配套装备、控制系统等产业化核心要素，延伸上下游产业链，从而保证企业技术和产品的双领先优势，确保产品

具有广阔的市场前景。同时,所有研发的技术、工艺、装备和系统,都需要在产业化过程中进行验证,在产业化过程中出现的问题又会反馈到研发部门去,进行技术改进和更新。中研院紧扣产业链条,优化资源配置,整合产学研力量,组织实施了一批重大科技项目,相继研发生产出超薄电子触控玻璃、TFT-LCD液晶基板玻璃、高强盖板玻璃、30μm柔性可折叠玻璃、铜铟镓硒发电玻璃、碲化镉发电玻璃、疫苗用中性硼硅玻璃管、空心玻璃微珠等多项"中国首创、世界第一"的玻璃新材料成果,进一步提升了产业基础能力和产业链水平。

2. 围绕创新链布局产业链,推进科技成果产业化应用

中研院所有的研发活动都以产业化为目标,建设的中国玻璃新材料科技产业园被列为国家硅基新材料产业基地,在重点领域孵化打造了产业化公司20多个,实现了由传统科研院所向高科技企业集团的转型。企业成功实施多项科技成果的产业化,打造了信息显示材料产业链、新能源产业链和应用材料产业链。瞄准显示材料和应用材料产业链,形成了国内唯一"高强玻璃—极薄薄化—高精度后加工—柔性贴合"的全国产化超薄柔性玻璃产业链;以硅基、锆基为核心打造"头部企业""单项冠军",聚力建设战略性矿产资源平台;瞄准新能源材料产业链,总承包建成投产全球首条一窑八线光伏玻璃生产线,创造了多项世界第一;发电玻璃不断拓宽应用场景,成功应用于国家速滑馆、张家口冬奥会场馆BIPV建筑一体化项目、赤城奥运走廊项目等,用科技助力绿色冬奥、实现"双碳"目标;瞄准优质浮法和特种玻璃产业链,国务院国资委重点扶贫项目中性硼硅药用玻璃推动全国布局,自主攻克中国首支疫苗用中性硼硅玻璃管,并获得中国国际工业博览会大奖,保障人民生命健康。中国建材工程集团以成果工程化助推产业化的需求,开发成套技术和装备,为成果产业化提供可靠技术方案,长年稳定占据中国80%以上的高端玻璃工程市场和90%以上的出口玻璃工程市场。

(六)强化知识产权创造运用与保护,赢得核心竞争优势

中研院始终坚持贯彻中国建材集团发展战略,围绕凯盛集团"3+1"战略布局,加强科技攻关,努力提高企业自主创新能力,增强发展后劲。在《知识产权强国建设纲要(2021—2035年)》印发后,中研院进一步加强知识产权保护工作顶层设计,着力提高自主创新和运用知识产权的能力,将知识产权的创造与管理真正融入企业研发到产业化的各个环节,提高企业的市场竞争地位和核心竞争力,促进企业的高质量可持续发展。

（七）积极参与标准制定，以标准引领行业发展

中研院深入贯彻党的二十大精神，认真落实《国家标准化发展纲要》《"十四五"推动高质量发展的国家标准体系建设规划》等文件要求，以标准化提高企业经济效益和产品质量为着力点，充分发挥"标准化+"效应，深入有效推进标准化工作建设，建立健全标准化管理体系，完善标准化工作机制，促进科技创新成果向技术标准转化。

三、以打造世界一流玻璃新材料原创技术策源地为目标的科技创新管理成效

中研院从发展举步维艰的转制科研院所，通过实施科技创新，取得了一批标志性成果和突破性进展，为建设原创技术策源地奠定了坚实基础，成为引领玻璃新材料行业发展方向的高科技企业集团，取得了良好成效。

（一）融入国家技术创新体系，科研项目取得良好成绩

中研院累计承担省部级以上产学研合作项目48项，其中国家项目10项、省部级项目30项、中国建材集团及行业项目8项。通过建立产学研联合攻关机制，组织了多项关键核心技术攻关，构建了技术创新与成果转化的合作网，打通重大基础研究、成果产业化的关键环节，打造了一批高精尖的"硬核"成果并迅速推进产业化，走出一条活力迸发的高质量发展之路，有力支撑中国玻璃工业实现高水平科技自立自强。

中研院牵头联合武汉理工大学、浙江大学等单位承担的"十三五"国家重点研发计划"高世代电子玻璃基板和盖板核心技术开发及产业化示范"项目，利用自主研发的浮法工艺，建成了我国第一条8.5代TFT-LCD玻璃基板生产线，实现我国高世代液晶玻璃基板零的突破，成果入选国务院国资委"2019年十大科技新工程"，为我国液晶显示面板产业提供了关键的原材料保障，使我国成为全球为数不多掌握高世代TFT-LCD玻璃基板生产技术的国家之一。

（二）科技创新成果显著

中研院专注于玻璃新材料主业，发展从选矿、研发设计到装备制造和工程服务的全产业链，在新玻璃、新型显示、新能源材料等方面突破了多项"卡脖子"关键技术，发展碲化镉和铜铟镓硒等新型应用绿色建材，成为我国建材工业转型升级、建筑绿色低碳的重要支撑，为新材料产业补链固链强链作出了重要贡献，为国家原材料事业高质量发展形成了"玻璃示范"。

截至2022年，中研院累计获得国家科学技术进步奖一等奖1项、二等奖3项，中国工业大奖1项，中国专利奖3项，省部级奖50余项。开发的光伏玻璃"宽液流成型"工艺技术，良品率、能耗等技术指标均优于国外水平，成果获2011年国家科学技术进步奖二等奖；开发的新型玻璃熔窑技术，解决了生产高品质浮法玻璃微缺陷控制的世界性难题，成果获2013年国家科学技术进步奖二等奖；开发出超薄浮法玻璃变量熔化、等梯度温降成型、空间立体网状退火等关键技术与成套装备，攻克并解决了微波纹和翘曲控制等诸多难题，成果获2016年国家科学技术进步奖二等奖和2018年中国工业大奖。"十三五"国家"工业烟气多污染物协同深度治理技术及应用"项目，发明了系列多功能吸附/催化/过滤材料，突破了复杂烟气多污染物协同控制技术瓶颈，实现了全球最严格的烟气超低排放，取得了工业烟气多污染物治理的技术装备创新和规模化应用的显著成绩，该项技术成果荣获2020年国家科学技术进步奖一等奖。中研院通过多年的自主创新，研发生产出中国首片8.5代TFT-LCD浮法玻璃基板、世界最薄的0.12mm触摸显示玻璃；通过消化吸收再创新，研发生产出世界最高光电转换率20.4%的30cm×30cm铜铟镓硒（CIGS）冠军组件；建成世界第一条1200mm×1600mm大面积碲化镉发电玻璃生产线，单片功率突破331W，转化效率达到17.25%，创造了我国大面积（1.92m^2）碲化镉发电玻璃转化效率最新纪录。

（三）得到社会各界的高度肯定

2020年习近平总书记在安徽考察期间，充分肯定了中研院在玻璃新材料领域取得的科技创新成果，特别是"超薄玻璃实现并跑领跑的成绩"。

2020年，中研院再次通过国家高新技术企业资格认证；2021年，批准建立国家玻璃新材料制造业创新中心、国家技术创新示范企业、国家工业设计中心；2022年被认定为国家知识产权示范企业。中研院还先后获得了全国"五一"劳动奖状、全国文明单位、全国先进基层党组织、中央企业先进集体、全国国有企业创建"四好"班子先进集体、全国"讲理想、比贡献"先进集体和科技创新团队、全国模范职工之家等荣誉称号。

多年来，中研院始终秉承"国之大者"的责任担当，集聚力量进行原创性、引领性科技攻关，以雄厚的科研积淀、持续的科技创新和丰富的产业实践，攻克了一批国际前沿、国内领先的"卡脖子"关键核心技术，致力于"打造世界一流玻璃新材料原创技术策源地"。通过大力实施集成化、产业化、工程化、国际化战略，中研院大力发展新玻璃、新材料、新能源、新装备等产业，提升玻璃新材料产业高端化、智能化、绿色化、国际化水平，打造现代化产业体系，铸就品牌核心竞争力，让中国玻璃在世界舞台绽放出璀璨耀眼的光芒，铸造卓越发展的新典范，打造行业发展的新标杆。

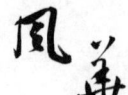

中建材玻璃新材料研究总院
1953—2023

科研院所产研融合的技术创新体系建设

王伟　金望琳　胡华波

中建材玻璃新材料研究总院（以下简称中研院）是1953年在北京成立的第一批国家级综合性甲级科研设计单位，是国家重点高新技术企业、国家技术创新示范企业、国家级工业设计中心，2000年加入中国建材集团并改制成立中国建材国际工程集团有限公司，2014年以玻璃新材料研究总院为核心企业在北京注册成立凯盛科技集团有限公司，2022年战略重组中国建材国际工程集团有限公司成立中建材玻璃新材料研究总院。

作为玻璃新材料原创技术"策源地"和现代产业链"链长"单位，中研院以市场和技术为引领，成为支撑凯盛科技集团发展的重要研发和产业孵化平台，培育了显示材料和应用材料、新能源材料、优质浮法玻璃和特种玻璃、工程服务等业务板块，实现了由传统科研院所向高科技企业集团的转型。

中研院建设有国际化研发平台4个，浮法玻璃新技术国家重点实验室、玻璃新材料国家制造业创新中心等国家级创新平台17个，省部级创新平台43个。现有中国工程院院士1名、国家高层次人才4名，形成了百名博士团队组成的"创新智库"。近年来，中研院完成多项先进技术成果转化，相继建成国内唯一0.12mm超薄电子触控玻璃生产线、国内首条拥有自主知识产权的高世代TFT-LCD玻璃基板生产线、30μm柔性可折叠玻璃生产线；成功下线世界最高光电转换率铜铟镓硒发电玻璃、世界首块大面积碲化镉发电玻璃，实现了第二代薄膜太阳能电池技术的重大突破，推动了光伏产业升级；重点发展深海探测、航空航天、医药等领域关键无机非金属材料，攻克中国首支疫苗用中性硼硅玻璃管，空心玻璃微珠成功应用于"海马号"浮力材料制备，助推中国玻璃技术和产业在国际上由追赶型进入领跑型，成功转化科技成果50余项，在重点领域孵化打造了产业化公司20多个。

一、科研院所产研融合的技术创新体系建设的实施背景

（一）企业发展的战略选择

习近平总书记在党的十九大报告中指出："创新是引领发展的第一动力，是建设现代化经济体系的战略支撑。加强国家创新体系建设，建立以企业为主体、市场为导向、产学研深度融合的技术创新体系，强化基础研究，加强应用基础研究。"中国工程院发表的《面向2035的新材料强国战略研究》中指出，我国包括玻璃新材料在内的新材料产业存在"材料支撑保障力不强""创新链不通畅""新材料研发投入方式单一，投入不足且分散，原始创新能力弱""产业支撑体系不健全""未形成良好的产业发展生态"等核心问题。我国部分玻璃新材料研发成果达到国际先进水平，但是产业基础薄弱，智控装备、关键零部件和数字化技术成为产业化发展"瓶颈"，急需整合科研、工程、装备和生产制造科研资源，真正形成高科技产业化运作能力。

中研院围绕玻璃新材料主业，大力发展的信息显示材料、新能源材料、应用材料等产业，不仅是信息显示、新能源、半导体、航空航天、深海探测、生物医疗等战略性新兴产业不可或缺的关键功能材料，也是中国建材集团着力培育发展新材料产业中的重要组成部分，具有良好的发展环境与发展潜能。

（二）可持续发展的必然选择

2000年前后，国内行业科研院所大部分由事业单位转为企业单位，推向市场，自负盈亏。失去了国家拨款的科研院所一度举步维艰，相当一部分院所选择"研究开发+技术转让"的发展模式，通过研究开发转让技术获取收益，勉强在市场中生存。但这种发展模式使得院所在企业化过程中，常常过于追求短期经济效益，难以持续开展核心技术研发，更难以实现创新成果的产业化、规模化，结果往往导致重经济效益和应用型研究、轻社会效益和基础研究的片面发展格局，使得科研院所逐步丧失传统的技术优势。

中研院充分利用50多年的基础条件和优势，将发展的主业定位在擅长的技术领域，聚焦新玻璃、新材料、新能源和中央应用研究院的产业发展方向，通过技术集成创新，将产业化作为科研开发的主要目标，通过与中国建材工程集团的业务整合，打通新玻璃产业链，探索转制科研院所向科技型企业可持续发展的道路。

（三）人才激励的现实需要

在科技强国和材料强国战略部署下，中研院心怀"国之大者"，打造"国之大材"，打

造了由两院院士、海外高层次人才、百名博士组成的创新团队。中研院不断探索运用中长期激励工具箱，企业负责人任期激励、项目分红激励、员工持股、科技成果转化专项奖励等。探索在科技人员中开展股权激励，核心科研人员（骨干）持股，根据贡献大小，实施相应比例的股权奖励，采用多形式的成果转化方式，激发各环节的转化活力，促进了各方结成紧密的利益共同体。

二、科研院所产研融合的技术创新体系建设的内涵和主要做法

按照中国建材集团整体战略、凯盛科技集团有限公司的"3+1"发展战略（图1），中研院确定了坚持围绕玻璃新材料"1个核心"，坚持自主创新、科技创新、研发高端产品的核心战略，重点发展信息显示和应用材料、新能源材料、特种玻璃"3个方向"，持续强化科研开发，做大做强玻璃新材料研究和工程服务的战略思路，继续抢占产业科技高地，目前已经初步形成信息显示材料、新能源材料、应用材料"并驾齐驱"的良好产业发展格局，探索出了转制院所适应市场竞争的科技成果产业化发展道路。主要有以下做法。

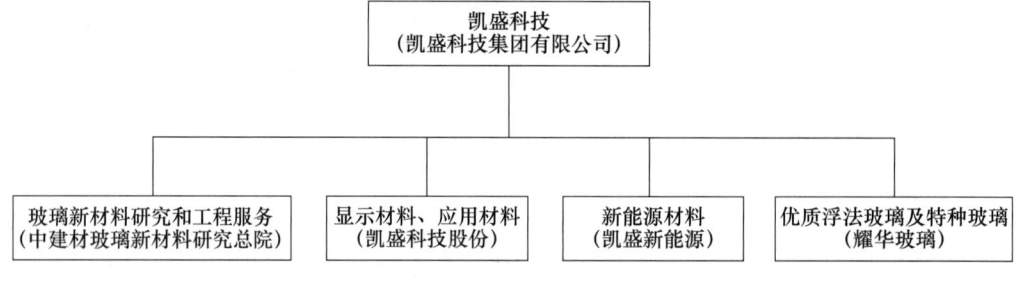

图1 凯盛科技集团"3+1"战略布局

（一）"三子联动"建立一体化的科技成果转化链条

中研院依据自身实际，利用中国建材集团的规模优势，围绕产业链、创新链布局，将成果转化的各个环节在集团内部实现一体化，形成了上游做研发、中游做中试、下游做产业的全链条成果转化模式（图2）。

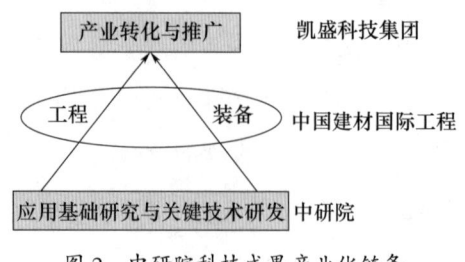

图2 中研院科技成果产业化链条

1. 上游做研发——以产业化为目标

中研院先后建设了国家玻璃新材料制造业创新中心、浮法玻璃新技术国家重点实验室、玻璃工业节能技术国家地方联合工程研究中心、国家级博士后科研工作站、安徽省院士工作站、硅基材料安徽省实验室等18个国家级和省部级创新平台。其中,坐落于中研院自主建设的产业孵化园区内的浮法玻璃新技术国家重点实验室,是我国玻璃领域多学科融合交叉的开发研究平台,具有高度的产业化特征,已成为中研院的核心研发力量,实现了从研发到产业化的空间距离最小化。

中研院先后组建了功能玻璃所、薄膜技术所、慕尼黑薄膜电池研究中心、美国先进材料研究中心等研发机构(图3),同时推进下属各分子公司分支研发机构的建设,完善了研究开发体系。

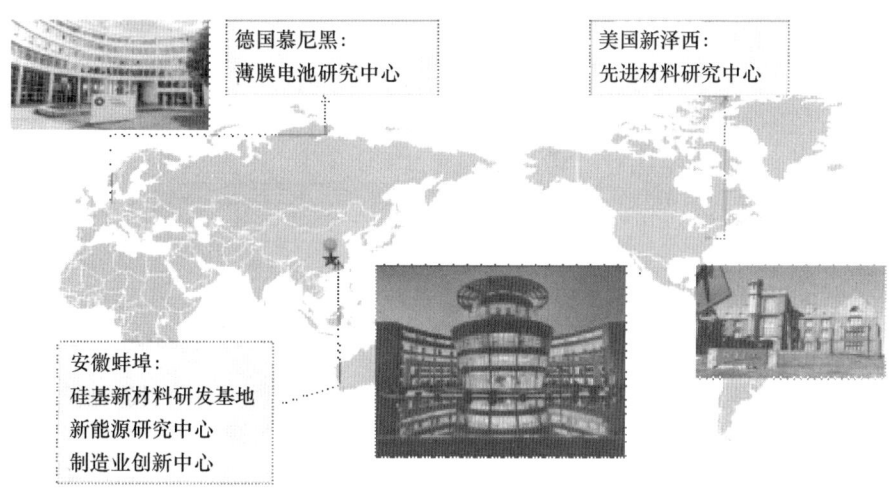

图3 海内外研发基地布局

在研发路径方面,中研院以玻璃为主业,实施技术领先战略,开发具有高附加值的前沿技术,抢占市场先机,通过广泛募集研发经费、自有资金、政府补贴等各种资金,开展科技成果转化体系建设;以玻璃技术为基础,围绕产业化的目标开展课题立项,以自主研发为主,引进领先技术进行集成创新,联合攻关;针对产业化需求,开发配套装备、控制系统等产业化核心要素,延伸上下游产业链,从而保证企业技术和产品的双领先优势,确保产品具有广阔的市场前景。

2. 中游做中试——开发核心装备及系统

在中试方面,由中国建材工程集团负责产品中试和成果工程化。根据中研院的产业布局,围绕成果产业化的需求进行生产工艺、配套装备、控制系统、生产线设计等产业化技术突破;将开发的技术进行计算机建模,通过软件模拟进行技术检验和改进;利用开发的

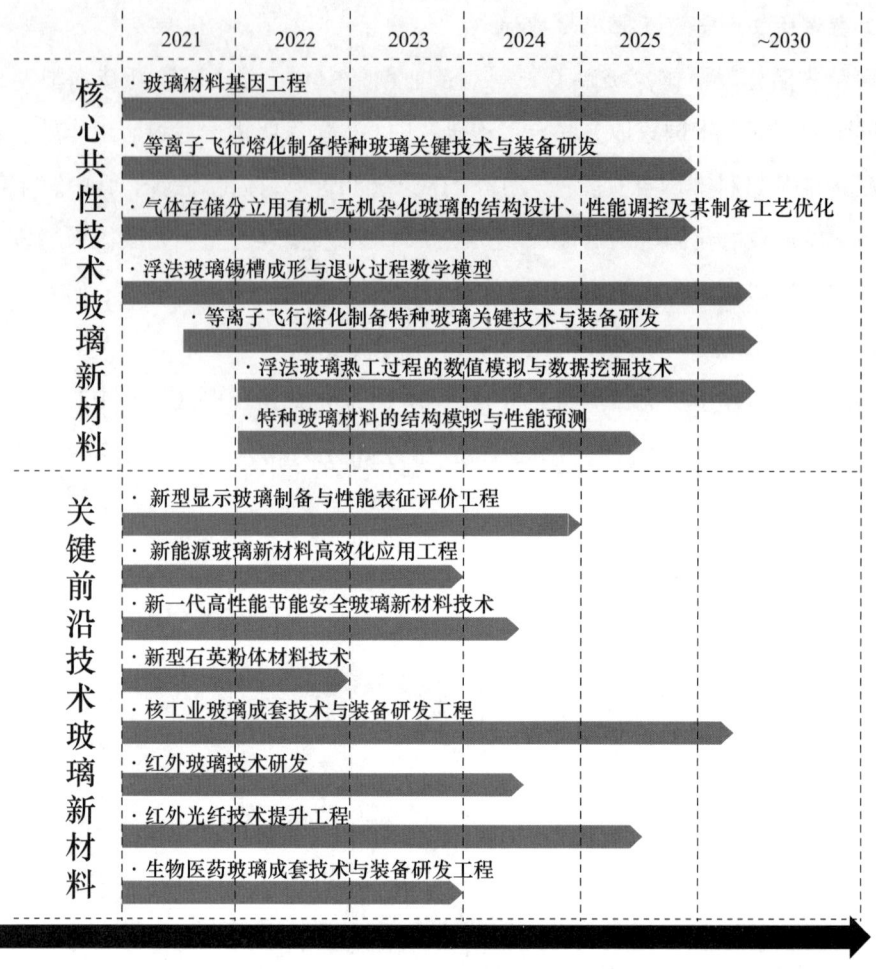

图 4　玻璃新材料研发路线图

成套技术和装备建成中试线，进行产业化试验，为成果产业化提供可靠技术方案。

针对我国高端浮法玻璃产品长期依赖进口以及能耗普遍偏高的状况，中研院立项开发"浮法玻璃微缺陷控制与高效节能关键技术"，在充分发挥上游科研开发、集成创新以及中游中试、工程化的强大优势下，团队集中在关键技术研发和应用上进行攻关，最终形成了三大技术创新：一是通过研究新型浮法玻璃熔窑与玻璃液回流、熔化质量等变化规律关系，确定熔窑阶梯阶数以及与之相适应的熔窑整体结构和尺寸，成功开发"全等宽、宽窑池、台阶池底、窄长卡脖"的新结构玻璃熔窑，使每吨玻璃 0.1~0.3mm 微气泡数量下降到 40 个以内，玻璃质量达到国际先进水平，600t/d 玻璃熔窑单位能耗下降到 6182kJ/kg 玻璃液，节能 15% 以上，实现了玻璃质量的全面提高和玻璃熔窑高效节能；二是通过集成玻璃熔窑新工艺及玻璃熔窑节能新技术的研究成果，成功投产了目前世界最大规模的 1200t/d 大型优质浮法玻璃生产线，使得熔窑能耗降至 5200kJ/kg 玻璃液，节能技术达到国际领先水平,产品质量更加稳定,实现了超大型高端浮法玻璃技术的持续创新;三是根据新玻璃熔窑的结构特征和实践经验,针对各种原料分解和溶解的温度不同的特点,开发"配合料快速同步熔化技术",有效调整玻璃液温度场与流场,进一步实现玻璃质量提升。基于该技术的成套装备先后出口到美国、韩国、印度、伊朗、印度尼西亚等17个国家,在国内高端玻璃市场占有率达到80%以上。该研究成果获2013年度国家科学技术进步奖二等奖。

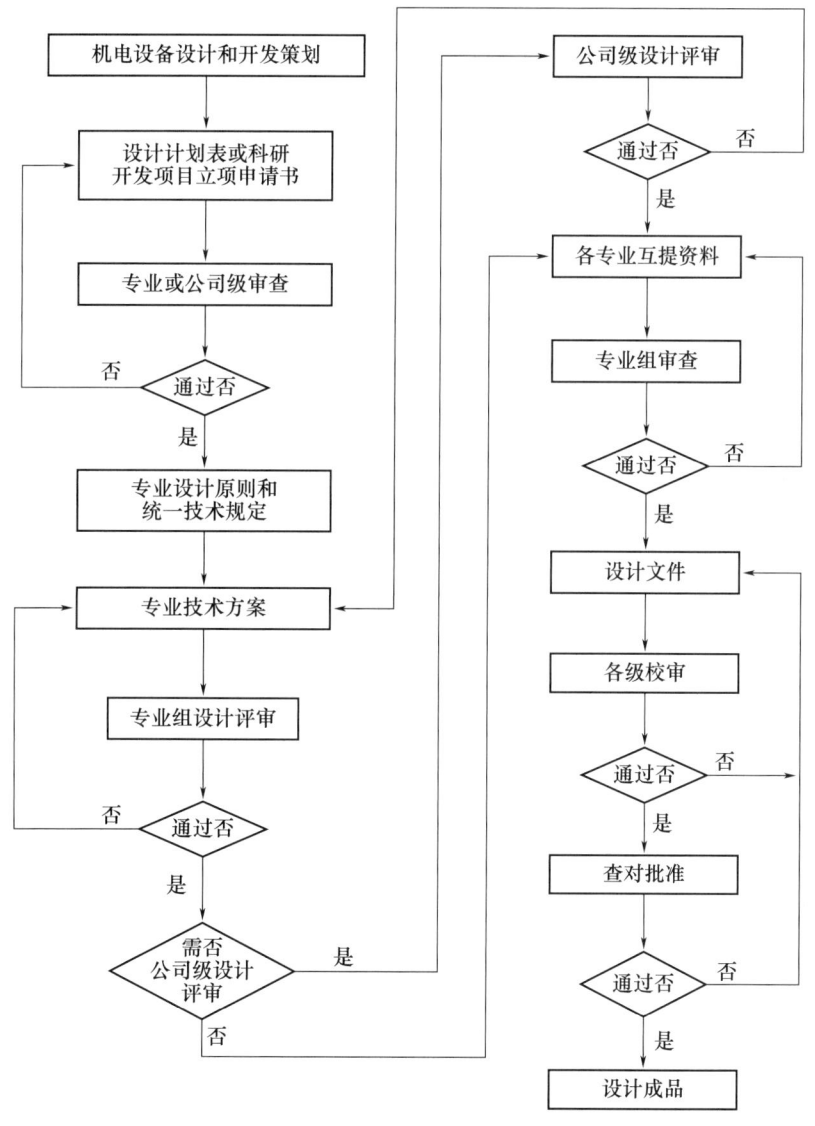

图5 设备设计和开发流程图

中研院在超薄电子信息显示玻璃基板技术方面具有多年的技术储备,瞄准国内玻璃基板的厚度极限,由于开展的技术目标是国内空白,无经验可以借鉴。在原有多年的玻璃生

产线设计和建设的基础上，进行玻璃生产工艺、生产线设计以及控制系统等产业化技术突破，成功开发出"变量熔化、等梯度温降成型、空间立体网状退火"等关键技术与成套装备，攻克并解决了微波纹和翘曲控制等诸多难题，稳定量产了世界最薄0.12mmTFT-LCD超薄浮法电子玻璃基板，彻底改变了国内触控所需0.5mm及以下超薄玻璃依赖进口的局面。该研究成果获2016年国家科学技术进步奖二等奖。

通过多角度、全方位、贴近实际生产的系统性创新，不仅能够提升产业的科技含量，也缩短了产业化的时间，为打造整套科技成果转化体系奠定了基础。

3. 下游做产业——建立产业运营机制

中研院以项目公司的形式对科技成果转化进行产业化运作，项目的建设由注册成立的独立经营、自负盈亏的经营实体负责，项目公司采用股份制合资经营，便于引进战略投资人。项目科研团队技术负责人整体负责产业化项目的建设和运营，院本部和产业化公司之间实施扁平化管理，院本部工作人员和相关技术人员进入产业化公司的董事会兼职，实现对公司的有效管控，通过市场化方式聘请或选派专业的经营团队和核心技术人员，推进成果的产业化进程。

针对具体项目，由中研院发起成立控股和参股的产业公司。依托中研院产业化平台，3个"115"团队先后成立了安徽中创电子信息材料有限公司、安徽方兴光电新材料科技有限公司、安徽凯盛基础材料科技有限公司3家科技人员持股的混合所有制企业，采用混合所有制形式引入社会资本合作经营，对科技成果进行规模化和市场化运作，建立起多方投入、风险共担、利益共享的产业运营机制。

按照中国建材集团大力发展新材料产业的规划，为推进空心玻璃微珠研发成果的产业化，2016年7月，中研院和研发团队持股的蚌埠飞扬企业运营管理有限公司合资成立了安徽凯盛基础材料科技有限公司（以下简称凯盛基材），主要从事高性能空心玻璃微珠研发、制造及销售，其中中研院持股70%、研发团队持股30%，是中国建材集团实施国有企业混合所有制改革的试点企业之一。目前，凯盛基材用玻璃粉末法制造出来的空心玻璃微珠样品达到美国3M同类产品性能指标，处于国际先进水平，打破了国外对空心玻璃微珠的技术封锁。

为推进纳米钛酸钡、稀土抛光粉、稳定型氧化锆的产业化应用，2014年中研院科研创新团队蚌埠中创投资有限责任公司与安徽方兴科技股份有限公司合资成立安徽中创电子信息材料有限公司，科研创新团队持股30%。2016年中创创新团队与省高新投、蚌埠市产业引导基金达成协议，两家各投入600万元合计1200万元，2019年安徽中创电子税收达到业绩奖励条件,2020年省高新投退出,2020年12月蚌埠市产业引导基金退出,两家企业投入1200万元所持股权奖励中创创新团队,当前持股比例为创新团队持股37.43%、凯盛科技股份持股62.57%。

通过"115"创新团队的创新管理方式,安徽中创电子快速发展,成长为全国第二家、全球第三家采用水热法工艺工业化生产纳米钛酸钡的厂家,稀土抛光材料占据安徽省50%以上份额,稳定型氧化锆占据行业市场31%份额,位居行业第二位。为蚌埠市的经济建设、高质量发展、稳定就业和招商引资作出了较大贡献,获得"蚌埠市工业企业三十佳""淮上区纳税超千万元企业"荣誉称号。

(二)"打破藩篱",实现科技成果转化的深度协同

科技成果转化的难点在于研发、中试、产业化"三级跳"中各环节之间的协同对接,使下一个环节能够"接得住、用得了"。为共同推动成果转化,中研院不断加强上下游各环节之间的深度纵向协同。

1. 研发与中试的协同

充分考虑科研成果的工程化和可操作性,对负责中试的工程公司提出操作要求,工程公司据此不断完善核心设备和关键工艺,并对中试结果遇到的实际问题改进技术原型,实现双向良性促进。

以空心玻璃微珠的制备技术及其专用生产设备的研制开发为例,在实验室研发阶段前期物性、工艺参数探索的成果上,建设了小试线,探索设备、工艺的匹配性及产品的稳定性,逐步确定了玻璃粉末法制备空心玻璃微珠的工艺路径,建设了中试线,固化了关键设备选型、工艺参数设计及质量控制方案,具备了小批量的生产能力。同时,根据中试过程中出现的问题,持续进行过程的模拟、仿真及实践研究,指导了中试过程的开展。不断进行工艺参数改进,陆续研制出国家"863"项目三种型号的高性能空心玻璃微珠产品,经过测试全面完成各项指标,通过国家验收。

2. 中试与产业化的协同

技术产品批量生产前,工程公司与产业公司紧密结合,将中试环节的关键科技人员与产业化过程中的核心技术人员组成项目团队,根据市场需求进行成果改进,降低科技成果转化面临的市场不确定性。

中研院建设了国内第一条完全具有自主知识产权的超薄高铝盖板玻璃生产线,由于高铝盖板玻璃原材料难熔化、难澄清、高黏度、难成型的特殊性,加之生产工艺长期被国外封锁垄断和知识产权壁垒,无任何值得借鉴的经验可循,给产品的技术攻关研究带来了极

大的困难。为解决各工序的重大质量和工艺技术问题，中研院国家重点实验室功能玻璃所研发团队、工程公司核心工程设计人员与高铝公司技术团队联合成立了技术攻关小组，对料方调整、熔化、成型、退火、切裁、装载、包装等各个工序环节的数十个工艺与设备难题进行技术攻关研究，经历了无数次的调整、摸索、尝试和努力，不断降低能耗、提升品质、稳定运行，最终实现了平整度、厚薄差、表面缺陷等好转，为超薄高铝盖板玻璃的成功下线奠定了坚实的基础。2018年4月3日，项目产业化公司成功下线超薄高铝盖板玻璃。高铝盖板玻璃的成功量产将实现高端盖板玻璃的国产化，增强产品国际市场话语权，对完善我国光电显示产业链、促进我国光电显示产业健康发展有积极作用。

3. 研发与产业化的协同

中研院以产业化需求为目标，所有研发的技术、工艺、装备和系统均在产业化过程中进行验证，在产业化过程中出现的问题，又会反馈到研发部门去，进行技术改进和更新。反过来，产业化过程中精细化的管理和技术、装备的创新，进一步促进技术的迭代提升，又为科研提供了实践的基地。以开发的0.12mm超薄电子信息显示玻璃生产线为例，研究开发初期设计目标厚度为0.33mm，通过技术攻关实现了设计厚度玻璃基板的成功量产，但是由于柔性显示技术的蓬勃发展以及玻璃在线切割、堆垛和包装中出现了玻璃易碎难题。问题反馈到研发部门后，通过反复试验，对装备和系统进行改进，再试验、再研发，如此反复，形成了良性循环，实现技术的迭代提升，先后突破0.3mm、0.25mm、0.2mm、0.15mm，并最终创造了0.12mm超薄浮法电子玻璃工业化稳定量产的世界纪录。

三、科研院所产研融合的技术创新体系建设的实施效果

中研院通过实施科研院所产研融合的技术创新体系建设，实现了跨越式发展，成为以技术和市场双引领的国家级领先型科研院所，走出了一条具有鲜明特色的转制科研院所发展道路。

（一）科技创新成果显著

中研院开发的光伏玻璃"宽液流成型"工艺技术，良品率、能耗等技术指标均优于国外水平，成果获2011年国家科学技术进步奖二等奖；开发的新型玻璃熔窑技术，解决了生产高品质浮法玻璃微缺陷控制的世界性难题，成果获2013年国家科学技术进步奖二等奖；成功开发出变量熔化、等梯度温降成型、空间立体网状退火等关键技术与成套装备，攻克并解决了微波纹和翘曲控制等诸多难题，成果获2016年国家科学技术进步奖二等奖和2018年中国工业大奖；工业烟气多污染物协同深度治理技术及应用获2021年国家科学

技术进步奖一等奖。中研院通过多年来的集成创新，研发生产出中国首片8.5代TFT-LCD浮法玻璃基板、世界最薄0.12mm触控显示玻璃，通过集成吸收再转化，研发生产出世界最高光电转换率20.4%的300mm×300mm铜铟镓硒薄膜太阳能冠军模组，建成世界第一条1200mm×1600mm大面积碲化镉发电玻璃生产线，将中国玻璃成功缔造成为世界制造业的"中国名片"，助推中国玻璃产业在国际上由追赶型进入领跑型，得到党和国家领导人的高度肯定。

图6 国家科学技术进步奖证书

（二）科技成果转化效果明显

中研院聚焦三大主业，以研发创新为核心，以打造"拳头"产品为抓手，延伸信息显示材料、新能源材料、应用材料产业链，推动玻璃新材料产业稳健高质量发展。

1. 信息显示产业链（图7）

中研院是国内唯一一家掌握超薄触控玻璃、高强盖板玻璃、TFT-LCD玻璃基板三大主流显示玻璃基板核心技术的企业，创造了国内外显示玻璃基板领域多项第一：①研发并量产0.12mm的超薄触控玻璃，作为玻璃行业的唯一展品，在中华人民共和国成立70周年大型成就展上展示，获国家科学技术进步奖二等奖、2018年中国工业大奖、全国制造业单项冠军，目前全球市场占有率近30%；②在国内率先开发出30μm柔性玻璃，成为目前全球唯一一家能够实现原片+后加工全流程自主化开发30μm柔性玻璃的企业，技术水平达到国际领先；③建成了国内首条4.5代TFT-LCD玻璃基板溢流下拉法生产线，国内市场占有率达到60%。主持承担的"十三五"国家重点专项8.5代TFT-LCD玻璃基板项目，实现我国高世代液晶玻璃基板零的突破，入选国资委"2019年十大创新工程"。

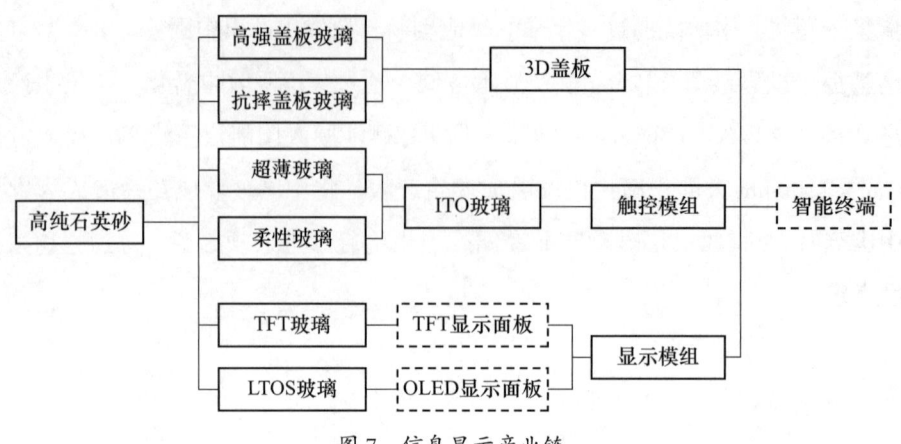

图 7　信息显示产业链

2. 新能源产业链（图 8）

中研院主要开展太阳能光伏和光热发电所需的光伏盖板玻璃、光热玻璃、高应变点玻璃、发电玻璃等新能源材料技术研发与产业化，已完成从石英原料—新能源玻璃—发电玻璃—下游应用的全产业链构建。

新能源玻璃：自主开发的超白光伏玻璃核心技术与成套装备获 2011 年国家科学技术进步奖二等奖，开发的薄膜电池用高应变点玻璃核心技术与成套装备获 2019 年安徽省科学技术一等奖。采用自主知识产权技术在合肥建成投产世界最大"一窑五线"光伏玻璃生产线；在蚌埠建成投产目前国内唯一一条薄膜电池用高应变点玻璃生产线，产品成功出口德国、日本。依托中研院的自主核心技术，目前凯盛科技集团超白光伏玻璃年产能达到 7100 万 m^2，全球排名第三。

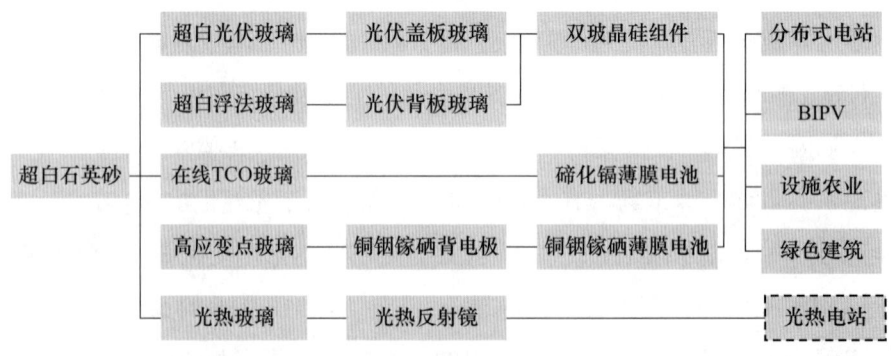

图 8　新能源产业链

发电玻璃：中研院是国内唯一一家同时掌握碲化镉（CdTe）发电玻璃与铜铟镓硒（CIGS）发电玻璃核心技术的企业，并成功实现了发电玻璃的产业化以及规模化示范应用。2017 年中国首条具有国际先进水平的碲化镉（CdTe）发电玻璃工业 4.0 示范生产线正式投产，成功下线单片面积世界最大 1.92m² 的碲化镉（CdTe）发电玻璃，同年我国首条自主技术 CIGS 发电玻璃生产线在蚌埠成功投产。

3. 应用新材料产业链（图 9）

硅基资源大力开展技术创新与资源整合，承担了安徽省科技重大专项，建成国内首条 TFT-LCD 玻璃基板用高纯石英砂生产线，填补国内空白；开展硅基功能材料梯级加工关键技术研发，生产低铁石英砂、高纯超细球形硅微粉、电工电子级硅微粉等产品。依托中研院技术的凯盛君恒成功生产中国首支高品质中性硼硅药用玻璃，是目前国内唯一采用国际先进"全氧燃烧"熔化技术和丹纳法成型工艺实现中性硼硅药用玻璃管量产的企业，产品质量达国际一流水平，实现了我国中性硼硅药用玻璃产业的固链补链强链，2020 年 9 月荣获"中国国际工业博览会大奖"。

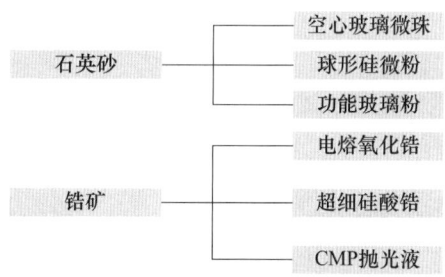

图 9　应用材料产业链

中研院在产研融合的技术创新体系建设上走在了全国科研院所的前列，打通了科技成果产业化的"最后一公里"，实现了由单一科研院所向高科技企业集团的华丽转型，成就了"中国玻璃集大成者"的辉煌传奇。

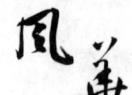

中建材玻璃新材料研究总院 1953—2023

抓内审、强内控、防风险、促合规 护航企业高质量发展

薛冰　郭静　杨庆　徐松岩

2023年是中建材玻璃新材料研究总院（以下简称"中研院"）建院70周年。在70年的发展奋斗中，中研院自主研发了多项"中国首创、世界第一"的玻璃新材料成果，助推中国玻璃技术和产业在国际上由追赶型进入领跑型，为中国玻璃工业现代化和发展循环经济提供了强有力的技术支撑。

在逐渐成为世界一流玻璃新材料研究院的道路上，中研院面临的来自国内外及企业内外部风险的挑战也越来越大。为进一步提升中央企业重大风险防控能力，提高合规管理水平，迫切需要将法律、风险、合规与内控四者进行一体化管理，同时加快建立健全审计监督体系的工作部署，推动中央企业建立符合中国特色现代企业制度要求的内部审计领导和管理体制机制，实现"抓内审、强内控、防风险、促合规"的管控目标，全力护航企业实现高质量发展。

一、抓内审、强内控、防风险、促合规的背景

习近平总书记深刻指出："全面依法治国是国家治理的一场深刻革命，关系党执政兴国，关系人民幸福安康，关系党和国家长治久安。必须更好发挥法治固根本、稳预期、利长远的保障作用，在法治轨道上全面建设社会主义现代化国家。"党的二十大报告将"坚持全面依法治国，推进法治中国建设"作为专章进行部署，把法治建设提高到前所未有的重要位置，充分体现了党中央对全面依法治国工作的高度重视，充分体现了我们党坚持走中国特色社会主义法治道路，也为中央企业推动法治建设指明了方向。国务院国资委先后发布了《中央企业全面风险管理指引》《关于加强中央企业内部控制体系建设与监督工作的实施意见》《关于深化中央企业内部审计监督工作的实施意见》《中央企业合规管理办法》等一系列重要文件，对中央企业提出了加强内部审计监督工作、内部控制体系建设、

全面风险管理和合规管理的要求。可见，深化全面风险管理、内部控制、合规管理，形成融合统一的合规管理体系，开展有效内部审计监督工作，已成为新时代中央企业发展的重要工作内容之一。

为深入贯彻习近平新时代中国特色社会主义思想和党的二十大精神，中研院认真落实党中央、国务院关于防范化解重大风险和推动高质量发展的决策部署，充分发挥内控体系对中央企业强基固本作用，进一步提升中央企业防范化解重大风险能力，结合中央企业内部审计重点工作任务要求，充分发挥内部审计监督效能，按照中国建材集团《关于进一步深化中国建材集团法治建设实施方案》的要求，持续推进合规管理工作，为加快建设世界一流企业筑牢坚实基础。

二、强内控、防风险、促合规与抓内审的关系

（一）防风险为导向

在动态业务经营过程中企业风险分布越来越广，管理也愈加困难。《中央企业全面风险管理指引》指出，企业开展全面风险管理的重要目标，是努力确保将风险控制在与总体目标相适应并可承受的范围。企业制定风险解决的内控方案，应满足合规的要求，针对重大风险制定涵盖各个环节的全流程控制措施，对其他风险把关键环节作为控制点，采取相应控制措施。

（二）促合规为底线

合规是风险管理的底线。企业经营要将遵守法律法规作为不可逾越的底线。合规可分为外规和内规，外规是企业经营管理的红线，不能逾越，否则会引发合规风险，面临监管机构处罚；内规是基于外规和内部管理要求制定的，通过不断完善内规，可从制度层面巩固经营理念、管理思想和价值取向。外规与内规共同形成了企业的规章制度体系。

（三）强内控为手段

内部控制是企业采用流程化方式对业务进行完善和优化的管理手段。内控体系不是孤立于现行管理体系之外的，而是要将内控体系与规章制度体系有机融合在一起，企业制度体系的内容才能得到有效贯彻，流程的执行才能得到有效保障，风险才能得到有效控制。如果说合规管理是侧重于对主体行为进行约束的话，那么内控管理就侧重于确保法律法规在业务执行过程的有效贯彻。

（四）抓内审为保障

内部审计作为中央企业内部监督体系中最为系统的核心手段和中枢力量，担当着"全

面体检""自我把脉"的角色,以其独有的权威性和严谨性,在有效提升企业合规风险防控能力、促进企业依法合规经营方面持续发挥着不可替代的关键作用。内部审计能切实有效地查找制度漏洞,补齐制度短板,时刻查改各项制度规范在企业生产经营各个方面存在的执行缺陷。通过强化重点领域及关键环节的审计监督,全面促进内部审计发现问题。审计建议的整改落实及审计成果的充分延伸和有效运用,是打通内部审计闭环管理"最后一公里"的关键环节,也是全面提升中央企业合规风险防控能力的重要保障。

三、中研院抓内审、强内控、防风险、促合规融合建设的实践

(一)多位一体,不断完善内部审计体系建设

中研院按照国务院国资委和集团的相关工作部署要求,有计划、分步骤地分类安排财务收支审计、经济责任审计、内部控制评价、境外审计和管理效益审计等不同类型的审计项目,对审计发现的主要问题提出改进完善建议,促进企业强化风险意识,树立合规理念,提升管理水平。按照"审计—整改—规范—提高"的原则,对已完成审计项目进行后续审计监督,检查对审计建议的采纳和问题整改的落实情况,协助企业纠正问题,规范企业管理。中研院把审计整改工作作为促进企业健全内控措施、完善经营流程、实现合规经营的重要举措,加大审计整改落实和跟踪检查力度,强化责任追究,推进整改落实,深化审计成果运用,切实发挥好审计"治已病、防未病"的重要作用。同时,将审计结果运用与违规追责形成联动,让内部审计监督"带电""长牙",促进企业始终保持合规经营的"红线意识",全面提升企业风险防控水平。

(二)多管齐下,全面推动内控闭环管理

中研院建立了强化运行监督、自我评价、缺陷整改、体系完善的内控闭环管理。一是持续推进董事会建设,保障董事会规范运行,明确党委、董事会和经理层的行权方式,梳理各治理主体之间权责关系,落实董事会对内控体系的监管责任,明确审计与风险管理等专门委员会推进内控体系建设与监督工作的职责,增强战略管理能力。二是深化推动制度体系升级,持续推进规章制度"废改立"工作,严格落实内部控制管理制度的有关要求。三是加大企业监督评价力度,围绕重点业务、关键环节和重要岗位,组织对所属企业内控体系的有效性进行监督评价,将境外资产纳入监督评价范围,重点对境外项目的重大决策、重大项目安排、大额资金运作以及境外企业公司治理等进行监督评价,促进内控体系持续优化,实现监督评价三年全覆盖工作目标。四是抓好缺陷问题整改,对排查出的问题

逐一提出整改要求，层层压实整改责任，有效发挥内控体系强基固本、防控风险作用。

（三）问题导向，切实加强风险防范

中研院严格落实《风险控制管理制度》《重大经营风险事件报告工作办法》等制度的要求，全面建立起重大经营风险管控机制，对重大风险进行年度评估、季度监测，确保风险隐患始终受控。中研院持续做好风险防控工作，采取预防为主、及时响应、风险承担、及时规避等应对方式，正确处理相关风险事件，合理化解风险，并在风险中抓住发展机遇。进一步加强境外风险防控，定期组织开展境外法律风险排查，防范化解境外项目风险，按业务全链条逐一提示风险，细化防范要求。定期开展假冒国企排查，高度重视知识产权保护，利用中国建材集团风控系统细化商标管理，防范侵权行为的发生。

（四）突出重点，扎实开展"合规管理强化年"工作

中研院认真落实国资委部署，一体推进"合规管理强化年"工作。成立法治建设工作机构和合规管理委员会，统筹推进落实法治建设第一责任人职责，研究决定法治建设、合规管理重大事项或提出意见建议，指导、监督和评价法治建设及合规管理工作。结合《中央企业合规管理办法》新要求，推动合规体系持续完善，建立"合规管理制度"，充分发挥党委领导作用，落实全面依法治国战略部署有关要求，把党的领导贯穿合规管理全过程；将合规要求嵌入经营管理各领域各环节，贯穿决策、执行、监督全过程，落实到各部门、各成员企业和全体员工，实现多方联动、上下贯通；按照"管业务必须管合规"要求，明确各部门、合规管理部门和监督部门职责，严格落实员工合规责任，对违规行为严肃问责。努力打造合规文化，组织企业领导人员签署"合规承诺书"，定期开展合规培训，培育合规文化，增强员工法律素质和风险意识。

四、结语

当今世界正处于百年未有之大变局，各种不稳定、不确定性因素明显增加，给中央企业加快转型升级、建立世界一流企业和实现高质量发展带来较大挑战。内部审计以"集中统一、权威高效、全面覆盖"监督体系和工作职责，在中央企业内部管理中与"强内控、防风险、促合规"一起发挥着关键作用。新时代赋予新使命，新形势提出新要求，我们应更加紧密地团结在以习近平同志为核心的党中央周围，坚持以习近平法治思想为指导，脚踏实地、开拓进取，以钉钉子精神确保各项任务落实落地，为中研院成为世界一流的玻璃新材料原创技术"策源地"和现代产业链"链长"的中央应用研究院保驾护航。

混资本、改机制、强主业 全力打造玻璃新材料原创技术策源地

薛冰　金望琳　王小飞

党的二十大报告提出，深化国资国企改革，加快国有经济布局优化和结构调整，推动国有资本和国有企业做强做优做大，提升企业核心竞争力。中建材玻璃新材料研究总院（以下简称中研院）在中国建材集团有限公司（以下简称中国建材集团）战略引领下，围绕"混资本、改机制、强主业"，积极稳妥推进国有企业混合所有制改革试点工作，全力打造玻璃新材料原创技术策源地。

一、公司基本情况

中研院成立于1953年，是中华人民共和国成立后创建的第一批国家级综合性甲级科研设计院所，是国家重点高新技术企业。2000年加入中国建材集团，2014年以中研院为核心在北京成立了凯盛科技集团有限公司（以下简称凯盛科技），2019年成为第四批国有企业混合所有制改革试点单位，2021年完成重组增资，中国建材国际工程集团有限公司（以下简称"中国建材工程集团"）成为中研院全资子公司（图1）。

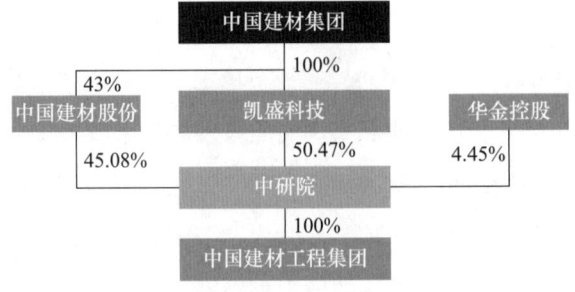

图1　中研院股权结构图

二、混改的必要性和战略意义

（一）顶层设计指明方向

为什么要实行混合所有制改革？2013年11月，党的十八届三中全会提出，积极发展混合所有制经济，推动国有企业完善现代企业制度，支持非公有制经济健康发展。当时，国有企业正处于由大向强迈进的关口，企业债务重，资金需求大。民营企业也正面临有钱没处投的尴尬局面，拓宽投资渠道的呼声很高。为此，中央明确提出，国有资本、集体资本、非公有资本等交叉持股、相互融合的混合所有制经济，是基本经济制度的重要实现形式，有利于各种所有制资本取长补短、相互促进、共同发展。继而在2015年，党中央、国务院又两次提出国有企业要适时稳妥推进混合所有制改革。2015年8月，党中央、国务院颁布《关于深化国有企业改革的指导意见》，提出了新时期国有企业改革的目标任务和重大举措，形成了"1+N"系列指导文件，国企改革顶层设计基本完成。2015年9月，国务院颁布《关于国有企业发展混合所有制经济的意见》，提出稳妥推进主业处于充分竞争行业和领域的商业类国有企业混合所有制改革。

2016年，为有效激发国有企业经营活力，让国有企业混合所有制改革落实落地，国家相继出台了2项力度较大的政策，即"4号文"和"133号文"。2016年2月，《国有科技型企业股权和分红激励暂行办法》（财资〔2016〕4号）颁布，进一步激发广大技术和管理人员的积极性和创造性，促进国有科技型企业可持续发展。2016年8月，国务院国资委下发《关于国有控股混合所有制企业开展员工持股试点的意见》（国资发改革〔2016〕133号），国企混改和员工持股改革试点正式启动。

2018年到2020年，国务院国资委又组织开展了"双百行动"，颁布了《中央企业混合所有制改革操作指引》，发布了《国企改革三年行动方案（2020—2022年）》，混改进入新一轮提速升级，从"春播时期"进入到"深耕阶段"。

（二）混改的战略意义

实施混改是中研院落实国家"十四五"规划中关于"深化国有企业混合所有制改革，深度转换经营机制"的重要举措，是对党的二十大报告中关于"深化国资国企改革"的积极响应。通过本次混合所有制改革，中研院整合中国建材集团内部资源，通过混资本与改机制相结合的方式，以科研及产业孵化为核心，集玻璃及新能源材料工程服务、高端装备制造、"双碳"节能等业务于一体，增强产业协同效应，做大做强主业，提升企业核心竞争力和发展潜力。

混资本，首先要梳理企业自身的发展目标和定位，明确战略规划和混资本方案，引入符合其战略规划的战略投资者。混资本的主要目的是引入优势互补的外部资本，实现产业协同助力国企主业突出。因此，中研院在引入外部投资者时，将"混资本"与谋经营相融合，在业务、市场、技术等领域深入进行合作，通过有效的产业协同推动企业高质量发展。

改机制，主要是通过优化公司治理结构，激发企业活力。通过改机制，聚焦企业股权结构、管控模式、公司治理、经营机制、激励机制，创设新的体制机制和现代企业制度，做到产权清晰、提高效率、完善治理、市场化和强化激励，为企业高质量发展提供内生动力。探索员工持股、超额利润分享等中长期激励方式，构建企业与员工命运共同体，实现公司核心员工与企业利益的深度绑定，充分调动管理者和员工的积极性，激发企业活力，提升企业凝聚力，有利于保障企业的长期健康发展。

强主业，就是要通过混资本、改机制等手段，达到强主业的目的。强主业应当坚持主业归位、产业归核、资产归集。通过"合并同类项、整合关联项"，一方面有利于提升产业集中度，另一方面有利于提升产业融合度，推动主业做专做精。通过梳理集团所涉业务，以优势企业为主导，打破主业板块和管理层级的界限，加快推进各板块间和板块内部的协同力度，实现共赢发展的良好局面。资产重组整合后，主责主业更加聚焦、业务结构更加清晰、综合竞争力更加突出。

（三）混改的总体思路

中研院的核心业务是科研与产业孵化，所以中研院混改的总体思路就是科技产业化、产业资本化，进而探索资本证券化。

科技产业化：科技创新的成果要变成生产力，产生社会效益，就必须要调动企业组织才能完成。中研院科技产业化，应以市场需求为牵引、产业化为目的、企业为主体，围绕玻璃新材料领域，加强企业主导的产学研用深度融合，强化目标导向，有利于提高科技成果转化和产业化水平。

产业资本化：资本的助力是产业实现跨越式发展的必由之路。纵观产业的发展历程，资本都明显地起到了"助推器"的作用。对于中研院来说，引入资本活水，有利于企业整合产业投资人资金及资源，扩大企业生产经营规模，逐步完善公司法人治理结构，健全市场化经营机制，提升企业综合竞争力。

资本证券化：中共中央、国务院《关于新时代加快完善社会主义市场经济体制的意见》指出，对处于充分竞争领域的国有经济，通过资本化、证券化等方式优化国有资本配置。积极利用资本，依托国内外多层次资本市场，大力推动国有企业上市，使上市公司成为国有企业主要组织形式和管理资本的重要载体。中研院资本证券化，有利于做大做强凯盛科技玻璃新材料产业研发和工程服务平台，推进凯盛科技战略规划落地。

三、混改的构想

中研院经过业务梳理、资源整合，形成以科研及产业孵化板块为核心，以玻璃及新能源材料工程服务、高端装备制造、"双碳"节能3个板块为载体，以"高尖端科技研发+国际化工程服务"为发展愿景的"1+3"业务布局。

科研与产业孵化板块是科技产业化的绝对核心，具有国家级产业研发能力，中研院以国家玻璃新材料创新中心、浮法玻璃国家重点实验室为中心，坐拥玻璃及相关产业无可比拟的研发能力，并具有强大的孵化机制，孵化培育出如超薄触控显示玻璃、8.5代TFT-LCD浮法玻璃基板等突破"卡脖子"关键核心技术的企业，为科技产业化提供强大基础。

玻璃及新能源材料工程服务、高端装备制造、"双碳"节能3个板块是产业资本化的实施载体。玻璃及新能源材料工程服务板块是以中国建材工程集团为代表性企业，业务范围涵盖玻璃工程、新能源工程、新材料工程及设施农业工程等，是国内玻璃工程行业的"领军企业"。高端装备制造板块以蚌埠凯盛工程技术有限公司为代表性企业，业务范围涵盖玻璃全产业链核心技术装备制造、自动化工厂设备制造等，是国内玻璃产线装备制造业的"单项冠军"。"双碳"节能板块以深圳凯盛科技工程有限公司为代表性企业，业务范围涵盖玻璃全产业节能环保工程搭建、余热发电、脱硫脱硝、节能三项材料生产等，是国内玻璃全产业节能环保的"隐形冠军"。

中研院混改的基本构想为，在充分梳理现有资产的基础上，以聚焦主业、避免同业竞争、盈利能力良好为基本原则确定混改的资产边界，按业务板块整合资产，充分发挥产业协同效应，提升资产质量，进而以强大研发能力及优质资产吸引战投，并开展员工持股。最终，当条件合适的时候，进行资本证券化的探索。

中研院开展混合所有制改革以来，通过从"混资本"到"改机制"，在不断对标、赶超世界一流中持续"强主业"。未来，将持之以恒用好创新动力、激发改革活力，全力以赴助推国家玻璃新材料实现高水平科技自立自强，让中国玻璃领跑世界。

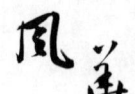

中建材玻璃新材料研究总院
1953—2023

继往开来，传承玻璃工艺
创新不息，引领设计品质

江龙跃　吴琼辉

一、承先启后，历史悠久传承

1953 年，首批国家级科研院所——中建材玻璃新材料研究总院诞生，见证了民族玻璃工业 70 年的发展历程。2000 年，中研院转型为科技型企业，2002 年在上海成立中国凯盛国际工程公司，后更名为中国建材国际工程集团有限公司，2006 年随着中国建材股份在香港上市。经过几代人的艰苦奋斗，如今已成为世界一流的玻璃新材料科技型国际工程公司。

70 年的发展历程，我们走遍千山万水，积极响应"一带一路"倡议，全面推动"国内国际双循环"。我们提高技术、服务社会，实现高质量跨越式发展，创"凯盛"知名品牌。一代一代的玻院人接续奋斗，让凯盛精神代代相传。

近年来，中国建材工程集团玻璃设计院落实凯盛玻璃新材料"3+1"战略布局，攻克了一批国际前沿、国内领先的关键核心技术，助力中国建材工程成为全球最大玻璃工程服务商，国内高端玻璃工程市场占有率 80% 以上，国际高端玻璃工程市场占有率 65%。

二、研技求新，设计创领时代

一直以来，设计技术都是科技成果转化为现实生产力和物质文明的重要环节，是工程建设的龙头，其质量和深度直接决定了整个工程的建设品质。中国建材工程集团以玻璃新材料工程为核心，致力于打造一个以科研设计为龙头，工程服务推动装备发展的国际化科技企业集团。公司围绕工程服务，开展关键核心装备及智能化系统研发设计制造，推动核心装备从"有没有"向"好不好"转型升级，并选择"超白化、超薄化、功能化、大尺寸化"四个方向展开重点攻坚，以此提升玻璃的科技含量和功能属性。玻璃设计院按照公司战略部署，积极推进核心装备智造升级，为新玻璃、新能源的工程化和国际化提供有力支撑，让中国玻璃实现从"跟跑"向"领跑"跨越。

（一）设计方法持续迭代

从画板丁字尺到计算机辅助设计，从二维到三维设计，从传统玻璃业务向电子信息显示、新能源和玻璃新材料方向迅速转型，从传统工厂设计向自动化、数字化、花园式工厂设计转变，每一次转变都推动着设计水平的提高和工艺技术的创新，体现着一代又一代技术人员的工匠精神和创新精神。

当前，玻璃设计院正积极采用模块化、标准化设计，采用先进的三维设计工具，加速数字化技术应用，提高了设计质量和设计效率，为实现数字化交付、拓展数字化业务奠定了基础。

运用管控一体化平台、OA系统开展协同设计和项目管理，现代信息技术以其智能化、多媒体化、数字化的特征，在设计中得到了广泛应用。

（二）设计技术不断创新

1. "洛阳浮法"技术破茧成蝶

1949年前，中国玻璃产业落后，依赖引进技术。直到20世纪70年代，以洛阳玻璃厂为基地，全国相关单位的联合专家和工程技术人员一起创造了自主知识产权的"洛阳浮法"。1971年，洛阳玻璃厂成功建起第一条浮法玻璃生产线，生产出我国第一块浮法玻璃，其质量优于当时其他工艺生产的平板玻璃。1981年，"洛阳浮法"通过国家级技术鉴定，成为世界三大浮法工艺之一。这一技术的研发成功，替代了在我国沿用几十年的"垂直引上"工艺，极大地提高了生产效率和产品质量，推动了行业的大发展。

2. 优质浮法技术百舸争流

改革开放为中国建材工业打开了世界窗口，之后30多年间，中国浮法玻璃工业迅猛发展，年产量开始跃居世界首位，占全球一半以上。然而，2005年前，我国高端浮法玻璃品种仍全依赖进口。为解决这一问题，中研院开发了一系列缺陷控制与高效节能关键技术，并得到国家科技支撑计划的支持。该项目技术已在近200条高品质浮法玻璃生产线中应用，国内市场占有率达80%以上。

2013年，由中研院参与研发的"浮法玻璃微缺陷控制与节能关键技术及产业化应用"项目荣获国家科学技术进步奖二等奖，推动了我国浮法玻璃技术进步与产业结构升级。

中研院参与设计的生产线为大型成套工程项目，包括建设国内首条400t/d光热玻璃生产线、250t/d 薄膜电池用高应变点玻璃生产线等，积极推动中国玻璃技术和装备走向世界。

3. "浮法二代"技术横空出世

2011 年后，浮法玻璃市场出现"供大于求"，产能过剩，行业需转型升级。为此，中国建材联合会推动"第二代浮法玻璃技术创新和研发"，以科技创新引领行业发展，新型玻璃的创新研发成为重点。

玻璃设计院成立了相关技术开发项目部，开展原料提纯、新型熔化、超薄成型等科技攻关，形成了我国具有自主知识产权的超薄信息显示玻璃工业化制备核心技术及成套装备，成功实现产业化，使我国在该领域进入世界先进行列。

2014 年，建设了国内首条 0.33mm 以下超薄触控玻璃生产线，稳定量产世界最薄 0.12mm 超薄触控玻璃，获 2018 年中国工业大奖。2016 年，"超薄信息显示玻璃工业化制备关键技术及成套装备开发"项目获得国家科学技术进步奖二等奖。以此为标志，液晶显示基板玻璃、超薄玻璃等技术玻璃在中国实现跨越式发展。

4. 光伏压延技术踏破天际

光伏玻璃是太阳能电池板的关键材料，但长期以来，其核心技术被国外大公司垄断，中国需依赖进口。为填补空白，中研院开展关键技术研发。玻璃设计院参与的项目团队突破了国外技术束缚，开发出"宽液流成型工艺"技术，产品良率超过 80%。2006 年，建成国内首条太阳能光伏超白玻璃压延生产线，使我国光伏玻璃产业迅速成长为全球第一。

"太阳能电池用微铁高透过率玻璃成套技术及产业化开发"荣获 2011 年度国家科学技术进步奖二等奖，为中国太阳能光伏产业的快速发展提供支撑，为促进公司的光伏玻璃板块迅速发展，形成了具有自主知识产权的光伏玻璃关键技术和新型工艺，使产品在各方面均优于国外先进技术，综合技术处于国际领先水平。

2022 年，玻璃设计院参与设计的全球首条一窑八线光伏玻璃生产线成功引板，创造了多项世界第一，标志着我国光伏玻璃技术有新突破。在国内外工程服务市场，公司的占有率达到了 90% 以上，进一步提升了公司在全球范围内的影响力。

5. 特种玻璃技术一跃超群

中国建材集团落实国务院国资委科技和产业帮扶要求，中国建材工程集团玻璃设计院参与攻克中性硼硅药用玻璃高品质熔化等 28 项核心难题，推动国内相关技术不断突破和提升，成功在帮扶地区河北魏县建成万吨高品质中性硼硅药用玻璃生产线。

2020 年，成功生产出中国首支疫苗用中性硼硅玻璃管，获得中国国际工业博览会大奖，入选中央企业"我为群众办实事"实践活动案例；2021 年，获批国家"十四五"重点项目，全力打通上下游产业链。5.0 中性硼硅药用玻璃鼎力支持国产疫苗研发，实现"做好一根玻璃管，守住国民健康线"。

在新能源方面，玻璃设计院参与设计 100MW 碲化镉薄膜电池工业 4.0 示范线，成功下线世界最大单片面积 1.92m² 碲化镉薄膜电池；参与设计我国首条 300MW 铜铟镓硒薄膜电池生产线。为我国太阳能光伏产业发展和转型升级提供了基础材料和技术支撑，使凯盛集团成为世界上唯一一家同时掌握铜铟镓硒和碲化镉薄膜太阳能电池组件研发和量产技术的企业。

（三）核心装备成套智造

窑炉是玻璃生产线的核心装备，直接影响产品质量。玻璃设计院针对窑炉及自动控制系统进行了一系列科技攻关，形成具有自主知识产权的中国浮法及压延玻璃技术，在产品质量、规模、品种及能耗等方面取得显著进步。

一窑多线工艺技术在玻璃器皿瓶罐领域广泛应用，也在建筑玻璃、太阳能玻璃、电子玻璃等领域得到开发应用。2021 年，中国建材国际工程集团有限公司的发明专利"一种有关一座熔窑具有两条生产线的浮法工艺设备及方法"获得中国专利奖优秀奖。

熔窑大型化是节能减排的重要措施之一。我国浮法窑炉规模从 250t/d 发展到最大 1500t/d，大吨位浮法技术"窑窑"领先。新的玻璃规格和品种的开发，同时促进锡槽、退火窑、冷端机组等成套装备技术快速提升。

从 2006 年建成国内首条 250t/d 太阳能光伏超白玻璃压延生产线至今，压延玻璃熔窑日熔化量从最初的 250 吨级发展到当前主流的日熔化量千吨级，形成单窑产线数量"从一到八"的系列高端窑炉装备。日熔化量 1500 吨级一窑多线窑炉已经研发完成，即将投入使用。

玻璃设计院结合玻璃熔窑新工艺及玻璃熔窑节能新技术的研究成果，通过数字化模拟技术，优化窑炉设计，并不断研究、实践和总结，形成具有自身特色的新型节能玻璃熔窑。熔化技术采用了适合中国重油、调和油等特性的燃烧系统和喷枪、还原性硫澄清技术、玻璃熔窑辅助电加热技术、鼓泡技术、全氧辅助燃烧技术、富氧燃烧技术、全氧燃烧技术、玻璃熔窑大型化等，不仅提高了玻璃窑炉的热效率，节约了能源，而且改进了玻璃液的均匀性，提高了玻璃液质量。

（四）数字转型、智能升级

近年，玻璃设计院积极推广智能冷端技术，设计智慧工厂，在设计中引入冷端数据处理中心（CDPC）、生产运营管理系统（MOM）、5G智慧仓储系统等数字化技术。布局太阳能光伏玻璃、建筑家电玻璃、薄膜电池等深加工领域的工艺技术，开发出原片线与加工线连续在线生产工艺技术并成功投入使用。

设计运用光伏玻璃在线穿梭机成功解决玻璃在不同楼层间连续输送难题，与传统的斜坡辊道输送、AGV/RGV小车及升降机转运系统相比，占地少、土建成本低、输送平稳性好、玻璃破损低，适用于各种压延玻璃生产线。可采用Z型、C型、一进一出、一进多出等多种布置形式，极好地满足单分片、两分片、三分片的跨楼层连续输送问题，实现了玻璃原片线与深加工线同层及跨层连线生产。目前，此技术已经在蚌埠盛世、合肥新能源投入正常使用，并正在逐渐扩大应用范围。

三、锐意进取，携手共创未来

回眸耕耘路，郁满芳华，冬去春将至，坚韧不拔行，知来路；展望新时代，初心如故，实干开新局，奋进向未来，明去处。

作为有70年发展底蕴的科技企业集团的一分子，玻璃设计院将继续传承与发扬凯盛精神，践行"材料创造美好世界"的使命，助力打造玻璃新材料"百年老店"，助推民族玻璃产业高质量发展，续写百年传世佳话。

谨以此文敬祝中建材玻璃新材料研究总院70周年华诞！

中国建材工程集团国际业务部：我 21 岁啦！

——凯盛国外玻璃业务成长记

何文　黄刚

1953 年，是玻璃新材料研究总院的诞生之年；而 2002 年，则是中国凯盛国际工程有限公司的开创之时，以彭寿同志为首的领导班子在上海确立。"凯盛"如同一名新生儿呱呱坠地，作为建材业的一个工程服务品牌首次登上了历史舞台。如今，时光荏苒，21 个春秋过去，随着业务的发展壮大，中国凯盛国际工程有限公司更名为中国建材国际工程集团有限公司，但是其英文缩写"CTIEC"一直保留至今，并已成为全球玻璃工程行业的杰出品牌。

葱茏岁月流逝，CTIEC 的影响力持续扩大，不断在全球范围内赢得信赖和赞誉。英语国家的客户喜欢将 CTIEC 连读为"si：tek"，听上去就像 see tech（看，这就是技术）；而俄语国家的客户则喜欢直接以 Триумф（Triumph）指代我们公司。Triumph Triumph，读起来抑扬顿挫，富有韵律，这个单词从古罗马凯旋式的文化元素中汲取灵感，彰显出凯盛玻璃国际业务的美好愿景，如同一个激扬奋进、驰骋沙场的英勇士兵，引领着全球玻璃工程领域的前沿创新。

一、我的学龄前时期（2002—2008 年国外工程部）

2002 年，彭寿同志被任命为中国凯盛国际工程有限公司总经理后，明确提出了公司成为国际化工程公司的目标。公司成立了国外工程部，向着建材行业国际一流工程公司迈进的征程就此波澜壮阔地开始。

2002 年至 2008 年，国外工程部先后完成了孟加拉国 NASIR 日熔化量 250 吨浮法玻璃生产线、越南答桥平拉压延玻璃生产线、印尼 TG-2 日熔化量 900 吨浮法玻璃生产线等项目,像一个蹒跚学步的婴幼儿,边摸索边实践,从设计向设计+成套设备出口、工程总承包转型,凯盛品牌在国际市场上初战告捷。尤其值得一提的是,印尼 TG-2 日熔化量 900 吨浮法玻璃生产线创造了当时中国出口海外单条浮法生产线最大吨位的纪录,充分展现了公司在行业内的实力和影响力。

2002 年,国外工程部牵头的中国凯盛代表团首次参展国际玻璃界最大的展会——德国杜塞尔多夫 Glasstec 展会,中国凯盛抱着向世界领军企业学习的态度,真切地了解到了世界玻璃工程市场的最新情况和趋势,同时也让世界知道了 CTIEC 作为一支来自中国的新生力量,已经开始活跃于世界玻璃工程舞台。

二、我的小学时代(2008—2013 年玻璃工程事业部)

在度过了 6 年"学龄前"学习准备期之后,我终于得以正式"踏入学堂"。2008 年,随着国外水泥工程业务的扩大,国外工程部拆分为玻璃工程事业部和水泥工程事业部。沿袭而来的玻璃工程事业部,是我"小学"时代的开端。

在之后的 5 年中,凯盛玻璃业务从之前主要集中于东南亚国家,逐步向更多的区域和国家扩张,如南亚、中东和非洲等。在那段时间里,我们顺利完成了许多重大项目,如印度 HNG 日熔化量 600 吨浮法玻璃生产线、伊朗 AFGC 日熔化量 800 吨浮法玻璃生产线、埃塞俄比亚日熔化量 140 吨平拉玻璃生产线、埃及开罗日熔化量 120 电压延玻璃生产线项目等。这些项目进一步推广了凯盛品牌,为我们全面走向世界打下了坚实基础。

三、我的中学时代(2013—2019 年国际业务部)

2013 年,我有了一个更响亮的名字——国际业务部,专注于国外玻璃项目及其他项目的开发工作,从此我步入"中学时代"。这也标志着我在 10 余年的学习和成长过程中,终于掌握了基本的专业知识并积累了一定的项目经验。

在这 6 年的时间里,我们成功地将业务打入发达国家市场。2013 年成功中标、2015 年顺利投产的韩国 KCC 集团日熔化量 1200 吨浮法玻璃生产线项目,是中国浮法技术和成套装备出口海外单线规模最大的项目。

此外,2016 年,在上海成功举行了被誉为"国际玻璃界的奥运会"的国际玻璃大会。国际业务部全力参与了承办和组织工作,使得这次大会取得了圆满成功,加强了中外玻璃行业的合作交流,也赢得了国际玻璃界的高度赞誉。

四、我的大学时代（2019年至今　国际业务部）

从2019年开始，国际业务部的国外玻璃工程订单源源不断，合同总额连年呈几何式增长，2022年我们的人均新签合同额达到1亿元人民币，标志着部门业务能力进入了高级阶段。我上"大学"啦！

在业务模式方面，部门不断开展创新营销，比如完善丰富PPT、高清视频等推介资料，为经营工作提供更多宣传和推广工具，使客户身临其境，尽最大可能降低了3年疫情期间出行受限的影响，并促进客户建立投资信心；同时，推行工作流程标准化，如标准的报价模式，标准的全套合同文本，标准的客户接待、参观、洽谈流程等，这着力提升了从报价到签约的实效，尤其是使用我们的合同文本，使得国外工程项目的风险完全可控，也保证了公司的收入和利润。2022年10月，在彭寿院士访问土耳其期间，在短短2天时间内，集中签约了4个海外光伏玻璃生产线项目，创造了公司历史上签约效率最高的纪录。由于采用了创新营销模式，并做了大量认真细致的准备工作，其中3家客户竟然是第一次见面即签约，可谓奇迹。

在国际业务部的不懈努力下，公司玻璃业务的两大核心产品——浮法玻璃和光伏玻璃生产线出口保持良好势头，且向着大客户、大吨位的方向稳步发展。

在大客户方面，不断与美国加迪安、法国圣戈班、日本旭硝子、韩国KCC等国际大客户签约新项目。2020年，成功中标加迪安集团沙特日熔化量750吨浮法线冷修改造总承包项目，这也是该国际玻璃巨头第一次全线采用中国的浮法技术和装备。2021年，完成了圣戈班集团印度日熔化量1200吨光伏玻璃生产线的设计工作，这也是世界上最大最先进的光伏玻璃生产线；2021年，签署印度最大的本土玻璃企业GP集团两条日熔化量800吨浮法玻璃生产线合同，创造了中国浮法技术出口单项合同额最高纪录。2022年，与土耳其最大的玻璃集团SISECAM成功签署了800吨光伏玻璃项目的设计合同，继拉边机供货之后，将双方合作突破至工程领域。

在大吨位方面，从国际业务之初的250吨、400吨的小吨位项目，跨越提升为800吨、1000吨、1200吨这样的大吨位浮法项目。如KCC集团印尼日熔化量1200吨浮法项目，成为继2015年的KCC韩国日熔化量1200吨浮法项目之后，又一个中国浮法技术和成套装备出口海外单线规模最大的项目。光伏玻璃项目也签约了一系列600吨、800吨的大项目，其中不乏土耳其SISECAM、DUZCE CAM这样的大公司。

此外，在国际业务部多年的海外经营积淀下，依托国际化优势，积极与凯盛集团内各兄弟企业展开沟通和交流，协同出海，合作共赢，为凯盛科技集团内其他业务板块的"走

出去"和"国际化"作出了巨大贡献。目前，在我们的带领下，蚌埠凯盛的冷、热端装备，深圳凯盛的余热发电工程，中建材江苏环保研究院的烟气处理工程等已走向多个国家市场。

截至目前，公司的玻璃工程业务已遍及"一带一路"沿线的沙特、土耳其、哈萨克斯坦、印度、印尼等20多个国家，取得了多国玻璃工业零的突破和发展。近年来，紧紧围绕全球节能降碳主题，成功将玻璃窑炉余热回收、保温及烟气脱硫脱硝技术推广至孟加拉国、马来西亚、沙特阿拉伯等国家，为多国节能降碳贡献了巨大力量。

学无止境，事业同样永无极限。当前，凯盛玻璃国际业务即将迎来"大学毕业，走上社会"时刻，但是我们必将继续"读研"，并且努力探索"博士""博士后"的路程。国际业务部将永葆一颗学习的心，依托公司玻璃技术的核心竞争力，不断完善和创新国际业务开拓的模式和方法，将"凯盛品牌"打造成国际玻璃工程市场上的"苹果"！

与低碳同行,与绿色共生

张万利　王巍　董勇

在生态优先、绿色低碳的高质量发展新时代,中国建材国际工程集团有限公司深入贯彻落实习近平生态文明思想,扎实践行新发展理念,坚定不移走生态优先、绿色低碳之路,始终秉持集团"善用资源 服务建设"的核心理念,坚守"材料创造美好世界"的企业使命,积极践行"绿色发展"战略,勇做节能环保和"双碳"行动的先行者,推动绿色创新,加强绿色协同,以材料创造美好世界,以绿色创造美好未来,努力为建设美丽中国贡献建材力量。

在中国建材集团的战略引领下,绿色建筑设计研究院近年来一直牢牢扎根设计,积极探索建筑的绿色低碳转型之路。从设计之初就综合考虑建筑的使用需求与所处环境的耦合,积极采用创新的绿色建筑材料和技术,打造环保、绿色、低碳的建筑,努力使其在全寿命周期内节约资源、降低污染、环境友好,为人们的生活生产提供健康、舒适、高效的生活和生产空间,最大限度地实现人与自然和谐共生。

装配式建筑

装配式建筑具有节能、节水、节材、环保的优点,以技术集成型的规模化工厂生产取代劳动密集型的手工生产方式,以工业化制品现场装配取代现场湿作业施工模式,实现构件生产工厂化、现场施工装配化,从工厂到工地,在最大程度上减少建筑垃圾,将建筑工程对环境的污染和破坏降到最低,有效贯彻了绿色低碳环保的理念,是绿色建筑的典型代表。绿色建筑设计研究院在装配式建筑工程设计中,秉承建筑全生命周期理念,充分运用互联网、BIM、VR等技术,反复研究、评审、论证,合理选择技术方案,以标准化、模数化、少规格、多组合为原则,将建筑美学、功能、结构、可持续性等因素充分融入设计中,充分实现集成化、高效化、绿色化。

中建材玻璃新材料研究总院
1953—2023

濮阳县黄河滩区居民迁建县城安置区建设项目

光伏建筑一体化（BIPV）

光伏建筑一体化（BIPV）技术将太阳能组件集成到建筑上，让光伏组件以建筑材料的形式出现，成为建筑不可分割的一部分，不但取代外围护结构的功能，同时又能发电供建筑使用或并网，高度契合了全球绿色建筑的发展潮流，代表了城市和建筑能源发展的未来趋势。得益于集团公司新能源材料产业的快速发展，碲化镉和铜铟镓硒薄膜太阳能电池组件为我们提供了丰富的 BIPV 实践舞台，让无数"油田"在建筑上肆意"生长"。

凯盛机器人智能装备研发中心

凯盛机器人智能装备研发中心位于上海市松江区泗泾镇，总建筑面积约 2.9 万平方米，是 G60 科创走廊重点项目，是上海市首批以设计牵头的 EPC 项目，是上海市首次将薄膜太阳能电池板用于建筑外围护幕墙的工程案例。该项目采用的薄膜发电玻璃幕墙首次通过了上海的幕墙建筑建材安全评估，是上海市迄今安装容量最大的薄膜光伏建筑一体化工程项目。研发中心充满工业美学的黑色基调来自碲化镉发电玻璃和玻璃幕墙完美结合，简约大气的惊艳造型引人侧目，但这并不是这组建筑群的全部亮点。从设计施工到后期运营的各个环节，凯盛机器人智能装备研发中心诠释了人与自然和谐共生的发展理念，赋予了建筑物环境友好、资源节约的绿色灵魂。项目大胆突破、打破藩篱，把装配式、薄膜太阳能发电组件有机融合，在薄膜太阳能发电组件建筑光伏一体化探索中做出多项有益尝试并取得突破。

凯盛机器人智能装备研发中心薄膜太阳能发电幕墙总面积3000多平方米，发电玻璃的装机功率约为400kWp。以25年使用寿命计算，可以实现年平均发电量23万度，这意味着整个中心的研发办公用电完全可以通过建筑物自身产出的绿色能源得到解决，每年可以节约80吨标准煤的使用，实现227吨二氧化碳的减排。随着该项目投入使用，上海市实现了一系列BIPV领域的突破，让上海这座充满创新生机的国际化都市又增添一个新能源绿色建筑实践的生动样本，用实际行动响应着实现"碳达峰、碳中和"的战略规划，以可复制、易推广的形式打造了采用新一代薄膜太阳能发电材料的光伏建筑一体化（BIPV）工程典范。

8.5代TFT-LCD玻璃基板生产线项目

2019年9月18日，中国首片8.5代TFT-LCD玻璃基板产品在安徽蚌埠正式下线，实现了我国高世代液晶玻璃基板"零"的突破。除了硬核科技，8.5代TFT-LCD玻璃基板生产线项目生产厂房亮眼的那一抹"绿"也不容小觑。

8.5代TFT-LCD玻璃基板生产线项目位于安徽省蚌埠市，是世界单体规模最大的薄膜光伏建筑一体化应用示范项目，薄膜太阳能发电幕墙总面积达12万平方米，年均发电量约1000万度，每年节约标煤3600吨，减排二氧化碳排放10000吨。该项目在设计中摒弃了传统工厂粗放的设计方式，在围护结构中采用薄膜太阳能发电组件，将绿色能源完美融入建筑外立面，不但完美取代了传统材料，还可以吸收太阳能转化为电能，"自发自用，余电上网"，使建筑从能源的消耗者转型为能源供给者，实现建筑的"节能减排"，为推进资源全面节约和循环利用，实现"2030碳达峰、2060碳中和"，实现建筑"高能耗向低能耗、正能耗"转变，为打造绿色智慧能源应用做出示范。

耀华玻璃集团有限公司创建于1922年，作为百年耀华的献礼之作，耀华玻璃厂立面项目改造积极响应国家双碳号召，坚定不移走绿色低碳的道路，为传统工业穿上了"绿"衣服。

在秦皇岛耀华玻璃厂立面改造项目的设计中，我们顺应时代发展要求，以绿色低碳为抓手，充分运用新技术、新材料、新理念，加快工业建筑的低碳转型，着力凸显工业建筑独特的形式感，呈现出不一样的工业美，让传统工业建筑焕发出新的活力。改造完成后，秦皇岛耀华玻璃厂薄膜太阳能发电组件总面积约4200平方米，发电组件的装机功率约为580kWp，年发电量约41万度，年减排二氧化碳400吨。为传统工业建筑的绿色低碳高质量转型提供了新思路。

BIM 技术协同应用

BIM 技术作为集成建筑全生命周期信息的工具,通过建立几何模型和赋予属性数据,进行生态条件的模拟和建筑性能的分析,既保证了数据的真实有效,也为各方进行协同工作提供信息共享平台。BIM 技术可以协同应用于建筑工程设计的全生命周期,利用 BIM 技术可以合理有效控制多余碳排放,使建筑符合可持续发展的要求。绿色建筑设计研究院在建筑设计过程中,基于 BIM 的三维可视化设计,优化设计方案,完善设计图纸,提高建筑设计的绿色水平,积极推动建筑的可持续发展。在装配式建筑设计中,充分利用 BIM 技术的可视性、协调性、模拟性及优化性,在取得更好的建筑设计效果的同时,减少施工过程中的错、漏、碰、缺,对建设资源进行有效控制,实现资源的合理节约,同时 BIM 模型的建立有助于施工管理及后期运营,为全生命周期信息管理提供坚实基础。

地下车库 BIM 三维信息模型

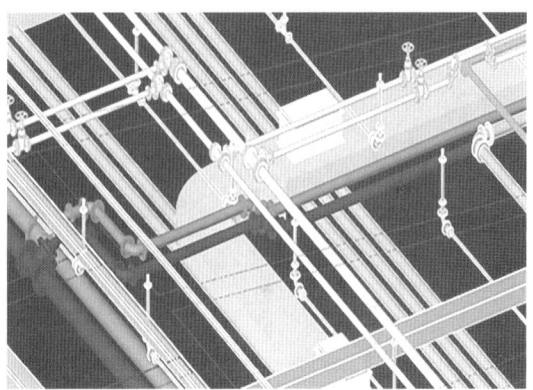
三维机电管网综合

厂房 BIM 三维信息模型

厂房细部节点

在"双碳"目标下,发展绿色低碳建筑已成为绿色低碳循环发展经济体系中的重要一环。绿色建筑设计研究院在公司的战略引领下,深入学习贯彻习近平生态文明思想,坚定

不移走生态优先、绿色发展之路，勇做绿色低碳实践排头兵，加强绿色低碳新材料和新技术的运用，不断提高全过程绿色低碳水平，深入落实"适用、经济、绿色、美观"的新时期建筑方针，持续提高建筑节能水平，与低碳同行，与绿色共生，以实际行动响应新时代号召。

在"硬科技"满满的上海
看闯进前十的科技企业有多硬核

于涛

硬科技,是从全球产业链和创新链的战略博弈来说的,是高科技中的前沿技术,也是未来产业发展的航向标。硬核科技创新之所以"硬",是因为一旦掌握这类技术,就可以在交易博弈中占据对等的位置,遇到打压和封锁时具备反制的手段和实力,从而保障产业链供应链稳定。上海硬核科技企业主要集中在"3+6"产业体系,涵盖上海市国家级和市级企业技术中心、上市公司、新兴产业百强企业、民营制造业百强企业及承担市级重大科技项目的企业等。

中国建材工程集团是中国建材集团专注于玻璃新材料工程服务的国际化平台,成立于2002年,由中建材玻璃新材料研究总院(简称"中研院")分离改制而来,2021年再次与中研院重组,形成了"研发+工程"双轮驱动的硬核创新赛道,并从1993家企业中脱颖而出,与上海微电子、中微半导体等科技领军企业一起,位列上海硬核科技企业前十榜单。

重创新,推动行业技术发展

近年来,中国建材工程集团全力打造玻璃新材料工程技术服务平台,获批"十四五"首批、行业唯一的国家玻璃新材料制造业创新中心,新增国家企业技术中心、国家技术创新示范企业、国家智能光伏试点示范企业、国家智能制造系统解决方案供应商、国家知识产权示范企业、上海市工业设计创新中心、上海市专家工作站、上海市服务型制造示范平台等国家和省部级科创平台;同时,企业坚持自主创新与集成创新相结合,聚焦产业链进行工程技术的集成开发,依靠国家级、省部级科创平台研发平台,推动行业转型升级。

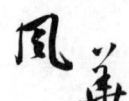

中建材玻璃新材料研究总院
1953—2023

在优质浮法玻璃技术领域，引领"浮法二代"技术发展，全球高端浮法玻璃工程市场占有率稳居90%以上；在光伏玻璃技术领域，引领全球光伏玻璃技术发展，国内外光伏玻璃工程市场占有率80%以上；在信息显示玻璃技术领域，打破美、日垄断，开发完成TFT-LCD、超薄触控、高铝盖板全系列产品及成套工程技术解决方案；在发电玻璃技术领域，打破美国First Solar的技术垄断，量产1.92m^2世界单片面积最大碲化镉发电玻璃，填补国内空白；在节能环保技术领域，掌握节能环保核心科技，与清华大学等单位联合研发的"工业烟气多污染物协同深度治理技术及应用"项目成果荣获国家科学技术进步奖一等奖，玻璃行业节能环保工程在国内市场的占有率保持在70%以上；在高端装备技术领域，研制的优质浮法玻璃和光伏玻璃成套装备在国内市场的占有率达80%以上；在智能制造技术领域，获发展改革委"互联网+重大工程"专项资金，为行业唯一的一家。

一是引领"浮法二代"技术发展，实现了全球高端玻璃工程市场占有率稳居90%以上，研制的"浮法玻璃微缺陷控制与节能关键技术"获国家科学技术进步奖二等奖，打破国外技术在高端浮法玻璃市场的垄断，总承包的工程项目覆盖"一带一路"20多个国家，建成中亚地区最先进的浮法玻璃生产线和10余条全球最大1200t/d优质浮法玻璃生产线。二是玻璃节能环保工程相关技术的国内市场占有率保持在70%以上。三是自主开发了大尺寸薄型化玻璃成型技术及成套装备、玻璃生产线高分辨率可视化大屏幕智能装备技术、发电玻璃智能化生产及装备研发技术等。

科技创新、技术创新、设计创新是企业的生命线，也是中国建材工程集团多年来高质量发展的原动力。企业累计承担国家、省部级科研项目21项，其中承担国家重点研发计划5项；行业和集团"揭榜挂帅"项目6个，完成科技部"十三五"重点研发计划、工业和信息化部"智能制造系统解决方案供应商"等10项课题项目验收；累计获得国家科学技术进步奖一等奖1项、国家科学技术进步奖二等奖3项。

重人才，促进科技成果转化

多年来，中国建材工程集团一直聚焦"四个面向"做创新，持续推动研发成果的工程化、产业化，真正让成果变成产品，让产品形成产业。面向世界科技前沿，自主研发的世界最薄0.12mm超薄玻璃、30μm可折叠玻璃，得到习近平总书记的充分肯定，取得了并跑领跑的成绩；面向经济主战场，自主研发生产的高世代浮法液晶玻璃基板，成功导入大尺寸面板企业，为国家信息显示产业安全作出贡献；面向国家重大需求，自主开发的世界最高转化率发电玻璃，开辟了光伏建筑一体化应用新场景，助力绿色冬奥，践行"双碳"

战略,同时新能源工程全球市场占有率达80%以上,建成欧洲单体装机容量最大光伏电站;面向人民生命健康,自主攻克的中国首支疫苗用中性硼硅玻璃管,解决了疫苗瓶产业链"卡脖子"难题,获2020年中国国际工业博览会大奖。

这些硬核科技成果的诞生,离不开人才这个"第一资源"。中国建材工程集团在彭寿院士的带领下,坚持在创新实践中识别人才,在创新活动中培育人才,在创新事业中凝聚人才,形成一支专业配置完备,年龄结构合理,研发、创新能力强的科技人才队伍。目前,由战略科学家领衔的创新团队拥有333人,其中核心人员共84人,皆为教授级高级工程师或博士学位获得者,其他中级以上职称成员249人,并先后制定了8项国家标准,获得授权发明专利247项。

同时,企业一方面改革人才发展机制,实行首席科学家全面负责的科技管理模式,赋予更大技术路线决定权、经费支配权、资源调度权;通过"揭榜挂帅""赛马"等机制,大力拓展选拔青年科技人才成长渠道。另一方面,加强产学研融合和协同创新,与全球工业软件巨头——法国达索合作建立数字化创新中心;与高校共建专业学位研究生实践基地,合作开展研究,并与其他企业展开多方面技术合作,合力推动技术进步和行业发展。

重效益,持续服务地方发展

中国建材工程集团作为以玻璃新材料技术为核心、以科研设计为龙头、以工程技术带动装备发展的国际化科技企业集团,坚持央企联合和创新驱动,企业主营业务收入相比2002年增长337倍,国外工程收入比重迅速增加,占比已超过30%。新业务贡献突出,其中玻璃新材料技术服务收入占比超80%。

中国建材工程集团始终秉承"提高技术、服务社会"的宗旨,围绕国家重点研发计划、上海市重点项目和玻璃新材料领域,面向信息显示、新能源、生物医药、国防军工、航空航天等国家战略性新兴产业做大做强。企业在沪20年间,精耕细作,营业收入增长205倍,利润增长54倍,净资产增长185倍,累计纳税近20亿元,连续多年跻身美国ENR全球国际承包商200强、上海企业100强,荣获全国文明单位、中央企业先进基层党组织、上海市品牌引领示范企业等荣誉称号,为行业和上海经济作出了积极贡献。

未来,中国建材工程集团将抢抓制造强国、数字经济等战略机遇,结合"第四次工业革命""工业4.0""新基建"中新材料、大数据、智能工厂等新技术、新业态,持续开发大尺寸信息显示用玻璃基板工艺及成套装备技术、光伏组件用太阳能压延玻璃工艺及装备成套技术产业化、高效率组件等核心技术,创新开展高性能玻璃开发数字化驱动和材料仿真技术研究、面向玻璃工厂全生命周期孪生体系的研究，不断提高数字化设计能力、方案实验验证能力和关键核心装备研发能力，不断打造具有提供高端化、数字化、智能化的系统解决方案和优化集成的智能装备的能力。

正如彭寿院士所说，企业将持续把创新作为引领发展的第一动力，继续突破显示玻璃材料、新能源材料、高端生物医药材料等硬核科技，努力拥有更多的硬核产品，从而保障国家战略性产业安全和地方经济发展，不断推动民族玻璃工业实现从跟跑、并跑到领跑的跨越。

以市场为导向，加强装备技术创新和转化应用，不断开拓玻璃装备高质量发展新局面

叶坤　张云连　王松

蚌埠凯盛工程技术有限公司成立于 2004 年 7 月，是中国建材工程集团全资子公司，注册资本金 2 亿元，是国家高新技术企业，也是亚洲最大的玻璃装备制造集成商和龙头企业之一。公司主要从事玻璃成套装备制造，现有玻璃成套装备生产能力 30 套 / 年。2022 年入选中国建材机械行业 20 强企业和中国建材机械行业专业龙头企业，占有国内高端优质浮法玻璃装备 75% 以上的市场份额。

一、谋篇布局促发展

公司深刻把握战略定位和目标追求，把公司发展融入国家"一带一路"和凯盛科技集团玻璃新材料"3+1"战略大局中，推动公司由传统装备服务商转型为客户提供智能制造系统解决方案的服务商。多年来，公司从浮法热端装备发展至浮法玻璃装备生产线全产业链产品；从传统浮法装备生产线供应商发展至智能制造解决方案供应商；从产品市场集中在华东华北市场辐射至全国市场、走向世界，逐步发展成为国内玻璃装备制造的排头兵。

多年来，公司累计实现营业收入 57.47 亿元，年均增长 17.4%；利润总额 6.05 亿元，年均增长 17.78%。先后荣获国家知识产权优势企业、国家绿色工厂、全国和谐劳动关系创建示范企业、退火窑国家单项冠军产品、智能制造解决方案供应商、工业互联网试点示范项目等 12 项国家荣誉；安徽省专利金奖、技术创新示范企业、标准化示范企业、专精特新冠军企业等省级荣誉 30 余项；中国创新建材企业 100 强等建材行业荣誉 30 余项。

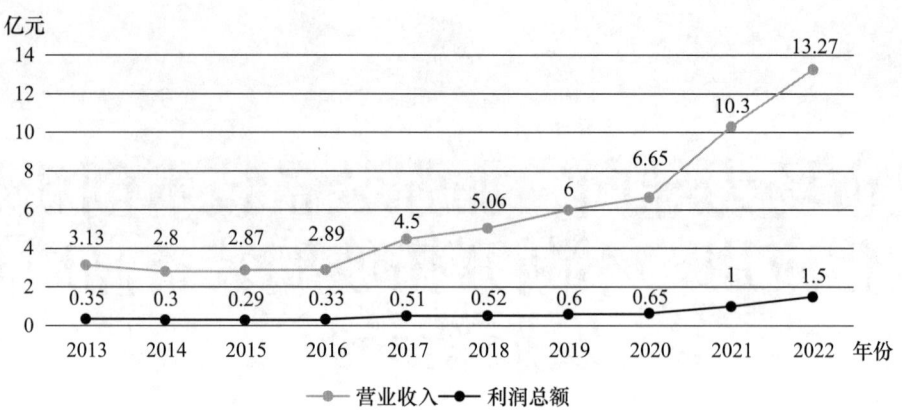

图 1 2013—2022 年公司营业收入和利润总额

二、科技自立添动力

公司成立伊始便深耕玻璃装备领域，攻克了超薄电子玻璃、超薄光伏玻璃装备等系列关键技术，填补了国内空白，实现了国产玻璃装备由"跟跑""并跑"到"领跑"飞跃，成为全国玻璃装备制造水平先进代表，引领行业发展。

（一）超薄电子玻璃生产线装备实现国产浮法玻璃装备高端化

为满足国内玻璃生产的需求，以中研院为代表的科研设计单位在国产浮法玻璃装备技术方面付出了艰辛和努力，获得巨大的成功，但对于超薄电子玻璃等高端浮法玻璃装备技术仍然处于技术空白。作为中研院核心装备开发板块，公司和机电研究院在集团战略指引下，承担了超薄电子玻璃生产线装备技术研发攻关，填补了我国高端浮法玻璃装备技术的空白。

超薄电子玻璃装备研发是一项前无古人的崭新的事业。由于超薄玻璃需要逐级拉薄，越往后越薄，只有 0.2mm 不到，导致玻璃成型难、退火难。研发人员重新设计超微型高精度拉边机解决成型问题，同时对退火窑进行大量技术改进，解决超薄玻璃退火问题。经过研发人员不断的修正改进，最终实现超薄玻璃装备研发，并于投产后不到一年时间成功将玻璃厚度降低至 0.3mm，不断地刷新了中国超薄玻璃的极限。

作为核心技术装备，"超薄信息显示玻璃工业化制备关键技术及成套装备开发"获得2016 年国家科学技术进步奖二等奖。在此基础上，公司成功开发出超薄高铝盖板玻璃、TFT-LCD 电子玻璃装备，完成了信息显示玻璃生产装备品种全覆盖，推动了国产浮法玻璃装备高端化。

（二）超薄光伏压延玻璃生产线装备弯道超车实现国际引领

国家"双碳"目标的提出，促使我国光伏市场规模快速增长，成为全球三大光伏市场中的第一市场。为满足光伏装备快速增长的需求，公司和机电研究院率先提出光伏玻璃薄型化概念，开展光伏压延玻璃超薄成型技术研究，成为全球唯一一家掌握超薄压延成型装备研制的企业，实现国产装备弯道超车，处于国际领先水平。

自2009年公司第一代压延机研发立项以来，经过多次热态试验和改进，实现从国产化到超薄化再到智能化三次质的飞跃。第一次是桐城新能源光伏玻璃生产线试验生产，采集到大量关键应用数据，让公司国产压延机得到应用验证，改进后的装备在技术性能、稳定性上都得到显著提升，获得合肥新能源认可。第二次是研发的首台超薄光伏玻璃压延机在宜兴新能源生产线上获得应用，成功开发出1.8mm、1.6mm、1.5mm超薄系列光伏玻璃，实现连续稳定量产。第三次是新一代信息技术、大数据在超薄光伏压延玻璃生产线成型装备上的应用，实现超薄光伏玻璃智能化生产。

公司经过多年的研发，历经三次质的飞跃，最终掌握新型冷却工艺、多级速度成型工艺、智能自压和AI智能成型算法等多个核心技术，拥有42项专利技术，可满足生产最薄厚度1.1mm、工业量化最薄生产可达1.4mm厚度、最大板宽3.8m需求。系列产品获得第七届"创客中国"中小企业创新创业大赛500强、安徽省首台套、安徽省新产品、安徽省工业精品、安徽省机械工业科学技术一等奖等荣誉称号。

超薄光伏玻璃装备推动了国内外光伏产业向薄型、双玻组件、多层次趋势发展。该技术的成功在提升公司研发能力的同时，巩固了公司行业标杆地位，推动了光伏玻璃产业的节能减碳。按照光伏玻璃8.4万吨日产能规模，若采用2.0mm全面代替3.2mm光伏玻璃方案，每年节约能耗298万吨标煤，直接减少CO_2排放742.61万吨，极大地推动了光伏玻璃产业"碳达峰、碳中和"。

（三）智能制造助力玻璃深加工装备智能化

为保障高质量发展，公司加大在玻璃深加工装备方面的研发工作，业务不断从原片装备向后端发展。借力原片装备整体技术进步，依托公司多年积累的装备制造技术和规范的项目管理经验，加快了深加工装备向标准化、模块化、智能化方向的提升，使得公司更具竞争力。深加工业务主要涉及三个方面：一是光伏玻璃深加工连线开发；二是浮法玻璃深加工连线开发；三是薄膜太阳能电池产线配套系统开发。

光伏玻璃深加工连线开发：公司已开展光伏玻璃深加工连线总包项目，打通了整线控制系统，开发了上片机、清洗机、激光打孔机、AR镀膜机、铺纸机、在线仓储、下片机和连线辊道等装备。

浮法玻璃深加工连线开发：公司已开展浮法玻璃深加工连线项目，如Low-E线、中铝玻璃深加工线、家电线等，开发了五轴上片、仓储系统、上下片系统、清洗设备、连线辊道等相关装备，能快速适应工艺需求，降低维护的成本和风险。

薄膜太阳能电池产线配套系统开发：公司已开展碲化镉和铜铟镓硒两类薄膜太阳能电池产线配套系统项目，先后开发出智能传输系统、智能仓储系统、基板清洗机等相关装备和符合CE认证的控制系统，实现工艺功能的灵活调用，使生产线更具柔性化。其中，薄膜太阳能电池智能传输系统荣获"安徽省首台套重大技术装备"称号；平板玻璃快速下片机、平板玻璃快速堆垛系统、太阳能电池玻璃基板清洗装置荣获"安徽省新产品"称号；薄膜太阳能电池传输线数据管理中心荣获"工业互联网场景应用解决方案"。

三、精准营销拓市场

为了实施"一带一路"及玻璃新材料"3+1"战略，公司立足自身发展优势，认真分析浮法玻璃和新能源装备市场形势，准确把握国内外行业发展趋势，应用互联网、物联网技术等方式创新经营和服务模式，筑牢玻璃装备高质量发展新格局。

（一）由传统玻璃装备市场走向智能装备市场

公司紧紧围绕核心产品退火窑、拉边机、冷端生产线、控制系统等成套装备市场开拓，突出精准营销，在牢牢占领传统浮法玻璃装备市场的同时，积极向电子信息显示装备、新能源装备以及数字化和智能化装备转型升级。

作为玻璃装备制造龙头企业之一，公司通过引入MES、5G、智慧园区管理等关键技术和数字化管理系统，将非标产品的设计、制造、销售和财务与数字化系统深度融合，打通玻璃新材料高端装备生产运营的数字化智能化制造流程，打造了玻璃新材料装备领域数字智能制造新标杆。2019年被工业和信息化部认定为智能制造系统解决方案供应商。2021年"基于工业互联网的玻璃装备全生命周期数据管理中心项目"被工业和信息化部认定为工业互联网试点示范项目。2022年自主开发自建OPC软件，优化了装备数据采集逻辑，强化了对3D内容的支持，成功应用于行业内多家大型玻璃生产企业。2022年作为安徽省唯一一家企业入选工业和信息化部发布的2022年度智能制造标准应用试点项目名单。

（二）由区域市场走向全国迈向国际市场

公司成立伊始，主要任务就是为中研院检验设计成效。随着转制发展，公司也随之转向玻璃装备制造领域。这一时期，公司产品主要分布在华东和华北市场，业务收入90%以上来自集团内业务。

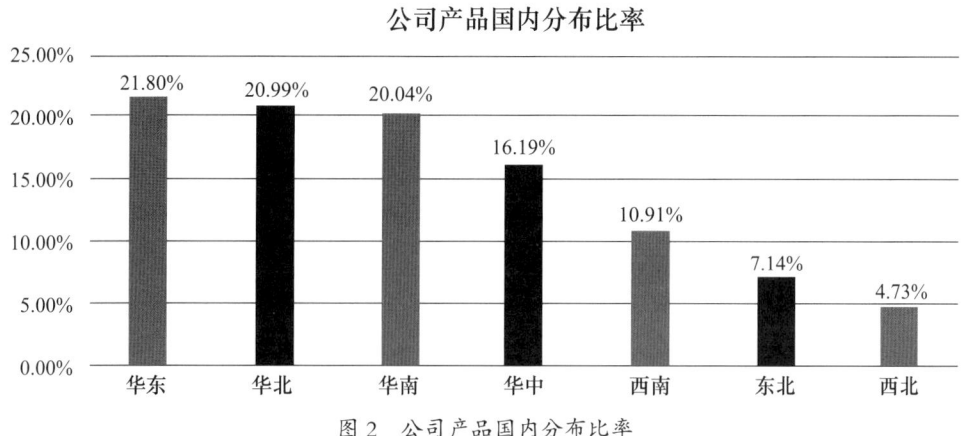

图2 公司产品国内分布比率

公司对市场、顾客进行细分，聚焦优质客户，培育合作共赢新场景，让公司在激烈的市场竞争中得到更快的发展。2013年浮法退火窑及热端DCS控制系统、MCC控制中心击败国外知名品牌及国内其他系统集成商，首次应用于信义营口、德阳浮法玻璃生产线；首次实现对旗滨集团进行玻璃装备供货；2014年实现对信义装备整线供货，打开了国内知名玻璃企业的装备市场；2017年公司在与斯坦因等国际知名厂商竞争中赢取旗滨集团、信义集团、南玻集团、福莱特集团等行业内知名优质客户的大量合同。2019年公司再次对武汉长利供货，重新占领了华南华中玻璃装备市场。随着公司产品质量、品牌的提升，公司得到新福兴、信义、旗滨、毕节明钧、常熟耀皮、重庆武骏、南玻、和友等国内知名客户的认可，并与之保持密切合作。

在不断拓展国内市场的同时，公司积极拓展国外玻璃装备市场。公司主要产品拉边机、切割系统和全套冷端装备出口至马来西亚、巴基斯坦、俄罗斯、保加利亚、土耳其等国家。2013年全自动吊挂拉边机首次出口欧盟国家；2016年首次成功签订旗滨集团马来西亚浮法生产线和福建荣盛尼日利亚浮法生产线出口项目，开拓了新的市场，实现历史突破；2018年公司首次为旗滨集团海外项目提供成套玻璃装备；2022年签订了美国加迪安项目。公司产品从国内市场走向国际市场。

（三）由关键产品市场走向全产业链产品市场

公司成立初期，产品主要有退火窑及输送辊道、流液道调节闸板、拉边机、过渡辊台、DCS 控制柜等，并依托公司产品形成项目的生产经营管理。2017 年吸收合并中意凯盛（蚌埠）冷端机械有限公司后，公司完善了从热端装备到冷端优化切割系统再到上下片等产品链条，打通了公司产品全产业链。2019 年公司收购蚌埠化工机械制造有限公司，进一步提升了装备制造能力。公司产品市场从关键产品走向全产业链产品市场。近 2 年来，新能源装备迅速发展，公司与机电院、合肥工业大学加强了产学研合作，新能源、新材料装备研发力度持续加大，形成了包括激光打孔机、太阳能 AR 镀膜机、立体式光伏玻璃膜层固化炉、中大型快速下片机、玻璃清洗机、薄膜太阳能电池生产线仓储类设备、自动包装打包机等玻璃生产线深加工产品。

四、改革创新铸品牌

公司高度重视品牌的创建、培育、发展和维护与保护工作。在使用中国建材集团的品牌的同时，依托退火窑国家单项冠军产品和工业和信息化部智能制造解决方案供应商，创建了"BBKS"主品牌和"凯盛装备"保护性品牌，深入推动凯盛装备品牌创建，重点推进玻璃装备的数字化、智能化技术升级，推动建设企业玻璃装备工业互联网平台，产品制造实现全程互联网管理。基于公司"BBKS"和"凯盛装备"品牌的培育、发展和维护，公司荣获皖美品牌等系列品牌荣誉，推动了凯盛装备品牌发展，提升了凯盛装备品牌综合价值，使得蚌埠成为全国玻璃装备技术与标准的创新策源地，塑造了蚌埠玻璃装备制造数字化转型典范。

我们将深入贯彻落实党的二十大精神，完整、准确、全面贯彻新发展理念，全力以赴推动制造业高端化、智能化、绿色化发展。公司将立足自身发展优势，准确把握国内外高端装备智能化和绿色化发展趋势，深入研判浮法玻璃、新能源等装备市场，实施精准营销，深化和巩固公司在玻璃装备市场中的主导地位，筑牢玻璃装备高质量发展新格局，奋力打造玻璃装备品牌新高地。

秉承绿色发展理念 绘就生态文明蓝图

董勇 王慧敏

坚持走生态优先、绿色发展之路，是立足新发展阶段、贯彻新发展理念、构建新发展格局的必然要求，也是提升建材行业未来竞争力的必然选择。中建材玻璃新材料研究总院（以下简称中研院）始终践行"绿水青山就是金山银山"的理念，坚持以节能、减排、降碳为主要抓手，积极推进中国建材行业高质量发展，在绿色征途里担当起振兴时代的责任。

一、构筑绿色发展大格局

莫道君行早，更有早行人。彭寿院士凭借对节能环保产业发展前景的精准预判，先后于2002年、2009年、2010年成立了深圳凯盛科技工程有限公司（以下简称深圳凯盛）、上海凯盛节能工程技术有限公司（以下简称凯盛节能）、中建材环保研究院（江苏）有限公司（以下简称中建材环保院）。作为中研院绿色环保低碳的践行者，各公司各展所长，围绕环保节能降碳主业，打造以科技创新为龙头、以工程服务为支撑的国际化环保节能降碳产业布局。

从中国玻璃行业第一个脱硝工程及第一个纯低温余热发电项目、世界最大光伏玻璃陶瓷滤管工程、全球玻璃窑首个二氧化碳捕集项目，到现在环保业务行业占有率超70%、节能业务行业占有率超40%；从晶莹剔透的玻璃到无坚不摧的钢铁，从单调硬朗的水泥到变化多端的化工，截至目前已承接500余条生产线，涉及10余个行业；从南海之滨到西北大漠，从中原腹地到北国边陲，从"一带一路"的航向指引到守正创新的国家战略，建立起我们足以自豪的环保节能工程建设体系。环保节能领域累计拥有10余个省部级创新平台，承担省部级以上科技计划专项20余项，制定国家、行业及地方标准16项，拥有专利155项、发明专利近30项，获国家科学技术进步奖1项、省部级奖项60余项，已打造成引领建材行业绿色发展的标杆。

二、深圳凯盛——争做绿色发展排头兵

深圳凯盛分别于2002年、2007年、2011年完成国内首个玻璃行业的脱硫、余热发电及脱硝工程，至今共完成200余条玻璃生产线的烟气脱硫脱硝工程及100多条余热发电工程，成功树立了玻璃行业烟气治理第一品牌。经过多年在节能环保领域的技术创新和工程积累，为建材行业创造累计发电量150万千瓦时，节约标煤43万吨，减少二氧化碳（CO_2）排放112.7万吨，减少氮氧化物（NO_x）排放28万吨，减少二氧化硫（SO_2）排放5万吨。

多年来，企业深耕环保节能工程领域。翻开深圳凯盛的成绩单，多个项目成为行业翘楚——巨石集团年产6万吨电子纱暨3亿米电子布生产线脱硫脱氟脱硝除尘一体化项目工程成为行业样板。福莱特光伏玻璃二期4×1200t/d脱硫脱硝除尘一体化项目行业领先。玻璃窑余热节能发电处于行业领先水平，已竣工投产的国内外玻璃行业余热发电项目100余个，完成玻璃行业第一个以总承包方式建设的项目，主编制定玻璃熔窑余热发电设计规范……

三、中建材环保院——勇做环保技术开拓者

中建材环保院瞄准多行业烟气治理痛点难点，开展行业共性关键核心技术攻坚，建立了从长流程到短流程，从脱硫、脱硝、除尘多系统到一体化等适应各类烟气、较完备的烟气处理工艺体系，开发了钠/钙基干法脱硫技术、生/熟石灰半干法脱硫技术、钠钙双碱法/石灰石-石膏湿法脱硫技术、SCR/SNCR脱硝技术和陶瓷纤维滤管/金属滤袋多污染物一体化脱除技术，形成了一系列具有自主知识产权的工业烟气多污染物深度减排关键核心技术及装备。

与多家单位联合研发的"工业烟气多污染物协同深度治理技术及应用"荣获2020年国家科学技术进步奖一等奖。面向工业烟气提标改造国家重大需求，围绕硫、硝、尘常规污染物及二噁英、汞等非常规污染物协同深度治理难题，突破了多污染物协同控制技术瓶颈，取得了工业烟气多污染物治理的技术装备创新和规模化应用的显著成绩，引领工业烟气深度治理技术与产业进步，推动我国多行业烟气污染物迈入超低排放的新阶段，为打赢蓝天保卫战发挥了重要科技支撑作用，为我国大气污染物总量减排和区域空气质量提高作出了突出贡献。

四、凯盛节能——抢做减碳固碳试金石

在践行"双碳"之路上，凯盛节能从未止步，敢为零排践行者。围绕建材行业低碳发

展趋势,率先开展玻璃行业碳捕集、利用与封存(CCUS)技术研发与产业化应用,打造减碳、固碳行业标杆。

2022年9月,公司承接的世界首套玻璃窑5万吨CO_2捕集与提纯项目在中建材(合肥)新能源650t/d玻璃生产线上成功投运,该项目是世界首套玻璃熔窑CO_2捕集与提纯示范项目,首次采用变压吸附耦合吸附精馏的创新工艺,填补了玻璃行业碳捕集、提纯与应用技术空白,开创了世界玻璃行业回收利用CO_2气体的先河。

该项目集数字化、智能化、绿色化于一体,以玻璃熔窑烟气中35%浓度的CO_2为原料,经烟气预处理(脱硫脱硝)、CO_2捕集、压缩、净化(吸附精馏)和液化,制得99.99%纯度的液态CO_2,CO_2捕集率≥90%,无蒸汽消耗,产品质量达到GB 1886.228—2016食品级标准。该项目的正式投产将加快推进建材行业窑炉烟气碳中和技术成果转化,助力中国建材集团创新构建全生命周期的"玻璃+"一体化绿色产业链,助推建材行业绿色低碳技术的创新发展。

五、谱写绿色未来畅想曲

历史川流不息,发展永无止境。在建设美丽中国的征程上,玻院人将紧随党的二十大精神指引,贯彻落实科技赋能、创新增效战略部署,立足发展大局,抢抓"双碳"机遇,以昂扬向上的精神状态和勇立潮头的责任担当,携手推进建材行业"双碳"目标的实现,为中国建材行业的高质量发展贡献绿色力量。

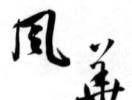

中建材玻璃新材料研究总院
1953—2023

潮平两岸阔　风正一帆悬

孙杰

中国改革开放至今已经走过45年发展历程，在过去的45年中，光伏产业得改革开放之先机，承接全球产业梯度转移，又乘全球可再生能源发展大势，借助国内外资本、市场、技术、人才等条件，正在逐渐变得家喻户晓、深入人心，发电成本不断逼近甚至已低于化石能源。光伏产业已经快速成长为世界工业之林中的一棵参天大树，中国的光伏产业也已经连续多年雄居世界第一，成为我国为数不多可参与国际竞争并取得领先优势的产业之一。

江阴——苏南平原上的一颗璀璨明珠，是位于江尾海头的神州第一县，拥有江苏沿江开发带35千米的长江黄金水岸线。当国际资本和产业向着长江三角洲暗潮涌动之际，中建材浚鑫科技有限公司（以下简称"浚鑫科技"）——一个以晶硅太阳能电池、组件生产为主业的现代化高科技企业，率先推动和促进了中国光伏太阳能产业的不断升级发展。经过近20年的发展，浚鑫科技已经成长为一家在新能源产业内拥有60亿元总资产的大型企业，成为世界一流的新能源光伏电站整体方案解决者。

一、浚鑫科技的发展是一部以创新成就理想的创业史，是一部以改革浴火涅槃的变革史，是一部浓缩了中国经济10多年发展的见证史

（一）立足光伏太阳能产业，坚持专业化发展不动摇

浚鑫科技的专业化就是要把行业上下游产品做专、做精。围绕"电池、组件"这一核心业务，产业链开始向下游应用拓展，由"组件制造商"向"系统服务商"转型，并逐渐加大对光伏电站的投资和建设，开始由传统光伏产品制造型企业向光伏产品制造、光伏系统建设、光伏系统投资和电站运营维护一体化企业转型，目标就是围绕光伏太阳能产业，用足用好国内国际资源，完成向下游光伏太阳能电站的产业链延伸，将浚鑫科技建设成为

世界一流新能源光伏电站整体方案解决者。浚鑫科技相继在国内的新疆、江苏宿迁、河南等地分别开展光伏地面电站、渔光互补、农光互补、光伏扶贫等新型电站的开发和建设，已累计实现光伏电站装机1200MW，名列行业前茅。

（二）立足光伏太阳能产业，全面实施国际化战略

经济的全球化和区域经济一体化的发展使得浚鑫科技面对的博弈对手更多为世界性光伏新能源公司。浚鑫科技坚定不移地要把自己放到国际上同世界企业同台竞争，这是浚鑫科技基于产业现状和国际国内行业发展态势做出的一种判断，是引导企业发展最核心的精髓。浚鑫科技结合国家提出的"一带一路"倡议，在确保国内市场份额和综合实力持续增长的基础上，主动对接国家"一带一路"倡议布局，积极实施走出去策略，在新兴市场占有率稳居前列。在泰国，市场占有率处于第一。

二、在从未停止改革的大道上，浚鑫科技在拓展市场的同时更注重内涵的修炼打造，一个管理有序、主业突出、品牌归一、战略明确的现代化企业正在建成

浚鑫科技始终以高效晶硅太阳能电池及高性能太阳能组件的研发和生产为基础，着力拓展全球光伏电站开发、建设与运营业务，致力于发展成为全球领先的能源开发投资和光伏能源供应商。当前，公司拥有3GW电池片、2GW组件的生产线以及2GW光伏发电系统的投资和建设能力，技术水平位居国内同行前列。浚鑫科技牵头申报的"2022年新型高效异质结太阳能电池技术及装备产业化"项目从全国众多龙头企业中脱颖而出，成功中标工业和信息化部高质量发展专项。控股子公司桐城公司凭借"高效单晶太阳能电池生产及组件装配数字化车间"项目，荣获"2022年安徽省数字化车间"称号。

用勇毅和奔跑展现实绩，用执着和进取诠释实干，浚鑫科技以"敢为、敢闯、敢干、敢首创"的担当作为，阔步向前。我们的目标就是要成为行业内集电池供应、组件供应、EPC解决方案以及光储能源系统于一体的综合解决方案提供商，力争通过2~3年时间成为百亿级企业。浚鑫科技搭建钙钛矿技术开发团队，完成钙钛矿整体工艺设备方案设计和研发准备，开展叠层电池技术方案设计，成功完成钙钛矿样品制作。公司先后通过TUV、VDE、TUV、JET、CE、UL、ISO 9001、OHSAS 18001和ISO 14001等认证；拥有有效专利229件，其中发明专利52件；商标21件，覆盖9个国际分类；软件著作权4件。连续多年荣膺德勤高科技高成长型企业50强，并先后获得江苏省高新技术企业、江苏省企业技术中心、江苏名牌、江苏省知名商标、江阴市新能源产业集群品牌培育基地等荣誉称号。

三、从做大到做强、从高效太阳能电池和组件到新能源光伏电站整体方案，浚鑫科技正在全球范围内扬帆远航

（一）依托集团资源，升级提速

2007年7月，浚鑫科技成为第三个海外上市的光伏企业（前两位为尚德和阿特斯），也是江苏省第一个在英国伦敦证券交易所创业板挂牌的企业，首发融资7500万美元。第一次快速发展期内，浚鑫科技连续三年被德勤（Deloitte）评选为"中国高新技术企业50强"。当时，欧洲市场占全球市场80%以上。而浚鑫科技在欧洲年市占率曾一度接近8%，也普遍获得欧洲各大商业银行的认可，被列为可融资光伏品牌。但国际金融危机，叠加光伏行业经历两次产业危机，行业震荡剧烈，浚鑫科技陷入数年的沉寂期。

2014年，在"央企市营"战略机遇中，浚鑫科技55%股权加入中国建材集团。重组后，浚鑫科技发挥原有民企的活力、国有股东的融资优势及产业链协同效应，"光伏老兵"迸发出新势能。作为中建材旗下新能源板块的重点企业，浚鑫科技牢牢抓住全球低碳转型绿色能源大发展的窗口期，在注重国内市场的同时，依托集团强大的资源整合能力，开启重返欧美市场的步伐，坚持深耕欧洲及海外其他新兴市场，并连续多年为集团大型地面EPC项目提供超1.1GW优质光伏组件。2016年，成功为英国Shotwick Solar Farm及Swindon Solar Farm分别提供了72.2MW及60MW光伏组件，此两大项目分别是目前英国第一及第二大光伏电站。2018年，向葡萄牙Ourika无补贴项目供货46MW，以及欧洲最大无补贴项目葡萄牙Solara 4项目供货221MW；向西班牙欧洲最大的无补贴公用规模电站之一Puerto Real1期供货133.57MW，2期供货50MW。2019年至2020年，为美国加州项目、缅甸敏巫项目、阿根廷CB项目和阿根廷VMRS项目分别供货98MW、50MW、30MW和35MW。2021年至2022年，为波兰Alpha\Foxtrot\Gamma\Charlie Portfolios供货343MW。

（二）Tier1持续列名，增强品牌可融资性价值

为更加有效提升品牌竞争力，助力海外市场开拓，自2020年5月以来，浚鑫科技持续成功列名彭博新能源财经（BNEF）全球光伏组件制造商第一梯队Tier1企业目录。

BNEF光伏组件制造供应商评级是全球知名且权威的行业评级体系之一，从产品质量保障、政府项目竞标、银行融资支持等多维度进行评判，其中第一梯队制造商的评选最为严格。制造商需证明其在过去两年中能为至少6个项目提供自主品牌、自行生产的组件产品，且这些项目需获得6家不同商业银行的无追索权融资。由于评选严苛，BNEF Tier 1常被作为公平客观且极具可信度的参考资料，是全球光伏项目招商引资的重要判断依据。

上榜 BNEF 全球光伏组件 Tier 1，是全球光伏市场和金融市场对浚鑫品牌实力的高度信赖和认可。

未来，我们将继续保持高标准的风险把控能力和市场变化应对能力，以更加卓越的光伏产品和技术满足客户多元的场景应用需求，同时为合作伙伴带来更高、更稳健的长期价值回报。

（三）优化客户结构，精准锚定深度经营战略客户

对企业而言，大客户是推动企业持续快速增长的引擎，是业绩实现的关键支点。在大客户上发力，并想尽一切办法推动大客户的规模化增长，解决业绩增长的同时，本质上也是在推动企业基因的升级。依靠集团的力量和自身的优势，实现大客户进得来、留得住、做得大，是浚鑫科技坚守长期主义战略的目标和实践。正如《后汉书》所言："天地之功不可仓卒，艰难之业当累日月。"

自 2020 年凯盛集团与阳光电源签署战略合作协议以来，浚鑫科技作为集团新能源板块核心企业，积极落实集团指示，遵循"优势互补、资源同享、共赢发展"的原则，在技术研发、项目推广、产品互用、国际业务支持和行业协会建设等方面开展了全方位、多形式的战略合作，大大提升了双方的品牌力、影响力，促进新能源行业的技术进步和新能源产品的推广利用。

浚鑫科技为阳光新能源多个光伏项目提供了超 1.6GW 的光伏组件及技术支持，从安徽、山西、陕西到广东再到缅甸，足迹遍布大江南北、国内国外；从地面电站到屋顶光伏再到水面系统，经受住了多种光伏应用场景的实践检验；并荣获阳光授予的"卓越质量奖""优秀供应商"。在以优质产品不断赢得客户订单的同时，浚鑫科技更谋求在合作中成为客户的顾问，与客户同频共振，实现大客户的全生命周期管理，并最终将高质量的产品交付给客户，让大客户获得超出期望的价值。

浚鑫科技在坚定做强主业的同时时刻对市场保持着忧患前瞻的警觉，从艰苦创业、做大企业、做强产业到理性面对市场、企业再造、国际化战略，浚鑫科技走过了一条与中国经济市场共同成长的道路。

潮平两岸阔，风正一帆悬。这是一个披荆斩棘、充满创造的时代，这是一个变幻复杂、充满变革的时代，肩负建设光伏强国的伟大理想，全体浚鑫人当以更加高昂的斗志应对挑战，以更加主动的姿态抢抓机遇，以更加科学的举措推动发展，坚定不移跑好跑赢凯盛玻璃新材料"3+1"战略赛道。

中建材玻璃新材料研究总院
1953—2023

奋进中的新疆凯盛

黄新江　殷长宏　任元成　周向奎

新疆凯盛建材设计研究院有限公司的前身为1965年成立的国家建材部第三非金属矿山设计院。1982年撤编后，部分非金属矿专业技术人员分流至蚌埠玻璃工业设计院（现中建材玻璃新材料研究总院）及其他科研院所，留疆人员经新疆人民政府批准，成立了新疆建材工业设计院。

2002年，该院积极响应国家科研院所改企建制号召，改制后更名为新疆建材设计研究院（有限公司）。2010年4月，该院被中国建材国际工程集团有限公司整合重组，成立了中国建材集团在新疆的第一个混合所有制企业——新疆凯盛建材设计研究院有限公司（以下简称"新疆凯盛"）。股权结构为：中国建材国际工程集团有限公司占股65%，新疆凯盛管理者及技术骨干持股35%。

新疆凯盛是国家级高新技术企业，现具有建材行业设计甲级、建筑行业（建筑工程）设计甲级、建材行业工程咨询乙级资信、建筑工程施工总承包三级、城乡规划编制乙级、风景园林工程设计专项乙级、市政行业（道路工程）专业丙级、特种设备设计许可等资质，已通过质量、环境、职业卫生健康安全管理体系认证。

新疆凯盛是新疆建材行业协会副会长单位、新疆维吾尔自治区勘察设计协会常务理事单位、新疆维吾尔自治区工程咨询协会常务理事单位，先后荣获国家及省部级优秀工程咨询成果、优秀工程设计奖及其他奖80余项，连年荣获自治区"守合同重信用"协会常务理事单位、自治区勘察设计行业"诚信单位"荣誉称号。

新疆凯盛现有干部35人（平均年龄41岁），近两年共提拔任用年轻干部15人；现有员工152人，其中技术人员123人，高级职称43人、中级职称34人、初级及以下24人，技术人员占比81%；现有各类注册人员52人。

党的十九大以来，新疆凯盛党委及领导班子深入贯彻落实党的十九大及十九届历次全会、党的二十大及习近平总书记重要指示批示精神，坚持以习近平新时代中国特色社会主义思想为指导，坚决落实党中央、国务院决策部署和国务院国资委、集团工作要求，团结带领全体干部职工围绕各年度目标任务，统筹推进生产经营、降本增效、业务转型、科技创新、绿色低碳、深化改革、党的建设等工作，取得了较好成绩。

按照集团业务整合要求脱离水泥主业后，公司在艰难的转型发展过程中得到了集团各级领导的指导、支持和帮助。5年来，中国建材集团董事长周育先，中国工程院院士、中国建材集团首席科学家彭寿，凯盛科技集团总经理张健，中国建材国际工程集团总裁马立云等亲临指导，协调解决公司困难；周育先董事长为公司架起了疆内集团内企业业务深度合作的桥梁，彭寿院士为公司擘画了清晰的转型发展蓝图，张健总经理、马立云总裁的全力支持坚定了公司承接、参与大型项目的信心和决心。

经过5年艰苦的努力，2023年公司传统主业建材类项目承接量大幅提升，非金属矿山类项目经营成果丰硕，回转窑煅烧白云石、菱镁矿生产重烧镁砂技术已处于国内领先地位，与北京蓝布息科技有限公司合作研发的电石渣煅烧氧化钙及氧化钙成球技术（电石渣煅烧生产氧化钙及氧化钙成球后生产电石实现循环利用），正在与疆内外多家企业洽谈技术转化生产线产业落地，民用设计项目逆势增长，智慧农业项目设计攻关取得超预期成果，BIPV工程项目实现零的突破。

未来，公司将加强市场开拓，对内紧抓体制机制改革及干部、人才队伍建设，科技创新，工程管理，奋力开创出一条具有新疆凯盛特色的转型发展之路，为集团建设世界一流材料产业投资集团，实现高质量发展贡献全部力量。

以新促质 以创筑梦 奋笔谱写高端装备转型蝶变新篇章

张晓萌

中建材凯盛机器人（上海）有限公司（简称"凯盛机器人"）是中国建材集团有限公司旗下唯一一家以研发、设计工业机器人系统集成解决方案、智能化装备为核心的高新技术企业。凯盛机器人成立于2003年9月，2011年被中国建材国际工程集团收购成为其控股子公司，是混合所有制企业先行者。公司深入贯彻党中央、国务院决策部署和国资委工作要求，坚持创新驱动发展，致力于建设以复合机器人和视觉技术为核心，提供智能化解决方案的世界一流科创型企业。

一、改革创新，实现经营管理提质增效

（一）市场经营持续向好

凯盛机器人聚焦"一利五率"指挥棒鲜明价值经营导向，持续提升经营管理质量，近5年来，公司累计实现营业收入18.27亿元，年均增长10.22%；利润总额1.9亿元，年均增长29.59%。

经营细分行业精准发力，依托高端化定制化技术服务，全力竞逐光伏产业"新赛道"，加强与南玻、彩虹、安彩等光伏玻璃行业主要企业的合作；公司主导产品工业机器人玻璃分级堆垛系统国内市场占有率稳定在70%左右，首次打破国外技术垄断，铺纸堆垛系统已累计推广应用超过1000台。设施农业领域坚持做好从分拣包装到播种育苗，从采摘及巡检机器人研发到设施农业AI智慧大脑的应用，打通全流程无人化发展路径。设施农业育苗系统研发成功替代荷兰设备抢占国内市场；以果蔬采摘及巡检机器人技术突破为核心竞争力，顺利赢得凯盛浩丰合作项目，以农业全产业链无人化运营推动设施农业市场占有率不断提升。聚焦智能物流新业态发展方向，智能仓储领域连续中标燕龙基、航天智造等

企业项目；公司近 5 年根据市场发展需要积极推进袋装物料机器人智能装车从 1.0 升级至 3.0 系统，通过物料装车技术的迭代升级打响凯盛机器人品牌在物流行业的知名度，得到客户的高度认可，持续保持与天山水泥、冀东水泥、红狮水泥等企业的深入合作，聚焦科技减碳，建立完善绿色科技创新机制。紧跟行业发展趋势研发码垛机器人，开启自动化码垛新篇章。

（二）管理效能持续优化

一是形成并优化特色股权结构。2016 年、2018 年，凯盛机器人先后两次开展员工持股，以股权方式凝聚核心管理及科研人才。2023 年，成功引入战略投资者、地方政府控股的泗泾镇投资开发公司成为凯盛机器人公司的第二大股东，一方面，股权结构实现国有控股 + 员工持股 + 战投参股的优化发展，另一方面，成为政企深度融合典范。

二是优化组织机制，打造数字化"智"理新模式。凯盛机器人公司建立紧凑、灵活、高效的扁平化组织结构，根据业务发展调整组织架构，建立起反应迅速、决策高效的内部管理机制，成为公司发展组织保障，已通过 ISO9001 质量体系和 ISO14001 环境体系认证。引入法国达索 PLM（全生命周期数字化管理）系统，助力公司实现产品研发项目全流程管理。统一集成 PLM 系统、金蝶云星空（ERP）、钉钉、加密系统，实现销售、采购、财务及项目工程等全业务各环节的数字化管理。

三是加强人才梯队建设。创新建立首席科学家制度。聘请上海交通大学机械与动力工程学院贡亮教授作为公司首席科学家，进一步提升公司在关键技术研发、人才培养等领域的核心竞争力，为科研发展注入澎湃新动能。

秉持"企业与时代同发展、员工与企业共成长"理念，健全科学的人才引进和培育机制，申请成为松江区见习基地。先后采用民主推荐、竞聘上岗等方式，推动中层干部提拔任用工作，将德才兼备的高素质人才提拔至管理岗位，提供平台与机会，着力加强骨干员工培养。凯盛机器人智能装备研发中心于 2021 年正式入驻，优良的办公环境提升员工的幸福感和归属感。厚植集团文化根脉振兴发展活力，塑造良好品牌形象，于近几年相继获评上海市和谐劳动关系达标企业、上海市服务性制造示范企业，并在 2022 和 2023 年连续获得中国和谐建材企业荣誉称号，公司陆定军同志荣获"2023 年上海市五一劳动奖章"。

二、向新而行，谋求科研创新成果突破

聚焦揭榜挂帅大显身手。2023 年凭借"人防应急巡检机器人"参加了第二届特种机器人产业链"揭榜挂帅"项目，激发复合机器人不同场景应用创新活力，加速推动科技成

果在多行业多领域转化落地。

力争本行技术走在前列。2023年合盛深加工线双穿梭输送系统突破节拍瓶颈，实现单线产能18片/分钟，为国内最快；在线铺纸机已完成实际产线的调试及应用测试；UTG超薄玻璃自动化上下料设备以只抓取特定面无效区方式进行逐片自动插筐，良品率达99.7%，实现UTG自动化量产线首次成功应用。

走好智能机器人领先路。设施农业智能装备技术处于国际领先水平，将自动化控制贯通从收货分拣到播种育苗的完整链条，为高品质、全绿色、可追溯的设施农业产品提供全方位、全天候的保障，成功获评2020年松江区产业化关键或共性技术研究项目；自动苗床输送系统通过定制化的MES系统，可实现作业周期的全覆盖管理，可达到单批次100万株产能的育苗能力；2023年开发设施农业采摘机器人和巡检机器人，可完成低损高效采摘行走及智能巡检一体化作业，目前在上海交大进行第一代样机测试；2023年创新研发智慧设施农业AI模型，大模型以其强大的处理能力和高精度优势在设施农业场景中完成侧重经验、大数据驱动的决策性任务。小模型以其灵活性和成本效益在设施农业中实现装备侧应用，大小模型双轮驱动设施农业走向智慧化。

实现能源装备行业新突破。CIGS薄膜太阳能电池自动化解决方案，在铜铟镓硒薄膜太阳能组件自动化生产线装备领域实现单线产能突破，首次从80MW扩大到300MW，获评2018年上海市高端智能装备首台突破和示范应用专项（首台突破）和2022上海市首届高价值专利运营大赛百强。

攻坚显示模组行业破难题。面向泛半导体行业，聚焦"AI+激光+机器人"核心技术领域进行产品研发，打破该行业国际技术封锁。联合研发的Fine-vision视觉系统，融合图像算法与AI，可实现极致尺度下的弱缺陷检测及非结构背景抑制；激光应力切割技术可实现单步应力切裂的突破性进展；通过研发Roborator操作系统，以"视觉+机器人"技术实现"视—力—位"协同控制，可完成人机协作脉动线快速部署。

跑出低碳物流行业加速度。智能仓储物流板块机器人堆垛机立库系统和AGV库可有效提升仓库空间利用率和作业效率，形成集智能包装、立体仓储、质量全程追溯为一体的智能化标杆项目；智慧物流行业袋装物料机器人智能装车3.0系统装车效率、系统稳定性国际领先，最快装车能力可达150吨/小时，荣获2021年中国安全生产协会第二届安全科技进步奖二等奖、2023建材机械行业绿色低碳发展优秀实践案例等；水泥建模软件在原算法中增加超载模型，并实现三抓建模的算法新突破。

公司在2022年度获评国家级专精特新"小巨人"企业，以此为基础着力加强科技创新能力建设，知识产权体系建设工作获得国家层面认可，2023年成功获评国家知识产权优势企业。已获得知识产权管理体系认证，知识产权综合竞争优势凸显，累计拥有有效知识产权169项，其中发明专利15项；公司坚持以技术推动社会发展和公益事业，2023年荣获松江区G60科创走廊企业科普基地授牌。

三、乘势而上，加速数字建设转型推进

凯盛机器人在中国建材集团"1254"数字化蓝图指引下，坚持顶层设计数字化布局，创新数字化转型下企业发展新模式，探索构建全生命周期的数字化赋能体系。

经营管理一体化。与法国达索深度合作，在ENVOIA平台上启动产品全生命周期PLM项目，自主开发工具软件包与数据库，实现销售、研发、采购集成等项目（包括装备）的全生命周期管理，目前平台已全面应用于公司经营管理工作。

研发设计数字化。在DELMIA产品平台上进行研发和数字化设计，2023年已初步完成研发设计制造、生产线仿真、机器人仿真、虚拟联调、虚实在环等建设应用。在上海市规上制造业企业数字化诊断中被评为5档（场景级：主场景数字化集成）；顺利通过两化融合管理体系AA级评定。

用户服务敏捷化。强化"互联网+"服务模式，为客户提供数字化智能运维新模式，提升数字化价值。凭借"基于工业互联网和数字孪生的光伏玻璃深加工服务平台"获评上海市松江区服务业高质量发展引导资金项目。

产业协同生态化。建立物流行业开放式网络化协同研发设计平台，在袋装物料装车场景中，基于公有云+内网穿透技术，通过微信小程序即可实现自动启动装车和实时关注装载数据等功能。

四、笃行致远，推动党建引领群团聚力

党建品牌赋能科创先行。2023年6月创立"智创未来"党建品牌，创新"1234"工作法工作机制，围绕一个目标：以高质量党建引领推动高质量发展；增强两项功能：政治功能、组织功能；完善三项机制：管理体制、运行机制、工作体系；推进四个融合：党建工作与管理治理融合、与生产经营融合、与企业文化融合、与廉洁从业融合，品牌引领赋能公司向高端化、智能化、绿色化发展。

让党建引领与研发突破"合拍"，让品牌助力与创新发展"共鸣"，公司党支部按照"四型党支部"中研发攻关"创新型"党支部持续深化"党员先锋行动"，设立2个"党员科技攻坚小组"和2个"党员群众结对攻关小组"。支部党员满帅、朱隆带领团队参与北

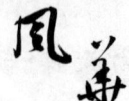

京凯盛枣庄熔压项目成功获评松江区"双服双创"示范项目。

推动主题教育走深走实。深入开展习近平新时代中国特色社会主义思想主题教育特色工作，坚决贯彻两个"一以贯之"，依托"三会一课"，定期开展主题党日活动和党员读书分享活动。主题教育期间，凯盛机器人党支部接受上海市委主题教育第八巡回督导组检查。

旗帜鲜明提高政治站位。以巡视巡察整改工作为依托，建立内控制度体系，落实"三重一大"决策制度和"一把手"权力纳入内控体系，建立健全党支部前置研究讨论重大事项清单，厘清权责边界。

履职服务彰显央企担当。创设凯盛机器人党群服务点，将政治功能和服务功能有机融合，凯盛机器人党支部于2023年被选为松江区"党支部建设示范点"选树对象（已公示）。

公司党支部于近几年获评中国建材集团"先进基层党组织""五好党支部"，中研院"优秀基层党组织""示范党支部"荣誉称号，被泗泾镇评为党建引领优秀党组织等。

新时代新征程，公司将在国家战略科技力量支持下，集聚创新、人才资源，优先前沿技术突破和高端装备落地，以加速新质生产力培育为导向，以科技创新提高核心竞争力，深耕机器人柔性赛道，着力科技成果转化和产业创新深度融合，加快打造以玻璃新材料、设施农业、智慧物流为主导的智能化系统集成平台，向"绿"前行、向"智"转变，在战略性新兴产业赛道上亮出高水平科技自立自强新优势，为中研院打造基业长青的"百年老店"挺膺担当，为机器人智能装备行业的高质量、可持续发展贡献力量。

矢志创新守蓝天　砥砺前行绽芳华

浦湘凯

盐城，一片神奇而美丽的土地，宛如璀璨的宝石，镶嵌在绿水丛中。13年前，中建材环保研究院（江苏）有限公司（以下简称中建材环保院）在这片红色热土上开始书写"小而精""小而强"的故事。自2011年11月运营以来，中建材环保院始终践行"责任、技术、创新；天蓝、地绿、水清"发展理念，坚守"以创新环保技术 助力绿色发展"使命，持续强化创新"引擎"，在深度减排、绿色降碳和智慧化技术研发中不断取得突破，在全球烟气治理中提出中国方案、贡献中国智慧、展现中国担当，以创新环保技术助力全球绿色发展。

深猷远计，打造国际化环保研发平台

13年间，中建材环保院在中国建材集团战略引领下，锚定工业烟气减污降碳国家重大需求，以先进技术为基石，融合研发、装备、工程为一体，精耕细作，构建了以玻璃、水泥行业烟气治理为根基，钢铁、化工、热电等多行业融合发展的生态环保版图。

围绕打造"创新型、工程化、国际化"的环保创新平台的战略目标，先后建立了江苏省工业炉窑气体排放控制工程技术研究中心、江苏省玻璃熔窑烟气脱硝工程中心、江苏省企业技术中心、江苏省工业设计中心等10项省部级科创平台，是"烟气多污染物控制技术与装备国家工程实验室"首届理事单位、"黄海碳中和产业创新中心"理事单位、机械工业环境保护机械标准技术委员会大气净化设备分技术委员会委员单位和大气污染防治知识产权联盟理事单位。

凭借在烟气治理领域的领先地位和竞争优势，先后获评国家专精特新"小巨人"企业、国家知识产权优势企业、国家高新技术企业，连续3年入选江苏省瞪羚企业。承担了包括科技部"十三五"国家重点研发计划项目的省部级以上科技项目18项。联合研发的"工业烟气多污染物协同深度治理技术及应用"获国家科技进步一等奖，另获教育部科学

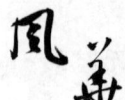中建材玻璃新材料研究总院
1953—2023

技术进步特等奖及省部级科技奖 16 项。累计授权专利 70 余件，其中发明专利 11 件，在盐城市人民政府专利奖评选中斩获"三金一银"。

矢志创新，突破多项关键核心技术

2011 年底，一支勤奋、实干、平均年龄 30 岁的技术团队正式组建。他们扎根盐城，勇当烟气治理技术研发、推广应用的排头兵。他们朝气蓬勃，敢想敢试；他们默默无闻，求索进取；他们甘愿付出，步履坚定。团队围绕硫、硝、尘常规污染物及氯化氢、氟化物等非常规污染物协同深度治理难题，几个月如一日加班加点，坚守在试验场地，一个个参数比选，一次次试错，一次次验证，突破了多污染物协同控制技术瓶颈，解决了系统难以长期稳定运行的难题。

正是这种矢志不渝的"钉钉子"精神，多年来，公司始终走在创新前列，瞄准烟气治理痛点难点，持续加大研发投入，形成了具有自主知识产权的工业烟气多污染物深度减排关键核心技术及装备。迎着超低排放的浪潮，不断突破技术边界，从长流程到短流程，从脱硫、脱硝、除尘多系统到一体化，逐步建立了适应各类烟气、完备的烟气处理工艺体系，引领行业技术与装备高质量发展。

开发的玻璃窑烟气排放控制系统解决了玻璃窑烟气高温、高氮、高黏尘等难以治理的难题，实现在 420℃高温下稳定运行。开发的水泥窑烟气高温高尘 SCR 脱硝技术突破了高浓度、高黏性粉尘堵塞催化剂的瓶颈，为水泥工业超低排放提供了可靠的技术路线。"玻璃厂 SCR 脱硝系统"等 4 项产品获评江苏省高新技术产品称号。

在开辟新领域新赛道、塑强新动能新优势的征程上，中建材环保院不断"碳"路前行。水泥窑替代燃料制备技术实现煤炭消耗量和燃料类碳排放量下降超 20%；旁路放风技术有效解决了水泥窑系统结皮堵塞及氯离子超标问题。成功揭榜盐城市重点研发项目"面向玻璃生产的熔窑烟气多污染物全流程智能综合治理关键技术研发及应用"，项目完成后将推动大气污染防治设备产业链向智能化、绿色化发展。

标准赋能，聚力高质量创新发展

持续将创新成果融入标准，不断推进国家、行业和省级地方标准的制定和优化，以先进标准促进技术进步。先后主持/参与制修订国家标准《新型干法水泥生产成套技术要求 第 7 部分：脱硝系统》等国家标准 3 项、《高温干法脱硫脱硝除尘一体化设备》等行业标准 5 项和江苏省《水泥工业大气污染物排放标准》等省级地方标准 7 项。

公司主持编制的机械行业标准《高温干法脱硫脱硝除尘一体化设备》（JB/T 14663—2023），填补了环保机械行业一体化设备标准的空白，为一体化设备的设计、制造、安装和运维提供了技术指南，牢牢把握行业技术制高点，引领行业技术有序发展，进一步拥有行业话语权。公司主持编制的江苏省《水泥工业大气污染物排放标准》（DB 32/4149—2021），强化了江苏省水泥工业的法定控制要求，为水泥工业超低排放提供了可靠的技术路线。

持续攻坚，助推全球多行业绿色发展

凭借多元化的产品服务和多维度的技术优势，中建材环保院为多行业提供成熟可靠的定制化方案，不断打造标杆工程和精品工程，实现烟气脱硫、脱硝、除尘多领域发展，玻璃、水泥、钢铁、化工多行业拓展，国内、国际双轮驱动，引领工业烟气深度治理技术与产业进步。在全球积极推动烟气治理技术的发展和应用，为客户创造可持续竞争优势，为多行业高质量绿色发展添能蓄势。

公司完成国内外大中型环保工程超百项，其中"首台套、首示范"工程10项。公司研发的高温除尘脱硝技术在玻璃行业首次应用；研发的钠基干法脱硫技术经工程试验，充分论证在玻璃厂高效脱硫并实现副产物回窑可行性；研发的高温金属膜精细过滤脱硝一体化技术及装备在玻璃行业首次示范；研发的高温干法脱硫脱硝除尘一体化技术在耐火材料烟气治理领域首次应用；研发的半干法脱硫除尘技术实现海外玻璃行业首示范，并实现玻璃行业外应用。

高温高尘SCR脱硝技术整体技术水平国内领先，已在全国应用超30套。金隅鼎鑫和台泥英德烟气治理项目作为典型案例分别在第五届工业烟气深度治理高峰论坛和广东省水泥行业能效对标工作总结会上公开亮相。山西卓越水泥脱硝项目助力业主成为长治市首家环保绩效A级水泥企业，并入选中国环境保护产业协会示范工程名录。

作为全球环境治理的重要参与者和贡献者，公司研发的多套装备出口到马来西亚、沙特、印尼、印度等"一带一路"共建国家。旗滨马来西亚烟气治理项目作为我国首个海外玻璃行业烟气治理EPC工程，入选生态环境部关于一带一路共建国家和地区的环境保护典型案例汇编，奠定了公司在建材行业烟气治理领域的领跑地位。在共建"一带一路"倡议提出10周年之际，新签信义印尼和印度信实烟气治理项目，为"一带一路"共建国家的可持续发展增添新足迹。

党建引领，立足团队提质增效

中建材环保院坚持政治引领，将加强党的领导和完善公司治理有机结合，积极推动党

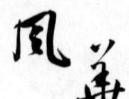中建材玻璃新材料研究总院
1953—2023

的建设与生产经营同频共振，以高质量党建引领高质量发展。全面落实"三重一大"决策制度，实现权责清晰、各司其职、协调运转。公司始终坚持党管干部，监督党员干部坚持民主集中制原则，明确班子分工，做到责任到人，确保班子和队伍建设的凝聚力。

支部创新活动形式，扎实开展学习教育，不断提升支部的战斗堡垒作用和党员先锋模范作用，着力营造"队伍团结、工作紧张、党建严肃、群团活泼"的良好工作氛围；定期开展党规党纪和廉政教育，促进党风廉政学习教育常态化和制度化；积极开展支部联建共建活动，共同促进党建与技术双提升；主动融入集团战略要求，通过党建带团建，精准做好群团工作，定期举办职工团建活动，引领员工"永远跟党走"，有效增强职工的归属感和凝聚力，激活企业内生动力。

党员干部围绕技术、研发及工程主线，勇于担当负责，积极主动作为，将党的领导全面融入公司发展的各个环节。班子成员每季度深入项目一线、靠前指挥，以实际行动激发广大干部职工的工作热情。支部扎实推进"我为群众办实事"实践活动，解决职工"急难愁盼"的紧迫问题，增强职工群众的获得感、幸福感和安全感。

征途如虹，浩荡前行。在新的起点上，中建材环保院全体员工将以执着诠释初心，以争先践行使命，认真贯彻落实习近平生态文明思想，将"绿水青山就是金山银山"理念内化于心、外化于行。抢抓"双碳"机遇，强化创新驱动，凝聚创新合力，架构科技创新与产业发展深度融合的桥梁，多措并举推动我国大气污染防治事业发展，为建设创新型、工程化、国际化的一流环保研究院接续奋斗，为建设低碳、绿色、环保型社会做出应有的贡献！

立足绿色"双碳"、放眼国际征程，勇当凯盛节能先锋

高燕飞　陶智新

光阴荏苒，日月如流。在中国建材集团的战略引领下，上海凯盛节能工程技术有限公司从2009年1月成立至今已走过了15年不平凡的风雨历程。多年来，全体干部职工齐心协力，各项科技创新和经营指标稳健增长，公司规模逐步扩大，业务领域围绕能源发电和"双碳"环保实现了国际化、绿色化、多元化和跨行业的发展，总承包的工程项目涉及玻璃、水泥、钢铁和化工等多个行业，项目涉足国内外，已完成了70余项国内项目和20余项海外项目，足迹遍布日本、法国、比利时、韩国、土耳其、坦桑尼亚、莫桑比克、乌兹别克斯坦、巴基斯坦、印度尼西亚、哥伦比亚、尼日利亚等多个海外市场。

一、国际化战略驱动，助力公司飞跃发展

上海凯盛节能致力于将绿色、节能带到世界的每一个角落，自2012年起，公司陆续开拓海外业务，深入实施国际化战略举措，贯彻落实国家"一带一路"倡议，近年来，公司国际业务发展助推业绩逐年提升，2023年公司已实现全年经营收入4.1亿元，年化净资产收益率约20%，全员劳动生产率达到90万元/人，经营性净现金流为2600余万元，经营性净现金流连续3年保持正数，公司稳健快速地发展，已成为名副其实的"小巨人"企业。

开启通往欧亚大陆之门

2013年3月，上海凯盛节能分别签订了土耳其OYAK集团旗下ASLAN和BOLU两个水泥余热发电项目。这两个项目的签署不但开启了上海凯盛节能公司与OYAK集团合作的篇章，同时也是公司开启国际化道路走出的坚实一步。OYAK集团始建于1961年，是土耳其最大的综合性投资集团之一，涉及钢铁、水泥、化工、金属、矿产、金融、服务业等

多个领域。ASLAN 和 BOLU 项目分别位于伊斯坦布尔市及博卢市，项目投产后降本增效，提高了市场竞争力，项目已成为 OYAK 集团节能减排升级改造的示范。

2022 年 10 月，上海凯盛节能与 OYAK 集团再度牵手，双方在碳黑余热发电领域进行合作，该余热发电项目是公司继水泥、玻璃、钢铁等行业余热发电业务后全新的业务领域，且装机容量达 50MW，成为了土耳其最大的余热电站，具有里程碑意义，稳居土耳其节能环保、绿色低碳领域市场份额第一的领先地位，对巩固双方多年的友谊、拓展长远合作起到了至关重要的作用。

自 2015 年起至今，上海凯盛节能在巴基斯坦与当地最大水泥集团 BESTWAY 集团进行了广泛合作，在节能环保领域已陆续合作了三个项目，现已全部成功投运，为巴基斯坦国家的经济建设和环境保护作出了巨大贡献。公司于 2015 年首次为其实施了 KALLAR KAHAR 7000t/d 水泥熟料生产线配套的 12MW 余热发电系统，随后公司采用自主研发的空冷岛技术为其旗下的 CHAKWAL 16MW 余热发电项目和 KALLAR KAHAR 12MW 余热发电项目分别实施了空冷岛改造工程，仅用时 6 个月便顺利成功投产，以上两个项目均成为了巴基斯坦国内首个空冷改造项目，无论从工期和质量都作为样板工程受到业主方和巴基斯坦政府的充分肯定，在巴基斯坦树立了一面旗帜，上海凯盛节能与巴基斯坦 BESTWAY 集团在巴基斯坦的持续合作，是对中巴友谊的有力见证。

强化与发达国家合作，促进节能环保事业发展

2019 年 8 月，上海凯盛节能承接了第一个韩国钢铁项目，也是韩国国内第一个利用有机朗肯循环技术的钢铁纯低温余热发电项目。由上海凯盛节能总承包的韩国浦项钢铁集团光阳钢铁厂下属铁锰合金厂 1# 矿热炉配套有机朗肯循环余热发电项目成功实现一次并网发电。该项目的成功实施，打开了公司与韩国大型国有企业浦项钢铁集团的合作大门，奠定了上海凯盛节能在韩国市场的实力基础，也巩固了上海凯盛节能在有机朗肯循环领域的先驱地位。

2023 年 9 月，上海凯盛节能成功实施了法国 VICAT 集团所属土耳其 BASTAS 水泥工厂配套 15MW 余热发电项目。BASTAS 水泥公司是全球著名水泥集团——法国 VICAT 水泥集团所属子公司，也是土耳其本国最大的水泥厂之一。本项目成功发电后第二天，法国 VICAT 水泥集团高层亲自到厂视察余热电站的运行情况，并对公司技术水平和管理能力给予高度评价。本项目将为工厂每年节电 118,800,000 千瓦时，帮助每年减少二氧化碳排放 93,555 吨，为工厂创造了直接经济效益与间接社会效益。

贯彻"一带一路"倡议，开拓非洲市场获成效

2020年，上海凯盛节能作出了一个重大的战略决策——首次开拓非洲市场，标志着公司在全球市场上的进一步扩展。在短短4年的时间里，上海凯盛节能已经在非洲大陆承接了5个发电项目，分别涉及水泥余热发电、生物质发电和燃煤发电等多个技术领域，展现了公司在发电领域的强大实力和技术创新能力。

首先，公司在坦桑尼亚成功实施马文尼4000t/d水泥熟料生产线配套7MW余热发电工程。该项目的顺利并网发电，不仅为业主带来了显著的经济效益，更是得到了业主方的高度评价与广泛赞誉，彰显了公司的技术实力和市场竞争力，更为公司进一步拓展非洲市场奠定了坚实的基础。

随后，业主方对上海凯盛节能的信赖与肯定愈发显著，先后4次与公司签订重要项目合同，涵盖坦桑尼亚马文尼水泥厂第二期的7.5MW水泥余热发电项目、坦桑尼亚的15MW生物质发电项目、莫桑比克纳卡拉水泥厂配套的12MW自备电站项目以及马拉维水泥厂配套的12MW自备电站项目。在这些项目中，坦桑尼亚马文尼水泥厂的余热发电和生物质项目已成功并网发电，这不仅彰显了公司的技术优势，同时也体现了公司在项目管理及执行层面上的卓越效能。

尤为值得强调的是，莫桑比克纳卡拉水泥厂配套的12MW自备电站项目，该项目采用了公司自主研发并成功入选工业和信息化部的《国家工业和信息化领域节能降碳技术装备推荐目录（2024年版）》的"建材行业工厂余热电站微网系统"技术。该系统的应用，旨在应对工厂所在地电力供应短缺、电能质量低下、供电不稳定等挑战，这些问题常常导致工厂停工和设备损坏，给业主带来经济损失和安全隐患。通过本项目的实施，工厂的运行效率得以提升至100%，为业主带来了直接的经济效益。

上海凯盛节能在国际市场中，始终聚焦主责主业，致力于在节能发电领域持续深化创新，提升品牌影响力，并巩固核心竞争力。自公司首个项目土耳其余热发电项目启动以来，公司的业务已逐步辐射至亚洲、美洲、非洲及欧洲等多个地区，在余热发电领域的技术实力，获得了全球知名企业的广泛认可。公司将秉持开放合作的精神，积极融入"一带一路"倡议，建设出一系列具有标志性的工程项目，为国际节能发电领域的发展贡献力量。

二、聚焦"双碳"目标，推动公司绿色发展

为响应习近平总书记对于2030碳达峰和2060碳中和的号召，中国建材集团率先推动

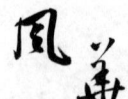

玻璃行业和水泥行业的碳减排，上海凯盛节能在绿色化和多元化的领域中跨界探索，勇挑碳减排重担，通过不断的科技创新和技术研发，成功实现了技术上的重大突破，为建材行业的碳减排工作贡献了自己的力量。

玻璃熔窑碳捕集助力低碳发展

自2018年起，上海凯盛节能积极筹备并组建了专业的碳捕集技术研发团队，公司凭借对技术的深入研究和攻坚克难，不断探索和创新，同时，为了加强科研实力，公司与知名高校建立了紧密的产学研合作关系，通过校企合作，共同推进碳捕集技术的发展。

经过4年的不懈努力和持续攻坚，上海凯盛节能成功实施了世界首套玻璃熔窑烟气二氧化碳捕集项目，于2022年9月在中建材（合肥）新能源有限公司光伏玻璃生产线成功投产，项目的成功实施，不仅实现了年减排二氧化碳5万吨的显著成效，填补了行业空白，创造了玻璃行业的"国内第一、世界首创"，更为玻璃行业的绿色发展和碳减排工作树立了新的标杆。

首个玻璃窑碳捕集项目在实施过程中，面临着新技术攻关、跨行业设计、首台套示范等多重挑战，公司研发团队坚持拼搏、不懈努力，攻克了一个又一个技术难关，成功解决了项目中的各类问题，同时，集团领导和各个兄弟公司也给予了坚定的支持和帮助，确保了项目的顺利进行，正是这样的团队精神和协作精神，使得上海凯盛节能成功完成了任务目标，为玻璃行业的绿色发展和碳减排工作作出了重要贡献。

揭榜挂帅，翻开水泥工厂"零碳"新篇章

上海凯盛节能联合承建的青州中联水泥有限公司年产20万吨二氧化碳全氧燃烧耦合碳捕集项目是目前建材行业最大碳捕集项目、山东省内首套、中国建材集团水泥版块第一个碳捕集利用项目，已列入首批全国建材行业重点科技攻关"揭榜挂帅"项目，成功谱写了水泥工厂实现"零碳"减排的新篇章。

上海凯盛节能在建材行业水泥全氧燃烧窑上集成应用了目前全球最先进技术和工艺装备，通过变压吸附耦合吸附精馏提纯技术捕集提纯二氧化碳，制成纯度为99.99%的液态二氧化碳，年生产能力可达20万吨，产品质量达到国家食品级标准。该项目的投产，标志着上海凯盛节能成为全球唯一一家分别实施完成玻璃工厂和水泥工厂碳捕集项目的工程服务公司，已逐步成为建材行业碳捕集领域的领军企业。

公司未来将进一步加快推进碳捕集技术应用和产业链发展，坚持国际化战略，充分将"五位一体"节能环保理念进行推广，努力推动国家建材行业绿色低碳转型和实现

"双碳"目标。

三、发挥党建引领，精益管理促发展

上海凯盛节能以党的二十大精神为引领，严格按照中国建材集团党委的总体部署，持续加强党的领导，把党的领导优势转化为企业发展优势，促进党建工作与生产经营中心工作融合互促，以精益化管理为抓手，推动公司持续发展。

创新求突破，科技促发展

多年来，水泥余热发电业务作为公司的主业，经过科研团队不断努力，在行业内率先开发了多项技术创新，包括一键启停智能运行技术、全系统三维设计、余热电站孤岛运行技术、低温ORC余热回收技术、余热电站零排放等技术。通过不断的技术创新，公司已成功从行业跟跑者变为行业领跑者，并为企业带来了稳定的利润点。

在"双碳"技术领域，上海凯盛节能通过设立攻关团队，已经实现了"从0到1"的过程，并揭榜了四个关键技术攻关项目，未来还将进一步加快中试实验室平台的建设，加强双碳数字化工具的建设以及二氧化碳与氢能结合转化利用等技术的研发；同时，公司在建材行业内大力推广碳捕集技术，注重与合作伙伴的沟通与合作，积极与各大建材集团进行技术交流，共同探索碳捕集技术在建材行业的应用前景。同时，公司积极与政府部门和行业协会保持密切联系，推动相关政策的制定和实施，如参与编写的《玻璃工业烟气二氧化碳捕集技术规范》获工信部2023年第三批产业优化升级标准项目立项、参与编写的《水泥生产企业节能技术指南》（JC/T 2771—2024）已获工信部正式批准公布。

近年来，公司在科技创新领域先后荣获中国建材集团科技进步奖一等奖、中国建材集团技术进步奖二等奖、凯盛科技集团科学技术发明奖一等奖、凯盛科技集团技术革新奖二等奖、建材行业工程设计奖一等奖和建材行业工程总承包奖一等奖等多项荣誉。

管理改革，推动企业新发展

上海凯盛节能自成立之日起，便作为一个由中国建材工程集团与日本三菱商事双方共同出资设立的合资企业而崭露头角。公司的宗旨是为了实现双方的互利共赢以及共同发展，为了达到这个目标，公司在坚持贯彻中国建材集团和凯盛科技集团的管理制度基础上，积极引入股东方日本三菱的先进企业管理理念和制度，使其成为公司发展的助力。

公司深化了精益管理的实施力度，详细地梳理了业务发展的方向，对现行的制度流程和各岗位的职责进行了全面的优化和调整。在质量控制方面，公司实施了更为严格的质量

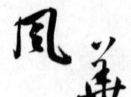

管理体系,确保工程服务的高质量标准得到满足;在项目进度管理上,公司采用了先进的项目管理工具和方法,以保证项目能够按时交付,并符合预定的质量要求;合规风险管理方面,公司严格控制了经营风险、境外风险和安全环保风险,增加了法务审核流程,确保公司的运营合规性和法律风险的最小化;同时,公司对成本进行了精细化的控制,针对已经完工的工程项目,进行了经济性审计,复盘项目预算与实际施工过程中的成本费用,不断进行成本分析和成本优化,实现了成本的有效降低。此外,公司还强化了关键绩效指标(KPI)的考核机制,通过设定明确、量化的考核指标,对员工的工作绩效进行客观公正的评价。

通过这些措施,公司极大地激发了员工的工作热情和积极性,员工们更加投入,工作效率显著提升。这种积极的工作态度和效率的提高,又进一步促进了公司整体经营效率的提升,优化了公司的管理水平。公司通过不断地完善和优化管理流程,确保了工程项目执行的顺畅和高效,为公司的持续发展和市场竞争力提供了坚实的管理基础。

加强思想政治武装,强化党的引领

公司党支部始终秉持严谨、稳重的态度,深入学习并全面贯彻习近平新时代中国特色社会主义思想,严格遵循集团的总体部署,坚定不移地落实"第一议题"制度,确保支部学习活动的制度化、规范化与长效化。在此过程中,公司党支部持续提高政治站位,以党纪学习教育为核心,全力做好巡视整改和"回头看"工作,不断加强党支部组织建设。

其次,公司党支部坚持两个"一以贯之"的原则,将理论学习与业务实践紧密结合,确保学习成果能够转化为实际工作成效;同时,党支部积极践行中国建材和凯盛集团的企业文化,开展有针对性的主题党日活动和学习教育活动,营造了和谐健康环境;通过一系列的组织建设,也得到了上级党组织的肯定,曾荣获了中研院"先进基层党组织"的荣誉称号。

以梦为马守初心,不负韶华15载。上海凯盛节能将继续坚守产业报国的初心与使命,以实际行动肩负起长达十年的丝绸之路建设重任,积极投身到绿色低碳转型发展的实践中,以坚定不移的责任担当和持续不懈的奋斗精神,为中研院的高质量发展作出积极贡献。

立足绿色低碳发展
坚定不移走高质量发展道路

卢育发　罗岚　叶伟伟

安徽天柱绿色能源科技有限公司自 2008 年成立以来，秉持"重塑碧水蓝天新生活"的经营理念，紧紧围绕国家"双碳"目标布局，立足绿色低碳发展。主要业务为光伏电站及 BIPV 光伏建筑一体化总承包，储能电站工程，零排放生态房屋、光伏发电瓦、彩色发电墙砖、发电地砖，光伏电站运营维护等一系列新能源工程服务及产品开发，是中央企业混合所有制的典范。

一、央企与民企融合，推动企业持续有效发展

2010 年，适逢中国建材集团全面推进"三新"产业发展战略，经过各方领导多次考察交流，决定入股天柱公司。在集团的指导下，通过研究梳理，公司明确以光伏新能源工程、光伏电站运营维护、新能源产品开发为三大主业，以此为中心持续推进公司从单一工程型企业向工程、产品复合型企业转型，推动企业持续有效发展。

近年来，公司紧紧围绕凯盛玻璃新材料"3+1"战略布局，充分利用央企的实力和民企的活力实现优势互补，将民营企业的市场化精神、企业家精神和市场化机制，与央企的战略思维和规范化管理相互融合，迸发出 1+1>2 的企业竞争力。公司持续不断优化体制机制，不断完善企业管理制度体系，"三精管理"水平进一步提升，为企业可持续发展保驾护航。2021 年公司总营收达 1.5 亿元，自合作 11 年来复合增长率达 43%，逐步成为集团发展新能源产业的重要平台。

二、坚持创新驱动，加快企业高质量发展

（一）科技创新是公司持续发展的"核动力"

公司围绕科技创新的主题，构建多层次、开放式的创新平台。2008 年，公司与安徽

电子信息职业技术学院建立产学研合作联盟，共同成立绿色能源研究中心。2011年，浮法玻璃新技术国家重点实验室在公司设立了太阳能应用研究分中心，并以此为核心将科研、培训、开发整合成一条"技术创新链条"，研发出多项高新技术产品。太阳能槽式热发电系统入选蚌埠市第二批"3221"产业创新团队，为安徽省自然科学研究基金项目；光伏电站智能清扫机器人荣获全国"宏宇杯"建材行业技术革新奖、中国建材集团技术革新一等奖，入选安徽省第九批"115"产业创新团队和蚌埠市第十二批"3221"产业创新团队；太阳能发电瓦产品荣获安徽省第七届工业设计大赛金奖，成功应用于蚌埠市委党校屋顶发电瓦项目；零排放生态房屋为安徽省新产品、安徽省引智计划项目；车载智能太阳能供电系统荣获中国东盟青年创新大赛一等奖等荣誉。

同时，业主单位通过应用天柱公司的新能源产品和工程服务方案，使其建筑物也斩获国家级大奖。2013年成功申报的"蚌埠市三馆一院3.43MW国家光电建筑一体化"示范项目，是当时全国最大的光电建筑一体化示范项目，蚌埠市三馆因使用天柱公司自有专利技术——中空Low-E采光光伏组件而荣获"广厦奖"；蚌埠市奥林匹克体育中心因在屋顶设计圆弧形BIPV薄膜光伏且使该建筑呈现发电"龙眼"造型加分而荣获"鲁班奖"。

在标准方面，公司主编了《薄膜太阳能发电瓦》行业标准和《户用薄膜发电墙面系统运行和维护规范》团体标准，参与编制了《安徽省太阳能光伏与建筑一体化技术规程》《安徽省太阳能光伏与建筑一体化标准图集》《合肥市太阳能光伏与建筑一体化技术导则》《薄膜太阳能发电系统与建筑一体化构造图集》和《薄膜太阳能发电系统与建筑一体化技术规程》等安徽省地方标准，拥有4项企业标准。

公司近5年共投入研发费用4339.61万元，占5年总收入的4.95%，其中2022年研发投入占2022年总收入的7%，为公司高质量发展持续提供动力源泉。

（二）人才是企业发展的根本，是企业科技创新的灵魂

公司以人才发展为根本，以产品创新为主线，以工程服务为引领。近年来，公司始终注重人才引进及培养。2017年公司引进中国科学技术大学博士1名，2020年引进中国科学院研究生院博士团队4人。截至2022年年底，公司共培养了38名优秀的太阳能发电、机械设计、工业自动化控制等专业的中高级科研和工程技术人员，培养了一支优秀的项目管理队伍，为推进项目工程闭环管理、塑造天柱精品项目品牌奠定了坚实的基础。公司始终将产品、项目的效率、质量作为公司经营管理的落脚点，通过上级单位委派具有技术专业能力和项目管理经验的分管领导，广招和公司发展需求吻合的博士团队、技术及项目管理人才，落实公司人员专项培训计划，建设公司优秀的项目管理队伍。同时，公司持续以

制度化、流程化、标准化为目标，推进项目工程闭环管理，做到环环有把控、环环有衔接、环环有反馈，做好做实降本增效工作。公司在原有项目环节上，创新培养专业运维队伍，切实保障公司及业主利益，打造天柱项目管理特色。

三、强化党建引领，共建共创促发展

近年来，在集团、中研院党委的正确领导下，公司党支部始终以习近平新时代中国特色社会主义思想为指导，以党章为遵循，以《中国共产党国有企业基层组织工作条例》为纲领，以"六三"标准工作法为抓手，深入贯彻落实党的二十大、党的十九大、十九届历次全会和全国国企党建工作会议精神，认真落实集团、中研院党委各项部署，紧紧围绕企业生产经营工作主线，带领全体党员干部，攻坚克难、努力奋进，以高质量党建助推企业高质量发展。

（一）始终坚持党的领导，加强思想政治建设，不断提高党员的政治素养和理论水平

公司党支部深刻领悟"两个确立"的决定性意义，进一步增强"四个意识"、坚定"四个自信"、做到"两个维护"，全面贯彻落实习近平总书记重要指示批示精神。坚持把政治理论学习作为提高党员素养的重要任务，扎实开展"不忘初心、牢记使命"主题教育和党史学习教育，及时跟进学习习近平总书记系列重要讲话精神，认真学习贯彻集团及中研院党委重点工作安排和重要会议精神，引导党员把学习成效转化为工作动能，进一步提升工作的积极主动性和解决实际问题的能力，做到"在党言党、在党爱党、在党忧党、在党为党"。

（二）夯实组织建设基础，固强混合所有制企业党建工作战斗堡垒，不断增强党组织的凝聚力、战斗力和创造力

作为基层党组织，公司始终把加强自身建设作为基础性工作来抓，始终将不断优化党建质量作为工作目标，将加强"三基"建设作为工作重点，对标集团党支部建设标准化要求，努力实践集团特色党建理念，使党建工作覆盖各方面、贯穿全过程，不断提升支部建设科学化水平。一是坚持党建和业务同部署、同落实，做到党建和业务一起抓，形成了齐抓共管、互促互进的良好氛围。二是始终坚持贯彻落实全国国企党建工作会议精神，正确认识"巡视"意义，通过政治体检，深刻检视、反思实际工作中存在的问题和矛盾，制定有效措施，压实整改责任，坚持问题导向，以巡视成果促进党组织建设水平的提升。

（三）深入践行两个"一以贯之"，推动党的领导融入公司治理，坚持服务生产经营不偏离

坚持贯彻落实党的领导融入公司治理，把企业党组织内嵌到公司治理结构中，将党建工作渗透到安全生产、经营管理、选人用人等各个领域。同时始终坚持党建、服务、经营不偏离，以"同频共振、互促互进"为原则，积极探索党建工作与经营发展相结合的途径、方式，切实把党建工作的"软实力"转化为推动经营发展的"硬支撑"。一是思想融合。把思想政治工作作为一项经常性、基础性工作，定期开展谈话，通过主动了解党员职工的思想动态，解除党员职工的思想困惑，把党员职工拧成一股绳，切实激发大家干事创业、开拓创新的积极性，形成推动公司发展的强大思想合力。二是业务结合。落实党建进章程，完善公司"三重一大"管理办法，进一步细化支部参与公司重大决策的议事范围和议事规则，明晰权责界限。

（四）不断推进党风廉政建设，营造风清气正的工作氛围，打造高效廉洁的干部队伍

支部始终贯彻落实全面从严治党的总方针，强化"一岗双责"的担当意识，压实支委会监督管理责任。不断加强对党员的党风廉政教育，开展经常性的全面从严治党宣传教育，做细做实日常教育监督工作。根据上级党委、纪委安排，及时组织对下发的纪检文件及中央纪委公开曝光的违反中央八项规定典型案例的学习，同时定期与非党员领导干部进行谈话交流，传达中央及集团的警示教育精神，强调党员干部和非党员干部都要认真严格落实党中央、集团及院纪检部门的各项廉洁要求，以身作则，从思想上坚决防范"四风"问题，共同营造风清气正的工作氛围。

公司连续4次获得中国建材集团先进基层党组织；连续5次获得凯盛科技集团"先进集体"。充分发挥了党员的积极性和创造性，把党的政治优势、组织优势和群众工作优势进一步转化为企业的创新优势、发展优势和竞争优势，推动公司高质量发展迈出坚实步伐。

安徽天柱绿色能源科技有限公司始终坚守"重塑碧水蓝天新生活"的使命，坚持"企业与时代同进步，员工与企业共成长"的文化理念。公司全体员工正以昂扬的姿态、饱满的热情，持续奋战在各条战线上。未来，我们将不断传承优良基因、赓续创新精神，坚定不移走绿色低碳高质量发展道路，为打造世界一流玻璃新材料研究总院做出更大的贡献。

九十二载薪火传承　凯盛筑梦重焕荣光
在"3+1"战略赛道上谱写中国式现代化转型发展新篇章

江化民

2023年,是全面贯彻落实党的二十大精神的开局之年,是实施"十四五"规划承前启后的关键之年。中建材玻璃新材料研究总院(以下简称"中研院")心怀"让中国玻璃领跑世界"的初心使命,用七十年奋斗和坚守,走出一条中国玻璃从弱到强、从跟跑到并跑再到领跑的自立自强之路。凯盛重工有限公司(以下简称"凯盛重工")历经九十二载峥嵘岁月,如同一颗闪烁的"煤机星火",在凯盛集团和中研院玻璃新材料"3+1"战略赛道引领下浴火重生,踏上再创辉煌的百年逐梦之旅。

党的二十大报告指出,"高质量发展是全面建设社会主义现代化国家的首要任务"。凯盛重工坚持以习近平新时代中国特色社会主义思想为指导,深入贯彻落实党的二十大精神,围绕凯盛科技集团和中研院玻璃新材料战略布局,坚定不移做强做专煤机装备、做优做精建材装备、做大做全新能源装备,推新品、拓市场、降成本、练内功、提效率,依靠发展解决矛盾问题、补齐短板弱项,奋力开拓出具有企业特色、饱含煤机情怀的中国式现代化高质量转型发展之路。

一、坚定正确的政治方向,引领"百年重工"高质量发展之路

坚持党的领导、加强党的建设,是国有企业的优良传统,是国有企业的"根"与"魂"。诞生于1931年的淮南煤矿机械厂(凯盛重工的前身),伴随着新中国的诞生和改革开放的步伐,因党而兴、跟党创业,从最初十多人的铁匠铺子,一路成长为煤机工业大型骨干企业。在党和国家领导人的关怀鼓舞下,这里研制出中国第一台掘进机、第一台带式输送机、第一台调度绞车,多种产品填补了国内空白,为新中国煤炭工业起步发展,乃至

推动中国机械工业现代化进程提供了强有力的支撑。历史经验表明，把握正确政治方向，是凯盛重工迈向"百年重工"奋斗目标的最大底气，是经历过艰苦创业、奋进突起、改制重组和跨越发展等重要历史阶段，用生动实践得出的最优解。

迈上全面建设社会主义现代化国家新征程、向第二个百年奋斗目标进军的新历史阶段，凯盛重工将深入学习贯彻党的二十大精神作为当前和今后一个时期的首要政治任务，结合凯盛科技集团第二次党代会和中研院第八次党代会精神，深刻把握"两个确立"，以"两个维护"为最高政治原则，持续深化党委会"第一议题"制度，推进党委"把方向、管大局、保落实"的政治核心、领导核心作用得到充分发挥。凯盛重工坚持把政治建设摆在首位，把思想建设摆在突出位置，全面落实新时代党的建设总要求，深入推进新时代党的建设新的伟大工程，以中国建材集团"1345"党建工作体系为引领，以凯盛科技集团"双引领三融合"思政工作法为实践，以中研院党建"六三"标准工作法为抓手，不断强化政治自觉、思想自觉、行动自觉，把增强"四个意识"、坚定"四个自信"、做到"两个维护"推向实处，促进党建经营合成一本账，切实将党的政治优势转化为企业发展优势，实现了从传统装备制造向高端装备"智"造、从单一装备研制向 EPC 工程总承包、从追求规模速度向追求质量效益的历史性突破。

2022 年，在中研院党委的正确指导下，凯盛重工第二次党代会胜利召开。这次大会立足新的历史起点，承前启后、继往开来，基于对过去经验的分析、对发展形势的研判，把上级的期望、彭寿院士的嘱托、客户的信任、员工的期盼转化为擘画"百年重工"宏伟蓝图的强大动力，坚定不移做强做专煤机装备、做优做精建材装备、做大做全新能源装备的发展方向，研究部署了立足新发展阶段、贯彻新发展理念、构建新发展格局背景下的重点目标任务，为走好新时代新征程的中国式现代化道路提供了根本遵循。

二、把握精准的战略定位，推动"百年重工"高水平自立自强

企业持续发展之基、市场制胜之道在于创新。近年来，凯盛重工完整、准确、全面贯彻新发展理念，坚持科技是第一生产力、人才是第一资源、创新是第一动力，依托中研院"研发＋工程""大创新"平台，准确把握企业创新的主体地位，树立服务国家大局、服务集团战略、服务地方发展、服务市场需求的导向，践行"装备实现工艺、装备支撑产业"的使命，集中力量攻克关键核心技术，加快科技成果转化和技术改造，不断提升企业市场竞争力。

近年来累计拥有专利授权 84 项，其中发明专利 21 项，荣获国家"高新技术企

业""中国煤炭机械工业先进企业"、安徽省"专精特新"中小企业、安徽省"安康杯"竞赛优胜单位、安徽省"绿色工厂"等称号。公司建有3个省级创新平台和2个市级创新平台，成立陶永芹创新工作室，其带头人当选安徽省第十四届人民代表大会代表，成员1人当选淮南市第十一次党代会代表、2人入选特支人才名单、1人荣获安徽省"创新达人"称号。

聚焦做强做专煤机装备。凭借在快速掘进领域积累的近百年的丰富经验，紧跟市场前沿，以成套化、智能化、无人化为方向，不断攻克掘进、锚护、支护协同作业技术难关，智能掘进机、掘锚机等掘进机系列延伸产品实现多项关键核心技术自主可控。2021年，安徽省首台本土制造盾构机"凯盛一号"顺利下线，实现了凯盛重工在高端掘进装备制造领域的历史性突破，为发展契合煤机市场的矿用TBM奠定了基础，彭寿院士亲临现场，提出"百年重工、百亿企业"的殷切希望。目前矿用TBM、单轨吊等新产品已完成优化性设计，2023年将试制投产，推动企业由装备制造商向煤矿井下采掘成套装备设计制造整体方案服务商发展。

立足做优做精建材装备。中研院在玻璃新材料领域具有"全面领跑"的产业优势、平台优势、技术优势、竞争优势，是中国玻璃技术和产业的"主力军、排头兵"。凯盛重工着眼大局绘制蓝图，立足赛道调整结构，面向市场转型升级，以玻璃熔窑钢结构为基础业务，更新数控激光下料中心、全自动焊接机器人、埋弧焊接中心等先进加工设备持续扩大产能，延伸开发玻璃退火窑窑体、辊道等中高端玻璃新材料生产线装备；重点发展服务于集团业务的水泥骨料线、玻璃原料输送的长距离大运量带式输送机业务，以EPC工程总承包模式承接山西晋南集运站站台封闭建设项目及山东济宁融孚港管径400mm、近1700m长的管带机项目，加快探索绿色化、数字化、智能化成套建材装备EPC总承包模式。

着眼做大做全新能源智能装备。抢抓"双碳"机遇，聚焦凯盛科技集团新能源材料产业"大应用"平台，定位光伏支架这一细分领域，与新能源工程服务协同，不断强链固链、延链补链，全力打通光伏支架上下游全产业链，依托年产3万吨的热镀锌车间和光伏支架自动化生产线，逐步完善固定式光伏支架、柔性支架、跟踪式光伏支架、薄膜发电玻璃背轨等在内的多种光伏组件设计、生产，现已成功进入阳光电源、爱康科技、中信博、金海新能源等光伏龙头企业的合格供应商名录，计划新增自动化生产线以扩大产能，携手集团光伏新能源产业探索更多"光伏+"模式，在绿色转型发展之路上共创绿色未来。

三、坚持鲜明的问题导向，绘就"百年重工"新时代宏伟蓝图

纵观行业发展形势，在"双碳"目标推动下，煤炭行业结构性改革步伐加快，供需格局由分散型向大型化、区块集约化转变，新型煤炭工业体系建设、先进产能需求，为TBM盾构机井下应用、掘进机、掘锚机智能化远程控制等高端智能化、成套化掘进装备技术发展拓展了空间。再加上绿色建材发展提速、新能源产业政策利好，多重战略机遇叠加。2022年，凯盛重工营业收入同比增长15.46%，利润总额同比增长383.69%，多项新产品增势良好，成为拉动经营指标的重要动力。通过坚持在发展中解决问题，未来三到五年内，经营效益将持续攀升。

以战略思维深化改革。以市场为导向、以客户为中心，持续深化产业布局优化和结构调整，从实施"煤机装备+建材装备"双轮驱动发展模式，到构建起"做强做专煤机装备、做优做精建材装备、做大做全新能源智能装备"发展战略，成立煤机智能装备、建材装备、新能源装备三大事业部，联动生产车间，不断提高资源配置效率，有效解决产品质量、成本、交货期等问题，形成从售前跟进、到售中交付、再到售后服务的项目管理体系。推动工艺、研发等资源要素投身实践、指导生产、服务市场，为客户提供增值超值服务，获得高附加值的回报，努力实现质的有效提升和量的合理增长。

以创新思维深化改革。以"适合市场的产品"为根本，强化产业链条整合，加快科技成果转化，不断提高产品附加值。围绕煤机装备信息化、智能化的发展方向，推动核心技术能力向外延展，加速矿用TBM、掘锚机、智能掘进机、单轨吊、长距离大运量带式输送机等产品技术创新应用；紧跟中研院玻璃新材料产业发展，推动建材装备和新能源装备由中低端产品生产供应向中高端产品自主研发迈进。以"充足的订单"为命脉，通过对市场需求的研判，对煤机板块原有的11个经营片区进行有效资源整合，重新设立6个大区，进一步落实发挥好片区协同和管理的双重作用；建材装备及新能源装备板块稳固集团内现有市场的同时，集中力量开拓新资源，与旗滨集团、阳光电源、爱康科技等建立合作关系。以"高效优质稳定的生产"为保障，持续推进技术改造、工艺革新，大力提升全员劳动生产率。成立下料车间，采用先进的激光下料设备，钢材利用率从85%提高到92%；建设自动化托辊生产线，大大提高皮带机托辊配件的生产效率和产品质量。从重点产品、大体量产品的生产流程着手，优化设计更为平稳快速的工艺流程，更新引进自动化、智能化程度高的加工设备，逐步形成流水化生产作业。

以精益思维深化改革。明确党委把方向、管大局、保落实，董事会定战略、作决策、防风险，经理层谋经营、抓落实、强管理的职责，完善"三重一大"议事清单。深入践行

"三精管理",以精准的财务数据为支撑,彻底改变粗放型管理模式,以业务为导向,建立精干高效的组织结构,以质量为导向,建立成本领先的生产管理体系,以市场为导向,建立效益优先的经营管理体系。与各部门签订年度经营目标责任书,围绕"一利五率",层层分解年度经营指标,建立全面预算管理体系,以项目为主体,建立项目全周期成本核算模式,从研发、采购、生产、售后等全流程推进降本增效,力求实现"一增一控四提升"。

立志欲坚不欲锐,成功在久不在速。新征程是充满光荣和梦想的远征。凯盛重工将紧跟玻璃新材料"3+1"战略布局引领,驰而不息、久久为功,开疆拓土做大市场,强身壮骨做强企业,用打造"百年重工"的初心践行"企业与时代同进步,员工与企业共成长"的使命,为中研院打造世界一流玻璃新材料研究总院贡献力量。

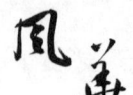

中建材玻璃新材料研究总院
1953—2023

脚踏实地　真抓实干
努力打造世界一流中低世代液晶玻璃优质供应商

任红灿

成都中光电科技有限公司（以下简称"成都中光电"）成立于2009年，是一家专业从事液晶玻璃基板生产、研发与销售的高新技术企业。项目占地173亩，工程总投资20亿元人民币，拥有1条G5、1条G6液晶玻璃基板前工程生产线、4条G4.5后工程加工线，产能400万片，于2010年12月30日开始量产。

液晶玻璃基板是平板显示产业上游关键原材料，属于无机非金属材料/特种玻璃制造细分领域，与中游面板制造企业、下游终端制造企业形成液晶显示上下游配套。

国内液晶玻璃基板产业在2010年之前全部被国外企业垄断，成都中光电液晶玻璃基板生产线是国内首条G4.5液晶玻璃生产线，其顺利投产，打破了国外垄断，对国内光电显示产业配套意义重大。从2010年12月30日产出第一片玻璃到目前为止，共向市场提供2000余万片玻璃，为我国光电显示配套做出突出贡献。

目前，中国大陆G4.5液晶玻璃产品配套企业主要有成都京东方科技、天马微电子（成都、武汉、上海）、惠州信利等，经过多年耕耘，成都中光电产品的品质与服务得到市场的认可与赞誉，在国内G4.5液晶玻璃基板市场占有率已达到80%以上；另受到产能影响，成都中光电产品小批量供应台湾凌巨与日本凸版。

一、保持创新永动力，柳暗花明又一村

成都中光电一直保持着对产品创新、技术创新的活力，产品实现了新一代环保型、厚度0.1~0.7mm范围的全覆盖；获得84项国家专利授权（其中核心发明专利20项）；液晶玻璃基板生产相关关键技术先后通过四川省科技成果鉴定，获得成都市科技进步奖一等奖、中国建筑材料联合会科技进步奖一等奖；"超薄信息显示玻璃工业化制备关键技术及成套装备开发"获得国家科学技术进步奖二等奖；公司"环保型超薄化TFT-LCD玻璃基板（0.1~0.7mm）生产关键技术开发及应用""LTPS玻璃基板制备技术开发及应用"通过四川省省级成果评价，获得四川省科技成果证书。

公司于2019年荣获成都市"五一劳动奖状"荣誉称号，王国全（工匠）创新工作室于2020年获得"全国机械冶金建材行业示范性创新工作室"荣誉称号，公司TFT-LCD玻璃成型工段于2021年荣获全国机械冶金建材行业"创新百强班组"荣誉称号。公司现有"成都工匠"3名、"高新工匠"7名、"百佳创客明星"1名，中级职称及以上41人、中级及以上技能人才84人。

在企业发展的过程中，项目于2009年、2015年分别被列入国家产业振兴技术改造项目；于2012年、2016年先后被列入了四川省、成都市重大项目；被四川省经信委、财政厅列入了战略性新兴产业资金项目支持。公司同时也承担了四川省科技厅、成都市科技局的多项科技计划项目，为公司发展和创新能力建设提供了支持。

二、全面推进强管理，狠抓质量创品牌

"三精管理"一直是成都中光电对自身的高目标、严要求，贯彻执行全员参与、精细生产、技术创新、持续改进、品牌卓著。

中建材玻璃新材料研究总院
1953—2023

公司先后通过了质量管理体系、环境管理体系、职业健康安全管理体系、能源管理体系以及两化融合管理体系的认证，使公司在管理工作中有章可循、有理可依、循序渐进、有序进行。同时，公司在国家"双碳"目标、中国建材集团和凯盛科技集团"增节降"工作法的引领下，开展了碳足迹评价并荣获证书，最终获评国家级绿色工厂殊荣。未来，公司将继续秉持绿色可持续发展理念，持续优化各项指标，让"环保、节能、降耗"成为企业发展主基调，全力打造中小世代液晶玻璃企业新标杆，为实现"双碳"目标贡献力量！

在产品质量保证和提升方面，成都中光电更是狠得下心、下得去手。为进一步推进产品质量，成都中光电各级员工不计昼夜、不知疲倦，深入第一线，召开各种专题会议不计其数，广泛征集合理化建议，列出提升玻璃质量措施百余项，并逐条逐步落到实处。在提升客户服务质量方面，多次自主开展厂内厂外培训，学习质量工具，升温与客户双方关系，做到软硬两手，两手都硬。针对厂内问题，成都中光电苦练内功，"先内后外，内外结合、以内为本"，时刻秉承"一进、一出、一制程""一张玻璃一张纸"的核心理念，努力做到把问题统统消灭在厂内；针对客户问题，成都中光电做到"三不、三到位：不回避问题、不推卸责任、不人云亦云，态度到位、对策到位、预防到位""遇到问题小题大做，彻底弄透弄懂"，为每一片玻璃基板都贴上成都中光电优质产品的标签，逐年做到返品率、在线不良率持续下降，真正做到"树口碑、创品牌"。

体系方面，公司从质量体系的建立、质量管理制度的建立、质量目标的制定、质量体系文件的编制、人员的培训等方面入手，不断完善公司产品的质量管理体系，为产品质量的提高提供了有力保障。通过健全产品质量管理体系，确保了公司产品的一致性和稳定性。

公司就像一棵树，只有持续强化公司"三精管理"和质量提升才能立得住企业的根。成都中光电在稳健中求进步、在发展中求质量、在变革中求创新，不断去追求活得更好、活出质量，在发展过程中实现企业存在的真正意义。

三、不忘初心统思想，锐意进取建团队

成都中光电科技有限公司党支部成立于2010年，始终坚持以习近平新时代中国特色社会主义思想为指导，围绕中心、服务大局，以改革创新的精神和求真务实的作风，突出党的先进性建设和执政能力建设，不断加强企业党建工作，深入开展主题教育，促进党的基层组织建设和党员队伍建设得到全面加强。成都中光电党支部共有党员20名。自党支部成立以来，在凯盛科技集团党委、中研院党委和西园街道党工委的正确领导下，公司切

实发挥党支部的政治核心作用、战斗堡垒作用和党员的先锋模范带头作用,紧紧围绕公司的中心任务工作,以习近平新时代中国特色社会主义思想为指导,以"不忘初心、牢记使命"主题教育为载体,以中研院党建"六三"标准工作法和"五牛"党风廉政建设为抓手,全面加强公司党的建设。公司党支部先后荣获中国建材集团先进基层党组织、凯盛科技集团先进基层党组织、成都市高新区先进基层党组织荣誉称号,并有多名党员获得优秀共产党员、优秀党务工作者称号。

在团队建设方面,在成都中光电"创新、绩效、和谐、责任"与"三宽三力"即待人宽厚、处事宽容、环境宽松及向心力、亲和力、凝聚力的企业文化感召下,公司全体员工秉承"感恩做人、敬业做事"的企业理念,秉持高度的民族责任感、使命感、荣誉感,真抓实干、严谨细致、苦练内功、科技创新、追求卓越、严谨工作、快乐生活。年轻而富有战斗力的成都中光电人,以半导体产业思想和精益求精的生产理念,凝聚成了一支自信与激情的精英团队。这支队伍锐意进取、勇于开拓,正沿着液晶玻璃行业的大道大步前进。

四、脚踏实地谋发展,真抓实干攀高峰

成都中光电以"争创世界一流显示玻璃基板企业、打造中小世代优质供应商不懈努力"为企业经营理念,坚持"诚信为本、质量第一"的原则,以"质量稳定、服务到位"为质量方针,以"专业、诚信、共赢"为服务宗旨,努力为客户提供优质的产品和完善的服务。我们将继续坚持以市场为导向、以质量为抓手、以客户为中心,积极推进企业现代化管理进程,不断提高企业竞争力和经济效益。经过多年的努力,公司已成为国内液晶显

示、光电领域不可缺少的关键企业。

长风破浪会有时，直挂云帆济沧海。成都中光电将在中国建材集团的战略引领下，坚持自主创新和科技进步，研发高世代玻璃基板与新型显示玻璃技术，积极推进光电显示产业国产化进程，努力成为具有国际先进水平的玻璃基板技术研发和制造的一流企业！

党的建设

使命引领 文化赋能
以一流企业文化助推世界一流玻璃新材料研究院建设

周鸣

中建材玻璃新材料研究总院（以下简称中研院）是 1953 年在北京成立的第一批国家级综合性甲级科研设计单位，是国家重点高新技术企业、国家技术创新示范企业、国家级工业设计中心，国有企业混合所有制改革试点单位。多年来，中研院将创新作为引领发展第一动力，聚焦玻璃新材料领域科研开发、成果孵化、工程服务，不断构建一流创新文化，研发一流创新成果，打造一流创新能力，在信息显示材料、应用材料、新能源材料、优质浮法玻璃和特种玻璃领域相继研发生产出多项"中国首创、世界第一"的玻璃新材料成果，以创新链、产业链和工程链全力打造玻璃新材料原创技术策源地，引领中国玻璃产业在世界上实现跟跑、并跑到领跑的跨越。

中央企业是国民经济的稳定器和压舱石，是党的执政基础，是讲好中国故事的重要载体，代表着"国家名片"，其发展壮大更需要创新文化的引领和支撑。创新文化在推动企业高质量发展中的作用日益突出。加强企业家创新文化体系建设，不仅对增强凝聚力、向心力和竞争力，实现做强做优做大和争创世界一流目标具有重大意义，而且对巩固党的领导地位和执政地位具有现实意义。

中研院在总结企业 70 年来改革发展实践经验的基础上，形成了以目标文化、自强文化、速度文化、开放文化、奋进文化、团结文化为主要内容的企业家创新精神体系，以思维创新为先导、科技创新为根本、模式创新为关键、市场创新为导向、管理创新为基础、组织创新为保障，有效调动员工创造力，努力把企业打造成为强大的创新主体，引领中国玻璃产业在世界上实现跟跑、并跑到领跑的跨越。

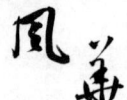

中建材玻璃新材料研究总院
1953—2023

一、主要做法

（一）以目标文化推进思维创新，明晰战略、指引方向

"不是有多少鸡蛋和面粉，就去做多大蛋糕，而是要做多大蛋糕，就去找多少鸡蛋和面粉。"中研院始终坚持正确政治方向、战略导向、价值取向、目标导向，履行央企在坚持党的全面领导、振兴民族工业、践行国家战略、贯彻新发展理念等方面的责任担当，紧抓玻璃新材料引领性、原创性战略机遇，锚定争创具有全球竞争力的世界一流玻璃新材料研究院这一企业愿景，创新和坚守目标文化，推进思维创新，加快推动战略性重组和专业化整合，积极推进业务归核，做强主业、做大规模、做响品牌，切实把战略转化为行动，把行动转化为成果，构建起"研发＋工程"双轮驱动新局面，形成边界清晰、主业精锐、具有产业链控制力的产业平台，引领玻璃新材料创新发展。

（二）以自强文化推进科技创新，激发活力、凝聚动力

"以科技自立自强推进企业自立自强，始终提前做未来5年甚至10年的事情。"中研院秉承自强文化理念，一是把科技创新作为重要战略支撑。坚持战略理性和经济理性平衡统一，充分发挥玻璃新材料"原创技术策源地"作用，用创新链引领工程链，用工程链服务产业链，用产业链支持创新链，推动创新链和产业链有效对接、科技创新与产业发展深度融合。二是推动科技创新，加快关键核心技术攻关。聚焦"四个面向"，以基础研究引领应用研究，以应用研究倒逼基础研究，把论文写在实验室、写在生产线，以雄厚的科研积淀、持续的技术创新和丰富的产业实践，攻克了一批"卡脖子"关键核心技术。三是营造创新氛围，激发创新活力。聚焦科技成果转化和成果效益提升，持续推进科技创新、机制创新、管理创新、商业模式创新，形成有利于创新驱动发展的实践载体、制度安排和环境保障。

（三）以速度文化推进模式创新，与时俱进、勇立潮头

"不是大鱼吃小鱼，而是快鱼吃慢鱼。"中研院立足模式创新，一是突出"快"。聚焦发展主赛道，善于捕捉市场敏感信息，针对发展所需要的资源要素、人才要素、资金要素、政策要素，以快求强、以快求变、以快领先，不拘一格突破各种束缚，不断扩宽发展空间，开辟发展赛道。二是突出"变"。在数字化浪潮的推动下，以互联网＋、大数据、云计算为切入点，推动"业务数字化"和"数字业务化"双向融合，激活玻璃工业数据要素潜能，完善产业生态，打造引领行业发展的玻璃新材料工业互联网平台，以互联网跨界思维拓展无边界业务。

（四）以开放文化推进市场创新，追求卓越、竞合共赢

"只有与巨人共舞，才能成为巨人。"中研院围绕"更高合作水平、更高投入效益、更高供给质量、更高发展韧性"要求，工程服务板块立足国内国际双循环新发展格局，发展以设计为龙头、以核心装备为支撑的工程服务业务，业务范围拓展为玻璃工程、新能源工程、绿色建筑工程和设施农业工程，以高水平对外开放带动高质量发展，提升市场竞争力，向世界讲述中国玻璃故事。

（五）以争先文化推进管理创新，攻坚克难、力争一流

"要么不做，要做就做最好。"中研院在发展中创先争优，使"争先文化"激发员工活力和动力。一是"敢闯敢干，开拓进取"，坚持"实"字当头，"闯"字为先，"干"字发力，以不甘平庸的情怀和攻坚克难的勇气争创一流；二是"拼搏奉献，自强不息"，坚持识大体、顾大局，不空谈、干实事，勇争团体冠军和单项冠军，以实实在在的业绩推动企业持续稳健发展；三是"兼容并蓄，以人为本"，努力实现企业与时代同进步、员工与企业共成长，让全体职工幸福感触手可及、成就感发自肺腑、自豪感油然而生。

（六）以团结文化推进组织创新，开放包容、彰显担当

"要像爱护眼睛一样维护团结。"中研院坚守"全院一家"理念，一是践行社会责任，彰显央企担当。持续开展定点帮扶，将脱贫攻坚成果同乡村振兴有效衔接；发扬拥军优属光荣传统，积极投身公益志愿服务，以初心和使命，担起社会责任。二是坚持以人为本，丰富文化活动。推广运用群团工作"五大工法"，即"当家作主、神工鬼斧、莺歌燕舞、访贫问苦、生龙活虎"，持续开展四季品牌、传统节日等文体活动，切实强化桥梁纽带作用。三是提升整体形象，营造集体氛围。以"双引领三融合"的思政工作法，通过加强宣传思想工作鼓舞士气、振奋精神、汇聚力量，引领员工与企业相融共进、共同发展。

二、实施效果

通过不断强化创新文化体系建设，中研院以文化"软实力"构筑高质量发展"硬支撑"，主要经济指标连续多年稳定实现两位数以上增长，2022年实现利润总额同比增长68.93%，净利润同比增长104%。

（一）弘扬目标文化，实现战略加速落地

中研院构建起研发和工程双引领的"大创新"平台，建设有国家玻璃新材料创新中

心、浮法玻璃新技术国家重点实验室等国家级创新平台12个，硅基材料安徽省实验室、安徽省玻璃新材料工程技术研究中心等省部级创新平台30个，实现了由传统科研院所向集科研开发、产业孵化、工程服务于一体的玻璃新材料研究院的转型。

（二）弘扬自强文化，实现成果有效转化

中研院先后获得国家科学技术进步奖一等奖、中国工业大奖等省部级以上科技成果超百项。成功下线世界最高光电转换率铜铟镓硒发电玻璃、世界首块大面积碲化镉发电玻璃；攻克中国首支疫苗用中性硼硅玻璃管，空心玻璃微珠成功应用于"海马号"浮力材料制备；首次将自主研发的玻璃熔窑二氧化碳捕集与提纯技术应用在玻璃生产线，填补了行业空白。

（三）弘扬速度文化，实现发展弯道超车

中研院紧抓发展机遇，在派生出一个国际化工程公司后，又先后整合安徽华光、蚌埠化机、浚鑫科技等多个企业，同时以自身为核心企业组建了凯盛科技集团，业务范围从玻璃设计拓展到新玻璃、新材料、新能源、新装备等多个领域，同时迅速布局数字化、绿色化，打造全国首个玻璃新材料行业工业互联网平台，获评工业和信息化部"2022年新一代信息技术与制造业融合发展试点示范"面向重点行业的特色专业型工业互联网平台（位列前十）、工业和信息化部"2022年大数据产业发展试点示范项目"，企业从传统的以玻璃设计为主业的单一科研院所迅速成为高科技企业集团。

（四）弘扬开放文化，实现品牌享誉国际

中研院加快形成从研发、设计到装备出口的全链条工程服务模式，开辟"一带一路"沿线20多个国家业务，在全球50多个国家和地区出口高端玻璃生产线64条，高端玻璃工程全球市场占有率稳居90%以上，成为全球最大的玻璃工程服务商。中国工程院院士，中国建材集团总工程师，中研院党委书记、院长彭寿被推选为国际玻璃协会主席，也是迄今为止协会唯一一位华人主席；2022年彭寿院士被推选为顾问委员会终身主席，并在联合国国际玻璃年活动上致辞并做主旨发言，得到国际社会广泛响应，提升了中国玻璃的国际话语权。

（五）弘扬争先文化，实现员工活力迸发

中研院真正把企业文化的优势转变成企业的竞争优势、发展优势，先后开展了科研项目"揭榜挂帅"、三个"十佳"评选表彰、职业劳动竞赛和技术比武等，同时在基层一线

积极打造文化走廊、劳模创新室,并利用微信公众号、宣传栏等载体,全方位立体式弘扬争先理念,进一步增强了全体干部职工的危机感、责任感、使命感、紧迫感,激发员工的工作潜力和创造能力,有力地保障了企业管理、生产经营和改革发展顺利推进。

(六)弘扬团结文化,实现综合价值凸显

中研院有效发挥群团组织桥梁纽带作用,连续对口帮扶安徽石台21年;持续开展四季品牌、传统节日、志愿服务等群团活动。突出"以人为本",形成了"'60后'传帮带,'70后'有舞台,'80后'有平台,'90后'有担当,'00后'能冲锋"的人才选育模式。同时充分利用全球创新资源,高端人才从"为我所有"到"为我所用",形成具有建材特色、世界水准的国际人才交流新格局。

加强党建品牌建设 推动企业高质量发展

——党建"六三"标准工作法

中建材玻璃新材料研究总院党委

中研院创新性地对基层党建"六三"标准工作法进行修改完善，将党内规章分解融入党建工作，将纷繁复杂的工作内容归类实施，对实施项目给予相应标准，使基层组织党建工作形如"赋予标准答案的试卷"，为凝聚创新动力、激发改革活力，实现世界一流玻璃新材料研究院提供坚强的组织保证。

一、创建背景

2017年，按照"两学一做"学习教育常态化制度化的要求，以党章和党内相关规章为准绳，中研院创建党建"六三"标准工作法，创新品牌及其关联成果已经《中国建材报》、人民日报数字网、凤凰网等媒体公开发表，掀起借鉴和示范效应，同时在凯盛科技集团范围内广泛推广并应用。

为深入落实新时代党的建设总要求，增强党组织政治功能和组织功能，推动落实基层党建"七抓"工程，根据党的二十大新修订的党章、《中国共产党支部工作条例（试行）》和《中国共产党国有企业基层组织工作条例（试行）》的最新要求，结合企业实际，中研院对党建"六三"标准工作法进行修改完善，切实有效地将企业党建工作和生产经营深度融合，在企业发展及管理活动中充分发挥党组织的作用和优势，以高质量党建引领高质量发展。

二、品牌内涵

党建"六三"标准工作法名称不变，基本框架不变，延续传统，三组织（党委、党总支和党支部)、三会议(党员大会、支委会、党小组会)、三责任(主体责任、监督责任和一岗双责)内容不变,对其余的三个三内容进行修改,分别是:三任务(决策、学习、生活会修改为围绕中心、参与决策、保证执行)、三活动(党课、主题活动、群团工作修改为党课、主题党日、谈心谈话)、三管理(党员管理、党费管理、党员评议评优修改为党员管理、积极分子管理、群团管理),旨在建立定量与定性相结合、易于遵照执行和监督考核的基层党组织标准化工作体系。

三、实践路径

(一)明确"三组织",推进组织体系设置标准化

"三组织"明确基层党组织按照规模大小分为党委、党总支和党支部三类组织。以实现党组织全覆盖为着力点,规定了三类组织的设置标准、领导职数和任期,其中:党员人数100人以上设党委,班子成员5~9人,书记1人,副书记1~2人,其中专职副书记1人,任期5年;党员人数50~100人设党总支,总支委员会5~7人,书记1人,副书记1人,任期3年;党员人数3~50人设党支部,支部委员3~5人,书记1人,任期3年。做到政策保障、机构人员保障、场所保障、经费保障,为全面从严治党提供组织保障。

中研院按照标准,规范了直属管理的5个党委、2个党总支和63个党支部,实现了组织体系设置标准化。

(二)明确"三任务",推进工作运行机制标准化

"三任务"明确基层党组织的主要任务为围绕中心、参与决策、保证执行三大任务。以推动基层党组织工作任务规范化为着力点,健全完善工作机制,强化机制运行。围绕生产经营,服务大局,持续推进企业发展战略布局落地;通过"三重一大"、双向进入、交叉任职以及党委会前置程序等来参与企业的重大决策,支持本单位负责人开展工作;坚决执行党中央、国务院国资委、中国建材集团的各项决策部署,扎实做好改革、创新等各项工作,做到任务明确、领导有力、运转有序、保障到位。

中研院坚持建立和完善中国特色现代国有企业制度,明确党组织研究讨论是董事会、经理层决策重大问题的前置程序,修订《"三重一大"决策制度实施办法》,建立"党委、董事会、经理层研究讨论和决策事项清单",全面推行"双向进入、交叉任职"领导体制,符合规定的企业主要负责人均落实"一肩挑",确保党委把方向、管大局、保落实;在所属混合所有制企业安徽天柱绿色能源科技有限公司探索建立党支部议事规则事项清单,提

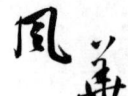

升党支部参与企业重大问题决策的民主化、科学化水平，实现工作运行机制标准化。

（三）明确"三会议"，推进党内组织生活标准化

"三会议"依据《中国共产党支部工作条例（试行）》第十一条至第十三条，明确为党员大会、支委会、党小组会。党员大会每季度至少召开1次，支委会每月召开1次，党小组会每月召开1次。明确"三会议"召开的时间频次，以增强党组织生机活力为着力点，认真落实支部大会、支委会、党小组会等制度。做到党内各项组织生活正常规范、严肃认真，党员参与率高、效果好，党员政治意识、大局意识、核心意识、看齐意识得到显著增强。

中研院全级次党组织通过下发季度党建学习工作提示单，开展基层党组织党建考核，落实"应建必建、应换必换"等方式完善三类会议制度，推进党的基层组织设置和活动方式创新，切实提高组织生活质量，实现党内组织生活标准化。

（四）明确"三活动"，推进工作载体建设标准化

"三活动"明确党课、主题党日和谈心谈话。以广大党员参与党建活动的积极性、确保活动效果为着力点，党课要求每季度1次，党委（总支）班子成员每年至少到所在支部或联系点讲1次党课；主题党日每月相对固定1天开展，组织党员集中学习、过组织生活、进行民主议事和志愿服务等（含民主评议党员、批评与自我批评）；党支部委员之间、党支部委员和党员之间、党员和党员之间，每年谈心谈话一般不少于1次。旨在实现党内工作载体建设标准化。

中研院建立并严格落实《中建材玻璃新材料研究院集团有限公司建立领导干部基层联系点的有关规定》《中建材玻璃新材料研究院集团有限公司领导干部开展基层调研工作的有关规定》，领导班子成员每年至少到所在支部或联系点讲1次党课，并撰写调研报告；打造"五个一"微党课，建设提升组织活力、加强党性锻炼、提高党员素质的有效载体；制定《中建材玻璃新材料研究院集团有限公司"三会一课"工作规范》，对主题党日的主题确定、活动程序等内容细化完善，认真填写谈心谈话记录表，提高党组织落实组织生活制度的质效。

（五）明确"三管理"，推进党员教育管理标准化

"三管理"明确党员管理、积极分子管理、群团管理的相关标准。以发挥党员先锋模范作用为着力点，严格党员发展和日常管理；坚持入党自愿和个别吸收的原则，成熟一个发展一个，加强对入党积极分子的管理；领导本单位工会、共青团、妇女组织等群团组织,支持它们依照各自章程独立负责地开展工作,包括做好群众的思想政治工作,凝聚广大群众的智慧和力量。旨在经济建设中发挥党员先锋模范作用,实现党员教育管理标准化。

中研院党委坚持"一二三四五"党员量化管理模式,根据积分结果确定党员考核等级,每年进行1次党员组织关系排查,填写《党员组织关系排查信息登记表》;推行入党积极分子积分制管理,蓄好发展党员"源头活水",切实把牢党员发展入口关,注重在生产经营一线和青年职工中发展党员,积极吸收技术能手、青年骨干入党;制定《中建材玻璃新材料研究院集团有限公司关于加强党建带团建工作的实施方案》《中建材玻璃新材料研究院集团有限公司团委推优入党工作实施办法》,做好在共青团员中发展党员工作,保持党的队伍的青春和活力;按照"五大工法"开展群团工作,发挥群团组织桥梁和纽带作用。

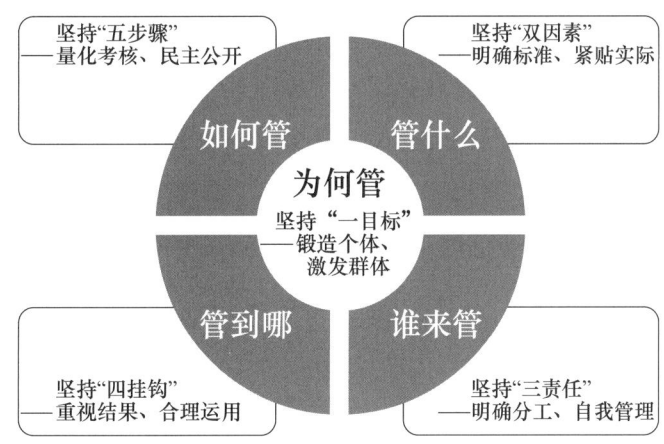

(六)明确"三责任",推进责任落实机制标准化

"三责任",依据《党委(党组)落实全面从严治党主体责任规定》,指全面从严治党主体责任、监督责任和一岗双责。党委(党组)要落实主体责任,每年研究党建工作不少于2次,每年向上级党组织报告1次党建工作,每年开展1次基层党组织书记抓党建工作述职评议考评;纪委履行监督责任,落实党内监督责任,强化日常管理和监督责任;班子成员履行"一岗双责",党员干部既要对所在岗位应当承担的具体业务工作负责,又要对所在岗位应当承担的党风廉政建设责任制负责。旨在推动基层党组织责任落实,实现责任落实机制标准化。

中研院坚持全面从严治党,持续丰富"五牛"精神的内涵和外延,系统完整地阐释了国有企业纪检工作的路径和方法,全面规范党风廉政建设的工作流程,优化企业高质量发展的政治环境。

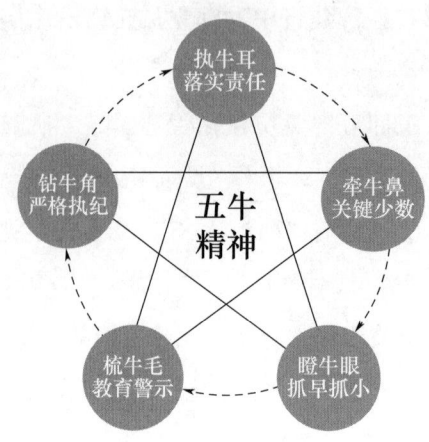

四、实施效果

中研院党委及其所属基层党组织通过党建"六三"标准工作法的实践应用，巩固和丰富了"两学一做"学习教育的内容和成果，党委的领导核心和政治核心作用、党支部的战斗堡垒作用和党员的先锋模范作用更加突出，作用更加凸显，为下一步学习贯彻习近平新时代中国特色社会主义思想主题教育打好基础。中研院通过标准化建设，为凝聚创新动力、激发改革活力提供了坚强的思想保障，成为中国建材集团玻璃新材料的核心科技产业平台。

（一）实现凝聚"三链融合"创新

中研院在科技强国、材料强国政策方针指引下，形成"技术、市场双引领，创新链、产业链、资金链三融合"的管理模式；建成行业唯一国家玻璃新材料制造业创新中心、行业首家浮法玻璃新技术国家重点实验室等百余个省部级以上创新平台；成功突破"8.5代TFT-LCD液晶玻璃基板生产技术""疫苗用中性硼硅玻璃管"等多项"卡脖子"难题，研发的 30cm×30cm 铜铟镓硒太阳能电池组件光电转换效率达到 20.4%，再次刷新世界纪录，世界最大面积碲化镉发电玻璃荣获中国工业大奖，30μm 柔性可折叠玻璃亮相 2023 中关村论坛重大科技成果专场发布会。

（二）企业改革活力不断激发

中研院不断深化改革，狠抓规范化治理，完善契约化管理，推行市场化机制，激发科技创新活力，坚持党的领导，加强党的建设，全级次企业各经理层实现任期制契约化管理，并按照国企改革三年行动要求制定落实86项目标任务，建立首席科学家制度，创新开辟科研人员职级晋升通道，建立科研人员管理办法（试行），探索年轻干部导师制实施办法，激发科研人员干事创业的积极性，在应用企业所在地激励政策和央企中长期激励机制方面不断进行探索，获得国家级管理创新成果一等奖。目前正在稳步推进混合所有制改革试点，力争在"混资本、改机制、强主业"上取得新成果。

党风廉政建设"五牛"精神

中建材玻璃新材料研究总院纪委

党风廉政建设"五牛"精神是中研院党风廉政建设和反腐败工作长期以来坚持和贯彻的工作路径和方法，深入锤炼党风廉政建设"五牛"精神，不断赋予新的时代内涵，坚持完善全面从严治党体系，充分发挥监督保障执行、促进完善发展作用，为加速建设世界一流玻璃新材料中央应用研究院提供坚强保障。

一、品牌主要内涵和创新点

（一）品牌主要内涵

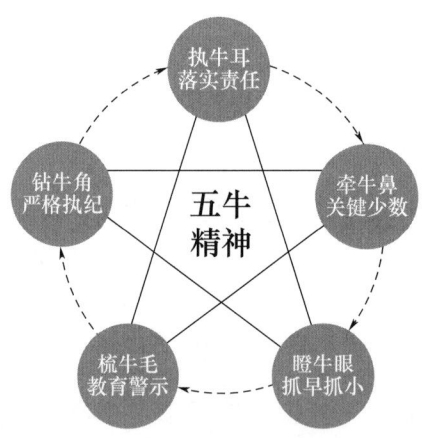

党风廉政建设"五牛"精神是根据党风廉政建设主要工作内容提炼和总结的工作方法，也是基层党组织建设标准化工作体系的重要组成部分，即执牛耳，落实责任；牵牛鼻，关键少数；瞪牛眼，抓早抓小；梳牛毛，教育警示；钻牛角，严格执纪。

（二）品牌创新点

党风廉政建设"五牛"精神将党内规章分解融入党风廉政建设工作，对反腐败工作的实践经验进行提炼、实施步骤进行规定，系统完整地阐释了国有企业纪检工作的路径和方法，全面规范党风廉政建设的工作流程，实现了"管党治党规范化、党内监督制度化、严管厚爱精准化、警示防范常态化、执纪问责严格化"等5个方面的目标任务，依据具有权威性，标准具有针对性，推广具有普适性。

二、品牌工作主要措施和经验做法

（一）强化责任担当，推动管党治党规范化。

执牛耳——落实责任。中研院党委将"执牛耳"的重点放在政治监督上，着力把全面从严治党主体责任扛在肩上、落实在行动上，保障"两个维护"和党中央决策部署在中研院落地生根。严格执行"第一议题"制度，通过党委会、支委会等形式第一时间传达，通过党委理论学习中心组等形式充分交流研讨，通过系统宣讲辅导等形式开展集中学习，确保全级次5个党委、2个党总支、53个党支部，1047名党员学习全覆盖。

中研院纪委负起党风廉政建设监督责任，立足"职"与"责"，在谋划推进工作上始终与党委工作保持同向同力，印发《中研院纪委深入贯彻落实习近平总书记重要指示批示精神实施办法》《纪委落实全面从严治党监督责任清单》，及时跟进学习习近平重要指示批示精神，通过纪委会、党风廉政建设和反腐败工作会第一时间贯彻落实，进一步压紧压实政治责任，一以贯之地把"严"的主基调贯穿管党治党全过程，通过纪委书记赴基层调研、宣讲党的二十大精神，同时动态跟踪上一轮巡视整改未完成监督台账，对整改任务完成进度进行跟踪推进，切实履行监督职责，形成全面覆盖、常态长效的监督合力。

（二）突出关键少数，推动党内监督制度化。

牵牛鼻——关键少数。全面从严治党，既要抓住"关键少数"这个根本，坚持以上率下；又要用纪律管住"绝大多数"，用严明的纪律夯实党的执政基础。企业领导干部尤其是主要领导这个"关键少数"是领导企业发展、推动企业运营的关键因素，也是引领"绝大多数"创新实践的关键标杆。

牵牛要牵牛鼻子，党委书记落实第一责任人责任，履行好抓班子、带队伍、正风气的领导责任；开展领导班子一对一谈话百余人次，督促分管领导履行"一岗双责"，推动作风建设情况纳入领导班子考核和党建责任制考核；强化对中层干部及所属企业领导班子的监督，通过开展谈心谈话、述职述廉评议，提交政治生态综合分析报告和领导班子"政治画像"报告，建立完善政治生态常态化分析评估体系，严格落实上级纪委《关于纪检干

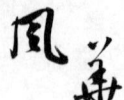

部与集团企业人员往来十条禁令》《关于加强纪检系统年轻干部教育管理监督的指导意见》《关于纪检干部打听、干预监督检查纪律审查工作和请托违规办事的报告备案及责任追究办法》等文件要求，完善现有干部管理监督制度，推动党内法规制度落地见效。

（三）注重抓早抓小，推动严管厚爱精准化。

瞪牛眼——抓早抓小。抓早抓小、防微杜渐是贯彻《党章》提出的"惩前毖后、治病救人"的要求。中研院纪委"瞪大牛眼"，及时发现党员干部身上出现的苗头性、倾向性问题，做到早发现、早提醒、早纠正，防止小错酿成大错。

按"凡提四必"要求对选人用人工作进行监督，严把党员领导干部任前"廉洁关"，通过回复党风廉政意见函，任前廉洁谈话，动态更新领导干部廉洁档案，签订《领导干部廉洁自律承诺书》等方式，切实履行全面从严治党监督责任，针对资金密集、资源富集的重点领域，工作约谈关键岗位部门负责人，督促进一步加强招标采购和财务管理关键环节合规管理和风险防控。开展廉洁风险排查，以归口管理的业务流程为主线，全面排查廉洁风险点，制订防控措施，推动完善《廉洁风险排查防控手册》，在重要节日前及时传达上级纪委节日工作要求，发布廉洁过节提醒函，推动中央八项规定精神在企业落地生根。

（四）坚持日常教育，推动警示防范常态化。

梳牛毛——教育警示。党风廉政建设和反腐败工作的点和面多如牛毛，教育警示就要梳理"牛毛"，对症下药，经常抓、抓经常。

中研院定期召开专题会议，研究部署总结党风廉政建设和反腐败工作；聚焦工程建设、招标采购、科技创新、财务管理等关键人关键事，开展分级分类警示教育，按照"一案一拍"原则，拍摄《警惕靠企吃企，牢固国企防线》《谨防科研信息泄露，全力守护国家安全》等警示科普视频；通过专项监督、联合监督、网络监督等方式，"观"工作台账、"查"付款凭证、"闻"制度执行，重点围绕违规投资经营责任追究、深化"境外恶性竞争"专项整治、靠企吃企、纠治"四风"、落实中央八项规定精神等专项整治发现问题，查找不足，综合运用参观警示教育基地、开展警示教育课、观看警示教育片等方式，利用电子屏、微信群等发布廉洁从业信息，监督做好酒驾醉驾警示提示，引导党员干部职工严守法律纪律底线。

（五）用好"四种形态"，推动执纪问责严格化。

钻牛角——严格执纪。贯通运用监督执纪"四种形态"，重点用好第一、二种形态，做到抓早抓小、防微杜渐，科学运用三、四种形态，突出"扯袖子"、注重"揪领子"、适当"打板子"、预防"戴铐子",畅通信访举报渠道,设立举报电子邮箱,全力做到"能在基层解决的问题解决在基层",加大问题线索的主动排查力度,建立问题线索管理台账,做到定期报送《执纪情况月报表》《问题线索处置及进展情况一览表》,探索创办《纪检工作简报》月刊,发行到中研院领导和各级党组织、纪检机构,既为中研院各级纪检人员搭建工作交流平台,也为各级党组织加大纪检工作力度提供了抓手。

三、品牌建设成效

深化推进企业的党风廉政建设和反腐败工作,就是运用标准化协调原理推动纪检工作为中心工作保驾护航。中研院在中国建材集团党委、纪委和凯盛科技集团党委、纪委的领导下,用"五牛"精神深耕党风廉政建设责任田,使党委的领导作用、党支部的战斗堡垒作用和党员的先锋模范作用更加突出,形成了"(队伍)团结、(创业)紧张、(党建)严肃、(群团)活泼、风清气正"的政治生态,为企业实现高质量发展提供了政治保障。

新时代国企加强和改进思想政治工作研究

——"双引领三融合"思政工作法

中建材玻璃新材料研究总院党委

  思想政治工作是党的优良传统、鲜明特色和突出政治优势，是一切工作的生命线。国有企业是保障人民共同利益、推动国家发展进步的重要力量，推动国企发展壮大，离不开思想政治工作保障。新时代背景下，国企思想政治工作的对象、方法等发生巨大变化，需要与时俱进，才能提高思想政治工作的吸引力，为企业发展和国家强盛提供强大支撑。本课题通过理论研究和实践探索总结出一套以党内政治文化和企业文化为引领、传道授业解惑相融合的"双引领三融合"思政工作法。运用该思政工作法显著提高了国企思想政治工作的针对性和实效性，对增强国企凝聚力、向心力和竞争力，实现做强做优做大和争创世界一流目标具有重大意义。

  习近平总书记在庆祝中国共产党成立100周年大会上强调，必须加强思想政治引领，广泛凝聚共识，广聚天下英才。国企要牢记习近平总书记关于思想政治工作是国有企业传家宝等重要论述，始终在凝聚共识、汇聚力量上走在前作表率，不断强化思想政治引领，进一步加强企业文明创建和企业文化建设，注重发挥先进典型示范带动作用，为企业改革发展汇聚强大力量。为解决当前国企思想政治工作存在的问题，中建材玻璃新材料研究院集团有限公司（以下简称"中研院"）结合国企特点和发展实际，在实践中不断探索，总结出一套以党内政治文化和企业文化为引领、传道授业解惑相融合的"双引领三融合"思政工作法，通过应用，取得了良好效果。

一、国企思想政治工作研究的背景意义及主要问题

（一）研究背景

国企是保障群众利益、推动国家发展进步的重要力量，国企的发展壮大，离不开思想政治工作的有力保障。改革开放以来，社会经济快速发展和世界文化相互交融，多种社会思潮相互交织，我国产业结构调整、企业处僵治困与转型升级、国企高质量发展和深化改革等方面的压力，给干部职工带来强烈思想冲击，改变着群众的传统观念，给国企思想政治工作带来了巨大挑战。随着我国进入新发展阶段、贯彻新发展理念、构建新发展格局，国企面临发展新挑战、迎来重要机遇期。因此，在百年未有之大变局的背景下，加强和改进国企思想政治工作，筑牢意识形态工作主阵地十分必要。在中国共产党成立100周年之际，中共中央、国务院印发的《关于新时代加强和改进思想政治工作的意见》指出：思想政治工作是党的优良传统、鲜明特色和突出政治优势，是一切工作的生命线，要推动新时代思想政治工作守正创新发展。

（二）研究意义

思想政治工作是党带领人民群众为争取民族独立和富强的重要法宝，中国共产党无论何时都非常重视思想政治工作。党的十八大以来，以习近平同志为核心的党中央对思想政治工作的系列问题作了详细解答，强调要充分发挥思想政治工作的优势。国企是中国特色社会主义的重要物质基础和政治基础，思想政治工作的好坏直接影响企业能否发挥中国特色社会主义经济的支柱性作用。因此，国企加强和改进思想政治工作，牢牢掌握思想政治工作主动权，切实提高思想政治工作的针对性和实效性，不仅对国企实现做强做优做大和争创世界一流目标具有重大意义，而且对巩固党的执政地位和社会长治久安也具有现实意义。

（三）主要问题

党的十八大以来，国企高度重视并持续加强党建工作，把思想政治工作摆在较为突出的位置，并取得了显著成效。通过对中研院成员企业1481名员工的调查发现，98.85%的员工认为有必要开展思想政治工作，98.31%的员工对思想政治工作是积极配合的，94.73%的员工深入参与了所在单位开展的思想政治工作，但对照新时代国企思想政治工作的更高标准，仍存在一些问题。通过访谈调研、问卷调查以及日常的观察交流，初步分析新时代国企思想政治工作的突出问题主要体现在工作缺乏引领性、缺乏系统的工作方法

等方面。

1. 思想政治工作缺乏引领性

通过调查发现,思想政治工作缺乏方向引领占较大的比重,如图1所示,728人认为思想政治工作形式传统单一,占比49.16%;669人认为思想理论教育存在不足,占比45.17%;546人认为思想政治工作队伍不完善,占比36.87%;258人认为思想政治工作与企业文化脱节,248人认为思想政治工作脱离实际,不解决实际问题,此两项合计占比34.16%。

在"员工们对今后企业思想政治工作的建议"中,如图2所示,1124人认为企业应该联系实际,加强思想理论教育和业务培训,占比高达75.89%;1020人认为思想政治工作应该形式多样,活动丰富,占比68.87%;635人认为应该积极推进社会主义核心价值观宣传教育,占比42.88%;另有566人认为应该积极推进企业文化教育,占比38.22%。

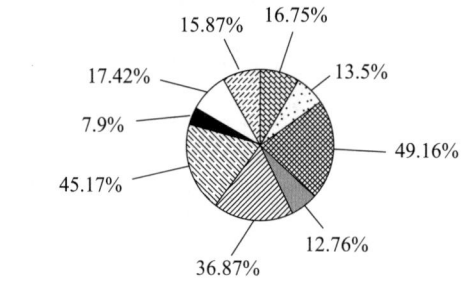
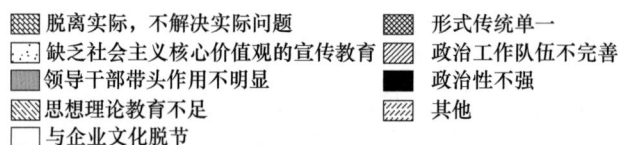

图1 当前企业开展思想政治工作存在的问题

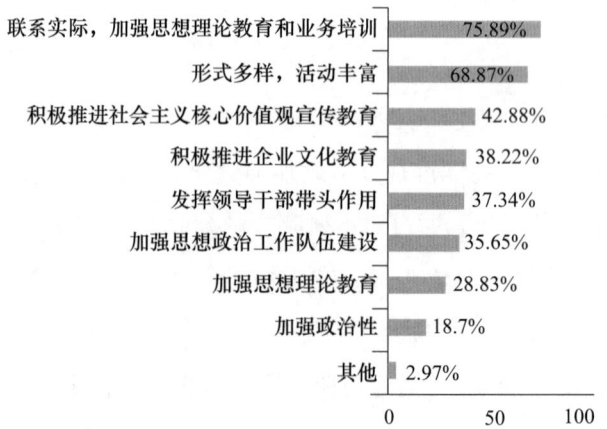

图2 对今后企业思想政治工作的建议

调查数据显示，国企成员企业思想政治工作普遍存在引领性不足的问题，主要表现政治性不够和企业文化贯彻不够。政治性方面普遍存在思想理论教育不足，形式单一，不能满足职工群众的新需要，从事思想政治工作的队伍也不完备。图3结果表明，仍有33.63%的员工对企业文化不太了解或者一点不了解，因此，如何将企业文化融入思想政治工作是国企面临的新的时代课题。

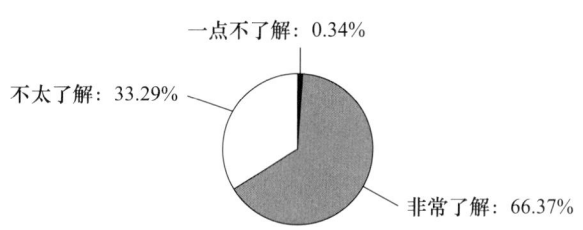

图3 员工对企业文化的了解程度

2. 思想政治工作缺乏系统性的方法

调查结果显示，多数企业思想政治工作缺乏有效的方法，49.16%的被调查员工认为思想政治工作形式单一，68.87%的被调查员工希望丰富思想政治工作形式。

图4显示，当前思想政治工作93.65%的是以会议、讲座或培训的形式开展，80.08%的通过微信等网络平台宣传，59.62%是通过学习先进典型形式开展的，另有46.19%是通过谈心谈话开展的，虽然形式多种多样，但与党中央的要求和职工群众的期盼相比，仍然缺乏系统性的工作方法，思想政治工作围绕什么内容开展，怎么开展思想政治工作，要通过什么方法、达到什么效果等关键问题依然突出。

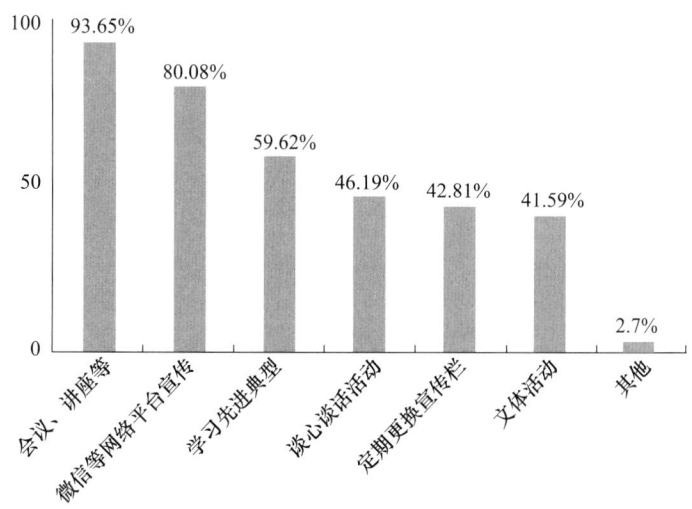

图4 当前企业开展思想政治工作的主要方式

二、国企创新思想政治工作的方法——"双引领三融合"思政工作法

（一）聚焦"把管促"，强化党内政治文化引领

党内政治文化是一个政党共同认可并遵循的价值观。《关于加强党的政治建设的意见》要求发展积极健康的党内政治文化，营造良好政治生态。坚持党的领导、加强党的建设，是我国国有企业的光荣传统，是国有企业的"根"和"魂"，是我国国有企业的独特优势。要做好国企的思想政治工作必须做好党内政治文化引领，具体体现在履行企业经营决策的党委会前置程序上，尤其要做到立体地把握三个纬度。

1. 高度，把握"把方向"的要求

目前，在一些企业中党委前置程序出现了泛化的现象，将董事会、经理层所有决策、决定事项，无论问题大小全部预先经过党委会研究讨论，造成这种局面的原因是对前置程序到底"置什么"不清楚。所以，明确党委前置程序是为了"在贯彻党和国家路线方针政策上把好关"这一"高度"很必要。要按照"把方向"要求，在党委会前置中做到研究讨论重大投资或以上重要项目是否符合国家现行政策，而非以后的市场前景和投资回报；做到研究讨论大额度资金使用的合法合规性，而非效率效益性。中研院《党委会议事规则》明确公司党委关于党建、干部、群团等11项研究决定事项，细化改革发展、经营管理、投资等10项研究讨论事项，建立各管理层决策事项清单，进一步明确党委会前置程序。

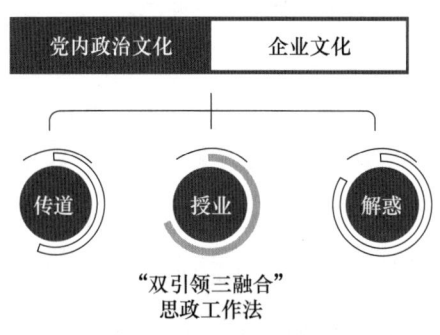

图5 "双引领三融合"思政工作法

2. 宽度，把握"管大局"的要求

党委履行前置程序是在企业发挥领导作用的重要体现，但部分企业在履行程序时出现权限紊乱的情况，对列入研究讨论的议题把握不准切入点，要么"眉毛胡须一把抓"，要么"走走过场"，造成这种现象的原因是对前置程序到底"怎么置"不清楚。所以，明确党委前置程序是为了"根据民主集中制的原则，在'三重一大'范围内把好关"这一"宽度"很必要。要在党委会前置程序的制度化安排方面做到不干涉企业日常经营管理活动，

不以党委会代替董事会、经理层的决策会议;做到列入研究讨论的议题仅限于"三重一大"范围,不管得过宽过细。中研院制定《"三重一大"决策制度实施办法》,规范决策流程,界定议事权限,"三重一大"相关事项已全部网上录入系统,做到规范报备。

3. 长度,把握"促落实"的要求

在履行党委前置程序过程中,第三个突出的问题就是权责模糊,由此容易造成推诿扯皮,"问责"难度大。所以,明确党委前置程序是为了在"'两个一以贯之''新发展理念'等具有深远影响的问题上把好关"这一"长度"很必要。党委会前置程序要落实党对国企的领导不仅包含研究决定的过程(即"指引"过程),而且包括督办执行的过程(即"影响"过程),以确保研究决定的事项得以真正落实。中研院坚持每月会议日制度,实现党委会与办公会紧密衔接,每次会议均有专职党委副书记、纪委书记参加。

(二)聚焦"融带凝",强化企业文化引领

企业文化是一个企业共同认可并遵循的价值观。《关于新时代加强和改进思想政治工作的意见》指出,加强企业思想政治工作,把思想政治工作同生产经营管理、人力资源开发、企业精神培育、企业文化建设等工作结合起来,在思想上解惑、精神上解忧、文化上解渴、心理上解压。国企思想政治工作要以先进的企业文化为引领,加强文化融合、发挥带动作用、增强凝聚能力,从而不断增强企业的向心力。中研院在企业文化引领中坚定正确政治方向、坚持弘扬建材文化、坚守服务基层定位,积极践行中国建材集团"材料创造美好世界"的企业使命、"创新、绩效、和谐、责任"的核心价值观、"敬畏、感恩、谦恭、得体"的行为准则,持续讲好中国故事、企业故事、职工故事。

1. 坚定政治方向、加强文化融合,讲好中国故事

围绕宣传习近平新时代中国特色社会主义思想,聚焦提升政治"三力"、发扬中国精神、学好百年党史,全力强化广大干部职工树牢"四个意识",坚定"四个自信",做到"两个维护"的思想自觉。

一是按照《中国共产党宣传工作条例》,坚持党管宣传、党管媒体,每年发布中央、国资委等政策理论信息超千条。二是持续做好舆论引导,2020年疫情初期,中研院运维的凯盛科技集团官微"凯盛人",连续70天发布130多篇抗"疫"行动和复工复产报道,信息转载量超20万次,坚持每月发布"抗疫复产全记录",助力疫情防控常态化。三是创新开展党史学习教育,把学百年党史与学习新中国史、改革开放史、社会主义发展史结合起来,与贯彻国资国企战略文化、助力地方发展结合起来,与落地企业发展战略结合起来。

2. 坚持弘扬文化、发挥带动作用，讲好企业故事

国企在立足新发展阶段、贯彻新发展理念、构建新发展格局、推动高质量发展中，围绕"做强做优做大"和"建设世界一流"企业目标，要积极传播企业文化、创新文化、党建文化，全力打造"能谋计划战、能打突击战、能赢遭遇战"的宣传文化阵地。近年来，为凯盛科技集团搭建起了"一微一站一抖、两刊一报"为主体，联合百余家中央主流媒体的宣传矩阵，在省级以上媒体发布专题报道超千次，官方微信坚持全年不停更，年阅读量破百万次。

一是不断将企业核心价值观传出去，中研院以全国两会为契机，积极为行业和企业发声，在人民日报、新华网、经济日报、科技日报等媒体形成百余篇专题报道，积极展示企业良好形象。二是不断把企业品牌立起来，"超薄玻璃实现领跑""柔性玻璃全流程产业化""8.5代TFT成功量产"等文章转载超万次；药用玻璃创新成果得到中宣部专题报道；组织"世界单体规模最大薄膜光伏建筑一体化应用示范项目"新闻发布会，27家主流媒体参与。三是不断让企业党建文化氛围浓起来，"凯盛人"官方微信策划诗词、篆刻、绘画等新媒体专题，玻璃新材料科普专题走红行业，"助力碳中和"系列视频点赞破万。

3. 坚守服务定位、增强凝聚能力，讲好职工故事

要实现文化引领，必须围绕以人民为中心的工作导向，突出宣传一线、展示基层、选树榜样，全力建设"有脚力、有眼力、有脑力、有笔力、有口力"的宣传工作队伍。

一是新闻中彰显国企担当，聚焦科技扶贫、产业扶贫、定点扶贫策划专题报道27篇，充分展现中国建材人脱贫攻坚成效和感人事迹，魏县药玻项目获国资委感谢信，一线扶贫干部金望琳参加集团专题分享会，直播观看人数达十万。二是宣传中激发干事热情，聚焦特色品牌活动，推出"先进典型""身边榜样""我为群众办实事"系列专题，大力宣传基层先进集体和个人事迹，激发模范带头作用。三是培训中夯实工作基础，引导宣传工作人员，坚持专题培训和日常练笔相结合，年均超千人次参加上级宣传工作培训。

（三）把准结合点，在夯实思想教育中"传道"

传道即"传授、教育道德观念"，也就是思想教育。突出"三结合"：结合理论讲，尤其要结合习近平新时代中国特色社会主义思想和习近平总书记最新重要讲话精神讲；结合实际讲，结合习近平总书记对本行业、本企业重要指示批示和党中央国务院最新重大决策部署讲；结合问题讲，按照对标世界一流和做强做优做大国资国企要求，针对本企业存在的问题讲。

1. 抓好"关键少数",做到"三带头"

围绕带头学、带头讲、带头用。充分发挥党委(党组)理论学习中心组作用,把习近平总书记重要讲话和指示批示精神作为"第一专题",须确保第一时间组织学习、第一时间谋划落实、第一时间考核督查。党员领导干部要切实学懂弄通做实,在强化学习中领会深意、在思想认知中提升能力、在研究工作中制定举措,同时把带头上讲台作为日常,把走进基层宣讲当作经常,在"年年讲、月月讲、天天讲"中,以上率下理清"是什么、为什么、干什么、怎么干",从而切实找准推进工作的结合点和着力点,让国企思政工作真正实现"不延误、不遗漏、不打折、不走偏"。

2. 抓好"绝大多数",增强"三认同"

聚焦政治认同、思想认同、情感认同。通过推动党的创新理论易读化、通俗化、大众化,使广大党员干部群众把"四个意识""四个自信""两个维护"融入思想深处、情感深处,进而落实到日常言行和工作中,最后形成衷心拥戴核心、坚定维护核心的政治认同和政治自觉。通过创新用好企业文化中心、媒体宣传中心和"学习强国"学习平台,让思政教育与群众性文化教育活动充分融合,扩展宣传的广度,挖掘教育的深度。通过发挥报刊等传统媒体与微信抖音等新媒体的融合优势,努力做到可视化呈现、互动化传播,针对特殊群体还可进行采取个性化制作,形成大众乐于、易于接受的系列音视频产品,提高思想教育的基层覆盖率、大众阅读率和职工点赞率。

3. 抓好"问题解决",探索"三分法"

实现分类推进、分众推进、分时推进。思政工作是在人的头脑里搞建设,必须聚焦强信心、聚民心、暖人心、筑同心。一是分类推进,既要通盘考虑,又要对点施策,在加强面上广泛覆盖的同时,用好线上分类指导、个性化指导。二是分众推进,搞清楚受众的基本构成,紧密结合不同群体思想和生产生活实际,回应关切、解决难题,在推己及人中促进情感互动、实现思想共鸣。三是分时推进,利用重要传统节日、重大历史节点、重大活动等依次推进,譬如开展"凯盛大讲坛",三八讲巾帼、五一讲劳模、七一讲党员、十一讲爱国,通过讲述身边的故事,上好生动深刻的新中国历史课、爱国主义教育课、新时代思政理论课,尤其是以中国共产党成立100周年为契机,深入开展党史学习教育,引导党员进一步感悟、践行伟大建党精神。

(四)把准关键点,在提升思想认知中"授业"

授业即"传授以学",也就是教"怎么学、怎么做"。中国共产党历来重视学习,即使在抗战的艰苦岁月也在延安设立了"抗大",培养了大批军政干部。如今,中央党校(国家行政学院）等仍在不停地培养领导干部，使党的事业后继有人、长盛不衰。因此，国企应该通过创新党建工作方式方法，让党建工作更清晰、更明确、更明白，从而进一步强化引领带动作用，提高企业的发展水平。中研院党委在基层党组织标准化建设、党风廉政建设和反腐败工作、加强和改进党对群团工作的领导等领域提炼出多种新方法，指导下属企业开展工作。

1.基层党组织标准化建设——"六三"标准工作法

基层党建"六三"标准工作法是按照"两学一做"学习教育常态化制度化的要求，以《党章》和党内相关规章为准绳，采取定量与定性相结合而建立的基层党组织可遵照执行、上级党组织可考核监督的标准化体系。目前，已根据党建"六三"标准工作法开发出"智慧党建"软件系统，完成了在全级次企业的推广应用。

基层党建"六三"标准工作法

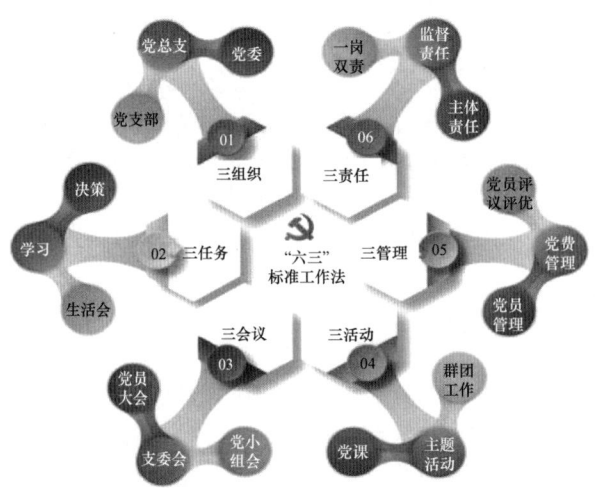

图6 基层党建"六三"标准工作法

（1）明确"三组织"，推进组织体系设置标准化。"三组织"明确了基层党组织按照规模大小分为党委、党总支和党支部三类组织，并对不同类型党组织的人数、班子成员数量和任期做了明确规定。"三组织"以扩大党组织覆盖和党的工作覆盖为着力点，完善优化组织设置，理顺隶属关系，明确政策保障、机构人员保障、场所保障、经费保障等事项。

（2）明确"三任务"，推进工作运行机制标准化。"三任务"明确党组织的主要任务为决策、学习、生活会三大任务，对决策要求、学习的时长和生活会频次做了明确的规定，"三任务"以推动基层党组织工作规范化为着力点，健全完善工作机制，强化机制运行，做到任务明确、领导有力、运转有序、保障到位。

（3）明确"三会议"，推进党内组织生活标准化。"三会议"明确了支部大会、支委会、党小组会召开的时间频次，以增强党组织生机活力为着力点，认真落实支部大会、支委会、党小组会等制度，做到党内各项组织生活正常规范、严肃认真，党员参与率高、效果好，党员政治意识、大局意识、核心意识、看齐意识得到显著增强。

（4）明确"三活动"，推进工作载体建设标准化。"三活动"明确了党课要求、主题活动类别和群团活动的领导，以党员群众满意为着力点，强化服务功能，拓宽服务领域，增强服务本领，做到各项载体抓手务实管用，受到党员群众普遍欢迎，在服务改革、服务发展、服务民生、服务群众、服务党员方面取得明显成效。

（5）明确"三管理"，推进党员教育管理标准化。"三管理"明确了党员管理、党费管理、评议评优的相关标准，以发挥党员先锋模范作用为着力点，严格党员发展，注重运用信息化手段，强化党员日常教育管理，妥善处置不合格党员，做到党员队伍信念坚定、素质优良、规模适度、结构优化、纪律严明、作用突出。

（6）明确"三责任"，推进责任落实机制标准化。"三责任"明确了主体责任、监督责任和一岗双责的落实机制，以推动基层党组织责任落实为着力点，健全完善责任落实机制，强化机制运行，做到责任主体明确、责任落实有效、机制运转有序、责任履行到位。

2. 党风廉政建设和反腐败工作——"五牛"精神

党风廉政建设"五牛"精神将党内规章分解融入党风廉政建设工作，对反腐败工作的实践经验进行提炼、实施步骤进行规定，系统完整地阐释了国企纪检工作的路径和方法，全面规范党风廉政建设的工作流程，依据具有权威性，标准具有针对性，推广具有普适性。

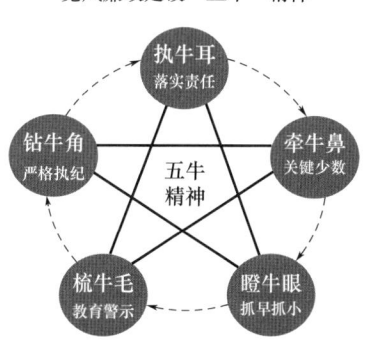

图7 党风廉政建设"五牛"精神

（1）执牛耳：强化责任担当，推动管党治党规范化。党委要始终将主体责任扛在肩上，切实担当党风廉政建设的领导主体、落实主体、工作主体和推进主体，把党风廉政建设与企业经济建设同研究、同部署、同检查、同考核。党委书记、专职副书记要分别担当第一责任和直接责任，领导班子其他成员按照分工对职责范围内的党风廉政建设承担主要领导责任，履行"一岗双责"。

（2）牵牛鼻：突出关键少数，推动党内监督制度化。关键岗位要严格实行信息登记制度，任前考核要严格执行"凡提四必"，对非党员领导干部要探索监督制度，依据《国有企业领导人员廉洁从业若干规定》，突出扯袖子、注重揪领子、适当打板子、预防戴铐子。

（3）瞪牛眼：注重抓早抓小，推动严管厚爱精准化。抓早抓小、防微杜渐是贯彻《党章》提出的"惩前毖后、治病救人"的要求。要及时发现党员干部身上出现的苗头性、倾向性问题，做到早发现、早提醒、早纠正，防止小错酿成大错，重点做到"三个坚持"即坚持"关口前移"、坚持"谈心提醒"、坚持"重点突出"。

（4）梳牛毛：坚持日常教育，推动警示防范常态化。党风廉政建设和反腐败工作的点和面多如牛毛，教育警示就要梳理"牛毛"，对症下药，经常抓、抓经常。一是召开专题会议，二是开展专题警示教育，三是尝试与地方共建预防机制，四是运用"互联网+"等手段。

（5）钻牛角：用好"四种形态"，推动执纪问责严格化。重点用好第一、二种形态，做到抓早抓小、防微杜渐，科学运用三、四种形态，并畅通信访举报渠道。同时探索建立纪检专家库，按照"党委领导、纪委主导、统一管理、按需调用"原则，采用"申请—审批—实施"流程开展工作，从而整体提高办案能力。

3. 加强和改进党对群团工作的领导——"五大工法"

中研院党委把牢政治导向，领导群团的组织建设，指导群团的工作安排，引导群团的活动开展。各级群团组织遵照相应《章程》，依法履行职责，正确处理与企业党委、行政的关系，在构建和谐企业中切实发挥桥梁和纽带作用，按照"当家作主、神工鬼斧、莺歌燕舞、访贫问苦、生龙活虎"五大工法开展工作。

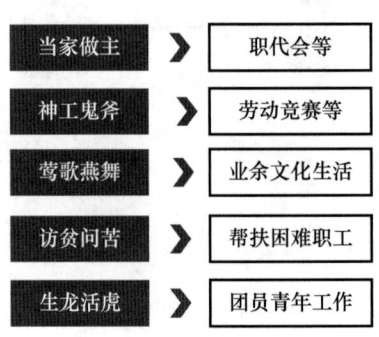

图8 群团工作"五大工法"

（1）"当家作主"是通过职代会、企务公开和其他形式实现，主要是提出合理化建议、参加民主管理和民主监督、协商解决涉及职工切身利益问题、维护女职工的特殊利益等，从而在树立"主人翁"实现思想统一。

（2）"神工鬼斧"是开展劳动和技能竞赛、技能培训、技术革新及技术协作等活动，培育工匠人才，从而在"典型选树""示范带动"中实现思想统一。

（3）"莺歌燕舞"是开展积极健康的文化体育活动，丰富职工的业余文化生活。

（4）"访贫问苦"是推动落实职工福利待遇，对困难职工开展帮扶，助力脱贫攻坚、乡村振兴，在共享发展成果中实现思想统一。

（5）"生龙活虎"是突出团员青年朝气蓬勃的特质，充分发挥团结教育青年的核心作用，在比学赶帮超、建功立业中实现青年思想引领。

（五）把准症结点，在去除思想误区中"解惑"

解惑即"解开困顿、迷惑"，也就是解答员工既关心又困惑的问题。当前，实现中华民族伟大复兴的战略全局和世界百年未有之大变局相互交织，增长速度换档期、结构调整阵痛期、前期刺激政策消化期相互叠加，社会热点问题增多的同时，容易引发人们的思想波动，国企思想政治工作需针对社会思想的多元化、虚拟世界的圈层化、职工需求的差异化、青年群体的情绪化"四个突出特征"进行。

因此，越是形势复杂多变，我们越要牢记习近平总书记"思想政治工作只能加强不能削弱，只能前进不能停滞，只能积极作为不能被动应付"的谆谆教导，正视和把握这些新变化，充分认识到思想政治工作的复杂性和艰巨性，正视并把握人们的心理心态心情，聚焦职工关心的"向何处去？""达到什么目标？""怎样去？""要我怎么做？""我能得到什么？"五方面问题，主动引导、及时引导、深度引导，讲清楚企业战略规划和实施路径，讲清楚企业的激励和约束机制，讲清楚面对危机怎么看、面对机遇怎么办、未来怎么样的问题，着力塑造自尊自信、理性平和、亲善友爱的社会心态，更加深入细致地做好思想政治工作，最大限度凝聚发展共识。

三、"双引领三融合"思政工作法取得的成效

（一）凝聚人心，形成"四优"政治生态

中研院通过深化、推广、运用"双引领三融合"思政工作法，形成了"队伍团结、工作紧张、党建严肃、群团活泼"的政治生态。

1. 实现"队伍团结"

中研院坚持"强引领、促发展"的党建工作理念,全面提升党员的政治素质和能力,建强基层班子,夯实党建基础,致力打造具有政治引领力、坚强战斗力、高效执行力的党员和干部队伍。与此同时,围绕企业中心工作任务和员工思想实际,通过创新党内活动载体影响和带动周围职工,真正实现党建工作与员工思想实际的深度融合。

2. 实现"工作紧张"

中研院运用"双引领三融合"思政工作法,引导广大职工争做重大科研成果的创造者、建设科技强国的奉献者、崇高思想品格的践行者、良好社会风尚的引领者,深入推进党建工作和生产经营深度融合,凝心聚力助推凯盛科技集团显示材料板块和应用材料板块发展,2021年收入同比增长24.79%,利润同比增长34.94%,经营活动现金流净额同比增长近3倍,自主研发的30微米柔性可折叠玻璃性能和良率达到全球领先水平。

3. 实现"党建严肃"

中研院在经营决策中,落实党委决策前置程序;在基层党建中,运用"六三"标准工作法,实现党建强、企业强;在党风廉政建设和反腐败工作中,弘扬"五牛"精神,构筑"三不腐"机制。党建"六三"标准工作法和党风廉政建设"五牛"精神均被评为中国建材集团"十佳党建工作品牌"。目前,中研院已成为支撑凯盛科技集团发展的重要研发和产业孵化平台,培育了显示材料、应用材料、新能源材料、优质浮法玻璃和特种玻璃、工程服务等业务板块,实现了由传统科研院所向高科技企业集团华丽转身。

4. 实现"群团活泼"

中研院运用群团工作"五大工法",积极引导成员企业工会和共青团组织加强基本组织、基本队伍、基本活动"三基"建设,成立企业文联,下设写作协会、书画协会、歌咏协会、摄影协会,组织相应活动,以文化人;开展春天满庭芳女子跳绳比赛、夏天浪淘沙游泳比赛、秋天人月圆环山健步走、冬天夺锦标羽毛球比赛"四季品牌"活动,强身健体;组建凯盛志愿服务队,开展公益活动;相继获得全国文明单位、全国"五一"劳动奖状、全国先进基层党组织、第四届中国质量奖提名奖等重量级荣誉。

(二)促进发展,实施"两力"战略管理

近年来,中研院运用"双引领三融合"思政工作法为凝聚创新动力、激发改革活力提供了坚强思想保障,成为中国建材集团玻璃新材料的核心科技产业平台。

1. 实现创新动力不断凝聚

中研院在科技强国、材料强国战略指引下,建成行业唯一国家玻璃新材料制造业创

新中心、行业首家浮法玻璃新技术国家重点实验室等百余个省部级以上创新平台。在面向世界科技前沿方面，自主研发出世界最薄0.12毫米浮法电子触控玻璃、世界领先30微米柔性可折叠玻璃，得到习近平总书记两次肯定；在面向经济主战场方面，成功下线中国首片具有自主知识产权的高世代浮法液晶玻璃基板；在面向国家重大需求方面，自主研发出世界最高转换率铜铟镓硒发电玻璃、世界最大单片面积碲化镉发电玻璃，成果助力绿色冬奥；在面向人民生命健康方面，自主攻克中国首支疫苗用中性硼硅玻璃管，形成了支撑发展和保障安全的战略格局。

2. 实现企业活力持续增强

中研院不断深化改革，获得国家级管理创新成果一等奖，目前正在稳步推进混合所有制改革试点，力争在"混资本、改机制、强主业"上取得新成果。以中研院为核心企业的凯盛科技集团2021年实现合并收入近400亿元，利润30亿元，与2000年相比增幅达700多倍，培育孵化的显示材料和应用材料板块首次突破百亿级收入，新能源材料板块3年利润复合增长率达124.95%，优质浮法和特种玻璃板块利润同比增长超103%，多项经营指标再创历史新高。

综上所述，思想政治工作是国企推动国有资本做强做优做大，培育具有全球竞争力的世界一流企业的重要思想保障。面对新形势新任务，要以习近平新时代中国特色社会主义思想为指导，认真学习贯彻习近平总书记关于思想政治工作的重要论述，继续用好"传家宝"、守好"生命线"。本课题提出的"双引领三融合"思政工作法是思想政治工作的守正创新发展，经过凯盛科技集团及其部分成员企业应用，证明实用有效，值得推广。

提升国企基层党组织党课质效的制度探索

——以中建材玻璃新材料研究院集团有限公司"五个一"微党课为例

中建材玻璃新材料研究总院党委

为探索学思想、强党性的新载体、新路径,建立健全主题教育长效机制,中研院党委聚焦用习近平新时代中国特色社会主义思想凝心铸魂,始终把"学思想"作为"第一任务",着力在深化内化转化上下功夫,不断创新党建工作方式方法,以"五个一"微党课为切入口,将党建工作融入支部日常教育,扎实做好主题教育建章立制工作,让党的创新理论"飞入寻常百姓家",有效打通党的理论宣讲"最后一公里"。

中建材玻璃新材料研究院集团有限公司(以下简称中研院)前身为中央重工业部建筑材料工业管理局设计公司,是第一批国家级综合性甲级科研设计单位。1953年在北京成立,2000年加入中国建材集团并改制成立中国建材国际工程集团有限公司,2019年成为国有企业混合所有制改革试点单位,2021年底重组更名。

中研院以振兴民族玻璃工业作为己任,践行"材料创造美好世界"的使命,聚焦玻璃新材料主业,以创新链引领工程链,工程链服务产业链,产业链支持创新链,围绕显示材料和应用材料、新能源材料、优质浮法玻璃和特种玻璃,构建起以研发和产业孵化、工程服务、装备制造、数字化平台为支撑的战略布局,建设有国际研发中心3个,国家玻璃新材料创新中心、浮法玻璃新技术国家重点实验室等国家级和省部级创新平台38个,组建了由两院院士和国家高层次人才领衔的百名博士创新团队,相继研发生产出超薄浮法电子玻璃、TFT-LCD超薄浮法玻璃基板、30微米柔性可折叠玻璃、碲化镉发电玻璃等多项"中国首创、世界领先"的玻璃新材料成果。稳居全球高端玻璃工程市场和高端玻璃装备市场 65% 和 50% 的份额，持续为国内外龙头玻璃企业及"一带一路"20 多个共建国家提供工程技术服务，先后建设了世界首条日熔化量 1200 吨一窑八线光伏玻璃生产线、中国出口规模最大的日熔化量 1200 吨浮法玻璃生产线等多条高端玻璃生产线，玻璃工程国际工程市占率连续 15 年稳居全球第一，为中国玻璃工业的发展提供了强有力的支撑，助推中国玻璃技术和产业在国际上由追赶型进入领跑型。

中研院始终用高质量党建引领保障高质量发展，创建的基层系列党建工作品牌先后荣获中国建材集团"十佳党建工作品牌"、全国企业党建优秀品牌和中国企业改革发展成果一等奖等多项荣誉。现有直属管理的党委 5 个，党总支 2 个，党支部 62 个，党员 1345 名。

一、"五个一"微党课实施背景

随着"三会一课"的制度化、规范化，基层党组织对党课的重视程度逐渐加深，但从实际效果看，主要存在三方面问题：一是党员参与面窄。现有的党课都是党支部书记、单位领导或专家在台上讲，党员在台下听，两者之间没有一个良好的互动，造成党员积极性不高，参与性不强，党课起不到应有的效果；二是与实际联系不紧密。现有的党课存在模式化的现象，讲授的内容也多是党的基本理论，有的甚至就是照着党章、文件读，这样纯理论化的形式，冗长、枯燥、实效差，没有与实际工作、企业发展、党员思想紧密结合，难以激起听课人的兴趣，难以引发共鸣；三是教育针对性差。现有党课多以普讲的方式，无论是针对机关党员、企业党员还是农村党员，都"上下一般粗"，用同样的内容对不同的人，缺乏针对性、吸引力，很多人往往听完党课也云里雾里，使党课的教育意义缺失。

中研院党委结合新时代党的建设重点任务和党员的思想实际，不断总结规律，探索基层党组织高效上好党课新形式，"五个一"微党课应运而生。与传统党课相比，"五个一"微党课变"一人讲"为"大家讲"，变"长篇大论"为"短小精悍"，变"单一型"为"多样化"，变"灌输式"为"互动式"，变"纯理论"为"方法论"。学习贯彻习近平新时代中国特色社会主义思想主题教育期间，中研院党委紧紧抓住提高党员干部思想认识这个"总开关"，在全级次党组织范围内广泛开展"五个一"微党课，推动各级党组织书记、广大党员领导干部和普通党员上讲台、讲党课，初步形成了一套"企业党建与生产经营有机融合、组织生活常态化制度化"的工作机制，有效推动了主题教育走深走实。

二、"五个一"微党课基本框架

（一）指导思想

坚持以习近平新时代中国特色社会主义思想为指导，全面贯彻落实全国国有企业党的建设工作会议精神，根据《关于新形势下党内政治生活的若干准则》《中国共产党支部工作条例（试行）》和《中国共产党国有企业基层组织工作条例（试行）》等党内法规，紧密结合企业基层党组织实际，通过严格落实"三会一课"制度，在深入推进党建"六三"标准工作法和党员量化管理的基础上，坚持不断总结经验、把握规律、稳中求进、守正创新，创新基层党课教育内容和形式，增强党课亲和力、吸引力、感染力，提升讲党课积极性、主动性、创造性，把微党课打造成为强化政治功能、提升组织活力、加强党性锻炼、提高党员素质的有效载体。

（二）基本原则

1. **政治性**。政治性是党课的第一属性。党课要突出政治学习和教育，加强政治训练、政治历练，把政治纪律、政治规矩挺在前面，增强"四个意识"、坚定"四个自信"、做到"两个维护"，不断提高政治站位、锤炼政治能力、强化政治担当。

2. **时代性**。党课要紧跟时代步伐、聆听时代声音、回答时代课题，及时发现和解决党员思想上和工作实际中出现的新情况新问题，使党内政治生活始终充满活力。

3. **原则性**。党课要坚持党的思想原则、政治原则、组织原则、工作原则，按原则处理党内各种关系，按原则解决党内矛盾和问题。

4. **战斗性**。党课要旗帜鲜明坚持真理、修正错误，勇于开展批评和自我批评，使每个党组织都成为激浊扬清的战斗堡垒，使每个党员都成为扶正祛邪的战斗员。

5. **创新性**。党课要审时度势、贴近实际进行内容创新、形式创新、渠道创新，增强党课的生动性、灵活性、启迪性、实效性。

6. **经常性**。要把党课作为企业党组织一项经常性、基础性的思想政治工作来抓。党员领导干部应当定期为基层党员讲党课，各级党组织书记每年至少讲1次党课。

（三）主要内容

1. **围绕一个党课主题**。主题是"五个一"微党课的灵魂，党课全程都要围绕主题来讲授，主题要围绕宣传习近平新时代中国特色社会主义思想，围绕党的路线、方针、政策，进行党性、党纪和党的基本知识教育等方面来选题。

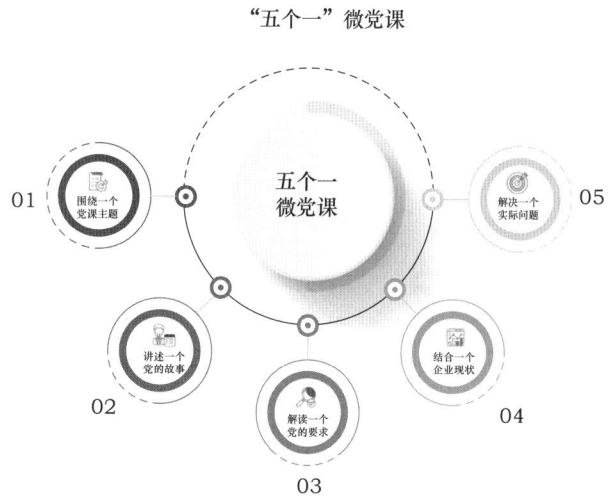

图 1 "五个一"微党课

2. **讲述一个党史故事**。"五个一"微党课要通过讲故事的形式切入党课主题，故事要围绕党课主题，内容可以是党史、新中国史、改革开放史、企业历史故事，也可以是先进人物先进事迹或所在企业、所在部门、身边员工的故事。

3. **解读一个党建要求**。"五个一"微党课要运用党的建设的要求来阐述党课主题，解释党内法律法规、宣讲党建知识点，解读上级党组织最新要求，让听众弄懂"故事里的事"。

4. **结合一个企业现状**。"五个一"微党课要紧密结合企业实际来升华党课主题，通过列举党员群众思想上、行动上、工作上出现的新情况，对照要求，分析原因，找出差距，回应党员职工期待。

5. **解决一个实际问题**。"五个一"微党课要用解决问题的办法来印证党课主题，提出解决问题的思路、对策、建议，给人以启发、启迪并产生共鸣。

（四）主要特点

1. **守正创新**。微党课具备"五个一"要素，符合党内法规对党内政治生活和"三会一课"的要求，又紧密贴近企业和党员实际，注重解决实际问题。

2. **见微知著**。微党课时间一般10~30分钟，时间短，内容集中，以小见大，由此及彼，入情入理，可亲可信。

3. **参与广泛**。党课讲授者除了党员领导干部、党组织书记以外，党支部委员、普通党员、预备党员甚至入党积极分子都可以参加。鼓励每名党员大胆走上讲台，人人争当讲师，人人都是学员。

4. **方式灵活**。授课人在精心准备的基础上，听课人可各抒己见、相互补充，支部书

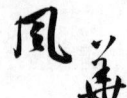

中建材玻璃新材料研究总院
1953—2023

记可以总结点评、归纳提炼，达到说透道理、阐明主题的目的。

（五）基本环节

1. **要用心备课，做好课前准备**。"五个一"微党课要求系统具体，在讲党课之前要进行深入调查研究，要将主题教育中学习教育、调查研究、检视问题、整改落实等好的做法和制度坚持下来，深入调研并发现问题，通过理论与实际的结合提出解决问题的方案，不断探索长效机制。

2. **要用情讲课，注重课中效果**。讲课人要围绕"五个一"要素，融理论、融实践、融经历、融体会、融情感于讲课中，带着责任讲、带着感情讲，注重方式方法，做到图文并重、声情并茂。讲课人要多运用PPT等多媒体手段，多采取交流互动、启发引导等方式，让课堂的气氛丰富起来、活跃起来，坚决防止党课表面化、形式化、娱乐化、庸俗化。

3. **要用力推动，抓好课后落实**。党课中提出的解决问题的办法和思路要作为所在基层党组织不断检视问题、自我革新、推动改革、促进发展等建议的重要来源和渠道，要把解决思想问题同解决实际问题结合起来，既讲道理，又办实事，多做得人心、暖人心、稳人心的工作。

三、"五个一"微党课做法和成效

中研院党委在推进"五个一"微党课的过程中，把微党课作为深化主题教育常态化制度化，严肃党内组织生活的有力抓手，切实把微党课学习成果转化为推动企业高质量发展的新动能。

（一）科技研发型党支部——党建助解攻关难题

中研院浮法玻璃新技术国家重点实验室党支部坚持问题导向，持续推动党建与科研深度融合，围绕"坚持科技自立自强 完善培养使用体系 在打造世界一流玻璃新材料研究院中贡献智慧和力量"党课主题，结合中共中央办公厅国务院办公厅印发《关于进一步加强青年科技人才培养和使用的若干措施》相关要求，从科技创新成果转化的商业模式不够成熟、青年科技人才的培养使用机制还不完善、党建工作质量有待进一步提高三方面进行深入分析，结合前期调研沟通工作，创造性地总结出《科技领军人才管理办法》和《科研人员管理办法》，初步形成《科技创新成果转化的商业模式和执行细则》，进一步健全科研人员激励机制，充分激发科技人才创新活力，激励科研人员以产业发展目标和现实问题为根本出发点，真正服务于科学技术进步、经济社会发展、国家战略安全。

图 2 重点实验室党支部"五个一"微党课

（二）生产经营型党支部——党建带动生产经营

中研院矿产资源研究院党支部围绕"坚守初心担使命 砥砺奋进新辉煌"党课主题，结合经营上集团内企业重复竞争、工程上设计与试验思路脱节、研发上成果落地协同缓慢、产业上资源高值利用成熟技术短缺的企业现状，直面矿产资源研究院发展中存在的市场活力困乏、服务意识空乏、人力资源缺乏、工程经验匮乏以及成果应用贫乏等难题，以打造应用研发、装备开发、产品创新的世界一流平台为目标，探讨运营模式和机制创新建设，从打造技术创新平台、技术应用平台、工程协同平台等方面，找到应用基础研发、工程设计服务、工程总包服务、专有产品技术服务等业务版块发展新思路，致力于开创矿产院生机勃勃、潜力无限的新局面。

图 3 矿产资源研究院党支部"五个一"微党课

（三）项目建设型党支部——党建赋能项目建设

中研院所属中国建材国际工程集团有限公司蚌埠分公司党支部围绕"坚定信心 乘势而上 全力以赴开启工程服务高质量发展新局面"党课主题，以寻找工程项目高质量发展的源头活力和坚实支撑为目的，结合《质量强国建设纲要》中涉及工程服务相关要求，从工程技术服务发展过程入手，就蚌埠分公司如何做好工程技术服务转型升级，提出推进总承包项目经理负责制，明晰项目经理的责、权、利，建立有效的沟通机制，经过前期调研，制定出适合蚌埠分公司业务发展的《项目经理选拔制度》，建立绩效考核机制和项目大数据库；通过数字化手段提高协同效率，实现一体同步设计、提质降本增效、工程现场信息化运维，增强项目的透明度和可控性，为中研院工程技术服务水平的提升开创发展新局面。

图4　蚌埠分公司"五个一"微党课

（四）职能服务型党支部——党建服务企业发展

中研院财务审计党支部围绕"抓内审、强内控、防风险、促合规，护航企业高质量发展"党课主题,聚焦企业中心工作提升审计效能,围绕"任中审计"落实不到位、境外审计方式方法不完善、内部审计合力发挥不充分等难题,从加强顶层设计、利用好中国建材集团审计中心平台、创新一审多果""一果多用"审计工作方法等方面入手,为提高审计工作团队专业化职业化水平、创造更高质量审计价值探索出新的发展路径。

图5 财务审计党支部"五个一"微党课

截至目前,中研院各级党组织书记共讲授"五个一"微党课46次,推动党建深度融入科技创新、企业治理、生产经营全过程,探索挖掘出了**"党建助解攻关难题、党建带动生产经营、党建赋能项目建设、党建服务企业发展"**的生动实践,在集团范围内引起强烈反响,总结出的典型经验作为中国建材集团唯一案例入选国务院国资委党委主题教育第81期简报,使企业基层党组织党课质效得到显著提升,真正做到了以高质量党建引领保障企业高质量发展。

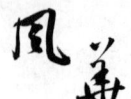

中建材玻璃新材料研究总院
1953—2023

探索新时期国有企业群团工作"五大工法"

中建材玻璃新材料研究总院党委

党的二十大指出：要深化工会、共青团等群团组织改革和建设，有效发挥桥梁纽带作用。为贯彻落实习近平总书记关于工会和共青团工作的新部署新要求，解决当前国企工会和共青团工作存在的问题，中建材玻璃新材料研究院集团有限公司（以下简称中研院）工会和团委结合国企特点和发展实际，总结凝练出群团工作"五大工法"，即"当家作主、神工鬼斧、莺歌燕舞、访贫问苦、生龙活虎"，通过应用，取得了良好效果，为企业改革发展提供了坚实保障。

"当家作主"就是国企工会通过职代会、企务公开和其他形式实现，主要是提出合理化建议、参加民主管理和民主监督、协商解决涉及职工切身利益问题、维护女职工的特殊利益等，从而在思想上树立"主人翁"意识；"神工鬼斧"就是国企工会要开展劳动和技能竞赛、技能培训、技术革新及技术协作等活动，培育劳模、工匠人才；"莺歌燕舞"就是国企工会要开展积极健康的文化体育宣传活动，丰富职工的精神文化生活；"访贫问苦"就是国企工会要推动落实关爱关心职工，重点对困难职工开展帮扶；"生龙活虎"是突出团员青年朝气蓬勃的特质，充分发挥团结教育青年的核心作用，在比学赶帮超、建功立业中实现青年思想引领。

一、围绕"当家做主"，实施政治建设工程，用党的建设引领敬业奉献

强化政治思想引领。 中研院工会持续深化学习和实践习近平总书记关于工人阶级和工会工作重要论述，在党委领导下，运用"双引领三融合"思政工作法，引导广大职工争做重大科研成果和平台建设的创造者、建设科技强国的奉献者、崇高思想品格的践行者、良好社会风尚的引领者，深入推进党建工建工作和生产经营深度融合，派出以科技骨干为主体的"尖刀班"，自主攻克出30微米柔性可折叠玻璃，作为20项重大成果之一在2023

中关村论坛重大科技成果专场发布会上实现首发并亮相前沿科技与未来产业展；研发攻关出铜铟镓硒太阳能电池 300mm×300mm 组件的光电转换效率达到 20.3%，再次刷新世界纪录；组建的凯盛 AGM 工业互联网平台成功获批 2023 年国家级"双跨"平台，也是全国首个源于玻璃新材料行业的国家级"双跨"平台。

强化企业民主管理。把厂务公开与职代会为核心的企业民主管理制度相衔接，推进厂务公开民主管理规范化建设，通过深入了解职工群众的所思、所想、所盼，使职工关心关注的问题得到及时有效公开，特别是对一些服务群众的民生工程、办实事的具体项目以及涉及职工群众切身利益的决策部署进行重点公开，畅通社情民意的反馈渠道，及时听取和吸纳职工群众的意见。

二、聚焦"神工鬼斧"，实施赋能成长工程，用三大行动激发创新热情

坚持弘扬企业文化。大力倡导以"目标文化、自强文化、速度文化、开放文化、奋进文化、团结文化"为主要内容的创新文化体系建设，充分发挥"学习强国"、省总工会电子职工书屋等平台作用，把"大学习"的课堂搬到生产一线、发展前沿，广泛深入持久开展各类技术比武和技能竞赛，发挥劳模创新工作室等阵地作用；加大对劳模工匠的选树宣传力度，聚焦特色品牌活动，推出"先进典型""身边的能工巧匠""我为群众办实事"系列专题，大力宣传基层先进集体和个人事迹，激发模范带头作用，2022 年中研院党委书记、院长彭寿劳模事迹入选"安徽劳模工匠馆"重点展示。

实施赋能成长工程。深化劳模和工匠人才创新工作室建设，用重大成果立标行动、工匠劳模树典行动和人才培养集聚行动三大行动激发创新热情，培育工匠人才，从而在"典型选树""示范带动"中实现思想统一，为企业实现高质量发展提供坚实人才和技能支撑。自 2017 年以来，先后创建市级以上各类"劳模工匠创新工作室"8 个、获评"安徽工匠"2 个、"行业工匠"1 个。

三、结合"莺歌燕舞"，实施品牌活动工程，用三大计划促使精益求精

实施品牌活动工程。中研院工会设立了蚌埠地区首个企业文联，下设写作协会、书画协会、摄影协会和歌咏协会；依托蚌埠市公益联盟成立"凯盛志愿服务队"，组织开展社会公益活动，并协助企业重大活动的接待工作；坚持多年开展春季"满庭芳"女子跳绳比赛、夏季"浪淘沙"游泳比赛、秋季"人月圆"环山健步走、冬季"夺锦标"羽毛球比赛"四季品牌"体育活动，用职业能力提升计划、新员工培育计划和创新文化践行计划三

大计划促使品牌活动工程精益求精，丰富职工的业余文化生活。

积极履行社会责任。聚焦乡村振兴战略，中研院20多年来持续对安徽石台开展科技帮扶、产业帮扶、定点帮扶，帮扶镇村先后荣获优化营商环境先进集体和村集体经济发展进步奖，一线乡村振兴干部吴晗积极参加"皖美石台推荐官"演讲比赛，直播观看人数达十万，充分展现中研院助力脱贫攻坚、乡村振兴成效和感人事迹；中研院积极参与文明创建工作，自2015年以来，三获"全国文明单位"荣誉，连续十三届保留"安徽省文明单位"称号；积极组织志愿者参加交通文明志愿岗、"学雷锋"、生态环保、抗疫志愿等服务活动，累计参与服务超万人次，服务时间超3万小时。

四、立足"访贫问苦"，实施支撑保障工程，用三项机制提升幸福指数

健全用好三项机制。中研院工会牢固树立以职工为中心的工作导向，坚持眼睛向下、工作下沉、走近职工身边，用心用情用力当好职工知心人、贴心人、娘家人，持续做好"春送爱心、夏送清凉、金秋助学、冬送温暖"相关工作，推动落实职工福利待遇，用职工关怀机制、法治保障机制和安全生产机制三项机制支撑保障工程，对困难职工开展帮扶，实施"送温暖工程"和困难职工慰问补助制度，为在职职工购买皖惠保商业补充医疗保险，升级、增加职工健康体检项目，推动改善单身职工宿舍住宿条件、职工食堂就餐环境，以共享发展成果提升职工幸福感、归属感。

彰显央企使命担当。全力做好企业帮扶工作，强化思想关怀、身心关怀、成长关怀、青年关怀、女职工关怀在内的"五关怀"制度；全心服务企业和职工，积极为企业发展献策献力，组织凯盛集团在蚌15家企业参加市总"工会送岗位·乐业在江淮"就业援助工作，解决企业就业岗位需求近百个；积极响应职工关注和需求，逐层级召开"我为群众办实事"座谈会，全级次制定办实事项目清单，把企业对职工群众的关心关爱落到实处。

五、彰显"生龙活虎"，实施凝心铸魂工程，用三大专项培育激发青年力量

立足新发展阶段，推进青春建功专项。一是敢于冲锋。获批立项的2022年国家"十四五"重点研发计划"新型显示与战略性电子材料"重点专项"OLED显示玻璃材料关键技术开发"项目研究团队中，青年科技人员占比超80%；"玻璃新材料工业大数据应用平台"项目成功入选工业和信息化部大数据产业发展试点示范项目，青年占比50%；工业互联网创新中心成功入选国家双跨平台，青年占比超80%；凯盛机器人科研创新不断取得突破，并获评国家级"专精特新"小巨人企业，青年占比90.65%。二是敢于挑战。面

对国际上各项玻璃新材料"卡脖子"技术领域的封锁，中研院科研青年勇攀科技高峰，潜心刻苦钻研，仅2022年，青年新增专利申请69件，授权102件，论文数十篇，新立项科研项目17项，世界最大8.5代TFT-LCD浮法玻璃基板、世界最薄0.12毫米超薄电子触控玻璃、世界最高光电转换效率CIGS发电玻璃等一大批玻璃新材料科技成果攻关中，处处都有中研院青年奋斗的身影。**三是恪尽职守**。一大批设计青年、项目青年坚持服务企业的正确思路，默默耕耘于科技攻关最前沿、设计服务大舞台、生产经营第一线，常年驻扎国内外城市的各项目现场，2022年，出色完成上百个项目，矢志奋斗，不畏艰苦，不断以实际业绩实现企业高质量发展，为青春增彩。

贯彻新发展理念，推进青年成才专项。推动央企青年成长成才，就要支持青年挑大梁、当主角，凯盛从数量、质量、结构方面大力培养一线创新人才和青年科技人才，2022年全级次培养提拔90后青年干部共17人。**推动央企青年学习不怠**，就要为青年搭建学习平台，组织全级次团员青年参加"新时代青年工作网络培训班""央企青年听党话、跟党走网络专题班"，持续开展以"学业务知识、考注册证书、上技术等级"为主要内容的素质提升活动，百余人次参与国家注册类考试。**推动央企青年队伍建设**，就要不断"输血""造血"，自2000年来，每年都会有近百名在中研院参加新员工培训，亲身感受企业发展历程，传承先辈的拼搏精神；2022年，167余名青年科技人才入选"浦江人才计划""启明星计划""国家青年托举人才工程""青年拔尖人才培养计划"等名单。

融入新发展格局，推进青志品牌专项。一是深化"号手岗队"联创共建工作，开展青创先锋发掘工作，做大做强青年职业技能大赛品牌，2022年，全级次获得各类共青团荣誉称号共101项，荣获第20届全国青年文明号、全国青年安全生产示范岗、安徽省向上向善好青年提名奖等各级荣誉，累计推优近百名一线科研、技术、生产岗位青年。**二是组织广大青年积极弘扬公益正能量**，在践行社会责任中，塑造企业品牌，提升企业形象。2022年，建立"青年志愿服务队"1个，公司全级次积极投身于疫情防控志愿服务活动，用实际行动彰显了"疫"不容辞的责任与担当。深入推进乡村振兴青春建功行动，连续22年选派扶贫干部驻守定点扶贫地，持续为乡村振兴奉献青春，积极组织参加青年志愿服务项目比赛，选树一批青年志愿服务先进典型。

面对新形势新任务，中研院群团组织将进一步强化学习贯彻党的二十大精神的思想自觉、政治自觉、行动自觉，坚决贯彻落实习近平总书记关于工会和共青团工作的重要论述，持续用好"五大工法"，进一步团结引领职工奋发进取，以推动企业高质量发展，为助力加快建设世界一流玻璃新材料研究院做出新的更大贡献。

中建材玻璃新材料研究总院 1953—2023

让清风吹拂在玻璃新材料原创策源地上

田雨灵

明方向、立规矩、正风气、强免疫，坚定不移推进全面从严治党向纵深发展、向基层一线和职工群众身边延伸……历来重视全面从严治党的中国共产党，每一项纪律规矩的提出和落实，都是不同时期夯实巩固党的领导的关键所在。党的十八大以来，以习近平同志为核心的党中央把全面从严治党纳入"四个全面"战略布局，以前所未有的勇气和定力推进党风廉政建设和反腐败斗争，其全方位、深层次的影响，为纪检机构围绕现代化建设大局发挥监督保障执行、促进完善发展作用，为党和国家事业发展提供了坚强保障和根本遵循。

今年是中研院成立70周年。中研院纪委在凯盛科技集团纪委和中研院党委的正确领导下，坚决扛起管党治党政治责任，不断探索和丰富党风廉政建设和反腐败工作实践，总结提炼的党风廉政建设"五牛"精神在全级次推广应用，不敢腐的震慑不断强化，不能腐的笼子不断扎牢，不想腐的自觉不断增强，工作规范化、法治化、正规化水平持续提高，党风廉政建设和反腐败工作守护改革发展海晏河清与朗朗乾坤的成效日益彰显。

执牛耳，坚定不移聚焦政治监督

"执牛耳"，就是要加强责任担当，强化政治监督，纠正政治偏差，确保政治立场、政治方向、政治原则、政治道路上同党中央保持高度一致，保障"两个维护"和党中央决策部署落地见效。

中研院纪委以政治监督为着力点，把全面从严治党主体责任扛在肩上、落实在行动上，党中央决策部署到哪里，政治监督就跟进到哪里。从保障科技创新到深化国企改革、从推动风险化解到守护绿水青山、从乡村振兴到疫情防控，纪委不断强化和巩固重点领域和专项工作监督成果，瞄准问题、聚焦整改、抓深抓细、力求实效。

牢记"国之大者"，围绕"高端化、数字化、绿色化、国际化"，现场检查和跟踪问效同向发力。0.03mm超薄柔性玻璃、8.5代TFT液晶玻璃基板、国家级制造业创新中心等关键核心技术攻关、创新平台建设和成果转化成效显著,保障行业"高端化"发展;互联互通、数实融合的工业互联网平台获工业和信息化部"双跨"认证,推动上下游"数字化"转型;全氧燃烧、余热发电、二氧化碳捕集与提纯技术等加快示范和应用,促进产业"绿色化"升级;玻璃工程全方位出口国外,打造"国际化"品牌。

承担央企责任,督促党委扎实完成脱贫攻坚任务,顺利衔接乡村振兴。连续18年对口帮扶安徽石台县,定点扶贫村全部脱贫出列,以科技和产业助力河北魏县脱贫致富,受到国务院国资委表彰。

一系列举措让政治监督融入日常、做在经常,积极引导各级党组织和党员领导干部增强"四个意识"、坚定"四个自信"、做到"两个维护",不断提升政治判断力、政治领悟力、政治执行力,有力确保全院团结成"一块坚硬的钢铁",步调一致向前进。

牵牛鼻,坚定不移聚焦"关键少数"

"牵牛鼻",就是促进党员干部,特别是"一把手"和领导班子这个"关键少数"自觉把党章党规党纪刻印在心,内化为日用而不觉的言行准则,更好发挥纪律建设治本作用。

中研院纪委以理论武装为抓手,以习近平新时代中国特色社会主义思想以及党章党规党纪武装头脑、指导实践、推动工作。

突出主体主责,提高纪律规矩意识。坚持层层压实责任,监督党委会严格执行"第一议题"制度和党委理论学习中心组的学习,持续巩固深化"两学一做"学习教育成果,深入开展"不忘初心、牢记使命"主题教育、党史学习教育和习近平新时代中国特色社会主义思想主题教育。推动"一把手"履行第一责任人责任、领导班子成员履行"一岗双责",督促各级党组织"一把手"严格执行纪律教育制度机制。组织召开纪委会、党风廉政建设和反腐败工作会,把开展党章党规党纪教育纳入履行全面从严治党主体责任考核内容,加强监督检查,真正把纪律严起来、把规矩立起来。

丰富载体形式,推动同级监督走深走实。积极探索党内监督有效途径,各级党委强化在同级组织中的领导地位、监督作用,强化对下级党组织特别是主要领导干部的监督,印发《党委(党组)落实全面从严治党主体责任规定》以及《纪委落实全面从严治党监督责任清单》,明确要求党委书记做到重要工作亲自部署、重大问题亲自过问、重点环节亲自协调、重要案件亲自督办,进一步压紧压实管党治党责任。围绕强化履职尽责,开展述职述廉评议;建立完善政治生态监测评估体系,开展"政治画像";加大谈话力度,建立谈心谈话、约谈提醒等机制,把纪律教育与廉洁谈话结合起来,不断增强对"一把手"和领导班子的监督实效。

规范组织程序，严把选拔任用关口。按"凡提四必"要求对选人用人工作进行监督，严把党员领导干部任前"廉洁关"，针对提拔干部加强监督检查，认真开展廉政意见回复和任前廉洁谈话，建好用好"一把手"和领导班子廉洁档案，把从严要求贯穿干部选拔任用工作全过程。

坚持以身作则、以上率下，各级领导干部立正身、讲原则、守纪律、拒贪腐，形成一级带一级、一级抓一级的良好氛围。

瞪牛眼，坚定不移推动体系完善

"瞪牛眼"，就是在党委领导下，围绕构建统一领导、全面覆盖、权威高效的监督体系，不断深化纪检监察体制改革、重点领域和关键环节改革，自我净化、自我完善、自我革新、自我提高能力显著增强。

中研院纪委始终坚持保持解决打造世界一流中央应用研究院面临难题的清醒和坚定，不断健全贯彻落实习近平总书记重要指示批示精神和党中央决策部署督查问责机制；围绕彭寿书记强调的如何提升自身能力、保持实干精神状态、及时发现解决问题、保持风清气正的政治生态，坚持推动"面上"监督全覆盖、推动"点上"监督有重点。

锲而不舍纠"四风"、树新风，中央八项规定精神堤坝持续加固。纪委认真开展专项整治工作，坚持在抓常、抓细、抓长上下功夫，把整治形式主义、官僚主义摆在更加重要的位置，深入纠治文山会海、工作过度留痕、检查考核过多过频等问题，坚决堵住"舌尖上的浪费"，刹住"车轮上的腐败"，对享乐主义、奢靡之风绝不姑息。坚决防范和查处各类隐形变异问题，不断完善常态长效机制，作风建设的不断向好为企业健康快速发展增添了新动力。

坚决整治扶贫和乡村振兴领域突出问题，深化靠企吃企问题专项整治，推进违规获取工程项目专项整治，"影子股东""影子公司"和民企挂靠国资常态化排查……在公司党委的领导下，纪委聚焦关键人员、重点领域、突出问题，联合审计部、财务部，不断探索科学有效的监督方式，深入排查廉洁风险和管理漏洞，建立问题整改台账，不断强化重点领域和关键环节的内部控制，锻造依法治企、合规经营的长效机制。

巡视监督是党内监督的战略性制度安排。中研院纪委认真做好政治巡视监督工作，推动召开巡视整改工作推进会，建立巡视整改未完成监督台账，跟进督促国务院国资委党委对中国建材集团巡视、凯盛科技集团党委对中研院巡察两级整改任务完成进度，要求已完成整改和取得阶段性进展的任务认真做好跟踪评估,并适时组织开展"回头看",用高质量的巡视巡察成果助力企业高质量发展。

纠"四风"、树新风驰而不息,专项整治纠偏扶正,工作作风向上向善,广大党员干部为发展献计出力,为职工解难纾困,职工群众享有越来越多的获得感、幸福感、安全感。

梳牛毛,坚定不移履行党章职责

"梳牛毛",就是将力量凝聚在履行党章赋予的职责上,认真学习贯彻党的二十大修订的党章要求,推动"三不腐"同时发力、同向发力、综合发力。

中研院纪委坚持严的主基调不动摇,按照"全周期管理"理念一体推进"三不腐",构建惩处、治理、预防全链条。

"不敢腐"的震慑持续强化。围绕构建党统一领导、全面覆盖、权威高效的监督体系,纪检监察体制改革持续深化,"大监督"体系逐步构建,重点领域和关键环节改革接续实现突破。如今,信息沟通、成果共享,各类监督力量整合、工作融合,形成全面覆盖、常态长效的监督合力。

"不能腐"的笼子越扎越牢。整理完成年度纪检制度汇编53项,修订完善《纪检工作手册》,更新工作程序8项、文书模板36项;梳理重点领域和关键环节廉洁风险,制定重大工程建设、大宗物资采购、招投标等重点领域和关键环节的廉洁风险防控手册……制度笼子不断扎紧,纪法之网越织越密。

"不想腐"的堤坝不断构筑。认真贯彻落实《关于加强新时代廉洁文化建设的意见》,以理想信念强基固本,以先进文化启智润心,以高尚道德砥砺品格,通过警示教育,把查办案件与堵塞制度漏洞、强化监督监管有机结合,以点带面促进完善治理;组织纪检干部参加各类培训,开展廉洁文化作品征集,利用电子屏、微信群等发布廉洁从业信息千余条,引导党员干部职工严守法律纪律底线。

经过斗争精神的充分发扬,"三不腐"机制一体推进,惩治警示、制度约束、提高觉悟一体发力,廉洁根基不断夯实,清风正气更加充盈。

钻牛角,坚定不移开展正风肃纪

"钻牛角",就是牢牢抓住政治纪律这个最根本、最重要的纪律,将审查调查与执纪问责深度融合,把严明党规党纪落实到具体人和事,着力消除政治隐患、维护政治安全。

中研院纪委严格监督执纪问责,把纪检工作的韧劲体现在推动正风肃纪反腐向纵深发展上。坚持用好"四种形态",重点用好第一、二种形态,科学运用三、四种形态,使监督常在。

畅通信访举报渠道,建立线上新媒体渠道,设立举报电子邮箱,公开纪检机构和分管领导个人邮箱,全力做到"能在基层解决的问题解决在基层"。加大问题线索的主动排查力度,建立问题线索管理台账,实行分类移交、限期办结、动态管理、跟踪督办,形成闭环。

聚焦刀刃向内,认真开展教育整顿。中研院纪委结合工作实际,总结提炼出"3+3+3"工作机制,通过专题培训、基层宣讲、革命传统教育、警示教育、知识竞赛等活动,不断夯实思想理论基础;通过谈心谈话、个人自查、党性分析等工作,不断强化严的基调;通过组织生活会、民主生活会和建章立制,不断推动教育整顿工作走深走实。

风清则气正,气正则心齐,心齐则事成。在中研院成立70周年之际,我们将沿着习近平总书记指引的方向,在凯盛科技集团纪委和中研院党委的领导下,切实把改革创新、攻坚克难、正风肃纪的精神状态,转化为监督保障执行、促进完善发展的实际行动,为全面争创世界一流玻璃新材料研究院贡献更大力量。

中国建材工程集团"融合型党建134"模式的实践探索

中国建材国际工程集团有限公司党委

中国建材工程集团党委"融合型党建134"模式从顶层设计着手,以"努力打造世界一流的国际工程公司"作为出发点,把准党建经营"双向融合"共进方向。围绕公司所属党组织的中心工作,把研发攻关、工程项目、智能制造作为"党建+"业务融合的落脚点,打造研发攻关"创新型"党组织、工程项目"共建型"党组织、智能制造"智造型"党组织,拓宽党建经营"双向融合"共进载体。以思想文化宣贯、公司治理结构、人才培养模式、企业合作发展四个维度为着力点,树起党建经营"双向融合"共进标杆。

"融合型党建134"模式是公司党建品牌《党建工程化管理"四步四型"循环工作法》迭代升级的党建品牌2.0版本,是对企业基层党建工作"标准化、规范化、过程化"的继承和发展。通过目标融合、载体融合、文化融合、过程融合、队伍融合、结果融合,在现有工作法"循环提升"规范态势的基础上进行优化完善,扩大党建在思想指导、方法指导、行动指导上的"融合赋能",将党建业务一体化部署、一体化推进、一体化落实,增强党建工作全方位引领、全周期参与、全主体覆盖、全要素保障,打造出更具有企业行业特色、人文特色、发展特色,可推广可复制的党建品牌。

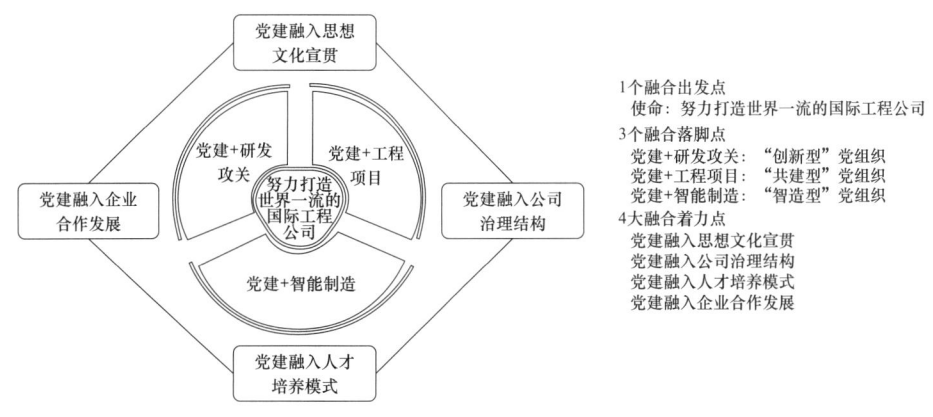

一、聚焦"1个使命"——政治建设与使命愿景相融合发挥引领力

瞄准出发点,党委把稳"双向融合"定盘星。坚持以习近平新时代中国特色社会主义思想为指导,紧紧围绕"努力打造世界一流的国际工程公司"这一使命主线,从源头上将党建引领的"红色优势"转化为经营发展的内生动力。

二、打造"3个党建+"工程——组织优势与业务载体相融合提升战斗力

站稳落脚点,支部发挥"双向融合"指挥棒。找准党建工作与生产经营在基层的有效载体,打造三大"党建+"融合工程,在提质增效、项目建设、安全生产等重点工作上为党组织和党员搭建"双促进"作用平台,充分发挥"1+1＞2"的叠加效应。

(一)党建+研发攻关

设计部门以创建"创新型"党组织为目标,激发党建引领发展的内生动力。以党建与科研融合为"纲"、以对标世界领先技术与瞄准"卡脖子"关键核心工艺结合为"点"、以党员攻坚小组和党员群众一对一结对为"线"、以基层党支部建设为"片"的联手攻关模式,攻克了显示材料、应用材料、新能源材料等领域等一批国际前沿、国内领先关键核心技术,加速支部战斗堡垒作用显性化。

(二)党建+项目赋能

项目部门以创建"共建型"党组织为目标,党建工作作为工程项目建设的"助推器"。以"示范党建、精品工程"为目标,紧紧围绕项目工程实施中的关键难点痛点精准发力、集中发力,组织"勇于担当、敢于冲锋、甘于奉献"党员突击队,带领党员干部冲在前、干在先,作榜样、立标杆,专啃急难险重"硬骨头",夯实重大工程的组织基础,凝聚强大组织合力。创造性地以项目部为单位设立党小组,建立与业主方、设计方、施工方、监理方党建工作联络点,形成经验互享、队伍共育、业务共促、发展互利的良性循环联建机制,全面提升项目建设水平。

(三)党建+智能制造

装备生产以创建"智造型"党组织为目标,推动企业发展由"制造"向"智造"的蝶变。在推进"智能制造、提升产能良率、精益生产、安全生产"上升级换挡,实施"党员挂点班组联系""新老党员师徒带"推进模式,持续深化智能化、信息化、数字化转型升级中党员责任区、党员先锋岗等载体从有形向有效作用,让党建成为增强"制造"发展动

能、培育"智造"新兴动能的"坚强牵引"。

三、构建"四个维度"——长效机制与基层管理相融合汇聚向心力

精准着力点,绘制完善"双向融合"路线图。公司党委结合实际,从四个方面深耕"双向融合"工作机制,做到党建引领有方向、党建赋能有抓手、党建融合有成效。

(一)党建融入思想文化宣贯

搭建学习教育"六个课堂",即干部领学"专题课堂"、红色基地"实景课堂"、寓学于悟"初心课堂"、在线活动"掌上课堂"、结对共建"共享课堂"、躬身实践"身边课堂",推动学习"量"变到"质"变。厚植"四种文化",将党建文化融入企业文化、凯盛文化、安全环保文化和廉洁文化,举办善用开放日活动,打造善用文化中心、党建书屋、党员活动室,把中国建材集团企业文化核心理念融入职工的血脉中。孵化党建子品牌,总结提炼蚌埠凯盛"1555"工作法等一批有亮点、有特色的党建工作法。建立玻璃设计院党支部、建筑设计院建筑工程党支部等"党支部建设示范点",激活"红色引擎"。

(二)党建融入公司治理结构

健全治理体系,修订《"三重一大"决策制度实施办法》《党委会议事规则》,执行党委"第一议题"制度,把党委研究讨论作为必经的前置程序,做到环环相扣、步步衔接、科学决策。建立"三会"清单,构建"3+3"机制体系,厘清党委、董事会、经理层等各治理主体的决策权限,确保各治理主体行权履职有章可循,议事决策规范高效。完善管理机制,打造独立法人企业党支部的属地化管理模式,探索属地管理和总部管理"双轮驱动"。

(三)党建融入人才培养模式

创新"四力"人才培养,围绕"学习力、担当力、创新力、协同力"聚焦人员能力提升、部门梯队建设、组织活力强化三大目标,盘活人才资源。开展中层干部岗位竞聘,明确人员发展路径,在"比学赶超"中激发企业活力。构建复合型人才矩阵,实施"三苗"行动,精准"选苗",深入推进"双向进入、交叉任职",选优"一肩挑"党支部书记,配强党支部班子力量;选派年轻干部到基层一线"墩苗",分别赴云南昭通扶贫和基层一线任职;用好"启明星"人才计划等高层次科技创新"育苗"平台,促进党建人才互相流动、互相交流、双向培育,达到党建工作责任制与岗位责任制相融合,实现党建与业务有机融合共同体。目前,已有2人分别成为"浦江人才"和"启明星"人才,6人分别荣获

"上海工匠"和"普陀工匠"称号。擦亮党员示范岗，通过创建"玻璃节能劳模创新工作室"、打造"最美建材人"等途径，让先进典型"立"起来，不断增强基层党组织"造血"功能。

（四）党建融入企业合作发展

开展固本强基助推式共建，党组织结合自身工作需求和业务实际情况，以"一对一"或者"一对多"的形式，结对消除各自党建"薄弱点"，形成工程项目建设有新推进、党员模范作用有新体现、党群干群关系有新进展、基层党建工作有新提升的党建新路径。探索铆接式联建、社会化促建，积极加入普陀区"靠谱"党建联盟，充分发挥"盟主"引领作用，开展"银企共建""政企共建"，构建出资源共享、优势互补、互相促进、共同发展的党建工作新格局。

自创建"融合型党建134模式"以来，公司各基层党组织撬动"党建赋能"杠杆、释放"靶向发力"效能、唱响"群团共建"和音。该模式已成为优化治理能力、提升经营业绩、推动企业在新时期高质量发展征程上出新出彩的方法路径。各基层党组织政治功能不断增强，战斗力进一步提升，职工群众的满意度进一步提高，企业朝着实现更高质量、更有效率、更可持续、更为安全的发展稳步前进。

近3年来，企业先后获得中央企业先进基层党组织、全国文明单位、国家科学技术进步奖一等奖、国家级技术创新示范企业、全国青年文明号、全国勘察设计企业工程项目管理第11名、工程总承包营业额第4名、上海市文明单位、上海企业100强、上海服务业企业前50强、上海市优秀高新技术企业、上海硬核科技企业"前十强"、上海市服务型制造示范平台、SFEO上海生产性服务业品牌价值前十强、服务型制造示范企业等多项荣誉称号。

坚持党的领导，以品牌建设推动党建与生产互促互融，实现装备制造业高质量发展

古红穹　王博扬　叶坤　郑纤秀　张云连

蚌埠凯盛工程技术有限公司（以下简称蚌埠凯盛）成立于 2004 年 7 月，注册资本金 2 亿元，是中国建材国际工程集团有限公司旗下全资子公司，国家高新技术企业。公司主要从事玻璃装备制造，现有玻璃成套装备生产能力 30 套 / 年，是亚洲最大的玻璃装备制造集成商和龙头企业之一。"十三五"期间累计营收 24.7 亿元，年均增长 17.92%，占有国内高端优质浮法玻璃装备制造 75% 以上的市场份额，产品辐射欧洲、亚洲、非洲、美洲等 30 多个国家和地区。

公司先后荣获工业和信息化部退火窑国家单项冠军产品、工业和信息化部智能制造解决方案供应商、全国和谐劳动关系创建示范企业、国家绿色工厂、工业和信息化部工业互联网试点示范项目等 10 余项国家级荣誉；安徽省劳动保障诚信示范企业、安徽省第八届专利金奖、安徽省技术创新示范企业、安徽省标准化示范企业、安徽省专精特新冠军企业等省级荣誉 30 余项；荣获"最具成长性建材企业 100 强"等建材行业荣誉 20 余项，中国建材集团奖项 30 余项。

一、"1555 党建工作法"的创建背景

自 2020 年党委成立以来，蚌埠凯盛党委在企业发展定位、组织建设、党建与生产经营的融合等方面还存在一些问题：产品定位不够准确、科技创新动力不足、安全质量意识仍需加强、企业凝聚力不足等短板和弱势。如何加快融合，提升企业的凝聚力和党组织战斗力，成为企业发展的当务之急。为贯彻落实党的二十大精神和习近平总书记关于党建的新理念新思想，满足强化基层党组织建设、探索党建与生产经营深入融合、做

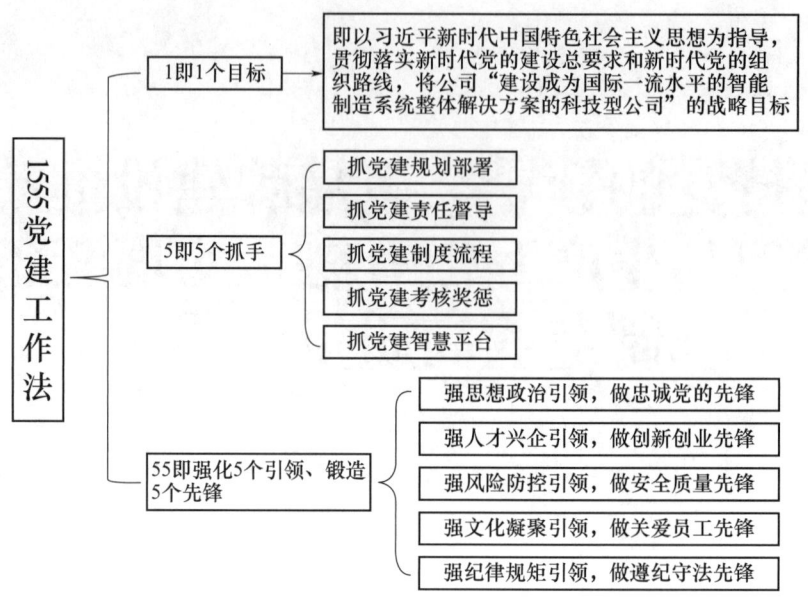

优做强国有企业的需求，结合公司实际，公司党委组织各党支部和部门构建了"1555党建工作法"。

二、"1555党建工作法"的主要做法

在全国国有企业党的建设工作会议上，习近平总书记不仅论述了国有企业的地位、国有企业党建的规律性认识和国有企业党建的总要求，还进一步回答了党管干部怎么管、全面从严治党怎么治、党要管党怎么管。为了强化国有企业基层党组织建设，充分发挥基层党组织在国有企业的作用，健全组织体系和工作机制，我们探索了坚持党的领导，以党建与生产经营互相促进、互相融合，推动装备制造型企业高质量发展。蚌埠凯盛党建品牌名称："1555党建工作"法，即聚焦1个目标、用好5个抓手、强化5个引领、锻造5个先锋。

为深入推进党建与生产经营融合，蚌埠凯盛党委紧紧围绕公司目标，突出政治性，服务公司高质量发展，形成具有较强号召力、凝聚力、影响力和创造力的党建工作体系。

（一）强化组织领导，压实各方责任

为推进党建与生产的融合，蚌埠凯盛党委成立了党建工作领导小组及其办公室，建立生产经营例会和党建工作季度例会相结合的制度，既汇报生产经营工作也阐述生产经营中党建责任落实工作，形成责任明确、领导有力、运转有序、保障到位的党建工作领导体制和运行机制，压实了各层级生产和党建责任，推动党建各项工作高效开展。

通过党员先锋岗的创建，项目现场、经营管理等岗位的共产党员发挥了先锋模范作用和带头作用；通过生产标兵的评选，极大地调动了生产岗位党员和职工的积极性，生产效率提升20%左右；通过创新标兵等创先争优活动，激发了广党员和职工创新的积极性，荣获全国机械冶金行业职工创新大赛特等奖、蚌埠市职工技能创新成果特等奖，不断凝聚公司高质量发展的强大正能量。

（二）以党建项目化管理，推进党建与生产经营融合

开展党建工作项目化管理，以党建项目为载体，将党建工作具体化，将党建工作"软任务"转为"硬指标"，明确党支部目标与任务。在党建工作项目化管理过程中，把党建工作放在企业发展的大局中去思考、部署、落实，从化解业务工作困局"破题"，从全面促进企业发展"结题"，使党的优势有效转化为企业发展优势，实现抓党建与促发展有机融合、互促双赢。公司在商丘中联二代浮法、吴江南玻改造、桐城新能源、彩虹合肥光伏三期以及武骏等项目现场建立临时党小组，确保了工程项目高质量完成，获得了用户的充分肯定，收到数十封客户感谢信，获评优秀施工单位等荣誉，成为玻璃装备制造行业的标杆。

强化组织领导，明确工作职责。党委建立党建项目化管理体系和制度机制，基层党支部贯彻落实公司党建项目责任制相关部署及要求。明确工作流程，严把环节质量。建立党建项目流程管理体系，对项目的选项与立项、组织与实施、验收与评估等环节进行系统把控，将党建工作从"活动主导型"逐步向项目化管理、流程化管理转变。强化考核评议，注重成果推广。通过验收评估小组评分＋党员群众民主评议＋党支部（书记）述职评议考核的形式，形成对党建项目的最终考核。将党建项目纳入党支部党建考核指标，并占一定比例的权重。

通过党建项目考核，总结党建工作项目化管理的优秀成果，树立支部创新项目品牌，实现自身能力的不断提高，并从项目成果中汲取可推广经验，实现党建工作在内容、载体等各个方面的重点管理和创新建设，不断提高基层党建工作管理水平。

（三）以党员积分制管理，激活组织细胞

以党员积分制管理为抓手，对党员参加学习教育、严肃党内政治生活、遵守党纪法规、发挥先锋模范作用等情况量化标准，对党员履职尽责和日常表现采取加分、减分的方式进行动态管理，激励公司党员不忘初心、牢记使命，立足岗位担当作为。

明确标准，科学制定积分办法。坚持以党章为遵循、以职责职能为依托、以支部党员

为主体、以结果运用为关键、以发挥作用为目的，按照"党员积分＝基础分＋业绩分＋奖励分"的方式进行动态管理。强化落实，严格积分制日常管理。党委负责对党员积分制管理工作的领导，各党支部结合党员教育管理和业务工作实际，围绕职能职责抓好推动实施，对参加学习教育、完成工作任务等情况量化标准、设定分值，进行动态管理。注重实效，强化积分制管理结果运用。把党员积分制管理作为党支部建设重要内容，列入年度支部党建责任考核。党员年度综合积分结果作为民主评议党员时评定等次的重要依据。

通过党员积分制的实施，广大党员积极参加党的理论知识学习教育和参加社会公益活动，激活了组织细胞。135名党员获得了"贯彻十九届六中全会网络培训班"和"贯彻党的二十大精神网络培训班"结业证书；40余名党员获得"习近平新时代中国特色社会主义思想主题教育网络培训"结业证书；近50名党员获得生产标兵、质量标准和创新标兵；近30名党员参加了蚌埠市无偿献血活动；在疫情防控中，近50名党员参加了所在社区疫情防控志愿工作；近100名党员参加了蚌埠市文明城市创建活动和义务植树活动。

三、党建品牌建设成果

（一）做强国有企业，实现了国有资产保值增值

蚌埠凯盛党委紧紧围绕公司的战略目标，推动公司由传统装备产品提供服务商逐渐转型为客户提供智能制造系统解决方案的服务商。公司产品出口至欧美国家，在知名度、装备技术、工艺水平等方面，在国内外客户群有着较强的影响力。公司五年来营业收入、利润总额和净资产等增长情况，见表1。

表1 公司五年来营业收入、利润总额和净资产等增长情况

年份（年）	2018	2019	2020	2021	2022
营业收入（万元）	60755	61032	66457	103487	133810
利润总额（万元）	6096	5826	6540	10119	15321
年化劳动生产率（万元/人）	25.11	23.66	26.74	33.66	41.15
总资产（万元）	101125	96817	116198	139517	185993

近5年来，公司营业收入年均增长率为21.82%，利润总额年均增长率为25.91%，占有国内高端优质浮法玻璃装备制造75%以上的市场份额。特别是自2020年党建品牌创建以来，2021年较2020年营业收入增长55.72%，2022年较2021年营业收入增长29.30%；2021年较2020年利润总额增长54.73%，2022年较2021年利润总额增长51.40%；2021年较2020年年化劳动生产率提高25.92%，2022年较2021年年化劳动生产率增长22.23%；

2021年较2020年总资产增长20.07%，2022年较2021年总资产增长33.31%。

（二）强化政治引领，推进基层党组织建设标准化

基层党委作用充分发挥。党委坚持学习贯彻习近平新时代中国特色社会主义思想和党的二十大精神，将学习习近平总书记重要指示精神等内容作为党委会和理论学习中心组学习的第一议题和第一专题，完整、准确、全面贯彻新发展理念，推动制造业高端化、智能化、绿色化发展。

党支部标准化建设深入推进。党委坚持推进党支部规范化标准化建设，聚焦党支部建设问题破解，不断规范"三会一课"等组织生活，督促支部合理制订支委会、党员大会和季度集中学习计划。在保证基本动作的同时，做优自选动作，确保支部工作更加标准和规范。自党建品牌创建以来，各党支部累计召开支委会174次，举办党员大会60次，党课60次，主题党日活动174次，民主评议党员12次。

在蚌埠凯盛党委领导下，各支部积极探索实现党建与生产经营深入融合，如将临时党小组建在项目上，项目组成立时即成立临时党小组，党员是项目负责人，是质量和安全第一责任人，在项目执行时规范党员日常管理和政治理论学习，既发挥临时党小组的战斗堡垒作用，又充分发挥党员的带头作用。"我为大家讲党课"、党建联盟同心抗疫、防汛备汛勇当先锋、"用行动帮助困难，用爱心抚慰心灵"、爱心车队公益、植树添绿助力减碳、"雷"力"锋"行，我们在行动、学雷锋、"学党史、缅先烈、凝力量"等主题活动，增强了党支部的创新动力，推动了部门工作任务的完成，实现了党建工作的新发展。

干部人才培养和党员发展成效显著。通过1555党建工作法的推进，使基层党建工作富有生机、充满活力。通过党员先锋岗、生产标兵、创新标兵等创先争优活动，不断凝聚公司高质量发展的强大正能量。近年来，公司累计向集团公司输送领导干部10多名，培养中层正职以上人员20人，80后占比68.4%；教授级高工4名、高级工程师35名、技能人才252名。培养省级劳模3人、省级工匠1名、市级工匠5名、大师工作室10个。公司近3年人才培养情况，见表2。

表2 公司近3年人才培养情况

	2020年	2021年	2022年
中层正职以上管理人员	14	19	20
教授级高级工程师	2	3	4
高级工程师	24	28	35
技能人才	117	117	252

蚌埠凯盛党委按照党员发展的总体要求，本着积极慎重发展原则，指导各支部合规有序推进党员发展工作。两年来，共发展预备党员15名。

（三）充分发挥纪检监督作用，营造"廉洁凯盛"

蚌埠凯盛党委认真履行全面从严治党主体责任，持之以恒正风肃纪，不断开创党风廉政建设新局面。通过签订《党风廉政建设责任书》《廉洁自律承诺书》和建立《廉洁档案》，加强党风廉政建设和促进廉洁自律；加强对"一把手"和领导班子的监督，重点监督民主集中制和落实"三重一大"决策的情况；开展违规挂靠、化公为私等专项监督检查；开展警示教育，引导党员干部坚定信念、筑牢防线；完善监督闭环体系，形成监督合力，与合作单位建立廉洁共守机制。加强廉洁文化建设，开展廉洁文化书法、绘画、雕塑、视频制作活动，提高职工参与廉洁文化建设的激情，营造"廉洁凯盛"氛围。

（四）坚持自立自强，创新赋能未来

蚌埠凯盛党委坚持科技自立自强，发挥党支部和广大党员干部在科技创新方面的战斗堡垒作用和党员先锋模范作用。通过大力培育高价值专利，促进科技创新，奋力开创知识产权工作新局面，为实现公司高质量发展做出更大贡献。公司拥有发明专利45件、实用新型专利310件、软著81件；获得工业和信息化部退火窑国家单项冠军产品、智能制造解决方案供应商、工业互联网试点示范项目、智能制造标准化应用试点、安徽省"5G+互联网"十大创新应用、安徽省技术创新示范企业、安徽省专精特新企业、安徽省标准化示范企业、安徽省专精特新冠军企业等荣誉。

将品牌管理的理念和方法融入党建工作中，用品牌理念带动党建，用品牌标准评估党建，用品牌技术推进党建，用品牌形象展示党建，实现品牌管理与党的建设相互融合、相互促进，既是国有企业基层组织党建工作的生动探索与实践，也是国有企业基层组织党建工作的积极创新与跃升。蚌埠凯盛党委将继续探索党建与生产经营的深度融合，创新党建工作方法和载体，强化基层党组织监督工作，努力通过"1555党建工作法"的引领，推进装备制造型企业高质量发展。

固本强基打造红色引擎
三融三聚激发转型动能

王彦珏

坚持党的领导、加强党的建设,是国有企业的优良传统,是国有企业的"根"与"魂",更是国有企业的独特优势。站在以中国式现代化全面推进中华民族伟大复兴的新历史阶段,凯盛重工有限公司(以下简称凯盛重工)党委在中建材玻璃新材料研究院集团有限公司(以下简称中研院)党委的正确领导下,认真贯彻落实习近平新时代中国特色社会主义思想和党的二十大精神,在深入学习研究中研院"双引领三融合"思政工作法、党建"六三"标准工作法、党风廉政建设"五牛"精神、群团工作"五大工法"等先进党建思政工作经验的基础上,以中国建材集团"1345"党建工作体系为基本框架,融合90多年积累的经验做法和形成的特点规律,创建"融聚星火 智造未来"党建品牌,通过党建与生产经营"三融三聚"工作法,与公司战略落地、深化改革、科技创新等重点工作相互渗透、相互融合、相互滋养,将党建账与经营账合成"一本账",推动企业突破发展瓶颈,迈出高质量转型发展的步伐。

一、以"星火"绘就最大"同心圆",强化创新发展的思想引领力

凯盛重工伴随新中国的诞生和改革开放的步伐,随党而兴、跟党创业。90余载历史积淀和精神传承丰富了党建品牌的内涵,为党建品牌赋予了极强的实践特征。60周年厂庆之际,时任全国政协副主席的王光英为厂题词"煤机之星",这是凯盛重工广大党员干部员工的初心所在、使命所系、志之所驱,为党建品牌提供了精神内核,也为党建与生产经营深度融合提供了坚实基点。

2007年加入中国建材集团以来,凯盛重工在中研院的关怀指导下,紧紧围绕玻璃新材料"3+1"战略布局,找准战略定位、拓宽发展思路,经过一系列改革创新,形成"做强做专煤机装备、做优做精建材装备、做大做全新能源装备"的转型发展战略。面对新

形势新要求新任务，凯盛重工充分认识到央企的政治属性，树牢"四个意识"、坚定"四个自信"，以加强党的政治建设为核心，不断加强思想建设、制度建设、队伍建设、纪律建设，着手创建"融聚星火 智造未来"党建品牌，引导全体党员干部员工统一思想认识、坚定理想信念、强化使命担当、激发内生动力和干事激情，形成党建与生产经营优势互补、功能互补的增长效益，稳固现有市场的先发优势，扩大新兴产业的后发优势，努力在以新型工业化推进中国式现代化的背景下实现"企业与时代同进步、员工与企业共成长"。

二、以"三融"追求最大"公约数"，激发攻坚克难的组织战斗力

凯盛重工始终坚持党的领导，以"为企业谋发展，为员工谋幸福"作为开展工作的出发点和落脚点，打造出以先进党员为骨干的"红星火"党员突击队、以团员青年为主体的"红齿轮"青年志愿队、以帮扶救困为己任的"红纽带"公益服务队"三支队伍"，为党建工作融入思想建设、融入队伍管理、融入业务发展提供坚实的组织保障，营造了企业创新创效的良好氛围。

一是促进工作作风持续改进。通过全面学习贯彻习近平新时代中国特色社会主义思想主题教育，深刻领悟"两个确立"的决定性意义，不断增强党员和群众对基层党支部的政治认同、思想认同和情感认同，推动党的工作从"有形覆盖"向"有效覆盖"转变，进一步强化了基层党支部的思想引领力、党员组织力、群众号召力，引导党员群众瞄准高质量发展目标，做到心往一处想、劲往一处使，增强工作的预见性和主动性，眼里有活、心里装事、手里有招，从"要我干"向"我要干"转变。部分党支部在节假日期间，自发组织党员开展生产突击活动，在项目进度时间紧迫、任务繁重的前提下，主动倒排工期，挂图作战，合理组织生产，确保公司重点项目有序进行，以饱满的热情和昂扬的斗志彰显了基层党组织的战斗堡垒作用。

二是促进整体素质不断提升。坚持"党管干部、党管人才"，立足三个省级创新平台，聚焦中研院科技创新技术平台优势，抓好骨干队伍和人才队伍建设，以提升党委领导力、支部战斗力、干部执行力为目标，通过组织上分级赋能、作用上三力一体、机制上深度融合、成效上共建共享，构建思想引领、组织建设、人才培养、文化塑造、综合监督、考核评价的闭环管理体系，不断提高党员干部推动高质量发展本领、服务群众本领、防范化解风险本领，有力促进企业发展的效率、效益、效果提升。近年来，公司1人当选安徽省第十四届人大代表，1人当选淮南市第十一次党代会代表，2人入选安徽省"特支计划"人才名单，1人荣获安徽省"创新达人"，"煤矿井下辅助运输设备创新团队"获批淮南市第

六批"50·科技之星"创新团队称号,多人荣获中国建材集团及市级表彰。

三是促进生产经营提质增效。持续推进党支部组织机构设置规范化、组织生活规范化、工作流程规范化、基层建设规范化、制度管理规范化,以党支部强大的政治优势、组织优势、制度优势、密切联系群众优势,推动党建成为改革发展的"加速器"、开拓市场的"金名片"、加快创新的"动力源"、强化管理的"压舱石"、提升形象的"标志牌"。公司近年来各项经营指标均稳步增长,TBM、智能掘进机、掘锚机等高端煤机装备成为新的利润增长点;建材装备按照彭寿院士提出的"以装备服务工艺、以装备支撑产业"的机遇,不断扩大产量规模,同时快速发展大运量长运距皮带机,进一步提升了服务集团战略的能力;新能源装备形成从自动化生产到热镀锌工艺的全产业链,为绿色转型发展积蓄潜能。通过不断引入先进加工设备,逐步形成自动化生产流水线,实现了质的有效提升和量的合理增长。

三、以"三聚"集成最大"向心力",增强提质增效的实践创造力

充分利用党员活动室、善用文化中心、善健活动中心、党建书屋等活动阵地,打造"星火驿站""星火工坊""星火学堂"三个主题平台,形成为思想教育"聚心"、改革创新"聚智"、文化建设"聚力"的"三核多点"党建阵地网络,夯实战斗堡垒。

一是把稳思想之舵。扎实落实"三会一课"制度,开展主题党日等"规定动作";创新开展"打卡积分学""结对互助学""轮流带领学"等学习活动,鼓励党员干部员工积极参与"凯盛大讲坛";按期推荐党员教育读物,组织集体朗读原文、录制视频,提高思想素质和理论水平。创新活动形式,为党员过难忘的"政治生日";运用周边红色教育资源,结合"红色剧本杀""VR"沉浸式体验等,打造"体验式"红色教育模式,筑牢永远跟党走的思想根基。

二是扬起实干之帆。针对技术创新定期召开学术座谈,围绕产品质量、生产效率、加工工艺、科技研发等相关技术问题,基于对市场、技术可行性、经济价值的研判分析,确定攻关方向,研讨创新方案,凯盛重工先后荣获省级、市级科学技术奖;获批安徽省科技重大专项、揭榜项目;通过省新产品、首台(套)重大技术装备、省工业精品认定;2022年还通过安徽省"专精特新"中小企业认定。针对管理创新定期组织培训讲座,以"三精管理"为主要内容,以培养财务思维为提升目标,从资金预算、控制、分析和决策等方面的基本财务要点入手,推动公司管理模式、管理思维、管理效能进一步提升。针对营销创新定期组织市场分析。以项目管理为核心,以市场需求、技术发展为导向,围绕全年经营

目标任务，树立强化"价本利"管理理念，定期分析行业发展趋势，对标竞争对手产品，强化与采购、研发、生产环节沟通协调，集思广益，形成提升市场占有率的有效策略。

三是厚植文化之基。将党建文化与企业文化、安全环保文化、廉洁文化有机融合，使红色基因成为企业文化建设的思想之魂和精神支柱，在坚持党的领导、加强党的建设中强化"政治方向引领"，在企业发展中强化"企业文化引领"，以党建文化中蕴藏的精神动力、价值导向构成企业文化的核心要素，以企业文化中蕴藏的新理念、新载体、新活力转化为党建思想政治工作的吸引力、影响力和凝聚力，不断将文化软实力转化为执行力，将文化优势转化为管理优势，促进党建文化与企业文化融合共生。

凯盛重工将深入学习贯彻习近平新时代中国特色社会主义思想，在中研院党委的坚强领导下，担负起时代赋予的重任，不断以生动实践促进"融聚星火 智造未来"党建品牌的内涵深化和外延拓展，实现党建与生产经营"三融三聚"促提升，努力走出一条以高质量党建引领的高质量转型发展之路。

经典回放

凯盛集团彭寿：把玻璃做成"黑科技"更薄更柔更好

中建材蚌埠玻璃工业设计研究院院长，凯盛科技集团党委书记、总经理 彭寿

随着可折叠屏手机的发布，柔性玻璃概念站上了风口。

"柔性屏未来用玻璃作为材料是它的发展方向。"全国两会期间，全国人大代表，中建材蚌埠玻璃工业设计研究院院长，凯盛科技集团党委书记、总经理彭寿接受上证报记者采访时表示。

早在两年前，彭寿就提出，玻璃要向厚度更薄、可卷曲可折叠的高性能产品发展。去年，凯盛科技集团成功量产了世界最薄的0.12mm浮法宽板超薄触控玻璃。

彭寿表示，下一步，凯盛科技集团会紧紧围绕关键技术"卡脖子"的问题去攻关，包括作为国家重大专项的8.5代TFT-LCD玻璃基板将在今年上半年实现量产，这是中国拥有完全自主知识产权的大尺寸玻璃基板。在柔性玻璃方面，凯盛科技集团今年计划实现0.1mm浮法宽板超薄触控玻璃的量产，这是国产超薄柔性玻璃的再一次技术升级。多项"黑科技"的问世，将弥补国内技术空白，并且达到世界领先水平。

2022年底，凯盛科技集团的实际控制人中国建材集团有限公司被确定为国有资本投资公司试点企业，未来该项试点将对凯盛科技及洛阳玻璃等材料板块公司有何影响？彭寿对此也进行了回应。

0.1mm 柔性玻璃拟年内推出

近期，三星和华为相继发布可折叠手机，苹果亦斥资 2 亿美元给其供应商研发折叠屏幕。自此，手机屏幕革命全面启动。

由于玻璃本身有其刚性，在过度弯曲的情况下很难保持完好。目前已推出的可折叠手机都采用了软胶塑料材质来对 OLED 内屏进行封装。这种塑料材质由于其本身的物理特性，很容易被刮伤，清晰度和耐用性上也远不如玻璃，长时间使用后容易出现褶皱现象。早在两年前，彭寿就提出，玻璃要向厚度更薄、可卷曲可折叠的方向发展，可以作为手机屏幕的材料。

2018 年 7 月，0.12mm 超薄电子触控玻璃在凯盛科技集团旗下蚌埠中建材信息显示材料有限公司成功下线。继 0.15mm 之后，凯盛科技集团又一次创造了浮法技术工业化生产最薄玻璃的世界纪录，进一步巩固了国内玻璃行业领军者的地位。

彭寿透露，今年，凯盛科技集团争取再实现 0.1mm 可卷曲可折叠的柔性超薄触控玻璃的技术攻关。

8.5 代 TFT 玻璃基板上半年量产

"凯盛科技集团另一个国家重大专项——'浮法 8.5 代 TFT-LCD 玻璃基板'将在今年上半年实现量产。"彭寿表示，这是中国拥有完全自主知识产权的大尺寸玻璃基板，攻克该项技术是为了保障我国玻璃基板产业链的安全。

目前，这个国内首条浮法 8.5 代 TFT-LCD 玻璃基板示范线建设已进入攻坚冲刺阶段，实施单位为凯盛科技集团旗下的蚌埠中光电科技有限公司。

据悉，目前高世代 TFT-LCD 玻璃基板工业化生产技术依然是制约电子信息产业发展的短板。此条 8.5 代浮法 TFT-LCD 玻璃基板示范线的建设，将有利于我国玻璃基板工业补短板、强弱项，对加快平板玻璃工业结构调整、更好满足电子信息产业发展需要、实现高质量发展具有重要意义。

此外，玻璃在医疗领域的应用也是一个重要的技术攻关方向。由于医用包装材料对玻璃纯净度的要求更高，国产药用玻璃与国外产品一直存在不小差距。凯盛君恒打破国际垄断，实现了高端 5.0 中性硼硅药用玻璃的国产化，产品填补了国内空白。该项目一期已按计划顺利投产，2018 年产量突破 2000 吨，国内外 50 余家后加工制瓶企业使用了该项目产品，市场占有率逐步提高。去年，凯盛科技已完成对项目承担单位的增资入股，凯盛君恒顺利转变为混合所有制企业，成为集团医用包装材料产业转型发展的平台。

"我们将围绕国家战略发展需要，继续在高端产品上发力。"彭寿对上证报记者表示。"未来，玻璃的发展方向就是超薄、大尺寸、高透化和功能化，我们将进一步对低端玻璃限制生产，攻关更多高性能的新产品，弥补技术短板。"

投资公司试点助力材料板块发展

2022年年底，凯盛科技集团的实际控制人中国建材集团有限公司被确定为国有资本投资公司试点企业，该项试点将对凯盛科技及洛阳玻璃等材料板块公司有何影响？

彭寿回应称："中国建材集团的三大主业是水泥、材料、工程服务。其中，材料是中国建材未来发展重点，集团成为投资公司试点后有利于材料板块的发展，包括资金、战略层面对材料板块都会有支持。"

在彭寿看来，作为材料领域的"国家队"，攻克技术"卡脖子"难题是凯盛科技集团义不容辞的责任。

以信息产业为例，信息显示面板的关键原材料——基板玻璃一直是信息显示产业的"卡脖子"问题。历经数十年研发攻关，我国建材行业终于实现信息显示玻璃的重大突破，建成国内首条4.5代TFT液晶玻璃基板生产线，并量产世界最薄0.12mm超薄触控玻璃。但是，大尺寸信息显示基板玻璃的"卡脖子"问题仍然没有得到很好解决，京东方、华为等企业都面临着寻找国内合作伙伴，以摆脱国外制约的迫切需求。因此，"卡脖子"的技术亟待突破。

他建议，完善央企、民企"卡脖子"项目的合作机制，由科技部牵头，充分利用央企积累的资源优势、人才优势和民营企业的市场应用需求，加强指导支持，加强合作对接，形成合力，对重大科技创新成果，建立从立项到产业化的全过程合作机制，共同实现"卡脖子"技术和产业的新突破。

彭寿还建议，对于合作的"卡脖子"项目，国家对国企和民企给予同样的政策支持，并且为优化创新生态，建立奖励激励机制也很有必要，可设立专项攻关基金，充分调动民企参与"卡脖子"项目的积极性，提高创新能力和效率。

《上海证券报》 2019年3月15日

中国首片自主研发 8.5 代液晶玻璃基板下线

中国首片自主研发的 8.5 代 TFT-LCD 玻璃基板产品 9 月 18 日下午在安徽省蚌埠市正式下线，这标志着我国自主研发的该产品将实现工业化生产，我国也将成为继美、日之后全球第三个掌握高世代 TFT-LCD 玻璃基板生产技术的国家，这对全面提升我国电子玻璃在国际市场的主动权与话语权，保障我国信息显示产业安全具有重要意义。

TFT-LCD 玻璃基板是液晶显示面板的核心部件，是电子信息显示产业的关键战略材料，其生产控制精度与半导体行业相当，代表着目前全球现代玻璃规模化制造领域的最高水平。

据介绍，截至目前，我国大尺寸液晶显示所需的 8.5 代 TFT-LCD 玻璃基板核心技术完全被美国康宁、日本旭硝子等少数几家国外企业所控制，玻璃基板成为严重制约我国液晶显示产业发展的"卡脖子"问题。面对错综复杂的国际贸易环境，一旦国外公司对我国实施断供，我国投入近万亿元的液晶显示面板产业将面临严峻风险。

近年来，我国光电显示产业发展迅速，以京东方、华星光电、惠科集团、中电熊猫为代表的液晶面板生产商已在国内建设多条 8.5 代（尺寸：2.2 米 ×2.5 米）TFT-LCD 面板生产线，我国已成为全球最大的信息显示产业基地，年需 8.5 代及以上 TFT-LCD 玻璃基板 3.8 亿平方米。

为推动我国信息显示产业的高质量发展，科技部启动了国家重点研发计划"重点基础材料技术提升与产业化"重点专项"高世代电子玻璃基板和盖板核心技术开发及产业化示范"项目，旨在提升我国电子玻璃在国际市场的主动权与话语权。项目牵头单位中建材蚌埠玻璃工业设计研究院经过 3 年多持续攻关，取得了阶段性重大成果。今年 6 月 18 日中国首条 8.5 代 TFT-LCD 玻璃基板生产线成功点火，8 月 26 日生产线顺利引板，9 月 18 日正式下线。

产品下线后，项目团队将持续开展良率提升、产能爬坡和产品认证工作，待产品批量投放市场后，将满足国内主流面板厂商的应用需求，打破国外技术封锁，开创 8.5 代 TFT-LCD 超薄浮法玻璃基板国产化的先河。（记者 常河）

中国政府网　2019 年 9 月 19 日

安徽玻璃，创新实现领跑

0.12mm 世界最薄玻璃、中国首片自主研发的 8.5 代 TFT–LCD 玻璃基板、中国第一块 30μm 柔性可折叠玻璃……"十三五"以来，凯盛科技集团依托中建材蚌埠玻璃工业设计研究院（以下简称"蚌埠院"）的技术支撑和研发平台，着力攻克"卡脖子"难题，取得多项重大创新成果，让中国玻璃工业在参与国际竞争中实现了从跟跑到并跑、领跑的跨越。

30μm 柔性可折叠玻璃：连续 40 万次弯折不破损

"我们自主研发的 30μm 柔性玻璃在测试设备上已经连续弯折 40 万次。"近日，在位于蚌埠市的凯盛科技股份有限公司，副总经理张少波自豪地向记者展示，这种 30μm 柔性玻璃仅有 A4 纸的三分之一厚度，薄如蝉翼，随意弯折却不破损不变形。

近年来，随着 5G、AI 等新技术的快速发展，柔性和折叠成为显示产业重点关注的发展方向和趋势。2019 年起，中建材凯盛科技集团紧跟电子信息产业柔性和可折叠发展趋势，利用自身超薄玻璃的科研攻关和产业化能力，整合蚌埠院、浮法玻璃新技术国家重点实验室和蚌埠光电材料等企业的技术优势，组建柔性玻璃联合实验室，成立协同攻关团队，针对柔性超薄玻璃技术指标要求，制定了可行的工艺路线和详细的技术实施方案，在国内率先开发出 30μm 柔性可折叠玻璃，产品性能与德国肖特相当，再创一项玻璃新材料领域中国第一、世界领先的成果。"柔性超薄玻璃如果应用到可折叠手机上，按照手机一天折叠 40 次和连续 40 万次弯折不破损计算，用这种柔性玻璃制造的手机可以折叠使用将近 27 年半。这意味着凯盛科技掌握了'高强玻璃料方—原片生产—高精密加工'的超薄柔性玻璃全链条创新技术，具备自主产业化的实施能力。"张少波说。

0.12mm 超薄浮法电子玻璃：创造世界最薄纪录

作为信息显示产业的关键功能材料，我国显示玻璃长期被美、日等国少数企业垄断，严重影响了我国万亿元信息显示产业的产业链供应链安全。针对产业发展关键环节缺失，蚌埠院通过关键核心技术与装备的科技攻关，成功掌握了具有完全自主知识产权的整套技术及核心装备，创新开发出中国特色的超薄电子玻璃浮法新工艺。2018年4月，成功研发量产出0.12mm超薄浮法电子玻璃，创造了浮法技术工业化生产的世界最薄玻璃纪录，成为目前国内唯一拥有0.12mm至1.1mm全系列品种超薄浮法电子玻璃技术的企业。成果荣获2016年国家科学技术进步奖二等奖、2018年中国工业大奖。

近年来，智能手机、平板电脑等电子产品逐步向轻薄化、智能化、高性能化方向发展，而实现轻薄化、提升透光率、改善用户体验等任务主要由触控面板和显示面板来担当，作为面板上游关键原材料产品——超薄玻璃基板，就要用超薄玻璃来生产。"2013年以前，1.1mm以下的超薄乃至极薄玻璃，技术和产品一直被国外垄断，所有的超薄电子玻璃都需要进口。而现在，我们自主研发生产的0.12mm超薄浮法电子玻璃已达到国际先进水平，可以完全替代进口。"中国工程院院士、中国建材集团总工程师、中建材蚌埠玻璃工业设计研究院院长彭寿告诉记者。

8.5代TFT-LCD玻璃基板：摘下行业"皇冠上的明珠"

TFT液晶玻璃基板是液晶显示面板的核心部件，是电子信息显示产业的关键材料，其生产控制精度与半导体行业相当，代表着目前全球现代玻璃规模化制造领域的最高水平。8.5代TFT液晶玻璃基板，被誉为信息显示玻璃行业"皇冠上的明珠"。长期以来，大尺寸液晶显示所需的8.5代TFT液晶玻璃基板核心技术完全被国外垄断，成为我国显示产业发展的"卡脖子"难题。

2016年，彭寿带领团队攻关高世代液晶玻璃基板。2019年9月18日，中国首片自主研发的8.5代TFT-LCD玻璃基板在蚌埠下线，从点火投产到成功引板仅用70天，创造了自主生产高世代液晶玻璃基板的"中国速度"。相关产品很快获得市场认可，通过国内主流面板厂商的全流程梯度应用认证，成功导入大尺寸显示产业链，为我国千亿级信息显示产业"固链、补链、强链"，满足我国液晶显示产业对基板玻璃的巨大需求发挥了重大作用。"8.5代TFT-LCD玻璃基板产品实现工业化生产，使我国成为继美、日之后第三个掌握高世代TFT-LCD玻璃基板生产技术的国家，这对全面提升我国电子玻璃在国际市场的主动权与话语权，保障我国信息显示产业安全意义深远。"彭寿表示，未来，蚌埠院将聚力为江淮大地打造"创新之城 材料之都 制造高地"，为实现安徽5000亿硅基新材料产业集群和蚌埠2000亿硅基新材料产业集群做出更大贡献。

《安徽日报》 2020年1月18日

徽故事："六稳""六保",要攻克产业链供应链

——全国两会上的安徽"声音"

"受疫情影响,来自全球产业链供应链的风险也在向国内传导。因此,引导支持高科技企业开展应用基础研究,不仅是当务之急,也是确保我国产业安全和经济恢复的重要支撑。"全国人大代表、中国工程院院士、中建材蚌埠玻璃工业设计研究院院长彭寿在信息显示领域深耕多年,见证了中国玻璃高端制造从艰难起步到领跑世界,随着2019年国际形势的骤变和新冠疫情,他发现产业链供应链"卡脖子"环节成为了科技创新的新瓶颈。

据科技部相关统计,2019年我国研发支出达2.17万亿元,科技进步贡献率达到59.5%,169个高新区生产总值达12万亿元,经济总量占全国的十分之一以上。全国高新技术企业达到22.5万家、科技型中小企业超过15.1万家。

在如此可喜的数字面前,彭寿却始终保持着冷静。彭寿认为,我国在关键环节、关键领域、关键产品上仍存在技术储备少、成果转化效率不高、国际竞争力弱的突出问题。要解决这一问题,需要加大支持高科技企业特别是掌握核心技术的企业更多参与到应用基础

研究中,进而解决科技与经济"脱钩"现象,提高产业链供应链的创新力、竞争力和抗风险能力。

彭寿举例说:"就从玻璃行业来看,长期以来,信息显示面板是我国仅次于芯片、石油、铁矿石的第四大单一进口产品,而面板的关键原材料——基板玻璃一直受到国外'卡脖子'制约。因为这个制约,国内企业在购买这些关键原材料时,就失去了讨价能力,以市场换技术的结果就是国外垄断企业获得了巨额利益,也阻碍了我国的科技创新。"

"过去我们经常会发现一台液晶电视的价格高达上万元,但近几年,国内中小尺寸信息显示相关技术实现了突破,国内液晶电视价格一下子降到了几千元甚至千元以下。"彭寿说,"不过,随着社会发展和市场需求的多样化,信息显示大尺寸化成为了未来发展的趋势,一旦国际竞争对手停止供应关键原材料,对国内整个信息显示行业造成的伤害将不可估量。"

彭寿介绍说,近年来,通过加大应用基础研究投入,我国成功量产了世界最薄0.12毫米柔性触控玻璃,并实现了自主生产高世代浮法液晶玻璃基板零的突破,将会带动下游行业制造成本下降30%,可以说,彻底打破了国外垄断。

"目前国内知名的下游企业都表现出了浓厚的兴趣。"彭寿说,"大家对未来都充满希望,但现在大多保持观望。"原来,在信息显示行业,新技术的应用都有一个适应过程。

"目前国外技术都已经成熟,可以拿来就用,但是国内新技术需要不断调试,会造成企业短期内的成品率不高等问题,相对于一次几百亿的投资,存在一定的风险。"彭寿说。

基于此,彭寿在两会上提出了关于支持攻克产业链供应链"卡脖子"环节的建议。他认为,产业链供应链的"卡脖子"材料科技含量高、资金投入大、认证周期长,建议国家加大支持关键产品在下游的认证和应用,对下游导入产业给予资金支持,鼓励引导下游企业推动产品的国产化替代,建立上下游协同发展机制,打造我国更具核心竞争力的产业链供应链。

同时,建议围绕"卡脖子"技术产品开通专利、发明、标准的绿色通道,尽快构建一批支撑产业发展的高水平知识产权体系,助推国内企业抢占国际竞争先机。

"中央强调加大'六稳''六保'工作力度,特别提出保产业链供应链稳定。就以玻璃行业为例,如果能够解决这些问题,首先信息安全将能够得到更好保障,其次,产品成本将大幅度降低,特别是科创企业活力可以得到进一步激发,消费者也能够从中得到实惠,可以说是双赢的结果。"彭寿说。

人民日报客户端安徽频道　2020年5月26日

新材料领域关键技术在蚌埠实现重大突破

——柔性可折叠玻璃工业化生产启动

8月25日,中国建材所属凯盛科技集团有限公司柔性可折叠玻璃工业化生产在蚌埠启动,打造中国第一、世界领先的全国产化超薄柔性玻璃产业链,这是在玻璃新材料领域又一项"卡脖子"关键技术的重大突破,标志着安徽创新发展和蚌埠硅基新材料产业再次取得重要成果。

2019年开始,凯盛科技集团紧跟电子信息产业柔性和可折叠发展趋势,利用自身在柔性触控玻璃的科研攻关和产业化能力,整合旗下蚌埠院、蚌埠光电、凯盛科技股份等企业优势,自主研发出高强度柔性玻璃配方以及减薄、强化、切割和成型加工新技术,生产出30~70微米厚度的主流规格超薄柔性玻璃,实现产品连续20万次弯折不破损,弯折半径小于1.5毫米,主要性能指标和参数均处于行业领先水平,形成了国内唯一覆盖"高强玻璃—极薄薄化—高精度后加工"的全国产化超薄柔性玻璃(UTG, ultra thin glass)产业链,打破国外垄断,从源头上保障了中国信息显示产业链安全。

中国工程院院士,凯盛科技集团党委书记、董事长,中建材蚌埠玻璃工业设计研究院党委书记、院长彭寿介绍，30微米柔性可折叠玻璃的攻关成功，是凯盛科技集团继2018年生产出世界最薄的0.12毫米超薄玻璃、2019年下线拥有自主知识产权的浮法8.5代液晶显示玻璃基板后，2020年又取得的一个重大"卡脖子"创新成果。这项成果凝聚了广大科研人员的心血，也是凯盛科技集团全产业链合作的成果，这将成为目前中国第一、世界领先的玻璃新材料全产业链技术和产品。产品量产后，将进一步加大投入，把蚌埠打造成中国的柔性玻璃、可折叠玻璃、显示玻璃之都，让材料之都在显示玻璃领域闪闪发光。

柔性和可折叠是显示产业发展趋势，它可以使信息显示终端更加便携和功能多样化，众多终端厂商均在向折叠领域投巨资开发新产品。目前已发布的折叠手机由于受材料限制外屏大多采用柔性 CPI 塑料基材，此种塑料基材因其表面硬度和机械抗疲劳强度差，用户使用一段时间后都不同程度出现折叠痕问题，严重影响用户体验。而 UTG 具备超薄、耐磨、强度高、可弯折、回弹性好等特性，被认为是柔性折叠盖板重要的新发展方向，国内外知名企业均在积极布局。

央广网　2020年8月27日

蚌埠柔性超薄玻璃攻克五大难题突破"卡脖子"技术

近日,中国建材所属凯盛科技集团有限公司柔性可折叠玻璃工业化生产在蚌埠启动,成功打造中国第一、世界领先的首条全国产化超薄柔性玻璃产业链,实现了玻璃新材料领域又一项"卡脖子"关键技术的重大突破。9月7日下午,中建材蚌埠玻璃工业设计研究院30微米可折叠柔性玻璃新闻发布会召开,记者从发布会上了解到,目前柔性超薄玻璃(UTG)产品正在国内知名手机厂商进行全面的测试认证。

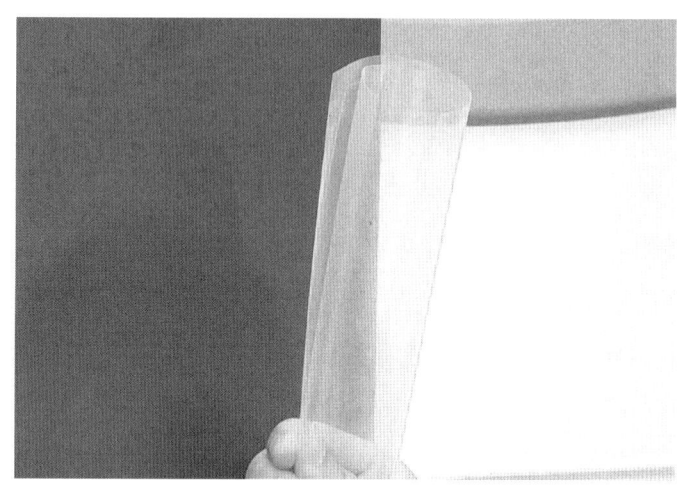

近年来,随着5G、AI等新技术的快速发展,柔性和折叠成为全球显示产业重点关注的发展方向和趋势。目前已发布的折叠手机大多采用柔性CPI塑料作为表面保护材料,但这种材料表面硬度低、抗疲劳强度差,影响用户体验。而柔性超薄玻璃具备超薄、耐磨、强度高、可弯折、回弹性好等特性,是理想的柔性折叠盖板材料。

柔性超薄玻璃虽好,但研发制造难度却很大。"目前全球都处于柔性超薄玻璃的研发探索阶段,还没有现成的工艺和装备,我们使用的工艺和装备都要自主开发。"凯盛科技股份有限公司副总经理、蚌埠华益公司总经理张少波介绍,柔性超薄玻璃的生产存在料方研究难、原片生产难、加工难、品质要求高、工艺及装备开发难五大主要难点。以加工难为例,柔性超薄玻璃只有30微米,是普通A4纸1/3的厚度,要求厚度公差小,但玻璃本身具有脆性，无法使用常规的切割手段和加工手段进行加工，凯盛科技集团最终通过自主开发特殊的加工设备加工出柔性超薄玻璃。在品质上，柔性超薄玻璃要求表面微观粗糙度在纳米级以下，任何微缺陷都会导致废品，因此凯盛科技集团又特别研制了一套品质控制和检测系统。

坚持自主创新，勇攀科技高峰。在中国工程院院士、凯盛科技集团董事长、中建材蚌埠玻璃工业设计研究院院长彭寿的挂帅指导下，中建材凯盛科技集团自2019年起就紧跟电子信息产业柔性和可折叠发展趋势，利用自身对超薄玻璃的科研攻关和产业化能力，整合蚌埠玻璃工业设计研究院、浮法玻璃新技术国家重点实验室、蚌埠光电材料、凯盛科技股份等企业的技术优势，组建柔性玻璃联合实验室，成立协同攻关团队，针对柔性超薄玻璃技术指标要求，制订了可行的工艺路线和详细的技术实施方案。

"这一年多来，特别是在今年疫情期间，我们攻关团队在实验室进行封闭式研发，不少研发人员整整三个月没出过门。"中建材蚌埠玻璃工业设计研究院副院长、总工程师张冲介绍。经过大家的艰辛努力、持续攻关，今年8月，中国建材所属凯盛科技集团有限公司成功自主开发出30~70微米厚度的主流规格超薄柔性玻璃。该产品能够实现连续20万次弯折不破损，且弯折半径小于1.5毫米，主要性能指标和参数处于中国第一、国际领先的水平，标志着凯盛科技集团已经掌握了"高强玻璃料方—原片生产—高精密加工"的柔性超薄玻璃全链条创新技术，并具备了自主产业化的实施能力，这对保障中国信息显示产业链供应链安全具有重要意义。

"成果的取得，离不开蚌埠市委、市政府长期以来的关心与支持。"张冲表示。近年来，市委、市政府高度重视科技创新工作，先后出台了一系列扶持政策，从研发平台建设、科技人才引育、科研攻关项目、科技成果转化等方面给予全方位支持，形成了完善的政策扶持体系。特别是我市出台的关于实施创新驱动发展战略加快"两个中心"建设的若干政策意见，涉及支持"三重一创"建设、支持创新型城市建设、支持制造强市建设、支持技工大市建设、支持人才高地建设五大方面内容，共计50条政策，这些政策为企业创新发展提供了强大助力。

"随着5G和人工智能的发展，柔性显示的应用场景将不断挖掘和拓展。"张冲说。面对柔性显示市场的发展，凯盛科技将围绕柔性超薄玻璃技术进步，不断研发，紧跟市场、引领市场，加大投入，努力把蚌埠打造成为中国的柔性玻璃、可折叠玻璃、显示玻璃之都。

《蚌埠日报》 2020年9月8日

蚌埠薄膜光伏建筑一体化应用示范项目提交"碳中和"亮眼成绩单

3月12日，笔者从蚌埠市召开的新闻发布会上了解到，从2020年2月28日至2021年3月1日，凯盛集团建设的单体规模10MW薄膜光伏建筑一体化（BIPV）应用示范项目运营一周年，累计发电超过1100万千瓦时，收益约900万元。按照运营时间25年计算，项目累计收益约2.2亿元，节约燃煤约11.7万吨，减少二氧化碳排放约26.5万吨，为推进资源全面节约和循环利用，实现"2030碳达峰、2060碳中和"交出了一份亮眼的成绩单。

8.5代TFT-LCD超薄浮法玻璃基板生产线薄膜光伏建筑一体化应用示范项目

该项目在凯盛集团国家科技重点专项8.5代TFT-LCD超薄浮法玻璃基板生产线厂房屋顶和墙面建设，充分利用自主研发的铜铟镓硒和碲化镉发电玻璃取代了大部分外墙材料和屋顶材料，单体厂房建筑面积12万平方米，总装机容量10MW。

该项目根据厂房墙面和屋顶的结构、安装方式、施工及运维等方面进行了一体化同步设计，项目采用"自发自用，余电上网"的模式，大幅降低了工业能耗指标，使夏季厂房内工作环境温度下降4~6摄氏度，同时还降低了建筑屋顶的维修费用和用电成本、延长了防水层寿命，为实现建筑从"高能耗向低能耗、正能耗"转变，打造绿色智慧能源试点城市作出了示范。

蚌埠奥体中心铜铟镓硒"龙眼"

多年来，凯盛集团坚持创新驱动发展战略，成功开发出光伏玻璃核心技术和成套装备、碲化镉发电玻璃和铜铟镓硒发电玻璃，结合大数据、云平台、智能化管理等先进技术，大力推进发电玻璃的 BIPV 示范应用，实现了光伏技术与建筑技术的高度融合，同时不断创新发电玻璃应用场景，积极服务国防建设、重大工程以及地方经济发展，广泛应用于西藏阿里 1400 千米边防线、冬奥会张家口奥运会场、河北太行山红色旅游基地、九寨沟黄龙超高原机场、海南定安装配式建筑等重大项目，实现了材料—装备—产业—应用的全创新链发展。

2020 年 9 月，凯盛集团与蚌埠市联合发布国内首个发电玻璃 BIPV 应用地方标准，截至目前，凯盛集团建设了国内首个中国玻璃新材料产业园 10.08MW 光伏建筑一体化项目；累计建设完成蚌埠市奥体中心、上海凯盛机器人研发楼等近 100MW 薄膜光伏建筑一体化项目，年发电量约 9000 万度，按运营时间 25 年计算，累计发电量约 22 亿度，累计节约燃煤约 94 万吨，减少二氧化碳排放约 220 万吨，在新型绿色建筑和绿色能源领域起到了示范带动作用，为早日实现"碳达峰、碳中和"目标作出了积极贡献。（和鹏飞 周鸣）

人民网　2021 年 3 月 15 日

单位 GDP 能耗降低 13.5%

我国是能源消费大国，节能潜力巨大。2012 年以来我国单位国内生产总值（GDP）能耗累计降低 24.6%，相当于减少能源消费 12.7 亿吨标准煤。2012 年至 2019 年，我国以能源消费年均 2.8% 的增长支撑了国民经济年均 7% 的增长，能源利用效率显著提高。

"十四五"规划纲要将"单位 GDP 能源消耗降低 13.5%"作为经济社会发展主要约束性指标之一。在实现"碳达峰、碳中和"目标背景下，怎么理解这一指标的意义？如何保障顺利实现？记者采访了相关部门和专家。

推动转型升级，有利于提升能耗较低行业比重

我国是一个人口众多、资源相对不足的国家，人均能源资源拥有量较低。"以更大力度实施节能降耗，不断完善能耗双控制度，不仅有助于缓解能源供应保障压力，以较低的能源消费增速支撑较快的经济社会发展，也可避免透支未来的战略资源、环境空间和发展潜力。"国家能源局有关负责人说。

该负责人介绍，经初步研究预测，为实现"单位 GDP 能源消耗降低 13.5%"的目标，"十四五"时期，我国将以年均 2% 左右的能源消费增长支撑 5% 左右的 GDP 增速，经济社会发展对能源消耗的依赖程度进一步降低。

降低单位 GDP 能耗，也是推进能源清洁低碳转型、倒逼产业结构调整的现实需要。

国家能源局有关负责人告诉记者，初步测算，"十四五"期间，单位 GDP 能耗降幅每扩大 1 个百分点，每年可减少能源消费 0.5 亿吨标准煤以上，相应减少二氧化碳排放 1 亿吨以上；经济增量部分对应的能耗强度仅为目前的 1/3 左右，将以更大力度减少高耗能高排放项目。

另一方面，当前我国经济结构中第二产业比重、高耗能产业比重相对较高。"单位 GDP 能耗下降目标将推动第二产业比重下降和第三产业比重上升。"国网能源研究院副总经济师单葆国分析，这一目标将推动钢铁、有色、建材、化工等传统高耗能行业加快转型升级，还有利于提升高技术制造业和装备制造业等能耗较低行业的比重。

能源利用效率较快提升，但利用方式还比较粗放

过去40年，我国单位GDP能耗年均降幅超过4%、累计降幅近84%，节能降耗成效显著，能源利用效率提升较快。但从国际比较来看，我国单位GDP能耗仍是世界平均水平的1.5倍。

"我国工业上先进节能技术的普及率平均不到30%，而且还有不少亚临界机组。投入资金进行技术改造，可以有效提高能效。"中国能源研究会学术顾问周大地说。单葆国介绍，据初步测算，未来随着技术节能、结构节能、管理节能的持续推进，2030年我国单位GDP能耗有望较2020年下降30%左右。尽管潜力巨大，也要看到完成"单位GDP能源消耗降低13.5%"的目标，仍然面临一定的困难和挑战。

国家能源局有关负责人分析，首先，我国正处于工业化、城镇化快速发展阶段，居民生活、交通等领域用能持续增长，能源消费将保持刚性增长态势；其次，节能潜力挖掘难度增大，成本低、见效快的节能技术和工程已普遍应用实施，一些最新技术投资大、应用少，企业节能潜力收窄；此外，我国经济结构中第二产业比重较高，高耗能产业比重较高，再加上用能结构依然以煤炭为主，而煤炭的终端利用效率又较低，能源利用方式还比较粗放。

降低单位GDP能耗的过程中，毫无疑问，要重点控制化石能源消费、加快发展非化石能源。"十四五"规划纲要也提出，"非化石能源占能源消费总量比重提高到20%左右"。

在单葆国看来，这是一个由增量替代到存量替代的长期过程，化石能源还不太可能马上退出，需要科学合理地用好化石能源，实现化石能源与非化石能源之间的有序衔接，"要统筹好发展与安全的关系，坚守能源安全底线，能源供应不能出现大的缺口；也要统筹好存量与增量的关系，不能'急刹车''急转弯'，在增量上要符合技术路线需求，存量上要加大清洁低碳改造利用。"

多措并举推动节能降耗，提升重点领域能效水平

如今，玻璃行业正从过去的高耗能向节能环保迈进。在中建材蚌埠玻璃工业设计研究院，一批批薄如A4纸的0.12毫米超薄电子触控玻璃运往各地。"熔窑是玻璃工厂的主要耗能设备，我们在生产过程中采用全氧、富氧等燃烧技术加快燃烧速度，并且利用红外高辐射节能涂料加强保温效果，每平方米玻璃能节约近1/3天然气。"中建材蚌埠玻璃工业设计研究院副院长、总工程师张冲介绍。工业、建筑、交通等领域是节能减排的重点行业领域，其中工业领域能耗占全社会能耗的60%左右。为确保如期完成目标，国家能源局有关负责人说，"十四五"期间，重点开展的工作之一就是要在重点行业领域推动开展节

能改造，提高能效标准，鼓励清洁高效用能。

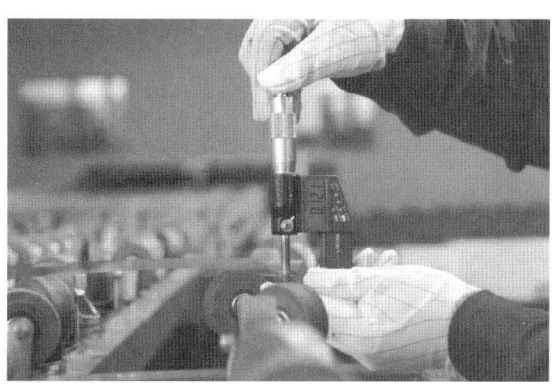

与此同时，还要提升终端用能电气化水平。"电能的终端利用效率在所有能源中最高，可以达到90%以上。在终端用能环节推动电能替代化石能源，有助于促进单位GDP能耗降低。"单葆国介绍，相关研究表明，1990—2020年，我国终端电气化水平每增加1个百分点，单位GDP能耗下降约2.8%。

电动汽车在路上飞驰、岸电桩在航道遍布、取暖"煤改电"在农村推广……电能替代广度深度正在不断拓宽。当前，我国电气化进程总体处于中期中级阶段，2020年电能占终端能源消费比重为27%。单葆国分析，在能源清洁低碳转型的大背景下，我国电气化水平将加速提升。预计到2030年，我国电气化水平将达到38%左右。

完成单位GDP能耗降低目标，也离不开能耗总量和强度双控制度的强化和完善。国家能源局有关负责人表示，"十四五"期间，将加强产业布局和能耗双控政策衔接，推动地方实行用能预算管理，严格节能审查，坚决遏制"两高"项目盲目发展，优先保障居民生活、现代服务业、高技术产业和先进制造业等用能需求。

控制能源消费总量和能耗强度会不会影响经济发展？

周大地认为："发展经济，应当根据能源资源禀赋，通过改善产业结构和贸易结构来实现。加速淘汰高耗能、高排放落后产能，原来的能源消耗总量可以支撑更大经济规模，经济发展质量和效益也可以提高。"

国家能源局有关负责人表示，"十四五"期间，将合理控制能源消费总量并适当增加管理弹性，差别化分解各地区能耗"双控"目标，强化目标责任落实；同时，完善用能权有偿使用和交易制度，加快建设全国用能权交易市场，推动能源要素优化配置。

《人民日报》 2021年8月10日

 中建材玻璃新材料研究总院 1953—2023

聚焦凯盛新材料科技成果转化

比A4纸稍厚的0.12毫米超薄玻璃，凭借出色的柔韧性可以实现360度弯曲；直径仅为头发丝1/10的高性能碳纤维，强度是钢的7~10倍；一颗颗不起眼的黑色氮化硅陶瓷轴承球，能耐得住每分钟60万次的摩擦以及上千摄氏度高温的炙烤……这些"身材"小却作用大、叫得响的新材料，正是今年以来市场销售快速增长的中高端产品。

数据显示，我国新材料产业产值从2011年的0.8万亿元增至2019年的4.5万亿元，年均复合增速超过20%。预计到2025年产业总产值将达到10万亿元。产业高速增长的背后，有哪些因素在起作用？记者采访了产业链上下游企业以及行业专家。

供需双发力　市场有活力
新材料"加速跑"，产业正形成更高水平动态平衡

总产能2.5万吨！9月8日，我国首个万吨碳纤维生产基地在青海西宁投产。车间内，一束束白色原丝经过1000多摄氏度的高温碳化，缠绕成一轴轴高性能黑色碳纤维。

不要小看这相当于录音磁带粗细的一束，它包含了1.2万多根碳纤维，把一轴碳纤维的每根单丝连接起来，可以绕地球一圈半。它还能够承受130千克左右的质量，具有耐高温、抗摩擦、耐腐蚀等优点，可用于航空航天、风力发电等战略性新兴产业，被称为"材料黑金"。

"从原材料到产品出厂的生产线大约1千米长，涉及3000多个工艺参数，难度非常大。项目的投产，也实现了单线年产3000吨高性能碳纤维生产线设计和高端成套技术自主可控。"中复神鹰西宁公司常务副总经理连峰介绍，今年碳纤维的订单量预计是去年的3倍。

2014年以来，我国碳纤维需求量以13%以上的年均增长率稳定增长。2020年，我国碳纤维需求量达4.89万吨，国产碳纤维供应量为1.85万吨，加上海外供给不稳定，碳纤维可谓"一家有女百家求"。

北京天海工业有限公司总经理张继恒特意来西宁"抢"订单，"我们生产的储氢瓶，用高性能碳纤维进行缠绕，相比纯钢气瓶可以减重约70%。如今不少企业都在抢抓氢能发展机遇，储氢瓶需求快速增长，也带动碳纤维需求猛增。"碳纤维产业发展是我国新材料产业蓬勃发展的缩影。"今年以来，我们的新材料业务跑出了'加速度'，业绩支撑度持续提升，收入和净利润占比分别从去年年底的19%、36%提高到上半年的23%、41%。"中国建材集团董事长周育先说。作为全球最大的综合性建材产业集团、世界领先的新材料开发商，中国建材明显感受到，"十四五"开局以来，高新产业不断壮大，拉动新材料需求增长；新材料持续升级，又拓展更多产业应用。新材料产业正形成需求牵引供给、供给创造需求的更高水平动态平衡。

需求牵引供给，带动产业升级。"今年满产满销！"洛阳玻璃股份有限公司生产的超白压延光伏玻璃，很大程度上决定了光伏组件的发电效率。公司副总经理章榕分析，企业抢抓实现碳达峰、碳中和目标给光伏行业带来发展机遇，根据下游客户的需求，有针对性地研发生产。"今年以来，针对下游大尺寸、薄型化的需求，我们适当增加玻璃的长度和宽度，并且提高强度、透过率、材料耐老化性等性能，产品几乎零库存。"

供给创造需求，拓展消费空间。锂电池隔膜是新能源电池生产的关键材料。针对锂电池隔膜高能量密度、长寿命、高安全的技术发展趋势，中材科技改进了涂覆配方及工艺，运用油性混涂等涂覆技术进一步提升锂电池的耐热性及安全性等指标。"新技术得到了国内外市场认可，隔膜产销量同比大幅增长。"中材科技董事长薛忠民介绍，新材料有助于拓宽锂电池的产业"赛道"，预计到2025年锂电池需求将超过2140吉瓦，相应带动隔膜的需求量超过256亿平方米。

攻克"卡脖子"技术有底气
新材料产业需要舍得投入、看得长远、坐得了冷板凳

记者在采访中发现，市场增长迅猛的新材料，背后都有一个共同特点，即集中力量攻克关键核心技术"卡脖子"问题。在疫情冲击下，全球产业链供应链不稳定而市场需求爆发时，这些国货恰好可趁势"补位"，乃至实现出口。

山东淄博，一颗颗直径小至0.4毫米、大至101毫米的黑色氮化硅陶瓷球，正准备发往国外。2023年前8月，这种热等静压氮化硅陶瓷球出口同比增长303%。"目前全球有4家风力发电氮化硅陶瓷绝缘轴承制造企业，其中3家已经成为我们的客户。"中材高新氮化物陶瓷有限公司总经理孙峰说。

"我们的陶瓷球可以实现自润滑，每分钟可转60万转，比普通轴承球2万转的标准高得多。"说起氮化硅陶瓷球，孙峰滔滔不绝。继美国阔斯泰、日本东芝之后，公司成了全

球第三家，也是国内首家且唯一形成批量生产热等静压氮化硅陶瓷材料的企业，研制成功的 G3 级轴承球已在航天、航空工程上应用，在国内多个轴承企业实现大批量供货。"现在海外供应链受疫情影响较大，而我们生产稳定，交货周期较短，比较优势明显。"

新材料要提升市场占有率，不仅要靠"人无我有"，也要靠"人有我优"。作为下游客户，安徽立光电子材料公司这几年一直在加大国产超薄玻璃采购力度，目前国货占比已从 5 年前的 30% 提升到 70%。副总经理傅强告诉记者："我们能明显感受到这几年国产超薄玻璃性能逐渐稳定并提升。品质差不多的情况下，我们更愿意在国内采购。国产产品几天就能到场，从国外采购以前大概是一个月，目前可能要 40 天左右。"

新材料技术含量高、研发周期长，要舍得投入、看得长远、坐得了冷板凳。中复神鹰 10 年研发投入 20 多亿元；蚌埠玻璃工业设计研究院耗时 6 年才将 0.12 毫米超薄玻璃拉引成型；中材高新氮化物公司最困难时，一边熬夜加班，一边愁下月工资如何筹措……"今天产生盈利的新材料项目很多都是 10 多年前启动的，一个新项目 3 至 5 年内往往不会有收益，要持续投入、耐得住寂寞。"周育先说。"新材料投入之初，往往需要通过下游应用的测试反馈，才能不断完善性能、迭代优化。但很少有人愿意成为第一个'吃螃蟹'的，导致新材料产业普遍面临'有材不好用、好材不敢用'的问题。"在中国化学纤维工业协会副会长吕佳滨看来，近年来，工业和信息化部等部门联合开展重点新材料首批次应用保险补偿机制试点工作，对加强供需对接、分担应用风险发挥了很好的作用。此外，下达中央预算内投资资金，成立国家制造业转型升级基金，支持新材料生产应用示范、测试评价、资源共享平台建设等一系列举措，都有力推动了行业的快速发展。

抓住"窗口期"前景更可期
"十四五"时期向着更足供应、更高品质、更小差距发力

受疫情影响，全球产业链供应链处于调整的"窗口期"，如何把握机会、充分挖潜，增强产业链供应链韧性，支撑高质量发展？接受采访的新材料企业有着清晰规划。

为了更足供应扩产。"新能源玻璃行业发展前景较好，我们在安徽合肥和桐城的光伏电池封装材料项目正在建设中，总投资额约 17.8 亿元。"章榕预计，到 2023 年，洛阳玻璃的产能将由目前的 2000 吨增至 1 万吨以上。

瞄准更高品质升级。中复神鹰公司最近正集中技术力量研发高性能碳纤维 T1100，力争年底试验线建设成功。"现在是国内碳纤维企业扭转局面的最好机会。要推出具有高附加值的碳纤维及先进复合材料制品，填补高端市场应用空白，增强企业的核心竞争力。"

连峰说。

向着更小差距发力。"高端的氮化硅陶瓷粉体仍然受制于国外,我们正在攻关,目前小批量供货没有问题,接下来要解决大批量生产的稳定性。"尽管难度不小,孙峰依然充满信心。

新材料产业前景可期,掌握核心技术仍是关键所在。"一些处于'风口'的新材料产业已经出现了一窝蜂追逐的迹象。光买成套装备,没有核心技术,很难在这个行业脱颖而出。另外,同一种新材料在不同领域的应用工艺也各不相同,其他领域同样要做好技术储备。"吕佳滨认为。

掌握核心技术,形成与产业链供应链相匹配的创新链条,要深化改革,完善创新体系。对此,中材人工晶体研究院有限公司的科研人员感受深刻。科技成果转化收益的一半分给团队,让他们干劲十足。"以前市场意识淡薄,大量科研成果放在'抽屉'里闲置。如今,大家都主动开展产业链及市场调研,挖掘科技成果的应用方向和市场需求。"中材人工晶体研究院有限公司科技管理部经理张微说。今年7月,中国建材集团还发起成立了150亿元的新材料产业投资基金,助力新材料跨过从初期市场培育到推广应用的"惊险一跃"。

"'十四五'时期,我们将继续向高端化、量产化、全球化进军,加快攻克重要材料领域的'卡脖子'技术,助力我国产业链供应链自主可控。"周育先说。

《人民日报》 2021年9月29日

中建材玻璃新材料研究总院
1953—2023

全力打造科技创新策源地

2023年1月至6月，全省高新技术产业产值、增加值在去年快速增长的基础上，再次发力，同比分别增长34.1%、26.9%；全省吸纳、输出技术合同成交额达312.45亿元、284.67亿元，同比增长158.5%、89.29%。全省主要科技创新指标呈现加速增长态势，以"芯屏器合"为标志的新兴产业形成体系、以新型"铜墙铁壁"为代表的传统产业加快转型升级、以"大智移云"为牵引的数字经济蓬勃兴起。5年来，我省瞄准高水平科技自立自强，加快构建科技创新攻坚力量体系，努力打造具有重要影响力的科技创新策源地。

一批重大原创性成果竞相涌现

中国科技大学潘建伟、朱晓波、彭承志等组成的研究团队与中国科学院上海技术物理研究所合作，近期成功构建66比特可编程超导量子计算原型机"祖冲之二号"，求解"量子随机线路取样"任务的速度比目前全球最快的超级计算机快1000万倍以上，这使得中国成为目前唯一在两条技术路线上达到"量子优越性"里程碑的国家。

2016年至2019年，我省累计41项科技成果获得国家科技奖、864项科技成果获得省科技奖，在量子信息、热核聚变、人工智能等前沿领域取得了一批突破性原创成果。"嫦娥钢"为"天问一号"着陆缓冲机构设计及探测器成功软着陆做出重要贡献，"质子刀"、"量子显微镜"和"墨子号"实验卫星、国产紧凑型超导回旋质子加速器、"海丝一号"SAR载荷系统等一批重大原创性成果竞相涌现，实现了重大科技成果"多点开花"。特别是在量子信息、量子计算、量子精密测量等前沿领域，"九章"量子使我国成为全球第二个实现"量子优越性"的国家，单自旋量子精密测量谱仪等量子测控产品打破国外垄断，基于合肥先进计算中心的量子计算"双创"平台于2020年12月25日成功上线，国内首个量子钻石原子力显微镜实现产业化落地，呈现出"起步即提速，开局就争先"的蓬勃发展态势。

全超导托卡马克核聚变试验装置物理试验实现了可重复的1.2亿摄氏度101秒等离子体运行和1.6亿摄氏度20秒等离子体运行。人工智能方面，中电科38所自主研发出"魂芯二号A"信号处理芯片，单核性能超过国际同类芯片性能；华米科技成功研制全球首款智能穿戴领域的黄山1号人工智能芯片；科大讯飞研制出世界唯一让机器达到真人说话水平的语音合成系统。此外，国家同步辐射实验室"合肥光源"攻克恒流运行关键技术，性能达到国际三代光源先进水平；安农大在世界上首次破解中国种茶树全基因组密码。

2020年，我省区域创新能力排名居全国第8，连续9年居全国第一方阵。全省每万人口发明专利拥有量达15.4件，较2015年增长2.6倍。

"国字号"创新平台"立柱架梁"

5年来，我省统筹推进国家实验室、合肥综合性国家科学中心、合肥滨湖科学城、合芜蚌国家自主创新示范区、全面创新改革试验省"五个一"创新主平台和安徽省"一室一中心"分平台建设。一批"国字号"创新平台如雨后春笋般涌现，截至2020年年底，全省已建成各类国家级研发平台210家、"一室一中心"28家、省重点实验室175家、省级以上工程技术研究中心534家、院士工作站62家，安徽已成为国家战略科技力量布局的重要省份。

大科学装置，国之"重器"。在合肥，大科学装置数居全国前列并呈集群发展之势——全超导托卡马克装置性能不断提升；合肥同步辐射光源实现恒流运行，性能达到国际先进水平；稳态强磁场实验装置磁场强度达42.9T，位列世界第二。按照"四个一批"的思路，安徽正规划建设大科学装置集中区，梯次推进大科学装置建设，聚变堆主机关键系统设施、未来网络试验设施（合肥分中心）、高精度地基授时合肥基地等加快建设，合肥先进光源、大气环境立体探测试验研究设施、强光磁集成试验装置预研进展顺利，立足合肥、服务全国、联通世界的大科学装置集群正在成为安徽创新的引力磁场。

新兴产业从"盆景"蝶变"风景"

2017年10月，江淮汽车首次发布自主研发的液冷技术，实现国内新能源汽车电池热管理技术重大突破，可以将新能源汽车电池包的温度控制在10摄氏度至35摄氏度之间，零下30摄氏度的超低温环境下也可正常充电，达到世界领先水平。在科技创新的支撑下，我省新能源汽车、集成电路、硅基新材料等24个战略性新兴产业势如破竹，涌现出一批产值数百亿元乃至千亿元的产业集群，完成了新兴产业由"盆景"到"风景"的蝶变。

以新能源汽车为例，安徽省已经在"江淮""奇瑞"基础上，新集聚了大众（安徽）、蔚来汽车、比亚迪等领军车企，初步构建了整车—电池—电机—电控的全产业链，未来几年将培育和形成5000亿元级以上产业集群。

中建材玻璃新材料研究总院
1953—2023

世界最薄0.12毫米超薄触控玻璃、1.5毫米超薄高透光伏玻璃、国内首片0.2毫米超薄TFT液晶玻璃、30微米柔性可折叠玻璃……近年来，蚌埠玻璃院攻克并解决了微波纹和翘曲控制等诸多难题，彻底改变国内触控显示所需0.5毫米及以下超薄玻璃依赖进口的局面，并打通了完整产业链，形成了完整自主知识产权。一个以凯盛科技集团为龙头、千亿级别的蚌埠硅基新材料基地正在崛起。

2017年12月20日，全球首条最高世代线——京东方合肥第10.5代线提前投产，成为全球显示产业新的里程碑。京东方、康宁、三利谱……短短几年间，合肥新型显示产业从无到有、从有到优，成为全球唯一拥有6代线、8.5代线、10.5代线的城市，形成了涵盖上游装备、材料、器件，中游面板、模组及下游智能终端的完整产业链，产业整体规模在国内居于第一方阵。2020年，我省新型显示产业年产值突破1000亿元，液晶显示器件主营收入在全国的占比超过五分之一。

《安徽日报》 2021年10月29日

彭寿代表：完善政策体系，加速光伏建筑一体化发展

大力发展光伏建筑一体化（BIPV）是推进绿色新型城镇化、实现"双碳"目标的一个重要抓手。作为"光伏+"应用的新场景、新业态、新模式，BIPV能否实现快速普及、推动能源结构调整，关键在于政策引导。全国人大代表、中国工程院院士、中国建材集团总工程师、凯盛科技集团董事长彭寿建议，明确相关法律责任，完善国家标准体系，完善政策体系，加速光伏建筑一体化发展。

彭寿代表表示，目前，国家及相关部委出台了系列政策措施支持BIPV发展，相关标准化工作多年前也已启动，但相关法规只做了倡导性、鼓励性的支持，缺乏刚性要求，同时在材料、设计、施工、建筑等方面的标准与规范仍不健全，导致我国BIPV渗透率不足2%。

为此，彭寿代表建议修订建筑法、节约能源法、循环经济促进法等法律法规，规定从规划设计阶段抓光伏一体化应用，要求在新建筑规划中采用光伏材料产品；建议修订政府采购法实施条例以及地方政府采购条例，充分发挥政府采购的引导作用，从需求端推动BIPV发展，引导产业转型升级、向绿而行；建议修订与完善BIPV标准，加速制定出台发电玻璃等新型光伏材料与建筑材料集成的光电建筑构件标准，在已有BIPV发电系统验收标准基础上，出台针对强度、安全性、防水、防火等建筑本体性能的BIPV验收标准，修订发布BIPV定额标准，形成与技术发展和市场相匹配的标准体系，覆盖材料设计、产品认证、工程建设、检测验收等各环节，让BIPV发展有据可依，推动行业向规范化方向发展。

人民日报上海频道 2022年3月6日

中建材玻璃新材料研究总院
1953—2023

全力攻克产业链供应链"卡脖子"环节

——两会声音 | 彭寿代表：建议强化基础
原材料开发保障国家战略产业安全

关键矿产及材料是产业之本、经济之源，关系我国经济建设、社会进步和国防安全。我国关键矿产资源虽然储量丰富，但产业短板十分突出，呈现出资源、技术、市场"三头在外"格局，面临复杂多变的国际形势，我国关键矿产及原材料面临重大风险。因此，提升我国关键矿产及基础原材料供应链高质量发展水平，对于保障国家战略产业安全、建设制造强国具有重要战略意义。

建议就关键矿产及原材料是战略性工程、系统性工程，建议成立国家战略性矿产资源委员会，建立部际联席会议协调机制，从顶层设计入手，加强国家矿产资源各类计划有效衔接，统筹完善关键矿产及原材料领域政策体系，为我国关键矿产及基础原材料的可持续开发锚定"赛道"。

同时，尽快制定战略性矿产资源及原材料开发技术路线图，加速深部勘查、智慧矿山、"无废"开采、高值化利用等关键技术立项攻关，构建"勘查—开采—利用"的基础原材料开发技术体系，把资源变成材料、把材料变成产业，夯实国家战略产业安全"压舱石"。

——彭寿（全国人大代表，中国建材集团有限公司总工程师，凯盛科技集团董事长，中国建材蚌埠玻璃工业设计研究院党委书记、院长，中国工程院院士）

人民日报安徽频道　2022 年 3 月 7 日

彭寿：加快新旧动能转换打造世界级"灯塔工厂"

新华网北京 3 月 7 日电（记者 高方圆） 今年全国两会期间，全国人大代表、中国工程院院士、中国建材集团总工程师彭寿提交了《关于完善政策体系加速光伏建筑一体化发展的议案》《关于加快传统产业新旧动能转换实现高质量发展的建议》等议案和建议。

加强政策引导　促进 BIPV 快速发展

"建议全国人大应尽快修订相关法律法规，将光伏材料应用、光伏建筑一体化（BIPV）发展等强制性要求纳入政策法规体系，明确相关法律责任，完善国家标准体系，为 BIPV 的快速发展提供政策保障与支撑。"彭寿代表如是说。

大力发展光伏建筑一体化（BIPV）是推进绿色新型城镇化、实现"双碳"目标的重要抓手，作为"光伏+"应用的新场景、新业态、新模式，BIPV 能否实现快速普及、推动能源结构调整，关键在于政策引导。

目前，国家及相关部委出台了系列政策措施支持 BIPV 发展，相关标准化工作多年前也已启动，但相关法规只做了倡导性、鼓励性的支持，缺乏刚性要求，同时在材料、设计、施工、建筑等方面的标准与规范仍不健全。

因此他建议，应尽快修订《中华人民共和国建筑法》（2019 年修正）、《中华人民共和国节约能源法》（2018 年修正）、《中华人民共和国循环经济促进法》（2018 年修正）等相关法律法规，将光伏材料应用、BIPV 发展等强制性要求纳入政策法规体系，明确相关法律责任，完善国家标准体系，为 BIPV 的快速发展提供政策保障与支撑。

立足"中国优势"　打造世界一流企业

当前，全球政治经济秩序加速变革，世界面临百年未有之大变局。于变局中开新局、在危机中育先机，就必须立足"双循环"，打造一批具有创新优势、产业优势、生态优势的世界一流企业，树立中国品牌、展示中国自信。

党的十九大以来，面对国内外环境的深刻复杂变化，党中央把握世界发展大势和我国发展阶段性特征，加速推动我国经济由高速增长向高质量发展阶段转变。一批中国企业发挥中国政策优势、市场优势、资源优势，取得了量变引领质变的跨越，在世界舞台"崭露头角"，为我国经济社会发展、科技进步、国防建设、民生改善做出了贡献。

"打造世界一流企业，政府既是政策的发起者、指引者，又是企业的保驾护航者。"他建议，国家有关部委制定优势标杆企业目录，搭建世界一流企业培育梯队，强化专项政策扶持，为企业技术、产品、标准、资本"走出去"开辟"绿色通道"，支持优势企业开展并购重组实现属地化发展，为地方经济建设做出应有贡献。

他进一步表示，资本国际化是打造世界一流企业的关键。建议财政部、证监会和相关金融机构发挥粤港澳大湾区开放前沿"主阵地"优势，打造国际性、市场化开放资本平台，拓展外资参与境内证券期货市场渠道，深化境内外基金互联互通，推动智能化、数字化互联网金融建设，为打造世界一流企业构建强有力的资本支撑。

加快新旧动能转换　打造世界级"灯塔工厂"

在加快传统产业新旧动能转换实现高质量发展方面，彭寿认为，传统产业不等于落后动能，特别是，随着供给侧结构性改革的深入推进，一些传统产业通过数字化、绿色化实现了"旧动能"改造，通过科技创新、科学管理、劳动者素质提升实现了"新动能"培育，推动产业链和价值链不断迈向高端。

为建设美丽中国，国家和地方重点关注煤电、石化、化工、钢铁、有色金属冶炼、建材六大行业的转型发展，相继出台系列政策，加快传统行业淘汰落后产能、提升发展动能。

特别是，在"双碳"目标影响下，企业加快绿色化、数字化、高端化转型，取得了显著成果。

但是，由于行业"两高"刚性约束，部分"两高"领域优势企业无法享受智能改造、绿色发展等专项政策支持，同时由于地方环保标准不统一、执行力度不一致、监管体系不完善，奖惩制度缺乏，导致传统行业新旧动能转换进展缓慢。

针对这一现状，他认为，对效益突出、能耗先进、环保领先等符合国际标准的优势企业，应将其列入"两高"领域转型升级标杆企业示范名单，专项支持其绿色化、智能化、高端化转型，打造世界级"灯塔工厂"，示范引领推动传统产业新型化、新兴产业规模化，筑牢我国实体经济发展的根基。

传统产业新旧动能转换既要坚持"全国一盘棋"，又要考虑区域、部委联动，他建议制定全国统一的环保标准，区域之间协同作战、强化监督，避免出现区域之间产能、能耗、污染的"碳转移"，确保自上而下统一标准、统一执行，打造公平可持续的绿色经济发展生态。

新华社　2022 年 3 月 8 日

中建材玻璃新材料研究总院：
以"独门绝技"赓续创新

为深入贯彻科技强国战略，营造科技创新的浓厚氛围，发挥科技创新在实现"宜业尚品、造福人类"建材行业发展目标及建材行业绿色低碳安全高质量发展中的支撑作用，中国建筑材料联合会评选出建材行业2021年度"十大科技突破领军企业"和"十大科技突破领军人物"（简称"双十"）。为更好地树立科技创新典范，弘扬科技创新精神，《中国建材》杂志特开设"科技·突破·领军"专栏，力求走进企业，走近人物，挖掘"双十"企业和人物背后的生动故事，多角度报道他们的突出成就和重大贡献。

中建材玻璃新材料研究总院（以下简称"玻璃新材料研究总院"）的前身是1953年在北京成立的第一批国家级综合性甲级科研设计单位，是国家重点高新技术企业、国家技术创新示范企业、国家级工业设计中心。20世纪70年代，一众科研骨干从北京落户蚌埠，成立蚌埠玻璃工业设计研究院（以下简称"蚌埠院"），2000年加入中国建材集团并改制成立中国建材国际工程集团有限公司；2014年，以蚌埠院为核心企业成立凯盛科技集团有限公司，2019年成为国有企业混合所有制改革试点单位，2021年完成重组增资，中国建材工程集团成为蚌埠院全资子公司。2022年，为更好地打造集科研开发、产业孵化、工程服务于一体的玻璃新材料高科技中央应用研究院，蚌埠院更名为中建材玻璃新材料研究总院。

在中国工程院院士、玻璃新材料研究总院党委书记、院长彭寿的带领下，玻璃新材料研究总院相继建设了国家玻璃新材料创新中心、浮法玻璃新技术国家重点实验室等国家级创新平台12个，硅基材料安徽省实验室、安徽省玻璃新材料工程技术研究中心等省部级创新平台30个；累计承担国家"863""973"科技支撑计划课题近20项，获国家科学技术进步奖一等奖1项、二等奖3项，省部级奖132项；目前拥有专利720件，主持和参与制定国家和行业标准30项，承担和完成国家课题9项；先后斩获第五届中国工业大奖、中国国际工业博览会大奖、首届师昌绪新材料技术奖、美国陶瓷学会硅酸盐技术创新领袖奖等奖项。

经过多年持续创新，玻璃新材料研究总院相继开发出超薄电子触控玻璃、TFT-LCD液晶基板玻璃和高强盖板玻璃、30微米柔性可折叠玻璃，打通了信息显示产业链，为我国信息显示产业发展提供了关键基础原材料；成功下线世界最高光电转换率铜铟镓硒发电玻璃、世界首块大面积碲化镉发电玻璃，实现了第二代薄膜太阳能电池技术的重大突破，推动了光伏产业升级；重点发展深海探测、航空航天、医药等领域关键无机非金属材料，攻克中国首支疫苗用中性硼硅玻璃管，空心玻璃微珠成功应用于"海马号"浮力材料制备，助推中国玻璃技术和产业在国际上由追赶进入领跑。

信息显示玻璃：破解关键技术"卡脖子"难题

超薄信息显示玻璃是电子信息显示产业所需的关键核心材料，广泛应用于信息通信、智慧城市、国防科技等领域，由于研发过程需要多学科、多领域的高度复合集成，工艺技术复杂，生产难度极大，其核心技术长期被美国、日本少数几家公司所垄断，造成我国光电显示产业链关键环节严重缺失，产业发展长期受制于人，产品价格常年居高不下。因此，突破封锁，打破垄断，开发超薄信息显示玻璃成为国家光电显示产业发展的重大战略需求，也是中国当代玻璃科技工作者的责任、使命和夙愿。

TFT-LCD玻璃基板是液晶显示面板的核心部件，是电子信息显示产业的关键战略材料，其生产控制精度与半导体行业相当，代表着目前全球现代玻璃规模化制造领域的最高水平。2019年9月18日，我国首片8.5代TFT-LCD玻璃基板产品成功下线，实现了我国高世代液晶玻璃基板"零"的突破。自此，中国成为全球第三个掌握高世代液晶玻璃基板生产技术的国家。

以"中国浮法"工艺为基础，玻璃新材料研究总院将TFT-LCD玻璃的高效熔化、澄清均化与超薄浮法成形退火工艺技术相结合，首创了具有中国特色的气电混合高效熔化、新型贵金属流道超薄浮法成形工艺，开发出突破国外技术壁垒的TFT玻璃核心配方，攻克了极难熔电子玻璃高效熔化澄清等系列关键核心技术，实现了熔窑、贵金属通道等核心装备的国产化，开辟了高世代液晶玻璃基板"中国制造"的新纪元。

在"十三五"国家重点研发计划支持下，蚌埠中光电科技有限公司建成国内首条8.5代TFT-LCD浮法玻璃基板生产线。目前产品已顺利通过京东方、惠科集团等国内主流面板厂商的全流程梯度应用认证，实现了规模化批量销售，对保障千亿级信息显示产业链、供应链安全具有里程碑意义。

再来说说液晶屏中与用户距离最近的一层——盖板玻璃，因其高强度、耐划伤的特性，被广泛用作高端智能手机、平板电脑、平板电视、工业商业触摸屏的"保护层"。在高强盖板玻璃方面，玻璃新材料研究总院形成了具有自主知识产权的高铝玻璃料方、"全氧燃烧+电助熔"熔化技术、超薄成形工艺、精密退火工艺、缺陷检测及应对等浮法专有技术，开发出0.2~6.0毫米的全系列高铝玻璃产品。如今，该技术已成功应用于中建材（蚌埠）光电材料有限公司，形成了国内第一条具有完全自主知识产权的日产70吨高强铝硅酸盐玻璃生产线,突破了国外技术封锁和市场垄断,产品已应用于国内主流知名厂商。

在柔性玻璃(UTG)方面,玻璃新材料研究总院联合凯盛科技股份等企业共同开发出国内唯一全国产化的"原片配方开发、原片生产、UTG减薄、UTG成型、柔性贴合"全套超薄柔性玻璃生产工艺技术,形成了全国产化超薄柔性玻璃产业链,突破了信息显示关键材料"卡脖子"技术,打破了国外垄断。据了解,团队自主研发的30微米柔性可折叠玻璃,厚度仅为发丝的三分之一,可以做到弯折超过数十万次而不破损,主要性能指标和产品良率达全球顶尖水平,即将应用于新一代折叠手机中。

新能源玻璃:助力绿色低碳

在碳达峰、碳中和的大背景下,光伏产业一直保持着较高的景气度。《关于完整准确全面贯彻新发展理念做好碳达峰碳中和工作的意见》提出,到2030年,风电、太阳能发电总装机容量要达到12亿千瓦以上,光伏产业爆发出巨大潜力。

光伏玻璃是光伏组件中质量占比最大的材料,其薄型化不仅能为光伏玻璃企业节约生产成本,还可以大力助推光伏组件的轻量化。由玻璃新材料研究总院参与完成的"太阳能超薄光伏玻璃工艺及装备开发"成果便有效解决了这一难题。

"双碳"目标提出后,绿色建筑、超低能耗建筑被认为是建筑的未来发展方向,其中光伏建筑一体化逐渐成为横跨光伏、建筑两大行业的热门概念。普通光伏玻璃对光照条件的要求较高,且外形较为单一,如何实现更高效、更多元的"玻璃发电"成为研究人员攻克的目标。历经多年探索,依托玻璃新材料研究总院科研平台,世界第一块大面积碲化镉发电玻璃在成都下线,开创了中国碲化镉薄膜太阳能发电玻璃产业化先河;2018年4月世界第一条大面积碲化镉发电玻璃生产线投产,并实现当年投产当年盈利。

碲化镉发电玻璃是在两块普通玻璃之间沉积一组先进的光电功能材料，使玻璃从绝缘体变成导体，并且具有发电功能，即便在弱光条件下，也可通过光电转化产生电能。鉴于其发电多、效能高、能耗低、可适用于复杂环境且安全、环保、可回收、可定制等特性，产品已成为推动光伏建筑一体化、助力"双碳"目标实现的重要新兴力量。

大理石纹路的铜铟镓硒发电玻璃

2021年，玻璃新材料研究总院所属Avancis公司生产的30厘米×30厘米铜铟镓硒（CIGS）太阳能电池组件的光电转换效率达到19.8%，再次打破了铜铟镓硒太阳能电池组件光电转换效率的世界纪录，为工业化量产和规模化生产打下了坚实的基础。借助铜铟镓硒发电玻璃先进技术，凯盛科技在蚌埠建成了国内第一条具有自主知识产权的300MW铜铟镓硒发电玻璃生产线，稳定量产我国铜铟镓硒发电玻璃"首批次、首台套、首应用"新材料，并进一步加强发电玻璃在建筑和交通等领域的应用。

相信随着技术的改进和成熟，新型光伏技术将赋予光伏建筑更多可能，为我国早日实现碳达峰、碳中和目标做出新的贡献。

特种药用玻璃：守护国民健康

受温度、湿度、空气、光、微生物等影响，药品的稳定性会发生变化，因此需要特殊的药用玻璃作为包装材料。目前，5.0中硼硅玻璃在耐水性、耐酸耐碱性、抗冷冻性、热稳定性、灌装速度等方面都远优于7.0低硼硅玻璃，是国际公认的安全药品包装材料。可这看似简单的"玻璃瓶"技术却长期被日、美、德的企业垄断。尤其在新冠疫情期间，作为国家关键应急需求，自主研发应用意义重大。

为更快满足国内玻璃药用包材市场的需求，提高我国药用包装玻璃材料及相关中成药的国际竞争力，玻璃新材料研究总院前瞻布局，紧锣密鼓地开展了以药用玻璃为代表的特种玻璃关键核心技术攻关，充分发挥自身科研和技术优势，充分调动科研人员的报国热情和智慧力量，采用自主研发的"全氧燃烧+电助熔"熔化工艺、丹纳法成型工艺和特殊的铂金供料系统，突破了药玻管熔化温度高、黏度大、澄清与均化难、硼氧化物易挥发等"痛点"，设计开发出国内首座中性硼硅玻璃新型窑炉，实现了核心设备国产化。

千锤百炼，玉汝于成。经过1000余次的技术试验，研究团队成功攻克高品质熔化、高精度成型等核心难题，在国内首次实现了高品质中性硼硅药用玻璃管的稳定量产，产品通过国内权威检验机构和欧盟RoHS的双重检测认证，质量比肩国际先进水平。

这种药玻技术作为国内首创，改变了"技术垄断、供应控制、价格歧视"的被动局面，推动了国产高品质中性硼硅玻璃的规模化应用，促进了药玻行业转型升级，进一步保障国民用药安全；产品作为疫苗关键原材料，弥补了疫苗产业链短板，破解了疫苗包装和装备"卡脖子"的难题，增强了产业链供应链自主可控能力。在2020年疫情期间，中国建材集团无偿为疫苗研发机构提供了上千万个疫苗瓶，为满足疫情应急防控需求贡献了中坚力量，让"中国制造"在抗疫战场大显身手，为保障人民生命健康贡献央企的力量与担当。

一个个"中国首创"，一个个"世界第一"，无论是之前的玻璃设计研究院，还是如今的玻璃新材料研究总院，它始终秉持"中央应用研究院"的定位，以市场和技术为引领，不断刷新创新成果，取得了多项"独门绝技"，实现了由传统科研院所向高科技企业集团的转型。这辉映了民族玻璃工业理想精神高峰，也彰显了全球现代玻璃规模化制造领域的最高水平。

新材料产业是战略性、基础性产业，也是高科技竞争的关键领域。作为"国家队"，玻璃新材料研究总院始终立足"国之大者"，聚焦"四个面向"，坚持"宜业尚品、造福人类"建材行业发展目标，赓续创新之路，不断推动核心技术突破与产业化，推动中国品牌屹立于世界之巅。

《中国建材杂志》 2022年7月11日

柔性玻璃薄如蝉翼

近日,位于蚌埠的中建材玻璃新材料研究总院自主研发的 30 微米柔性可折叠玻璃与北斗系统、5G 芯片、白鹤滩水电站等一同入选中国十年来重大工程和标志性成果,并作为玻璃领域唯一展品,亮相国家"奋进新时代"主题成就展。

"截至目前,我们自主研发的 30 微米柔性玻璃弯折半径小于 1.5 毫米,在测试设备上已经连续弯折百万次不破损,再创一项玻璃新材料领域中国第一、世界领先的成果。"在位于蚌埠的中建材玻璃新材料研究总院,科研人员向记者展示,这种 30 微米柔性玻璃仅有 A4 纸的 1/3 厚度,薄如蝉翼,随意弯折却不破损不变形,产品良率达到全球领先水平,已实现在新一代可折叠手机上的应用。

党的十八大以来,玻璃新材料研究总院在中国建材集团战略引领下,立足玻璃新材料"3+1"战略布局,先后攻克了信息显示材料、新能源材料、应用材料、特种玻璃等领域的重大技术难题,打破国外垄断,创造了多项"中国首创、世界第一"的玻璃新材料成果,持续推动中国玻璃领跑世界。

坚持超越一流,新能源材料擦亮绿色名片。建成投产世界首条一窑八线光伏玻璃生产线,一举创造七项世界第一。铜铟镓硒发电玻璃再创世界最高转换率,继续保持"中国首创、世界第一",开发出世界首款、极具科技含量和建筑美感的大理石花纹发电玻璃;碲化镉发电玻璃助力绿色冬奥，加快光伏建筑一体化应用，成功打造世界单体规模最大薄膜光伏建筑一体化应用示范项目。在合肥建成投产世界首套玻璃熔窑二氧化碳捕集与提纯示范项目，再次创造光伏玻璃行业的"国内第一、世界首创"。

面向国家重大需求，把玻璃做"大"，自主研发生产的高世代浮法液晶玻璃基板，入选国家"十三五"重大科技成就展。面向人民生命健康，把玻璃做"精"，围绕解决疫苗瓶产业链"卡脖子"难题，自主攻克了中国首支疫苗用中性硼硅玻璃管，广泛应用于生物医药市场。由玻璃新材料研究总院自主研制的"全海深海底地震仪玻璃球舱"，2021年在马里亚纳海沟成功完成其首次万米海试与试验性应用任务，并顺利通过项目课题验收，填补了我国万米级国产海底地震仪玻璃球舱的空白，实现了我国玻璃球舱制备"零"的突破。

未来，中建材玻璃新材料研究总院将继续立足安徽，持之以恒、全力以赴实现中国玻璃高水平科技自立自强，让中国玻璃产业全方位领跑世界。

《安徽日报》 2022年10月18日

 中建材玻璃新材料研究总院 1953—2023

代表之声

党的二十大报告提出"健全新型举国体制,强化国家战略科技力量"。如何更好发挥我国社会主义制度集中力量办大事的显著优势,强化国家战略科技力量,在若干重要领域形成竞争优势?本报记者采访了4位全国人大代表,请他们谈谈意见建议。

——编 者

全国人大代表、中国工程院院士、中国建材集团有限公司总工程师彭寿:
集中力量提升科技创新能力

"集中力量办大事"是我国社会主义制度的显著优势,奠定了国家经济发展的坚实基础。党的二十大报告提出"集聚力量进行原创性引领性科技攻关,坚决打赢关键核心技术攻坚战"。关键核心技术攻关作为新型举国体制新的核心任务,对我国"在若干重要领域形成竞争优势、赢得战略主动"至关重要,必须要把政府、市场、社会有机结合起来,从战略上做设计、在市场中聚资源、用全社会促攻关,集中力量提升关键核心技术攻关系统能力,全面推进创新驱动、创造理念、创能转型、创享发展,用实际行动加快实现高水平科技自立自强。

一是注重整体施策。强化党和国家对重大科技创新的领导,不断提升有为政府的定力和魄力,把强化国家战略科技力量作为基础工程,大力支持国家新型创新平台重组整合。二是保持动态平衡。企业、高校、科研机构要形成关键核心技术攻关强大合力,通过市场需求引导创新资源有效配置,用好全球创新资源,保持动态平衡、共赢共进。三是转变治理范式。在深化科技创新体制机制改革中,要在全社会大力弘扬创新文化、优化创新生态,健全战略科学家负责制,优化立项—研发—转化—评价的全流程科技管理体系,把全社会的力量拧成一股绳,形成我国科技发展的整体优势。

《人民日报》 2022年11月10日

可折叠卷曲，OLED显示玻材研发获批国家重点研发计划项目

近日，由中国建材集团所属中建材玻璃新材料研究总院牵头申报的"十四五"国家重点研发计划"OLED显示玻璃材料关键技术开发"项目，正式获得科技部批准立项。这是由中国工程院彭寿院士团队攻关突破显示材料的世界前沿技术。

该项目依托浮法玻璃新技术国家重点实验室、国家玻璃新材料创新中心、硅酸盐建筑材料国家重点实验室等5个国家级研发平台，由中建材玻璃新材料研究总院、武汉理工大学、浙江大学、华为技术有限公司等为核心的国内长期从事显示玻璃研发生产、OLED面板制造及显示终端应用的全产业链协同创新团队共同承担。面向8.5代柔性OLED面板用先进玻璃材料要求，开发具有自主知识产权的8.5代OLED基板玻璃和一次成形柔性盖板玻璃核心技术。

在新一轮科技革命和产业变革背景下，以互联网、大数据、人工智能等为代表的数字技术赋能新型显示产业快速发展，OLED显示因其具有自发光、超高对比度、宽视角、广色域、可折叠卷曲等优点，成为新一代主流显示技术。

当前，全球主流面板企业均在开发8.5代柔性OLED面板生产技术并布局建设生产线。8.5代OLED基板玻璃和一次成形柔性盖板玻璃是与之配套使用的关键核心材料，其产品和生产技术研发是国际显示玻璃领域的科技前沿和研究热点，也是我国光电显示产业"十四五"高质量发展的重大需求。

该项目按照"基础理论—关键技术—产业示范—应用评价"全链条一体化研发思路，开展OLED显示玻璃材料结构与性能设计、关键热工过程计算模拟等基础研究，研发OLED基板玻璃和柔性盖板玻璃关键技术与核心装备，建设8.5代OLED基板玻璃和一次成形柔性盖板玻璃示范生产线，实现大尺寸、高质量、高性能OLED显示玻璃材料产业化生产，将填补我国8.5代OLED基板玻璃和一次成形柔性盖板玻璃技术和产品空白，实现新型显示产业链OLED玻璃材料的自主可控。

人民日报客户端　2022年12月12日

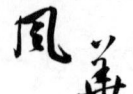

中建材玻璃新材料研究总院 1953—2023

创新是推动产业领跑世界的关键力量

——访全国人大代表、中国工程院院士、中国建材集团总工程师彭寿

在中国玻璃技术、产业和品牌在国际上实现由跟跑、并跑到领跑的过程中，"创新"是不得不提的关键词之一。作为全国人大代表、中国工程院院士、中国建材集团总工程师彭寿在履职的10年间，同样将"创新"当成每年的关键词。

今年的全国两会上，彭寿聚焦加强绿色建筑体系建设、优化科技创新生态系统、加速基础材料绿色转型，以及加快产业"走出去"构建双循环新发展格局等话题，在反映行业发展问题的同时，为行业创新发展贡献着自己的力量。

加强绿色建筑体系建设

绿色建筑作为集节能、环保、生态于一体的新型建筑，与人民群众对美好生活的需求息息相关，是重塑绿色生产生活方式、推动产业转型升级的重要抓手。

谈及发展现状，彭寿指出，绿色建筑发展是一个战略性、系统性工程，必须着力加强体系化建设，以绿色建筑现代化发展推动中国式现代化发展。当前，随着国家相关政策的落地，我国绿色建筑在规模化发展上已经具备了明显优势，但与高质量发展要求相比，我国在绿色建筑的体系化建设方面还存在差距，如近年来我国绿色建筑材料发展取得持续突破，创新转化出节能、创能材料产品，如用于外墙材料的薄膜太阳能发电玻璃、隔热材料、气凝胶材料等一批性能优越的绿色材料，但由于建筑设计施工标准体系建设滞后，应用场景的引导还不够，导致绿色材料与绿色建筑的产业结合程度仍然不高。

除此之外，绿色建筑新业态正不断更新迭代，但全流程的标准体系还不能完全匹配，导致绿色建筑的质量参差不齐；绿色建筑高质量发展要具备国际化思维，必须主动对照相关规则、规制、标准，积极"走出去"才能打造绿色建筑的中国品牌，在这方面我们仍然任重道远。

对此，彭寿建议：一是加速推进绿色建筑材料的应用体系建设，完善绿色材料设计标准和规范体系，加快绿色材料的应用推广，不断提升建筑的寿命、质量及绿色化水平，让绿色材料性能转化为绿色建筑功能，持续推动我国新型建筑体系"向绿而行"。

二是围绕质量、安全、绿色，建立新的绿色建筑施工安装体系，打造从标准、规范到检测的一体化绿色高质量建筑，统筹城市和农村一体化标准，将城市绿色建筑标准体系覆盖农村自建房建设，不断提升乡村建筑绿色化、高质化、城镇化建设水平，为中国式现代化贡献力量。

三是推动绿色建筑标准的国际化接轨，围绕绿色建筑的材料应用、技术集成、标准建立、认证标识，加强国内国外的全方位对标与系统化融合，积极争取各类绿色建筑国际化组织的话语权，让中国制造、中国力量、中国品牌走向世界。

优化科技创新生态系统

"当前，科技创新已上升为新一轮全球经济格局重塑的战略核心，虽然我国在科技创新支撑下取得新的历史性成就，但在原始创新能力、技术成果转化等方面仍然存在短板，主要原因在于科技创新生态建设仍然滞后。"

彭寿表示，分层次、多维度优化科技创新生态系统，成为我国加速建设科技强国的重要战略选择。但是，面对新时期世界科技强国的发展要求，我国科技创新还存在一些需要解决的问题：一是平台布局有待进一步完善，重复建设、功能重叠、新兴行业集中度较高等情况普遍存在；二是要素布局有待进一步强化，"重应用、轻基础""重国内、轻国际"等问题仍然突出；三是区域布局有待进一步优化，部分欠发达地区科技创新对区域经济发展支撑不足，中西部和东北地区国家战略科技力量占比不到15%。因此，在国家战略目标指引下，基于"要素—主体—区域"推动科技创新系统性转变，是不断完善国家创新体系、实现高水平科技自立自强的必由之路。

"创新生态系统是'一盘棋'工程，建议国家集中顶层设计、部委分职能实施，着重强化基础前沿研究与应用基础研究科技力量重组布局，以基础研究带动前沿引领，以应用研究支撑战略产业，从源头和底层解决"卡脖子"问题、谋划战略性问题，保证产业链供应链畅通，打造可持续、可发展科技创新生态系统。"彭寿建议，区域链贯通创新链，按照创新资源禀赋，在长三角等优势区域强化战略性、前沿性、引领性创新平台建设，在中西部和东北地区有计划地加强基础性创新平台建设，推动创新力量发展从碎片化布局向体系化布局转变，强化构建基础产业—战略产业—前沿产业的现代化产业体系。

另外，我国的科技自立自强是开放融合的自立自强，建议加快国际科技创新中心建设，充分利用国内国外人才资源、平台资源，面向全球开展重大科技装置、科技平台建设和科技项目攻关，让全球创新资源从"为我所有"到"为我所用"，形成具有中国特色和世界水准的国际科技交流合作新格局。

加速基础材料绿色转型

当前，我国基础材料的高质量发展仍有差距，行业碳排放全国占比超50%，已经成为我国双碳发展的"主战场"。因此，加快基础材料绿色转型，对我国打好产业基础高级化、产业链现代化攻坚战，实现国家绿色高质量发展具有重要战略意义。

对此，彭寿表示，基础材料产业作为"大国基石"和"碳排放大户"，坚持做国家"双碳"发展的实践者、先行者、创新者，国家、地方和行业协会采取了系列举措推动产业绿色转型。但是，由于产业结构、市场需求以及能源消费结构限制，我国基础材料产量变化不确定性增加，产业定律性不够、平衡性不够等问题依旧突出。

"目前，我国基础材料产业碳排放量仍然较高，碳减排空间与碳中和目标实现仍存在较大差距，同时美欧通过征收碳税等形式对我国钢铁、有色、水泥等基础材料产品实施贸易打击，制约了我国基础材料产业的国际竞争力和可持续发展能力。因此，需进一步强化基础材料产业与双碳统筹布局，立足绿色化、高端化、智能化、国际化，不断优化产业结构，加强流程制造创新，强化材料变革创新，探索融合发展新机制、新模式，真正实现基础材料从高碳向低碳、从制造到智造的根本性转变。"

彭寿建议：一是加强顶层设计，统筹开展基础材料产业"双碳"转型的系统化布局，明确基础材料各行业碳排放总量目标、碳排放强度目标和年排放目标，论证各行业"碳中和"技术和产品路线图，通过总量管控、技术准入、碳排放核算，加速落后产能自我淘汰，倒逼传统产业转型升级。

二是加大龙头企业引领，支持行业龙头企业开展跨区域、跨所有制兼并重组，不断提升行业发展集中度，加速技术创新和产业迭代，用"企业的手"打造基础材料低碳产业链链长，用"市场的手"提高产业核心竞争力。

三是聚焦"碳资源"向"碳资产"转变，建立完善我国基础材料全过程碳交易市场，充分利用我国基础材料产业转型带来的"碳配额"空间，面向全球尽快完善碳税与碳定价机制，力争在全球碳交易平台占据"一席之地"，通过"碳开放""碳融合"有效降低"碳成本"，加速实现基础材料产业的高质量发展。

加快产业"走出去"

"中国是世界的市场,世界也是中国的市场。过去三年,尽管全球经济贸易受到保护主义和全球疫情的巨大冲击,但我国经济稳定发展,对外贸易逆势增长,进出口总额年均增长超过10%,出口年均增长11.6%。"

彭寿表示,构建新发展格局需要构建高质量的国际循环,目前越来越多的中国产业、中国品牌不断走向海外,提高了国际循环的韧性和稳定性。但随着后疫情时代国际循环的不确定性加剧,我们要更加突出产业链意识,实现从"单打独斗"到"抱团出海";要更加突出风险意识,高度警惕"黑天鹅"和"灰犀牛"事件,降低"走出去"风险;要更加突出融合意识,"走出去"不仅是资金问题、技术问题、装备问题,更是态度问题、文化问题,要用融合的文化融入全球市场,真正实现合作共赢。

对此,彭寿认为:一是国际循环是优势产业合作的高质量循环,建议发布"走出去"产业指导目录,有效引导中国优势产业、技术和服务全球化布局,推动国内产业链向海外延伸,实现加强国际合作与推进地方产业转型升级良性互动,打造我国占据主动地位、优势互补、互利共赢的全球产业链、供应链、价值链。

二是中国产业"走出去"机遇和风险并存,建议不断完善支持国际合作的政策和服务体系,深化对外产业合作的国别指引,对产业合作国家(地区)的营商环境、经贸政策、投资风险等进行"预警分析",坚持"一国一策""一业一策",为企业提供差异化、针对性、滚动式指导,推动高质量国际产业合作。

三是中国企业不仅要"走出去"更要"融进去",建议国家部委对派往所在国的机构进行统一领导,加大企业海外属地化发展的系统引导,鼓励企业在所属国开展经营融合、管理融合、人员融合和文化融合,明确中国企业参与国际经济竞争合作的行为准则,传递中国文化、树立大国形象,通过产业"走出去"加速推动构建人类命运共同体。

澎湃新闻 2023年3月8日

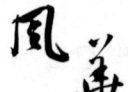

中建材玻璃新材料研究总院 1953—2023

如何加快建设世界科技强国？
全国人大代表彭寿：
要从源头和底层解决"卡脖子"问题

今年全国两会期间，全国人大代表、中国工程院院士、中国建材集团总工程师彭寿围绕"优化科技创新生态系统，加速建设世界科技强国"提出建议。

彭寿指出，当前，新一轮科技革命和产业变革正在重构全球创新版图，重塑全球经济结构。虽然我国科技创新取得新的历史性成就，但在原始创新能力、技术成果转化等方面仍然存在短板，主要原因在于科技创新生态建设仍然滞后。因此，分层次、多维度优化科技创新生态系统，成为我国加速建设科技强国的重要战略选择。

我国科技创新主要存在三大问题

中国是转型中的发展中大国，尤其需要系统地、全方位谋划科技创新事业。

党的十九大以来，在国家相关部委的共同努力下，我国科技创新生态系统建设取得重大进展，国家实验室、国家制造业创新中心、国家技术创新中心等新型研发机构建设持续加速，创新主体能力建设大幅提升，区域创新体系建设不断进步，科技进步贡献率提高到60%以上，国家创新能力从2012年的世界第20位升至2022年的第11位，加速迈向全球第一方阵，进入了"三跑"并存、领跑并跑日益增多的历史性新阶段。

"但是，面对新时期世界科技强国的发展要求，我国科技创新还存在一些需要解决的问题。"彭寿认为主要存在以下三个问题。

一是平台布局有待进一步完善，重复建设、功能重叠、新兴行业集中度较高等情况普遍存在；二是要素布局有待进一步强化，"重应用、轻基础""重国内、轻国际"等问题仍然突出；三是区域布局有待进一步优化，部分欠发达地区科技创新对区域经济发展支撑不足，中西部和东北地区国家战略科技力量占比不高。

"因此，在国家战略目标指引下，基于'要素-主体-区域'推动科技创新系统性转变，是不断完善国家创新体系、实现高水平科技自立自强的必由之路。"彭寿说。

三大建议助力中国科技创新加速迈向全球第一方阵

基于我国科技创新生态目前存在的问题，彭寿提出三点建议。

一是创新生态系统是"一盘棋"工程，建议国家集中顶层设计、部委分职能实施，着重强化基础前沿研究与应用基础研究科技力量重组布局，以基础研究带动前沿引领，以应用研究支撑战略产业，从源头和底层解决"卡脖子"问题、谋划战略性问题，保证产业链供应链畅通，打造可持续、可发展科技创新生态系统。

二是区域链贯通创新链，建议优化创新平台区域空间布局，按照创新资源禀赋，在长三角等优势区域强化战略性、前沿性、引领性创新平台建设，在中西部和东北地区有计划地加强基础性创新平台建设，推动创新力量发展从碎片化布局向体系化布局转变，强化构建基础产业—战略产业—前沿产业的现代化产业体系。

三是中国的科技自立自强是开放融合的自立自强，建议加快国际科技创新中心建设，充分利用国内国外人才资源、平台资源，面向全球开展重大科学装置、科技平台建设和科技项目攻关，让全球创新资源从"为我所有"到"为我所用"，形成具有中国特色和世界水准的国际科技交流合作新格局。

《中国经济周刊》 2023 年 3 月 11 日

中国建材发电玻璃获得"中国工业大奖表彰奖"

3月19日,第七届"中国工业大奖"获奖企业和项目正式揭晓。中国建材凯盛科技集团所属成都中建材光电材料有限公司的"大面积碲化镉发电玻璃关键技术开发及产业化"项目荣获"第七届中国工业大奖表彰奖"。这也是凯盛科技集团继中建材玻璃新材料研究总院"超薄触控玻璃关键技术与成套装备开发及产业化"项目荣获第五届"中国工业大奖"后,再次获奖。

近年来,立足中国建材集团"材料创造美好世界"企业使命,依托中建材玻璃新材料研究总院全国重点实验室、国家玻璃新材料制造业创新中心等高端平台,中国工程院院士、中国建材集团总工程师、凯盛科技集团董事长彭寿带领团队自主开发出碲化镉发电玻璃,产品具备弱光发电、抗衰减、低温系数等优势,成为推动绿色建筑体系建设、实现光伏建筑一体化的关键功能材料。2018年,大面积发电玻璃生产线在成都中建材成功投产,这也是100兆瓦大面积碲化镉发电玻璃生产线。生产线拥有自主知识产权工业4.0,标志着我国掌握了大面积碲化镉发电玻璃核心技术。

目前,凯盛科技集团正在大力拓展发电玻璃的应用场景。2023年,凯盛科技集团将持续在国内存量建筑改造和新型建筑上提高发电玻璃应用比例,同时让发电玻璃走出国门、享誉世界,把中国的绿色能源技术推广到世界更多地方。

"中国工业大奖"包括"中国工业大奖""中国工业大奖表彰奖"和"中国工业大奖提名奖"三个层次的奖项,旨在表彰代表我国工业发展最高水平,对增强综合国力、推动国民经济发展做出重大贡献的工业企业和项目。

新华网　2023年3月20日

彭寿：推进科技创新
中国建材为我国航天重大工程提供关键材料支撑

4月17日~18日，由航天科技集团五院主办，航天科技集团五院宇航物资保障事业部及钱学森空间技术实验室承办的中国航天先进材料创新联盟成立大会暨CSTM航天材料标准化领域委员会成立大会召开。大会邀请14位院士专家及80余位国内一流高校和科研院所专家领导参会，共谋发展大计，共同推进中国航天事业的繁荣发展。

在会上，中国工程院院士、中国建材集团总工程师、国家玻璃新材料创新中心主任彭寿应邀出席并做《先进玻璃材料创新与应用》的主旨报告，从先进玻璃材料的创新发展、先进玻璃材料前沿与趋势、先进玻璃材料与航空航天三个方面阐述了先进材料发展态势及重要性。彭寿表示，中国建材集团多年来积极践行"材料创造美好世界"的使命，坚持推进材料科技创新，在碳纤维复合材料、先进玻璃材料、纤维复合材料、高端膜材料等领域取得重大突破，保障了我国战略性新兴产业发展与重大工程建设，特别是针对航空航天事业发展，为我国航天重大工程提供了关键材料支撑。

彭寿认为，作为中国建材集团新材料产业发展的重要方向之一，可以用三句话概括先进玻璃材料的创新发展。一是过去的"玻璃"仍还是"玻璃"。玻璃作为一种古老又现代的材料，始终伴随着人类文明发展，但传统的玻璃仍然保持相对单一的组分体系、单一的本体功能、单一的应用领域，并未出现变革性创新。二是现在的"玻璃"不单是"玻璃"。伴随着材料系统化创新，先进玻璃材料已经形成体系化的玻璃组成、复合化的材料性能和多元化的服役场景，并成为支撑多项战略性产业发展的重要基础材料。三是未来的"玻璃"是否还是"玻璃"。伴随着新理论、新技术、新体系的加速融合，先进玻璃材料迎来"三新"战略机遇，不断呈现重构化、功能化、数字化的"三化"发展趋势，先进玻璃材料也将迎来"复合化的未来""智能化的未来""极限化的未来"。

彭寿指出，作为极限服役的典型场景，"空间应用"将为先进玻璃材料提供"更大空间"，先进玻璃材料也将为空间科技发展提供重要的材料支撑。在空间研究方面，玻璃作为空间资源的载体，为空间资源利用研究提供保障，同时依靠玻璃稳定性特征，为月球、火星空间研究提供潜在资源参考；在空间制造方面，材料空间制造技术将成为探索材料未知机理、实现地外资源就位利用、拓展人类地外生存与活动能力的战略性关键技术，并可为微重力场、高真空等特定环境下的空间玻璃能源材料制备；在空间应用方面，先进玻璃材料已经成为空间材料体系不可或缺的功能材料之一，材料应用场景也不断向航天飞机、空天装备、空间站、通信卫星等领域拓展。面对新挑战、新目标、新要求，先进玻璃材料将着重强化学科的交叉、材料的融合、领域的协同以及场景的创新，让玻璃为中国空天科技发展提供引擎。

中国航天先进材料创新联盟成立的主旨是以需求为牵引、以科研为基础、以应用为导向，促进航天先进材料快速发展，打造航天先进材料国家战略科技力量，支撑航天强国建设。

新华网　2023 年 4 月 23 日

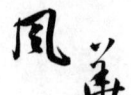 中建材玻璃新材料研究总院
1953—2023

显示玻璃：打开世界的"多彩视窗"

0.12毫米，一张A4纸的厚度，这是玻璃吗？

1000多项技术瓶颈，逐一突破！2018年，这个厚度创造了世界最薄触控玻璃的纪录！

当这块玻璃被轻轻地弯曲成一道彩虹状时，中国工程院院士、中国建材集团总工程师彭寿的演示，让周围人惊叹不已！

可别小看随处可见的玻璃，它已有6000多年历史。过去数百年中，玻璃支撑了显微镜、望远镜、试管的诞生，掀起世界光学和生物技术革命，推动人类科技进步。

进入21世纪，随着玻璃组分、制备工艺等的不断创新，玻璃成为广泛应用于信息显示、新能源、生物医药、航空航天、深海探测等新兴领域的关键功能材料。

今天，显示玻璃，更是我们每个人都离不开的"神器"。当指尖在手机触摸屏上自由滑动，世界和远方，便在你眼前；这触碰，仿佛打开一扇"多彩视窗"。

触摸屏越薄，用户体验越炫酷。"这是我们运用浮法玻璃生产工艺，也就是熔融的玻璃液自由流淌到锡液上进行展薄、拉伸的成形方法。"彭寿介绍，在突破原料提纯、玻璃组分及配方、新型熔化、超薄成形等系列技术瓶颈后，我国拥有了这一技术的自主知识产权，创造了浮法技术工业化生产的世界最薄玻璃纪录。

既然超薄玻璃能卷曲，那么能否像A4纸一样近乎折叠呢？彭寿在思考、探索。

2020年，彭寿和他的团队在国内率先开发出30微米柔性可折叠玻璃，再创一项中国第一、世界领先的成果，形成了全国产化超薄柔性玻璃产业链。

30微米，也就是0.03毫米，这是目前工业化最薄的可折叠玻璃！日夜不休地进行弯折测试，折叠100万次后没有一丝裂纹！

"这一成果解决了关键原材料领域的'卡脖子'技术难题，保障了信息显示供应链和产业链安全。"彭寿说，柔性可折叠玻璃，因其极薄、柔韧性强、耐用性高和出色的折痕控制等特点，成为折叠屏手机盖板玻璃的首选。还有液晶电脑、液晶电视、车载显示屏，玻璃同样在"大显身手"。

其实，每块显示屏背后，都有3种显示玻璃作为支撑并发挥不同作用——由上往下

分别为高强盖板玻璃、超薄触控玻璃以及显示玻璃基板。其中，第三层显示玻璃基板是新型显示产业的核心材料，也是显示终端屏幕的重要组成部分，被誉为玻璃领域"皇冠上的明珠"。

"下一步，我们要把显示玻璃向大尺寸化、复合化、功能化方向发展，我们希望研发出 10 微米的极薄玻璃，作为半导体、柔性太阳能电池等领域的新型基底材料，其应用前景会更加广阔。"彭寿团队开始攻克下一个目标。

《科技日报》 2023 年 5 月 29 日

中建材玻璃新材料研究总院
1953—2023

加速推动材料产业实现根本性转变

拥有 6000 余年历史的玻璃，古老而又现代。进入 21 世纪，玻璃发展为新兴领域的关键功能材料，广泛应用于信息显示、新能源、生物医药、航空航天、深海探测等，受到全球关注。

玻璃的演变是材料创新的缩影。一代材料一代技术、一代材料一代装备，材料作为人类生存不可或缺的物质基础，支撑着人类文明的进步与社会经济发展。可以这么说，任何实体制造都是材料的系统集成，如我国自主研发的 C919 大型客机，就是由金属材料、复合材料、无机非金属材料等制造或集成的 400 万个以上的零部件构成。正是由于材料的先进性、支撑性、引导性特征，使其成为一个国家科技水平和综合实力的重要象征。

我国是材料大国，已经形成了全球门类最全、规模第一的材料产业体系，产业产值从 2010 年的 0.65 万亿元快速增长到 2022 年的 6.8 万亿元。但不容乐观的是，我国材料产业"大而不强"问题同样突出。当前，国际经济产业格局正在发生深刻改变，体系化提升我国材料产业的自立自强水平，是参与全球产业链优化与重构的重大课题，更是实现高水平科技自立自强的重要支撑。

实现材料自立自强，核心在于建成一批国家战略科技力量。世界材料强国竞争，比拼的是国家战略科技力量。只有建成一批勇闯科技创新"无人区"、机制改革"深水区"的国家新型研发平台，才能在基础研究和应用基础研究中涌现更多重大原始创新成果，才能在重大科技攻关中形成均势制衡或颠覆性突破，才能加速推动我国材料产业实现从自主向自立、自强的根本性转变。

与此同时，我国材料领域发表论文数和申请专利数虽列世界第一，但材料科技推广和应用服务投入强度较西方发达国家还有较大差距，关键原因就是企业创新主体地位不够突出、科技成果转化能力不强。因此，实现材料自立自强需要培育应用导向的创新生态，坚持企业"出卷"，高校和科研机构"答卷"，国家战略与市场价值"阅卷"，加速构建以企业为主体、市场为导向、产学研用深度融合的技术创新体系。

再说人才，这是实现材料自立自强的基础。交叉融合正成为材料科学的重要特征，也成为科技创新的重要源泉。要面向全球从各领域、多学科选拔青年人才，在实践中培养一批充满创新活力的"青年科研人才""卓越工程师"。特别要创新用人机制,大胆采用"揭榜挂帅"等激励机制,用事业激励人才,让人才成就事业,为我国材料自立自强厚植根基。

《光明日报》 2023年6月27日

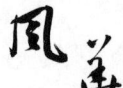

中建材玻璃新材料研究总院
1953—2023

中研院：厚植创新沃土　提升品牌实力 激活高质量发展密码

世界最薄 0.12 毫米超薄浮法电子玻璃、中国首片 8.5 代 TFT-LCD 浮法玻璃基板、世界领先 30 微米柔性可折叠玻璃、世界最高光电转换率铜铟镓硒发电玻璃、世界首片大面积碲化镉发电玻璃、中国首支疫苗用中性硼硅玻璃管……这些玻璃新材料产品，都源自中建材玻璃新材料研究总院研发平台强有力的支撑，通过创新引领中国玻璃发展的同时，打响了品牌，成为高质量发展新标杆。

中国首片 8.5 代 TFT-LCD 超薄浮法玻璃基板

突破关键核心技术，科技创新是关键。中研院作为玻璃新材料原创技术策源地，以中国工程院院士彭寿为核心的人才团队始终加强原创性技术突破和基础研究，超前布局科研基础平台建设，研发资源辐射全球，拥有浮法玻璃新技术国家重点实验室、国家玻璃新材料创新中心、玻璃新材料工业互联网平台、美国新泽西先进材料研究院、德国慕尼黑薄膜太阳能电池研究院等研发中心和中试基地，科技创新能级持续跃升，以创新链实现高水平科技自立自强。

中国玻璃新材料科技产业园

提升工程技术服务，品牌培育是关键。中研院以优渥的创新土壤为基础，凭借自身在工程设计、工程总承包服务方面的卓越能力，持续为福耀、信义、福莱特等龙头企业及"一带一路"沿线20多个国家提供工程服务，以工程链彰显了企业品牌内涵，助推品牌竞争力和影响力不断增强。

加快全产业链升级，质量建设是关键。中研院打造了中国玻璃新材料科技产业园、新型显示产业园、高端装备产业园等硅基新材料集聚态势，建立了新型显示、光伏玻璃、应用材料、特种玻璃、高端装备等全产业链体系，研发出一批重大标志性核心技术和成套装备，带动上下游产业链高质量发展，产生协同辐射效应，以产业链助推企业发展质效不断提升。

注重技术创新、打造企业品牌、追求卓越质量，中研院充分利用自身优势，用创新链引领工程链，用工程链服务产业链，用产业链支持创新链，以"三链融合"持续增强企业竞争力，不断为中国玻璃技术和产业全面领跑世界矢志奋斗。

新华网　2023年7月17日

六零路上 | 彭寿："六零"，为建材行业高质量发展进一步指明方向

"六零"示范工厂建设是"宜业尚品、造福人类"建材行业发展目标中"宜业"的具体实践。千里之行始于足下。纵观建材行业，一些先进企业正以实际行动，从"一零"起步，积极拥抱行业绿色节能、清洁低碳、资源综合利用、数字化智能化等方面的深刻变革，发挥自身优势和特色，在实现"六零"的道路上不断迈进……

《中国建材》杂志记者：

"六零"示范工厂是建材行业深入贯彻新发展理念，践行"宜业尚品、造福人类"行业发展目标，积极应对行业能源和排放现状，创新性提出的建材行业企业转型升级的长远发展导向。作为中国建筑材料联合会专家委员会执行主任委员，您认为中国建筑材料联合会提出"六零"对推动行业绿色低碳安全高质量发展有哪些积极影响？要实现"六零"，全行业还应该有哪些行动来支撑？

彭寿（中国工程院院士）：

为贯彻落实习近平总书记重要指示精神，在党中央、国务院碳达峰、碳中和"1+N"政策体系筹部署下，作为"大国基石"和碳排放"大户"，建材行业积极响应"双碳"号召，坚定推进"双碳"转型，率先明确"宜业尚品、造福人类"发展目标，创新提出"六零"示范工厂作为绿色样板，面向全社会展示了建材行业坚持做"双碳"实践者、践行者、创新者的决心信心，面向全行业营造了绿色转型发展的环境氛围，全方位明确了企业绿色转型的系统路径，为建材行业的绿色高质量发展进一步指明方向，标志着中国建筑材料工业真正走上高科技革命之路。"六零"示范工厂的打造既是战略工程，又是系统工程，需要全行业前瞻谋划、统筹布局、坚定推进。我认为，要实现"六零"，一要战略引导、纲举目张，挂图作战、靶向发力，从战略层面制定出台"六零"示范工厂技术路线图，从战术层面确定具体行动方案与技术路径，从战法层面建立协调联动机制，"自上而下"推动实现"六零"发展；二要创新驱动、强根固本，聚焦"六零"示范工厂发展要

点,通过"揭榜挂帅""赛马"等机制,加强零碳技术、零碳材料、零碳能源、零碳循环、智能化系统的体系化创新集成与耦合优化,推动"六零"示范工厂标准化体系建设,培育行业绿色转型核心引擎;三要开放协同、构建生态,坚持系统化思维、一体化推进、协同化发展,打破领域与学科边界,统筹推进建材各领域"六零"示范工厂建设,强化领域间的横向协同配合,打造共建、共享、共治的工厂互联数据化平台,凝聚行业合力为材料工业绿色工厂建设提供"建材模板""建材示范"。

《中国建材》杂志记者:

我国建材行业"六零"工厂的实现并不遥远,纵观海外,以"零化石能源"为例,英国皮尔金顿使用氢能制造玻璃的试验已经成功,世界首次以氨为燃料的玻璃生产示范试验也在日本完成。作为中国建材集团首席科学家、中建材玻璃新材料研究总院院长,您认为我国玻璃行业目前最应突破的有哪些?最可能实现的是哪几个"零"?下一步玻璃行业将如何为实现"六零"做出努力?

彭寿(中国工程院院士):

玻璃行业在中国建筑材料联合会的战略引领下,坚持推进绿色发展,在"六零"示范工厂建设方面已经作出了积极探索,取得了良好成果。围绕"零外购电工厂",坚持材料驱动、场景为先,自主研发世界最高转换效率超20%的300mm×300mm发电玻璃冠军组件,打造一批具有重要示范效应的BIPV项目,其中位于蚌埠的世界最大单体BIPV项目年均发电量1100万度,可满足工厂40%用电需求,为掀起发电玻璃BIPV技术的能源供应革命提供了引导。围绕"零化石能源工厂",大力推进全氧燃烧技术应用推广,前瞻开展玻璃熔窑利用氢能成套技术装备与工程示范"揭榜挂帅"攻关,逐步开展氢能源在玻璃行业的渗透应用,积极构建玻璃零碳能源循环圈。围绕"零碳排放工厂",首次采用变压吸附耦合吸附精馏的创新工艺,建成世界首套玻璃熔窑二氧化碳捕集与提纯示范项目,助力构建全生命周期的"建材+"一体化绿色产业链,为全球玻璃行业减碳、固碳、管碳提供了"中国方案"。围绕"零员工工厂",构建基于生产设备、边缘设备、管控设备等全厂全流程的多源异构数据及其应用技术,建立自学习、自适应、自优化的智能化控制系统,建立玻璃行业智能工厂平台,实现智能工厂高效协同、互联互通。面对行业发展新机遇、新目标、新要求、新特征,玻璃行业应坚持以高端化、智能化、绿色化为主线,全面提升行业发展质量、发展效能、发展水平,全力打造"六零"示范工厂,确保如期实现"碳达峰",加快实现"碳中和",推动行业高质量、可持续发展。在此我也提三点意见:一是高端化引领,以技术、效率、能耗等为核心指标,对标国际、对标一流,以工厂高端化推动产品高端化、实现产业高端化;二是智能化赋能,加速改造、提升、颠覆传统工厂运行模式,构建"智能单元 – 智能工厂 – 智能平台"的架构体系,打造一批玻璃新材料全生命周期(PLM)"灯塔工厂""无人工厂";三是绿色化转型,立足聚焦能源低碳化、原料低碳化、流程低碳化,推动玻璃工厂核心技术架构转型,为打造"六零"示范工厂提供全产业链绿色解决方案。

《中国建材》杂志记者:

中建材玻璃新材料研究总院(以下简称"中研院")在中国建筑材料联合会第一批"揭榜挂帅"项目中承担了"玻璃熔窑利用氢能成套技术装备与工程示范""核动力堆高放废液固化玻璃研制及应用"等多个项目的攻关任务,现在进展如何?

彭寿(中国工程院院士):

中研院作为国家战略科技力量、中国建材集团新材料领域的重要创新平台,始终以国家重大战略、行业重大需求为导向,坚持做我国玻璃工业与科技革新的参与者、贡献者、先行者。2021年建材联合会发布第一批"揭榜挂帅"项目之后,中研院在中国建材集团的战略部署下,紧抓行业科技前沿,紧盯产业发展趋势,承担了多项重大科技攻关,特别是聚焦前沿热点开展的"玻璃熔窑利用氢能成套技术装备与工程示范"研究,揭示了低热辐射条件下氢能传热效率提升机理,分析了高羟基含量对玻璃液熔化、澄清过程的影响规律,率先建立氢能燃烧过程控制模型,首次开发出玻璃熔窑用氢能空气/氧气助燃用核心装备,初步奠定了工业化试验的理论与技术基础。目前,攻关团队正在进一步开展氢能熔窑数值模拟及燃烧器结构优化,加速推动安全有效的氢能替代工艺建立,力争尽快实现绿色转型,对标世界一流,走在世界前列。

《中国建材》杂志记者:

《建材工业"十四五"发展实施意见》提出,"十四五"期间,行业发展要以绿色低碳为主线、以碳达峰目标为牵引,促进建材行业绿色化、低碳化、智能化、高端化转型。作为中国工程院院士、行业技术专家,您认为"科技创新"将如何在行业"双碳"行动中发挥重要作用?

彭寿（中国工程院院士）：

习近平总书记在党的二十大报告中指出，"实现碳达峰、碳中和是一场广泛而深刻的经济社会系统性变革"，从历史维度、全盘角度明确了"双碳"行动的内涵与意义，即生产生活方式的颠覆性转变，必须顺应以低碳为特征的全球新一轮能源和产业革命趋势，推动经济发展质量变革、效率变革、动力变革，而变革的核心驱动力就是科技创新。在推进建材行业"双碳"行动中，尤其需要坚持以下三个方面的创新：一是坚持技术创新，持续推进原/燃料与工艺过程替代、能源提升与工艺流程再造，加速氢燃料、短流程制造等颠覆性技术布局，重视CCUS等负碳技术应用推广，结合"揭榜挂帅""赛马"等市场化体制机制创新，集中行业资源突破技术难点、打通技术堵点。二是坚持材料创新，聚焦光能、硅能、锂能"三能"材料，强化气凝胶材料、发电玻璃、钙钛矿电池、高效锂电池、储氢材料等新型绿色材料的研发、制备、系统集成与应用推广，构建多元化、多牌号、系列化的新型绿色建材体系，为"双碳"发展创新提供更多的材料支撑。三是坚持场景创新，以绿色材料的创造性应用为导向，以供需主体联动为路径，以政策标准完善为保障，开展BIPV、CCUS+智慧农业等绿色场景应用普及，动态发布场景创新重大示范工程名单，探索场景导向的材料技术双向创新，助力构建零碳循环生态体系。中国建筑材料联合会阎晓峰会长在全国建材行业科技创新大会暨联合会专家委员会工作会议上指出，科技创新应该贯穿建材行业转型升级的全过程，是支撑建材行业高质量发展最为关键的动力。随着结构调整的不断深化和绿色低碳发展需求的日益迫切，人们对建材行业科技创新能力和速度提出了更高的要求。我们要更加深刻认识到科技创新对于推动行业高质量发展的重要性，集中力量提升关键核心技术攻关系统能力，全面推进创新驱动、创造理念、创能转型、创享发展，用实际行动加快实现高水平科技自立自强。也只有这样，才能更好地促进建材行业绿色化、低碳化、智能化、高端化转型，朝着"六零"方向迈进。

《中国建材》杂志　2023年8月5日

彭寿：勇攀玻璃创新高峰

近日，在中建材玻璃新材料研究总院浮法玻璃新技术国家重点实验室里，中国工程院院士、中建材玻璃新材料研究总院党委书记、院长彭寿正带领研发团队进行半导体和泛半导体玻璃重大专项的技术攻关。

"光刻机里面的玻璃是对国家非常重要，也是需要立即解决的一个战略性问题，作为科技工作者，我们应该急国家所急、想行业所想，国家的需要就是我们创新的目标。"彭寿说。

心怀"国之大者"、践行科技报国，是彭寿院士一直以来的追求。1982年大学毕业至今，他始终牢记科研工作者初心，在玻璃新材料研发、设计和产业化一线矢志奋斗，努力让中国玻璃在世界占有一席之地，并赢得了世界的尊重。

他带领科研团队攻克了制约中国浮法玻璃技术发展的技术难关，解决了锡槽密封等重大技术难题，使中国浮法玻璃技术在国际领域持续领跑。

不仅如此，彭寿围绕国家在信息显示、新能源、半导体、航空航天、深地深蓝和高端装备等领域对先进玻璃材料的重大战略需求，开展硅质原料提纯、玻璃成分及配方设计、新型熔化、超薄成形等关键核心技术研发、工程与产业化，打破了一个又一个国外技术壁垒，服务了我国战略性新兴产业的健康发展，满足了民生需求。

"要做就做最好。"近年来，彭寿院士带领团队，面向世界科技前沿，把玻璃做"薄"，自主研发生产出世界最薄0.12毫米超薄玻璃、世界领先30微米柔性可折叠玻璃，引领世界玻璃薄型化发展进程。

面向国家重大需求，把玻璃做"新"，成功量产世界单片最大面积（1.92平方米）碲化镉发电玻璃，研发生产出世界最高转换效率（20.3%）铜铟镓硒发电玻璃，助推国家"双碳"目标。

面向经济主战场，把玻璃做"大"，自主研发生产出中国首片具有自主知识产权的8.5代TFT-LCD浮法玻璃基板，成功保障万亿级大尺寸显示产业链供应链安全。

面向人民生命健康，把玻璃做"精"，在国内首次实现高品质中性硼硅玻璃管的稳定量产，并牵头承担药用包材与关键装备重大专项，确保我国生物医药产业链健康、安全、稳定发展。

一系列高水平科技成果的陆续落地转化，带来的是中国玻璃新材料领域战略效益、经济效益、区域效益的统一发展，仅 2022 年在蚌埠贡献的产值就有 300 多亿元。

作为中国玻璃"加速度"的领军者，近年来，彭寿还牵头组建了国家玻璃新材料创新中心、国家工业互联网双跨平台，依托这些平台，打造出了百名博士创新团队，通过玻璃新材料行业转型、引领发展所积累的创新资源、能力和生态，进一步推动产业链上下游企业的新型工业化和高质量发展。

因为贡献突出，近日，彭寿获得第四届"安徽省突出贡献人才"荣誉称号。彭寿说："下一步，我们将继续围绕国家重大需求，持续解决产业难题，聚焦玻璃新材料，加速 11/10.5 代液晶玻璃基板、OLED 玻璃基板、半导体玻璃、空间站玻璃等尖端材料的研发与产业化攻关，在玻璃新材料领域不断攀登新的科技高峰。"

《中国经济周刊》 2023 年 9 月 23 日

中建材玻璃新材料研究总院：
世界最薄玻璃是如何炼成的

中建材玻璃新材料研究总院办公楼

世界最薄 0.12 毫米超薄电子触控玻璃、中国首片具有自主知识产权的 8.5 代 TFT-LCD 浮法玻璃基板、国际领先的 30 微米柔性可折叠玻璃、世界最高光电转换率铜铟镓硒发电玻璃、世界首片大面积（1.92m²）碲化镉发电玻璃、中国首支疫苗用中性硼硅玻璃管等玻璃新材料产品屡次打破国外垄断。

为什么中建材玻璃新材料研究总院（以下简称"中研院"）为什么能做到"中国首创世界领先"？其中不仅有企业 70 年的传承和底蕴，也与企业多年来坚持科技创新、提升质量水平、推进品牌建设密不可分。

70 年发展简史

1953 年，中研院前身中央重工业部建筑材料工业管理局设计公司在北京成立。一年后，该院开始从事秦皇岛耀华玻璃厂 1 号窑的复建工程设计，这是我国自行设计的第一条玻璃生产线。

20世纪60年代中叶，该院抽调科研人员参与研究管庄阶段的浮法工艺试验，并参与在株洲玻璃厂进行小试和1971年在洛阳浮法厂的中试，聚焦浮法玻璃攻关。

1971年，为支持国家"大三线"建设，该院由北京迁至蚌埠，隶属于国家建材局。

80年代初，联合国工发组织援建的中国玻璃发展中心落户该院。

1984年，该院实行事业单位企业化管理。

1987年，该院与大连DFG签署了从配套工程咨询设计到最终工程总承包的合同，开辟了玻璃勘察设计单位从单纯工程设计向工程总包转型的先河。

1989年，该院承担了沈阳500t/d浮法玻璃生产线的设计工作。该项目获得全国勘察设计银奖，该院也因此步入"浮法勘察设计"之列。

1990年，该院承包经营了东海玻璃厂，这是一次经营实业的改革尝试，也是其在企业化改革过程中的小试牛刀。

1992年，该院被国家建材局选为全面推行技术经济责任制试点单位。同年，国家建材局组织秦皇岛、蚌埠及杭州三个玻璃设计院申报了"八五"科技攻关计划，并使用科技攻关成果建成了中国浮法玻璃行业第一个导向性目标窑，为全国同行业起到样板和示范作用。

1995年，该院被建设部列为建立现代企业制度试点单位。

1996年，由国家建材局主持，秦皇岛、蚌埠及杭州三个玻璃设计院合作完成中国"八五"期间国家重点项目——秦皇岛耀华浮法玻璃示范线。该项目代表了当时中国玻璃工业最高水平，明显缩小了中国浮法技术与国际水平的差距。

1997年，该院改造洛阳600t/d浮法一线，与洛玻集团联合攻关了近两年，重点开展了解决玻璃微缺陷、2mm汽车玻璃和19mm～25mm超厚大板浮法玻璃生产、操作软件开发等工作。

2000年该院正式转制为科技型企业，进入中国建材集团，并改制成立中国建材国际工程集团。

2011年，全年业务收入首次突破100亿元大关，利润总额超过10亿元，实现了历史性突破。

2012年1月，蚌埠硅基新材料基地被评定为第四批"国家新型工业化产业示范基地"。

2014年，以该院为核心企业在北京成立凯盛科技集团有限公司。同年，成功拉引

0.33毫米超薄浮法电子玻璃，刷新中国玻璃发展新纪录，实现中国浮法玻璃向电子信息显示领域的跨越。

2016年5月，该院成功拉引0.15毫米超薄浮法电子玻璃，再次刷新中国超薄浮法电子玻璃薄型化生产纪录。

2018年4月，该院研发的0.12毫米超薄电子触控玻璃成功下线，继0.15毫米之后，又一次创造了浮法技术工业化生产的世界最薄玻璃纪录。同年12月9日，该院申报的超薄触控玻璃关键技术与成套装备开发及产业化项目获中国工业大奖。

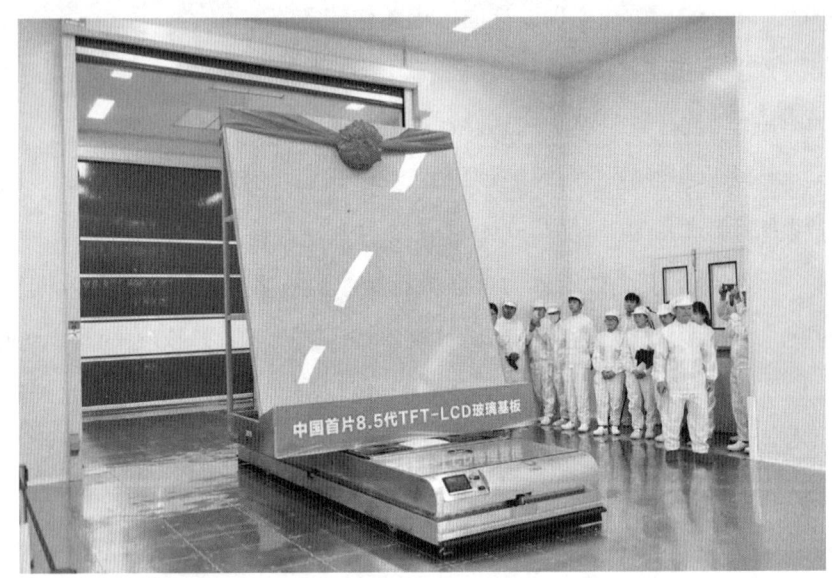

国内首片8.5代TFT-LCD超薄浮法玻璃基板

2019年9月，该院自主研发生产的8.5代TFT-LCD玻璃基板生产线在蚌埠下线，中国成为全球第三个掌握高世代TFT-LCD玻璃基板生产技术的国家。

2020年，该院在国内率先开发出30微米柔性可折叠玻璃，这是目前工业化最薄的可折叠玻璃。2021年2月，柔性可折叠玻璃实现重大突破，形成了国内唯一覆盖"高强玻璃—极薄化—高精度后加工—柔性贴合"的全国产化柔性超薄玻璃产业链，突破了信息显示关键材料"卡脖子"技术，打破了国外垄断。

2021年底，该院完成增资重组，打造集科研开发、产业孵化、工程服务于一体的玻璃新材料高科技中央应用研究院。

2022年2月，中研院正式成立。

2023年5月，经美国国家可再生能源实验室测试证实，该院所属Avancis公司生产的30厘米×30厘米铜铟镓硒发电玻璃光电转换效率达到20.3%，再次打破世界纪录。

70年来，中研院虽然不断迁徙和辗转，但其科研工作者始终没有停止追逐璀璨"玻璃梦"的脚步。多年来，中国工程院院士、中国建材集团首席科学家、中研院党委书记、院长彭寿带领团队埋头苦干、持续技术创新和丰富的产业实践，累计承担国家"863""973"科技支撑计划课题近20项，获国家科技进步奖一等奖1项、二等奖3项，省部级科技成果奖数百项；累计承担和参与国家课题20项，拥有专利2442项，其中发明专利844项，牵头/参与编制2项国际标准、27项国家标准。先后斩获第五届中国工业大奖、中国国际工业博览会大奖、首届师昌绪新材料技术奖、中国质量奖提名奖等奖项。

"世界最薄"背后的秘密

中研院70年的发展历史，就是一部中国玻璃工业的科技创新史。

玻璃，在日常生活中无处不在。尤其是走向轻薄化、智能化的手机、平板电脑等电子产品，其触控面板和显示面板正因应用了超薄显示玻璃，人们才得以畅享炫酷体验。

一般把0.1—1.1mm厚度的玻璃称为超薄玻璃，而超薄信息显示玻璃是电子信息显示产业所需的关键核心材料，广泛应用于信息通信、智慧城市、国防科技等领域。

玻璃材料越薄，透光性和柔韧性就越好，相关显示产品的质量也就越轻。

玻璃越薄，就越容易破碎。想要做到更薄，谈何容易？如何兼顾玻璃的薄度、强度和韧度，是一个巨大的难题。

2013年以前，1.1毫米以下的超薄乃至极薄玻璃，属于当时国内市场空白。由于其研发过程需要多学科、多领域的高度复合集成，工艺技术复杂，生产难度极大，其核心技术长期被美国、日本少数几家公司垄断，导致国内光电显示产业链关键环节严重缺失，产业发展长期受制于人，产品价格常年居高不下。

为了突破封锁，中研院研发团队聚焦开展原料提纯、玻璃成分及配方、新型熔化、超薄成形等关键核心技术与装备的科技攻关。突破了多项技术瓶颈后，2018年成功研发出0.12毫米的"世界最薄触控玻璃"，并实现工业化生产。

0.12mm超薄玻璃的成功开发，标志着中国玻璃行业实现了从"跟跑""并跑"到"领跑"的跨越。至此，迫使国外企业多次降价，仅进口产品售价降低一项，中国电子信息产业每年就受益3000多万元，保障了国家电子信息显示产业的安全。

此后，中研院研发团队开始向可折叠玻璃进军。经过成千上万次的试验，终于在2020年在国内率先开发出30微米（0.03毫米）柔性可折叠玻璃，在玻璃新材料领域再创一项中国第一、世界领先的成果。

世界领先 30 微米柔性可折叠玻璃

经过测试，30 微米柔性可折叠玻璃弯折寿命突破百万次，核心性能指标全球领先，在源头上保障了中国新型显示产业链、供应链安全。

在新一轮科技革命和产业变革背景下，以互联网、大数据、人工智能等为代表的数字技术赋能新型显示产业快速发展，大尺寸显示玻璃，是信息时代玻璃材料竞争的高点。在 2019 年以前，大尺寸液晶面板所需的 8.5 代 TFT-LCD 玻璃基板完全由少数几家国外企业供应，玻璃基板同样成为严重制约国内显示产业发展的"卡脖子"难题。

面对这一难题，中研院研发团队以具有自主知识产权的浮法工艺为基础，开始攻坚克难，终于在 2019 年攻克了一系列难题，中国首片自主研发的 8.5 代 TFT-LCD 浮法玻璃基板成功下线，实现了国内高世代电子玻璃基板"零"的突破，解决了中国显示面板产业对国产化大尺寸玻璃基板的紧迫需求。

中研院创新研发团队不断攻克"卡脖子"难题，让玻璃领域的"中国创新"闪耀在世界舞台。

浮法玻璃新技术国家重点实验室

创新的根本在人才

中研院创新的背后是人才。

据了解，该院近年来创造了多项"中国首创、世界第一"的玻璃新材料成果，完成了从传统科研院所向高科技产业集团的华丽转变，这得益于中研院始终坚持人才引领发展战略。

多年以来，中研院始终坚持"人才是第一资源"的理念，搭建干事创业的平台成就人才，营造拴心留人的环境集聚人才，创造成长成才的条件培养人才。为更好留住人才、使用人才、激励人才，该院建立员工中长期激励约束机制，实施员工持股。不仅如此，近年来，彭寿还牵头组建了国家玻璃新材料创新中心、浮法玻璃新技术国家重点实验室等国家级创新平台12个，依托这些平台先后培育了发电玻璃、高端应用材料、特种玻璃等多个产业化创新团队，打造出了百名博士创新团队。中研院采取人才引进与人才培养相结合的模式，对高端人才建立"全职引才"和"柔性引才"相结合的机制，筛选"引进人才"为新进青年技术人员的导师，并建立联合培养机制，与高等院校及科研院所建立合作培养方案，与海内外名校建立了人员互访、学术交流和项目合作计划。

更重要的是，中研院还研究制定"十四五"人才发展规划，明确人才队伍建设的目标和具体举措，实施以首席科学家制度为核心的科研创新机制，充分调动高水平人才的积极性；实行"从生产中来，到生产中去"的创新机制，与生产企业加强沟通，解决生产实践问题，并制定科技投入长效机制。

企观国资　2023年10月19日

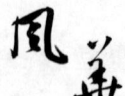

中建材玻璃新材料研究总院
1953—2023

第四届中国光电材料大会在蚌埠举办

11月25日,第四届中国光电材料大会在安徽蚌埠举办。大会以"创新材料 赋能未来"为主题,由中国硅酸盐学会、安徽省发展和改革委员会、安徽省科学技术厅主办,安徽省新材料产业协会、蚌埠市人民政府、中建材玻璃新材料研究总院承办。会上,"中国玻璃谷"正式揭牌。

中国工程院院士、中国建材集团首席科学家、中建材玻璃新材料研究总院党委书记、院长彭寿表示,今年是中建材玻璃新材料研究总院成立70周年、70年艰苦创业、70年坚守耕耘、70年传承超越。未来,面向科技前沿,要加快材料技术与信息技术、制造技术、能源技术的交叉融合、深度渗透,全力打造关键材料原创技术策源地;面向未来产业,要培育抢占新型显示、先进能源、未来电子等光电材料产业制高点,实现落地一个材料、培育一个产业、带动一个集群;面向全球合作,积极对接国际创新链、产业链、数字链、生态链,打造共建、共享、共赢的命运共同体,为全球光电材料产业发展贡献中国方案、中国智慧、中国力量。

欧洲科学院院士、法国科学院院士、圣戈班全球首席科学家伊维斯·布莱彻特在视频致辞中表示,可持续发展是当今的热门话题,实现可持续发展对光电材料的需求越来越大,尤其需要围绕解决能源危机、发展数字经济、做好资源节约等方面,进行科技创新、高端替代、回收利用。希望与会的专家、学者、嘉宾广泛讨论、求实论证,共同推动光电材料的前沿开拓,共同在推进可持续发展中实现真正发展。

中国科学院院士欧阳钟灿通过视频致辞表示,目前全球重大前沿技术和颠覆性技术快速突破,光电材料作为信息革命和能源革命的关键基础,已成为世界各国战略竞争的焦点。要深刻认识光电材料的战略支撑作用,牢牢把握创新领域、创新方式和创新范式的变革机遇,坚持前沿颠覆创新、源头技术创新、开放协同创新,以实际行动为中国式现代化发展贡献材料力量。

中国建材集团党委书记、董事长周育先强调,光电材料是集团战略性新兴产业集群的重要组成部分,坚定助力国家"双碳"目标,推动全球生态文明建设的重大战略布局。多年来,中国建材集团所属凯盛科技和中研院,攻克了一批光电材料的关键核心技术,打造了中国建材新材料的"亮丽名片"。未来,集团将依托国家玻璃新材料创新中心、新材料基金等创新平台,与社会各界深化全方位合作,共同打造产业链、创新链、资金链、人才链深度融合的产业发展新生态,为我国光电材料产业高质量发展贡献新的更大力量。

中国硅酸盐学会理事长高瑞平表示,新材料的发展引领着社会进步、技术革命和产业变革。中国硅酸盐学会将持续强化材料统筹规划,努力发挥好桥梁纽带作用,汇聚创新要素、用好创新资源,持续与安徽开展全方位合作,通过光电材料产业的高质量发展助力安徽加速融入长三角一体化,为产业升级和区域经济优化提供新的动能,为我国实现从材料大国向材料强国的转变作出新的贡献。

中国建筑材料联合会党委书记、会长阎晓峰希望中研院发挥好70年来的积淀和创新研发能力,利用好蚌埠市玻璃产业的历史底蕴和集群优势,全力打造世界知名的"中国玻璃谷"。中国建筑材料联合会将全力支持"中国玻璃谷"建设,推动"中国玻璃谷"紧跟世界新材料科技研发和产业发展前沿,加强跨国别、跨产业、跨领域合作,奋力打造玻璃新材料产业深度研发、创意设计、高端制造、专业展会、高等教育、高端销售、国际交流集聚地和玻璃产业原创技术策源地,加快构建全球领先的高科技玻璃产业集群,用玻璃新材料产业高质量发展助推地方和国家光电材料产业高质量发展。

在主旨演讲环节,中国科学院院士、发展中国家科学院院士、南京大学教授邹志刚,中国科学院院士、中国科学院理化技术研究所研究员、中国科学技术大学纳米科学技术学院院长江雷,中国光学光电子行业协会液晶分会常务副理事长兼秘书长梁新清分别以《"双碳"目标下的氢能绿色发展——机遇与挑战》、《仿生界面科学与未来技术新进展》、《中国新型显示产业现状及趋势》为主题发表演讲。

"中国玻璃谷"的揭牌标志着蚌埠在硅基新材料产业布局方面将持续发力,继续汇聚全国最优秀的玻璃企业、最顶尖的玻璃人才、最前沿的玻璃技术,打造国际先进、国内领先,集科技研发、生产制造、人才引培于一体的玻璃新材料产业基地,为安徽新材料产业高质量发展作出新的更大贡献。

其间,与会嘉宾还参观了"玻璃创造美好世界"中研院70周年创新发展成就展。

2023年11月25日

中建材玻璃新材料研究总院
1953—2023

中建材玻璃新材料研究总院成立 70 周年

—— 一部中国玻璃工业的奋斗史

在过去 70 年里，中建材玻璃新材料研究总院（以下简称中研院）经历了风风雨雨，从初创时期的艰辛，到如今的全球领先地位，每一步都充满了奋斗与辉煌，也见证了我国玻璃工业的发展历程。

1953 年，中研院的前身——中央重工业部建筑材料工业管理局设计公司在北京成立，肩负起了承载新中国玻璃工业发展的历史使命。在那个百废待兴的年代，中研院的建设者们以满腔热情和坚定的信念，开始了艰难的创业历程，他们以自主研发为主，结合引进消化国外先进技术，逐步形成了具有中国特色的玻璃工业体系。

70 年来，中研院在玻璃科学研究、技术创新、人才培养等方面取得了丰硕的成果，世界最薄 0.12mm 超薄浮法电子玻璃、世界领先 30μm 柔性可折叠玻璃、世界最高光电转换率铜铟镓硒发电玻璃、世界首片大面积（1.92 ㎡）碲化镉发电玻璃、我国首支疫苗用中性硼硅玻璃管等，为我国的建筑、汽车、电子信息、航空航天等领域提供了关键材料支持，也使中研院站在了世界玻璃工业的前沿。

作为中国玻璃工业的重要一环，中研院不仅引领着行业技术进步，还积极参与国际合作与交流，如今国际高端玻璃工程市场占有率超 65%，连续 15 年稳居全球第一，持续为国内外龙头玻璃企业及"一带一路"20多个共建国家提供工程技术服务；国内高端玻璃工程市场占有率超80%，高端玻璃装备全球市场占有率超50%，为全球玻璃工业的发展作出了贡献。

回首过去，展望未来。中研院将继续引领我国玻璃工业发展，以更加开放的姿态，积极拓展国际市场，加强与国内外企业的合作与交流，持续推动技术创新和人才培养，为打造具有全球竞争力的玻璃产业作出更大贡献。

70年的辉煌历程只是开始，未来的道路还很长。让我们共同期待中研院在新的历史时期里再创佳绩，继续引领我国玻璃工业走向更加辉煌的未来。

0.12mm超薄电子触控玻璃：具有质量轻、耐高温、耐冲击等特点，堪称玻璃中的"黑科技"，它的诞生打破了国外垄断，极大节省了成本，推动了国内光电显示产业的升级迭代，为我国高端电子设备的研发生产创造了良好条件。

30μm柔性可折叠玻璃：具有超薄、耐磨、透光性好、强度高、回弹性好等特点，弯折半径小于1.5mm，实现连续百万次弯折不破损，各项技术指标国际领先，从源头上保障了中国信息显示产业链供应链安全。目前产品已成功导入下游头部企业，实现工业化生产。

8.5代TFT-LCD玻璃基板：在国家重点研发计划"高世代电子玻璃基板和盖板核心技术开发及产业化示范"项目支持下，建成了中国首条高世代玻璃基板生产线。本项目的成功开发打破了8.5代TFT-LCD玻璃基板生产核心技术长期被国外封锁的现状，实现了我国高世代玻璃基板"零"的突破，对保障我国万亿级显示产业链供应链安全具有重要意义。

发电玻璃：具备弱光发电、抗衰减、低温系数等优势，被誉为"挂在墙上的油田"，是实现光伏建筑一体化的重要功能材料。2023年5月11日，美国国家可再生能源实验室（NREL）独立证实，中研院所属德国Avancis公司生产的30cm×30cm铜铟镓硒（CIGS）

太阳能电池组件的光电转换效率达到 20.3%，再次刷新世界纪录。

中国洛阳浮法工艺拉引成功的第一块玻璃

高性能空心玻璃微珠

1965 年，中国浮法玻璃工艺技术研发项目启动。

1966 年，按照科技司的安排，玻璃工业设计院成立的浮法工艺试验组与北京建材研究院的试验组合，共同研发浮法攻关项目。

1967 年，以株洲玻璃厂为主，完成浮法玻璃工艺中间试验任务。

1969 年，提出中间试验的半工业试验综合设计方案。

1970 年，株洲玻璃厂浮法工艺技术半工业试验成功。

1971 年，正式进入洛阳玻璃厂压改浮改工业试验阶段，同年成功生产出我国第一块浮法玻璃，至此中国"洛阳浮法"与英国的皮尔金顿、美国的匹兹堡齐名，被誉为"全球三大浮法工艺"。

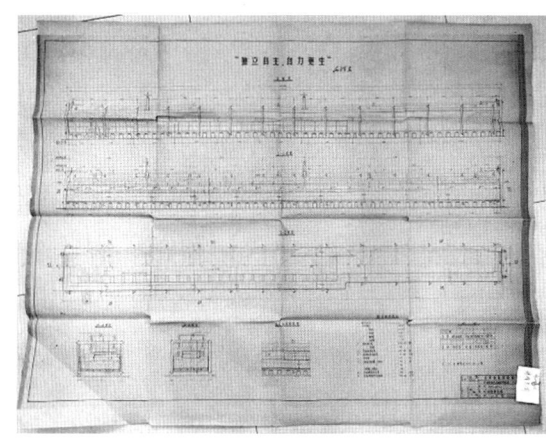
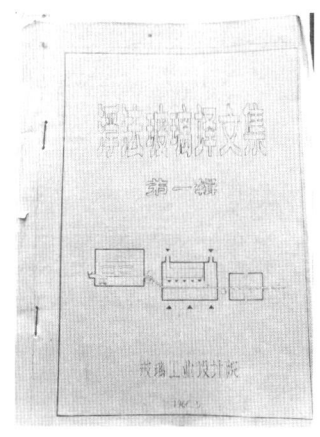
中国洛阳浮法工艺研发设计图纸资料

《中国建材报》 2023 年 12 月 11 日

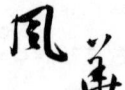

中建材玻璃新材料研究总院
1953—2023

中国建材工程:"亮"出中国玻璃的世界显示度

彭寿院士指导青年科研人员技术攻关

越南富美超白浮法玻璃生产线

世界规模最大的光伏玻璃生产线、中国迄今为止出口规模最大的浮法玻璃生产线、世界最薄 0.12mm 超薄触控玻璃生产线、国内首条浮法 8.5 代 TFT-LCD 玻璃生产线……作为中国建材集团所属扎根上海的高端工程技术服务平台,中国建材国际工程集团有限公司(简称"中国建材工程")已成为全球最大的玻璃工程综合服务商和全球玻璃工业技术引领者、推动者,助推着国家战略性产业高质量发展。

长期以来,中国建材工程以玻璃新材料技术为核心,在推动信息显示玻璃、新能源玻璃、特种玻璃等方面发展取得一系列突出成果,企业的高端玻璃工程全球市场占有率稳居65%以上,走出了一条创新驱动的特色发展之路。

当前,上海正加快建成具有世界影响力的社会主义现代化国际大都市。"作为扎根上海已超 20 年的行业先行者、领跑者,面对上海'五个中心'建设重要使命,中国建材工程不断强化行业关键和前沿共性技术攻关,通过工程技术持续为行业转型升级赋能,打造全生命周期工程服务体系,以全球第一的玻璃工程品牌持续强化企业核心竞争力。"中国工程院院士、中国建材集团首席科学家、中国建材工程集团董事长彭寿表示,"中国建材工程将进一步坚持创新、开放、协同发展,不断强化创新支撑,优化产业布局,开拓国际市场,为我国现代化产业体系构建、为上海加快'五个中心'建设作出新贡献、展现新作为。"

创新驱动　前沿突破勇争先

2019年9月,中国首片8.5代TFT-LCD玻璃基板产品从中国建材工程的生产线正式下线,实现我国高世代液晶玻璃基板"零"的突破,同时也使中国成为继美日之后全球第三个掌握TFT-LCD玻璃基板技术的国家。为此,中国建材工程坚持了十多年。

TFT-LCD,即薄膜晶体管液晶显示器,是液晶显示器的一种,在各类显示器材上广泛应用。长期以来,TFT-LCD的玻璃生产制造关键技术在国内为空白,国外也一直对我国进行技术封锁。为了实现突破,即使没有任何经验可供借鉴,中国建材工程还是决定着手攻关TFTLCD玻璃基板技术。

生产玻璃基板,窑炉是重中之重,是玻璃工厂的心脏。人们通常看到的透明、白净的玻璃,都是通过对包括石英砂在内的各种矿物原料进行熔化而成,"要想熔化好,就需要有适应原料料性的窑炉。"一直从事窑炉设计的中国建材工程副总工程师左泽方解释。

中国建材工程在窑炉方面有着深厚积淀,但生产液晶玻璃却是完全不一样的领域。此前,企业生产的玻璃主要为建筑玻璃、汽车玻璃、光伏玻璃等,生产上述玻璃的窑炉同生产液晶玻璃的比较,差别很大,大小更是相差几十倍,这意味着,窑炉设计、工程设施等均需进行很大改变,甚至有的完全不一样。

没有任何文献、技术参数参考,企业从零起步,不断发现问题,再解决问题,十多年如一日,摸着石头过河,持续攻关,直到8.5代液晶显示玻璃基板终于成功下线,一举打破国外垄断。企业更是将下游企业要求的0.03毫米厚薄差最小控制到0.002毫米,平均稳定在0.008毫米以内。

"2007年前后我们开始研发时,当时1平方米液晶玻璃要380元,那时买一台电视需要一两万元,后来当我们做出高世代液晶玻璃基板后,1平方米液晶玻璃只需60—80元。"左泽方用直观的价格对比,讲述了技术突破带来的变化。8.5代液晶显示玻璃基板的出现,不仅让相关产品价格大幅下降,也让我国显示材料产业链安全进一步增强。

新材料产业是战略性、基础性产业,也是高技术竞争的关键领域。作为一家从国家级科研院所转制而来的工程公司,中国建材工程瞄准行业发展方向,始终坚持创新发展理念,不断更新迭代产品,攻克了显示材料、应用材料、新能源材料等领域一大批关键核心技术,诸多关键质量指标均领先于国际水平。

国家科技进步奖一等奖、国家级技术创新示范企业、上海企业100强、上海硬核科技企业前十强……荣誉的背后是企业不断推进关键核心技术攻关，及对"玻璃创造美好世界"使命的坚守。世界领先30微米柔性可折叠玻璃、世界最薄0.12毫米超薄触控玻璃、世界最高光电转换效率薄膜发电玻璃、打破国外垄断的高硼硅防火玻璃、中国首支疫苗瓶用中性硼硅玻璃管……一系列具有自主知识产权、世界领先的重大创新成果从中国建材工程设计建成的产线中诞生，助推了中国玻璃工业加速实现高水平科技自立自强，保障了国家战略性产业安全，也推动着民族玻璃工业实现从跟跑、并跑到领跑的跨越。

链接世界　塑强竞争新优势

"你们有没有什么最新的技术可以用到我们的产线上？"已然是世界玻璃行业领跑者的中国建材工程，受到越来越多国际客户的青睐，中国建材工程总裁助理、国际业务部部长李娜对此深有体会。

"5年前，我们就开始关注你们了。"2013年，当国际知名企业韩国KCC集团决定与中国建材工程进行项目合作签约时，曾如是透露。而在之前，KCC集团几乎所有产线设备和技术均来自欧美、日本等。

2015年4月，该项目顺利点火，这是中国建材工程在韩国建设的第一条玻璃生产线，日熔化量1200吨也创造了当时我国出口吨位最大的浮法玻璃生产线的纪录，中国建材工程品牌影响力由此开启新篇章。此后，KCC集团计划在印度尼西亚新建大型生产线，更是直接找上中国建材工程作为其合作伙伴。

今年7月，由中国建材工程总承包建设的沙特浮法玻璃产线改造项目正式引板。该项目合作客户是世界四大顶尖玻璃制造商之一，以往采用的浮法玻璃产线技术几乎都来自美国和欧洲，中国建材工程是首次与其进行总包合作。这也是欧美高端玻璃制造商首次采用全套中国浮法玻璃生产技术和装备。

"按照惯例，这家公司从不把整条生产线总承包给一家公司。"李娜说。中国建材工程拥有集工程设计、装备制造、工程建设、生产运维等优势于一体的全生命周期工程服务体系，能够提供全面的一站式服务，及省心的解决方案，这让企业赢得广泛信赖。

近些年，甚至有客户未进行实地考察，仅通过视频介绍、远程沟通等便与中国建材工程确定合作，还有客户第一次见面便签约。不少合作者与中国建材工程有了第一次合作后，便成了老客户。

从看不上中国企业品牌到"CTIEC品牌就足以体现产品附加值"，从"一颗螺丝钉都不用中国的"到包括核心器件在内的全线大部分设备都来自中国……数据统计显示，近5年来，中国建材工程的客户重复购买率近60%，连续服务10年以上的客户占比超50%。

"早期在海外做项目，不少外国人对我们还有不信任，这些年发生了很大变化。"对于客户的变化，从事多年海外项目建设管理的单旭有着直观的感受，"我们的服务好、技术好、产品好……受到业主的高度认可，现在我们有更多自信与各类高端客户打交道。"

作为国家"走出去"战略的先行者和排头兵，中国建材工程起步早、布局快，2002年即成为"上海市实施'走出去'战略先进企业"。多年来，企业建成地区或国际相关"首个""创纪录"等知名工程持续涌现。

"Impressive!It is nice.（太棒了，令人印象深刻！）"在今年于上海举行的第32届中国国际玻璃工业技术展览会上，中国建材工程的先进产品让欧洲客商惊叹。从2001年打响企业迈入国际市场的第一枪开始，中国建材工程的海外业务不断开拓，已经能够与曾经"仰望的巨人"同台竞技。彭寿还成为第一位当选国际玻璃协会主席的中国人，并推动了2022年成为联合国国际玻璃年，让中国在国际玻璃界的影响力和美誉度进一步提升。

"包容开放的营商环境，优秀的港口条件和航运服务能级，优质的公共服务供给质量和全方位、多层次的科技金融服务体系及高水平人才高地建设等，让各类要素资源在此高效集聚，也为企业的高质量和国际化发展提供了更多平台和机遇。"彭寿说。

坚持以优势工程技术服务推进国际化，近10年来，中国建材工程开辟了50多个共建"一带一路"国家和地区的客户。如今，企业已经出口高端玻璃生产线及相关工程60余个。面向未来，作为世界玻璃工业的一张中国名片，中国建材工程将不断推动中国技术、中国工程、中国标准走向世界，助力上海加快向具有全球影响力的科技创新中心全力迈进。

四链融合　高质量发展走在前

"通过'四链融合'，打造从科研、设计、施工、生产到运维的高能级动态闭环，助推中国玻璃工业与科技实现从跟跑、并跑到领跑的转变。"彭寿说，创新成果的不断涌现，与企业的融合发展密切相关。

位于上海松江的凯盛机器人智能装备研发中心，便运用了企业的先进生产成果——被誉为"挂在墙上的油田"的碲化镉薄膜发电玻璃。作为G60科创走廊重点项目，该中心是上海首次将薄膜发电玻璃用于建筑外围护幕墙的工程案例，也是上海迄今安装容量最大的薄膜光伏建筑一体化工程项目。整个中心的研发办公用电完全通过建筑物自身产出的绿色能源得到解决，每年可节约使用80吨标准煤，实现227吨二氧化碳的减排。

坚守"振兴民族玻璃工业"初心，以工程服务带动装备制造发展，中国建材工程旗下还拥有亚洲最大玻璃装备制造集成商——蚌埠凯盛工程技术有限公司，高端玻璃装备全球市场占有率超过50%，生产的压延机全球市场占有率近70%。企业的高科技浮法玻璃退火窑入选为国家制造业单项冠军企业（产品），包括"光伏玻璃输送智能装备"在内的多项成果已是上海市高新技术成果转化项目。企业还积极践行长三角一体化发展战略，在长三角落地80多个项目。

多年来，企业持续推进玻璃行业新型工业化进程，自主研发的高品质浮法玻璃技术、突破门槛的超白高透光伏玻璃技术等，成为我国汽车工业快速发展、光伏产业领跑全球的重要支撑。30多年前，全国平板玻璃窑炉最大吨位为500吨，如今这一数字已被中国建材工程提升到1400吨，并且还在不断突破。

企业的发展离不开党建引领，传承红色基因、创新基因、奋斗基因，中国建材工程始终心怀"国之大者"，打造"国之大材"。中国建材工程党委从顶层设计着手，以"努力打造世界一流的国际工程公司"作为出发点，把研发攻关、工程项目、智能制造作为"党建+"业务融合的落脚点，以高质量党建引领企业高质量发展。

从设计研发到设备提供、工程建造运维，再到技术成果及产品应用，完整的产业布局推动着技术升级和企业发展，也为年轻人提供了更多实战机会，使得他们能够快速成长，持续为企业提供创新活力。以玻璃新材料技术为基础，中国建材工程不断推动创新链、工程链、产业链、人才链深度融合，逐步构建起玻璃工程、新能源工程、建筑工程、设施农业、节能环保、装备制造六大板块业务协同快速发展的格局。

从产品到产业，从设计到工程，从上海到长三角、全国乃至世界，中国建材工程正加速推动玻璃的高端化、智能化、绿色化转型发展，把原料变成材料、把材料变成产品、把产品变成产业、把产业变成集群，通过创新链产业链的深度融合，推动行业高质量发展，朝着国际化科技企业集团目标迈进。

《解放日报》2023年12月15日

最强生产力 | 中国玻璃"芯"跑出智造加速度

一块仅有 0.12 毫米、相当于 A4 纸一样厚度的玻璃，连续弯折 40 次也不会损坏。过去，1.1 毫米以下的玻璃制造技术一直被国外垄断，时至今日，0.12 毫米超薄电子玻璃的成功量产，每年可为我国电子信息显示产业降低成本约 120 亿元。

玻璃会发电，柔性可折叠……超出想象的玻璃新材料正切实改变着世界。作为玻璃新材料原创技术"策源地"和现代产业链"链长"单位，中建材玻璃新材料研究总院定位为中央应用研究院，相继研发生产出超薄电子触控玻璃、TFT-LCD 液晶基板玻璃、高强盖板玻璃、30 微米柔性可折叠玻璃、铜铟镓硒发电玻璃、碲化镉发电玻璃、疫苗用中性硼硅玻璃管、空心玻璃微珠等多项"中国首创、世界第一"的玻璃新材料成果。

党的二十大报告把"基本实现新型工业化"作为到 2035 年我国发展的总体目标之一，要求抢抓数字经济、产业信息化等发展机遇，加快推动新一代电子信息、人工智能等数字技术、智能技术应用及与经济社会的深度融合。中建材玻璃新材料研究总院抢抓新型工业化机遇，通过打造国家级"双跨"平台——中研院 AGM 工业互联网平台，为提升中国玻璃新材料产业链供应链韧性和安全水平、贯通上下游产业链、推进工业绿色发展奠定了坚实的基础。

打造综合性工业互联网服务平台

位于安徽蚌埠的中建材玻璃新材料研究总院（以下简称中研院）成立于 1953 年，至今已有 70 年的发展历史，建设有国家玻璃新材料创新中心、浮法玻璃新技术国家重点实验室等国家级创新平台 12 个，取得多项"中国首创、世界第一"的玻璃新材料成果，助推中国玻璃技术和产业在国际上由追赶型进入领跑型，在经历了三次重要的跨越式转折点后，实现了由传统科研院所向高科技企业集团的转型。

随着新一轮科技革命和产业变革蓬勃兴起，工业互联网成为第四次工业革命的重要基石，正在加快推动工业经济全要素、全产业链、全价值链全面连接，构建起全新的工业制造和服务体系，为传统产业改造升级和新型产业培育提供有力支撑。

针对玻璃新材料行业数字化转型的迫切需要，中国工程院院士、中国建材集团首席科学家、中建材玻璃新材料研究总院党委书记、院长彭寿亲自筹划部署，建设以工业互联网、大数据、5G、人工智能等新一代信息技术为支撑，全国首个面向玻璃新材料行业的中研院 AGM 工业互联网平台。

据悉，该平台集行业相关标准制定等能力于一体、深度应用于研发、设计、工程等八大领域，提供工业互联网＋数字化研发、工业互联网＋协同设计、工业互联网＋智慧工程管理等十大系统解决方案，贯通行业的全价值链条。

据中建材玻璃新材料研究总院工业互联网中心主任、凯盛数智信息技术科技（上海）有限公司常务副总经理周芸介绍，中研院 AGM 工业互联网平台的搭建，基于中研院从研发设计到工程技术服务、产业化发展全产业链贯通、全场景贯通、全要素贯通的技术之上。目前，中研院数智数字化转型服务团队超过 3750 人，由 15 个专业跨学科、跨领域工程专业技术人员组成，目标是搭建从 IT 到 OT 再到 CT 贯通的桥梁，打造集工业智能化、数字化标准制定为一体的工业全场景、全领域综合性的工业互联网服务平台。

全流程实现数字化生产

目前，中研院 AGM 工业互联网平台现已连接玻璃新材料行业产业链上下游，覆盖从研发设计到工程装备，从生产制造到运营管理和服务全流程。

站在国家玻璃新材料创新中心的运营监控大屏前，可以清晰看到包括浮法玻璃、电子信息显示和光伏新能源的产线在内自有的 55 条中研院生产线运行情况，实时了解这些产线的生产制造、节能环保、安全生产、仓储物流以及财务状况、运营管理等，有助于提升精益管理和运营管理决策的效率。

在服务应用于玻璃新材料行业供应链方面，该平台为机械装备领域的龙头企业——中研院打造装备运维平台，提供数据采集、装备运维等方面支撑；为0.12毫米超薄浮法玻璃的智能制造质量管控提供数字化网络化支撑；为国显科技通过平台串联MES、WMS等复杂的工业管理信息化系统提供数据互联互通的底座。3C产品制造过程中所需要的模组，正是基于智能装备、高铝盖板玻璃、浮法玻璃等生产工艺流程诞生。

据蚌埠凯盛工程技术有限公司自动化事业部副部长丁蕾介绍，在装备生产阶段，中研院通过"ERP+PLM+MES"一体化软件平台、技能大师、5G车间等软硬件条件，可以确保设备的按时交付。通过数字化看板，可以实时了解到生产信息，同时有效提高了车间智能化管理生产效率，优化管理，从而降低生产成本。通过5G+工业互联网技术，5G智能车间部署AGV物料小车，同时优化了仓库和生产派工的流程，实现生产车间的一体化管理。

"玻璃产线要保持不间断的生产，对于设备的稳定性要求非常高，我们在自动化和数字化制造领域累积了很多经验，可为玻璃新材料生产制造提高竞争力，同时助力生产的数字化转型。"丁蕾说。

作为触控器件的重要组成部分，盖板玻璃覆盖在触摸显示屏的表面，与3C产品互依互存。盖板玻璃氧化铝含量越高，玻璃钢化后的性能越好。因此，玻璃中氧化铝的添加工艺已经成为制备高铝玻璃的核心技术。

中建材（蚌埠）光电材料有限公司生产部部长助理赵树义在接受采访时表示，目前盖板玻璃生产线智能化程度自主评测已经超过93%，终端位置主要运用在线几何检测仪、机械手等一系列的设备。自动化设备的优势主要体现在高质量、高效率、高便捷几个方面，在大幅提升工作安全性的同时，提高了公司的产值率。

盖板玻璃之后的下一道工序是0.12毫米超薄浮法玻璃，日常大家熟悉的折叠手机、柔性电子书、曲面电视显示器件所需的关键材料都离不开它。据了解，浮法玻璃工艺是采用优质石英砂、纯碱、白云石等原料，经熔窑高温熔融后流入充满保护气体的锡槽中，所形成的玻璃液需要在金属液面上铺平并摊成厚度均匀且上下表面平整的玻璃带。中研院AGM工业互联网平台为该项工艺智能制造质量管控提供数字化网络化的支撑，不仅实现从采矿到生产成品整条生产线自动化，还可以看到每片玻璃全生命周期跟踪溯源和等级显示。

"通过使用全自动浮法玻璃生产装置、智能在线检测系统、智能切割设备、搬运机器人等核心技术和装备，以及DCS和PLC控制系统，实现配料、融化输送、切割包装全自动化生产，整个生产过程通过远程控制并实现了现场无人操作。冷端方面，通过采用全自动切裁和集装片机器人等先进的控制系统，大幅提升了超薄浮法玻璃的切裁效率和成品率，保证了生产产量。"蚌埠中建材信息显示材料有限公司副总经理吴华东说。

为柔性制造提供底层技术支撑

从制造到"智"造，当标准化定制转向个性化定制，3C及车载玻璃等产品又将如何快速适应市场需要呢？

据了解，国显科技于2020年提出企业的全面数字化转型，通过构建企业统一的大数据平台，进行跨系统跨部门的数据整合，破除信息壁垒，实现企业管理的数字化、决策的智能化。据蚌埠国显科技有限公司数智化总工程师顾智宇介绍，国显科技大数据中心主要由数据采集层、数据存储层、数据共享层和数据应用层组成，可以洞察市场资讯、提前布局计划供应、实时了解园区和工厂的生产管理，实现订单生命周期的全过程跟踪和风险预警。未来，还将计划实现以数据模型和算法驱动的大数据应用，进一步提升企业经营管理的智能化水平。

具体到车载玻璃多品种、小批量、定制化需求的行业特点，对生产资源、生产设备、生产设施以及生产过程有着严苛要求，想要实现"用户需要什么，企业就能够提供什么"，柔性制造工厂成为大势所趋。在这个过程中，中研院AGM工业互联网平台为国显科技串联MES、WMS等复杂的工业管理信息化系统提供数据互联互通的底层技术支持。

蚌埠国显科技有限公司车载事业部生产总监彭超武在接受采访时表示，针对设备的柔性部分采用分段投产、快速转换线来满足客户需求，国显科技在整体管控方面，通过数据化快速识别生产过程中的风险点并能够做到快速反应。"国显科技通过数据和生产两个维度,增强生产系统的柔性。现在整个系统实现数据集成,通过数据化平台,将所有影响到生产的人、机、料、法、环等环节风险点做到数据统一、快速识别、定时推送、一键生成。"彭超武说。

与产业链上下游生态伙伴共同进步

中研院 AGM 工业互联网平台既是数字化时代的创新商业模式,也是中研院在数字经济背景下自身数字化转型、引领行业的关键抓手。对于中研院而言,发展工业互联网平台意义重大。

在周芸看来,中研院拥有深厚的工业知识和基因沉淀,老一辈工程师积累的工业知识、工业模型、工业算法、工程技术通过新的信息化和平台化技术,在工业互联网平台形成标准化、数字化的传承和积累,可被查询、追溯、分析、调用和复用,为新一代科技和工程技术人员提供了前沿技术与和创新的空间。

目前,该平台中的工业物联网平台具备 156 种工业协议,覆盖建材、机械、零碳建筑、智慧农业、工程服务五个行业,可为产业链上下游生态合作伙伴提供数字孪生技术、能源管理技术等共建、共创、共享的生态应用模式,为工业企业数字化转型打造出夯实的数据上云底座,共同将玻璃新材料行业做深做强。

针对行业内中小企业零基础数字化转型,中研院 AGM 工业互联网平台为之提供了零代码工业 APP 商店服务平台,用户可以选用包括从生产制造、运营管理、设备管理等工业全门类快捷应用模块,快速提高企业的数字化水平。

以中研院对外进行工程服务、输出为例,该 AGM 工业互联网平台为行业企业提供 IAAS 层云租用服务以及基于云平台、大数据、云计算、人工智能等数字化的解决方案,不仅为产业链上下游的客户提供算力基础和大数据中心支撑,同时还助力客户生产制造、运营管理、供应链管理的数据、设备连接上平台。

据了解,目前中研院工程技术和装备输出覆盖国内超过 90% 的高端玻璃市场,覆盖国外超过 85% 的成套玻璃新材料装备技术出口市场,同时还是欧洲最大的光伏新能源电力行业技术输出商和产品输出商,为客户内生的数字化转型、智能化改造以及提质增效诉求提供数字化赋能和服务能力。

材料强则制造强,制造强则国力盛。工业创新,数字赋能,中研院正以最强生产力为中国制造业注入更多智慧与活力,书写"中国智造"御风而行的新篇章,心怀"国之大者",打造"国之大材",中国玻璃"芯"正在世界舞台绽放璀璨耀眼的光芒。

新华网　2023 年 12 月 27 日

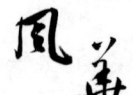 中建材玻璃新材料研究总院 1953—2023

践行党的二十大精神

——中研院：砥砺奋进七十载 释放创新发展强劲动能

开栏的话

学习宣传贯彻党的二十大精神，是当前和今后一个时期国资央企的首要政治任务。中国建材集团以"国之大材"践行"国之大者"，提高政治站位，增强历史主动，聚焦高质量发展主题，奋力把党的二十大精神落实到集团企业主责主业之中，加快建设具有全球竞争力的世界一流材料产业投资集团，努力建设材料强国。

党的二十大报告提出，必须坚持科技是第一生产力、人才是第一资源、创新是第一动力。中建材玻璃新材料研究总院作为中国建材集团玻璃新材料原创技术"策源地"，自党的二十大召开以来，始终深入学习宣传贯彻落实党的二十大精神，把党员领导干部的思想统一到党的二十大精神上来，把力量凝聚到党的二十大确定的各项任务上来，坚决担负起党和国家赋予的职责使命，将党的政治优势转化为发展优势，以高质量党建引领、护航、保障企业高质量发展。

聚焦学习培训，推动党的二十大精神入脑入心

一是精心组织部署，发布《中研院党委关于认真学习宣传贯彻党的二十大精神的通知》，明确总体任务和时间安排，部署重点任务和具体要求，充分发挥"关键少数"的示范带动作用，先后召开党委会议、党委理论学习中心组学习会议及党支部大会，研究部署贯彻落实工作78次；二是将学习贯彻党的二十大精神和主题教育、完成全年目标任务紧密结合，制定党的二十大精神任务分解表，建立7个方面目标，具体措施100条，每月督促落实；三是精心设置培训课程，邀请全国人大代表、党的十八大、十九大代表、全国劳动模范、安徽省委讲师团高端专家及高校教授等，开展"系统学习党的二十大"宣讲13次；四是创新学习形式，全级次举办读书班42期，各级党组织书记讲授"五个一"微党课42次，网络知识答题活动党员答题率100%，全年宣传报道党的二十大精神67次。

聚焦科技创新，推动党的二十大精神走深走实

党的二十大报告中22次提到"创新"。中研院始终聚焦国家重大任务、产业重大需求，阔步推进国家级创新平台建设，勇闯科技"无人区"，实现了0.12毫米超薄电子触控玻璃、30微米柔性可折叠玻璃、8.5代TFT-LCD玻璃基板、世界最高光电转换率铜铟镓硒发电玻璃等一批原创性、系统性、引领性技术突破；组织党员成立突击队，开展大尺寸航空玻璃、高纯半导体玻璃装备、光刻胶存储玻璃、耐深海高压空心玻璃微珠、柔性玻璃一次成型等"卡脖子"材料研发工作，加快实施一批具有战略性全局性前瞻性的国家重大科技项目，让科技成为支撑企业可持续发展的主要力量。今年来，"十四五"国家重点研发计划"OLED显示玻璃材料关键技术开发"项目顺利实施，30微米柔性可折叠玻璃入选20项重大成果之一亮相2023中关村论坛；高世代（8.5代）TFT-LCD玻璃基板成功入选中央企业科技创新成果产品手册"关键材料"领域分类。

聚焦转型发展，推动党的二十大精神见行见效

党的二十大报告强调，高质量发展是全面建设社会主义现代化国家的首要任务。中研院将全力抓好生产经营当作稳经济、促增长的重中之重。

国内外市场精耕细作，节能技术应用板块加大吊墙、节能涂料和梯度复合保温项目的推广力度，矿产资源板块开展"玻璃＋矿山"联动经营模式，监理板块向工程全过程管理业务领域转型，咨询板块持续开拓新的利润增长点；围绕"在海外再造一个中国建材"战略目标，编制《中研院国际化经营发展战略与规划》，全力推进国际赋能；连续20年入选美国年度《工程新闻记录》（ENR）榜单，2023年位列"国际工程设计公司第59位"和

"全球工程设计公司第65位";高质量推进"一带一路"重大项目建设,今年19个国内外项目顺利点火,玻璃工程、节能环保工程、绿色建筑工程、设施工业工程稳步实施。

高端玻璃装备稳中有进,在抓住退火窑、压延机及冷端装备市场的同时,不断开拓技术服务市场,积极扩展盈利点,与旗滨集团签订近1.3亿元合作项目,与武汉长利、国华金泰等签订超1亿元销售合同;承担多项玻璃装备重大研发项目和科技创新任务,"浮法玻璃冷端物联网系统改造"入选工信部物联网赋能行业发展典型案例、"薄膜太阳能电池智能传输解决方案"入选建材工业智能制造数字转型典型案例。

数字化平台强势崛起,凯盛AGM玻璃新材料工业互联网平台入选国家级"双跨"工业互联网平台,建设完成行业唯一"互联网+"重大工程建材云,连接建材、电子、电力、机械等行业工厂200余个,培育工信部中德智能制造试点示范工厂、中法合作数字孪生试点示范;累计获工信部工业互联网试点示范、优秀案例共23项;国家级及省部级智能工厂16家,引导企业构建完善数字经济时代的新型能力体系。

聚焦人才培养,推动党的二十大精神落细落地

党的二十大报告中强调,深入实施人才强国战略。中研院精准引才、精细育才、精心留才,有着独到的人才选育模式,搭建国家级引才引智示范基地、国家级博士后科研工作站等高层级平台,集聚两院院士、海外高层次人才、百名博士团队组成的"创新智库",创建德国慕尼黑、美国新泽西等产业创新团队。今年来,实施《科技领军人才管理办法》《科研人员管理办法》,一方面鼓励科研人员坐冷板凳,持续进行基础研发,另一方面突出成果导向,建立以实际效能为标准的评价体系;探索并扎实推进各层面员工职业发展通道建设,规划完善科研、工程、管理、技能四大系列职级晋升通道;建立"墩苗育苗"机制，全级次加大干部交流锻炼力度；完善竞聘上岗制度，全员市场化招聘比率100%，管理人员竞聘上岗比率80%，不胜任退出末等调整率超5%；开展劳动技能竞赛，设立技能大师工作室，带动更多青年人才参与到科技报国的实践之中，让一线的劳动者更有动力，让技能人员的成长成才之路越走越宽。

中研院诞生于新中国成立之初，发展于改革开放之中，奋起于21世纪之交，在不断的改革创新中焕发生机与活力。70年是一个里程碑，也是迈向未来的新起点，中研院将以党的二十大精神为指引，谋创新、抓改革、促发展、强党建，力争在建设世界一流材料产业投资集团中展现更大作为，为增强我国自主创新能力，实现高水平科技自立自强作出更大的贡献。

中国建材集团官微　2023年12月28日

中研院举行高质量发展暨成立70周年大会

12月28日,中建材玻璃新材料研究总院(原国家建材局蚌埠玻璃工业设计研究院,简称中研院)高质量发展暨成立70周年大会在蚌埠举行。

会议向中研院离休干部、80岁以上原院领导、副总师、中层及专家代表颁发中研院成立70周年"金龄先锋奖"纪念章和荣誉证书。

中国工程院院士、中国建材集团首席科学家、中研院党委书记、院长彭寿表示,中研院要心怀"国之大者",面对中国建材打造世界一流材料产业投资集团的战略部署,面对蚌埠建设"中国玻璃谷"的发展布局,准确把握新能源材料、显示材料、应用材料发展趋势,突出战略性、前瞻性、系统性布局,加快培育新质生产力,不断催生新产业、新业态、新模式,加强原创性、引领性科技攻关,把论文写在实验室、写在生产一线、写在祖国大地上,以更高站位抢占玻璃新材料创新高地,做践行国家战略的示范者、高水平科技自立自强的引领者、高质量稳增长的贡献者,全力打造百年老店,建设世界一流玻璃新材料研究院。

2023年,中研院开展了成立70周年系列主题活动,重新发布院徽,制作文集、企业文化手册、宣传片和宣传册,举办"玻璃创造美好世界"创新发展成就展、"追求真理 勇攀高峰——中研院成立70周年大讲堂""党建引领谱华章 砥砺奋进七十载"党员读书分享、青年才艺大赛和"承载玻璃行业70年,开启创新发展新征程"足球、篮球、羽毛球系列运动会,特别是设立了院史馆,策划拍摄制作了"回忆传承发展—70年70人70事"专题报道,高质量发展暨成立70周年大会将活动推向高潮。

新华网　2023年12月29日

中建材玻璃新材料研究总院高质量发展暨成立70周年大会召开

12月28日，中建材玻璃新材料研究总院（原国家建材局蚌埠玻璃工业设计研究院，以下简称"中研院"）高质量发展暨成立70周年大会在蚌埠召开。

据了解，70年前，中研院的前身在北京成立；52年前，为支援国家"大三线"建设，百余名行业前辈从北京来到蚌埠；23年前，中研院改制加入中国建材集团；9年前，中研院加入凯盛科技集团。如今，在中国建材集团战略布局引领下，中研院正加快打造集科研开发、产业孵化、工程服务于一体的玻璃新材料高科技应用研究院，推动中国玻璃新材料技术和产业领跑世界。

中国工程院院士、中国建材集团首席科学家、中研院党委书记、院长彭寿在致辞中回顾70年发展历程并指出，中研院要心怀"国之大者"，准确把握玻璃材料行业发展趋势，突出战略性、前瞻性、系统性布局，加快培育新质生产力。"我们要加强原创性、引领性科技攻关，以更高站位抢占玻璃新材料创新高地，全力打造'百年老店'，建设世界一流玻璃新材料研究院。"

中国建材集团党委书记、董事长周育先，中国工程院化工、冶金与材料工程学部，部分兄弟研究院等向中研院成立70周年发来贺信。武汉理工大学党委书记信思金、中国建材集团首席营运官、凯盛科技集团党委书记、董事长尹自波，蚌埠市委书记黄晓武代表各方致辞。离退休老领导、青年科技工作者也作了发言。

会议还向老同志代表颁发了中研院成立70周年"金龄先锋奖"纪念章和荣誉证书。

人民网　2023年12月29日

一场别开生面的聚会

——中研院成立 70 周年大会侧记

12 月 28 日这天下午，93 岁的张希人老人早早就准备好出门去参加 70 周年院庆活动。作为中建材玻璃新材料研究总院（原中建材蚌埠玻璃工业设计研究院，本文简称中研院或蚌埠院）的老寿星，他很高兴见证了中研院"一代比一代强，一浪高过一浪"的 70 年发展历程。蚌埠市委书记黄晓武、市长马军来了，武汉理工大学党委书记信思金和中国工程院院士、武汉理工大学材料学首席教授张联盟来了，蚌埠玻璃工业设计研究院原院长戴志良也来了……"这是我们亲情团聚的大会、不忘初心的大会、团结奋进的大会。"中国工程院院士、中国建材集团首席科学家、中研院党委书记/院长彭寿如此定位与总结。

自豪 令人瞩目的成就

中研院由中建材蚌埠玻璃工业设计研究院重组更名而来。中建材玻璃新材料研究总院前身为 1953 年在北京成立的中央重工业部建筑材料工业管理局设计公司，是第一批国家级综合性甲级科研设计单位。面对经济一穷二白、技术受制于人，老一辈玻院人首开中国玻璃行业自力更生先河,在图纸上手绘蓝图,在最艰苦的环境中为新中国玻璃发展筑牢了根基。

1953年,中研院前身中央重工业部建筑材料工业管理局设计公司在北京成立

1971年,百余名玻璃前辈服从国家号召,从北京奔赴蚌埠,蚌埠玻璃工业设计研究院从此应运而生。为了适应生存发展需要,他们不辞辛劳、四处奔走,成功争取联合国在蚌埠援建中国玻璃发展中心,让后代蚌埠院人有了自己的扎根之地。

1971年由北京迁至安徽蚌埠,隶属于国家建材局

改革开放后,蚌埠院面向国内外布局,在深圳设立分院,打开了走向世界的窗口,成功向印尼出口了中国第一条浮法玻璃生产线,先人一步占领了未来发展的阵地。

2000年,科研院所改制,蚌埠院进入中国建材集团,正式走上企业化运行道路。面对市场大潮的洗礼，新一代蚌埠院人秉承老一辈改革创新精神，在上海成立中国建材国际工程集团有限公司，提出了"企业化、市场化、工程化、国际化"的四化战略，打造了传承至今的"CTIEC"品牌。

从2000年企业转制到2022年，中研院各项指标持续保持一年一个新台阶：收入增长了406倍，复合增长率31.6%；利润增长了442倍，复合增长率42%；员工收入10年增长了6倍。

"在行业最艰难的时候，我们一起扛住了风雨考验，实现了企业与时代共进步，员工与企业共成长。"彭寿自豪地说。

蚌埠市委书记黄晓武应该是最懂玻璃的市委书记了。说起中研院的科技创新成果，他总是如数家珍：0.12毫米超薄电子触控玻璃、世界领先的30微米柔性玻璃、8.5代TFT玻璃基板、铜铟镓硒薄膜太阳能电池……

"有的科研院所可能对应一两个，我们玻璃院是全部四个都对上了。"黄晓武所说的"四个"，是指习近平总书记向科技工作者提出的"四个面向"要求。

"无论是面向世界科技前沿、面向经济主战场，还是面向国家重大需求、面向人民生命健康，全都对应有你们的创新成果，而且都有你们的企业，这个非常了不起。"黄晓武由衷地为这家在蚌埠土地上成长起来的企业点赞，也充满了自豪感。

"历经几代人的不懈努力，铸就了如今令世人瞩目的蚌埠院。"蚌埠院原院长戴志良也颇为感慨。让他感到欣慰的是蚌埠院70年的成长历史折射了新中国建材玻璃工业发展历程；让他感到自豪的是蚌埠院为中国玻璃工业发展立下了汗马功劳，发挥了不可磨灭的重要作用。

感恩　向拼搏的他们致敬

"我们有请戴志良、张宝鲁、王增贵、薛稚颖、张绍海、施其祥、张希人、页洋……上台领奖——"

致辞、讲话环节结束后，大会主持人、中国建材国际工程集团有限公司党委书记、总裁马立云一一邀请获得"金龄先锋奖"纪念章的老同志上台领奖。

"金龄"指80岁以上老者。截至目前，中研院80岁及以上退休人员共156人，均获颁"金龄先锋奖"纪念章。70周年院庆活动这天，29位中研院在蚌离休人员、80岁以上原院领导、副总师、中层及专家代表到会领取了院里颁发的纪念章。

七十年峥嵘岁月，中研院的发展壮大离不开一代代玻院人的团结一心、努力拼搏，他们在各自的岗位上默默付出，贡献青春。

颁发"金龄先锋奖"纪念章

"回顾历史，我们倍感自豪，更满怀感恩。"彭寿在讲话时感谢了很多人，连说了五个"不能忘记"——

不能忘记党和国家领导人、安徽省委省政府、蚌埠市委市政府和中国建筑材料联合会长期以来的关心支持；不能忘记中国建材集团的战略引领；不能忘记武汉理工大学等高校不断向中研院输出的优秀毕业生，青春的火种让玻璃新材料焕发新生；不能忘记为中研院奉献一生的老领导、老专家，他们用自己的智慧和坚持，带领玻院人一路披荆斩棘、创造奇迹；不能忘记在一线辛勤工作的技术骨干和普通工人，他们燃烧青春，用自己勤劳的双手，托举了中研院70年的厚重历史，书写了未来的无限可能。

一代代干部职工把创新基因刻在产业血脉，把家国情怀融入事业发展，把迈向卓越作为永恒追求。

从这个角度来说，这是一次回顾历史的大会，更是一场致敬历史的大会。他们在向中研院成立70周年致敬，更是向一代代的领导者、建设者、支持者和关怀者致敬。

传承　奋力书写新的历史

与办公楼一路之隔的就是中研院生活小区，小区沿街的那栋上世纪70年代建成的旧办公楼还保留着以前的模样，这些年一直用作职工培训场所。

不久前，中研院将这栋楼的一楼辟出了部分空间作为"院史馆"，全面展示了中研院的发展历程和成就。

此外，中研院最近还重新发布和启用具有几十年历史的院徽。最外圈的大写C，既是中国 China 的首字母，也是六角形的窗框，中间两组倾斜的短线是机械制图中"玻璃"的图例，代表着透过视窗，新玻璃可以智显万物，蕴含着"玻璃创造美好世界"的含义。

院徽以绿色为主色调，几个英文字母为金色，寓意着中研院将坚持走科技创新和绿色发展之路，并持续书写玻璃行业"点砂成金"的故事。

70周年院庆这天，中研院人都戴上了这枚新的老院徽，承载着前辈奋斗精神又重新挂在中研院人胸口的院徽是最好的精神图腾。

他们有的从北京回到蚌埠，有的从上海赶来，有的从深圳飞来，还有的从海外跨洋而来，赴一场回忆之旅，看一场年轻人的自创节目，与久别的同事话家常。有退休职工感慨"比过年还高兴"。

正如彭寿所说，对历史最好的致敬，是书写新的历史；对未来最好的把握，是创造更美好的未来。

如今，中研院人又站在了新的历史起点，踏上了打造"百年老店"、建设世界一流企业的新征程。

"打造百年老店，必须坚持党的领导；打造百年老店，必须传承创新发展；打造百年老店，必须放眼全球布局；打造百年老店，必须突出以人为本。"爱说"必须"的院士彭寿如此阐述中研院打造百年老店的思路。

历史的接力棒传到了新一代中研院人手里，面对世界之变、时代之变、历史之变，他们将放百年眼光，集创造之力，牢记"材料创造美好世界"使命，在新的历史起点开创我国玻璃新材料高质量发展新局面。

《中国建材》杂志　2023年12月30日

员工风采

没有坦途 终将璀璨

中建材玻璃新材料研究总院

已记不清楚有多少个节假日，人们或阖家团圆，或乐享休闲时光，蚌埠中光电科技有限公司的核心技术攻关团队却一次次聚集在工厂里，解决这样或那样的问题，类似的场景，对他们已经是再熟悉不过了。

中国是世界最大的液晶面板生产国，面板产能占全球总产能的69%，但作为液晶面板上游的关键战略材料，高世代TFT-LCD玻璃基板核心技术和全球市场长期被国外巨头封锁和垄断，成为制约我国显示产业发展的"卡脖子"关键环节，严重影响产业健康安全。由于显示产品的分辨率、透光度、刷新率、可视角等皆与玻璃基板密切相关，其性能要求苛刻、生产技术复杂、工艺难度高，代表当今先进玻璃规模化制造领域的最高水平，被誉为"玻璃领域皇冠上的明珠"。

面对这条最具发展潜力、最有发展希望也是最艰难的新赛道，面对急需攻克的"卡脖子"技术和急需生产的战略性产品，8年前，该项目在中国工程院院士，中国建材集团首席科学家，中研院党委书记、院长彭寿的带领和主持下，依托中研院和浮法玻璃新技术国家重点实验室的科技和人才优势，中国首条高世代TFT-LCD超薄浮法玻璃基板生产线核心技术攻关团队开始了艰辛而漫长的攻关历程。

不提"5+2"，不谈"白加黑"

"我们就是365天，没有一天休息，一起协作，一起战斗。"张冲说道，作为中研院的首席专家，也是8.5代TFT-LCD玻璃基板生产线诞生发展的亲历者和见证者，8年来的2000多个日夜，他对团队的每个成员都充满了感激。

"我们从一片荒地和烂泥坑上，一根钢筋一吨水泥，建成了现代化工厂，晴天一身汗，雨天一身泥，这么短的时间没有做过这么复杂的工程。""这8年来的经历，比之前任何一个岗位和工作都具有挑战性和复杂性"，具有40年玻璃行业从业经历的张冲，在回忆自己的职业生涯时非常感慨。

第一次做TFT-LCD玻璃基板项目经理，是中研院院长助理王铁铮迄今为止工作生涯中最难忘的经历。主桁架跨度39米，单榀质量约11吨，面对这个庞大复杂、各方面标准要求极高的8.5代厂房项目，王铁铮需要全方位负责项目运营。"我们设立工程管理中心，实施多项新措施,使项目建设成本降低约11%。"王铁铮介绍,有效避免了交叉作业中的重复施工,提升了施工质量和整体进度,设备的安装调试时间压缩30%以上。

陌生的领域、未知的工艺,更能催生出新的东西。项目上很多人都是接到通知后直奔工地,他们已经克服了刚到工地时候的畏惧,从不愿意来项目,变成都想来这个项目。转变的背后,是全体项目人员深刻认识到其中蕴含的重大意义。

"由于建设用地之前是一个废弃窑厂,回填土层厚度最深处达10米",蚌埠分公司土建项目经理陈乃强介绍,为了解决沉降对生产设备及车间地面带来的影响,减少由此增加的施工成本、工期延长的风险,中国建材工程集团设计团队充分发挥主观积极性,开展头脑风暴,与蚌埠分公司土建管理团队紧密配合、相互协作,根据现场土层的实际情况分别采用降低基础设计标高、预制管桩复合地基、灰土分层碾压等多种举措,攻克了一个又一个工程技术难点。

各项工作有条不紊地进行,离不开一支默默坚守在岗位,发光发热的项目管理团队。8.5代TFT-LCD玻璃基板项目作为国家重点研发计划项目,项目管理不同于一般的施工管理,不仅要熟悉工程技术,还要熟悉EPC项目模式下的组织体系、验收管理及有关政策法规、合同和项目管理技术。

面对挑战,项目管理部的占勇和团队成员从生产线开建到项目完成,一直驻扎在项目现场,全天24小时随时待命。压桩、制模板、绑钢筋、浇筑混凝土等,每个环节,他们都必须认真验收把关。因为项目建设时间紧、任务重，占勇每天醒来第一件事就是到项目现场进行例行检查。他说，"我们要了解清楚项目建设过程中存在的困难和问题，在出现问题前找到问题，把影响项目进度的安全隐患'扼杀'在摇篮里，这样才能够保障项目安全推进，牢牢守住安全生产的底线。"

项目建成后，生产攻关方面的挑战也是巨大的。2020年7月，正值盛夏，由于生产需要，玻璃窑炉要更换电极，团队与国外供应商联系，对方表示可以换，但需要冷态下一个多月才能完成。但正处于攻关关键阶段的产线，如果按照国外公司节奏来操作，时间等不起、付出的成本也是巨大的。攻关团队当即决定在热态下更换电极，外国公司说以前没干过，也不可能干成。熔成科科长岳凯、副主任工程师刘长印和电气科科长于龙光带领团队开动脑筋、做足预案、大胆尝试，24小时坚守在生产一线进行摸索试验，从无到有、从陌生到熟练，在1000多度高温下更换电极，仅用7天就完成了国外公司一个多月才能完成的工作任务。

由于TFT玻璃基板的熔化澄清温度比普通玻璃高150~200度，铂金通道需要长时间在高温环境下运行，时间久了通道会出现局部渗漏玻璃液的现象，如果不立即在最短时间之内解决，就会造成不可逆转的生产事故，必须争分夺秒，即使在晚上12点发现漏点，在高温高湿的环境下，制造部部长王保平、熔化科副科长李楠和他们的团队也是不分白天黑夜，在狭小的空间快速维修，堵完漏点，通常是大汗淋漓，抬头一看，天已是蒙蒙亮。

热态更换闸板的场景至今想起来都是历历在目,也许普通玻璃生产线永远都不需要这样的操作,这项工作时效性要求非常强,中研院总工程师、60后玻璃成形专家吴雪良带领一支由80后、90后组成的青年突击队在攻坚一线连续作战,40多个小时没有睡觉,最终圆满完成任务,创造了一个奇迹……

吴星达,同事心目中的90后"拼命三郎",2019年12月31日,他结婚了,原本已买好3天后去海南度蜜月的机票,但生产正处于攻关期间,时间紧、任务重,他和爱人商量许久,最终还是将机票退了,办完婚礼后就回到了生产现场。2020年初在新冠疫情蔓延的特殊时期,吴星达主动放弃和家人团聚的春节假期,坚守在一线,保生产、抓防疫,每天都沉浸在讨论工序技术升级方案和组织人员对车间、办公区域消毒抗疫的忙碌中。如今儿女双全的他,工作热情丝毫不减。

"我是搞生产的,我的生活很简单,我的工作岗位就在工厂。"秉承甘坐冷板凳和坚守的毅力,吴星达很快成为公司的技术能手。

就是这样,项目的建设和攻关团队享受的快乐少,困难多,压力大,365天,不提"5+2",不谈"白加黑",没有一天休息。

干成了许多不敢想或者想不到的事情

高世代TFT-LCD浮法玻璃基板选择的是基础性和前沿性技术突破的路线，技术方案、工艺方案、设备的升级改造方案，每片玻璃都要经过配料、熔化、澄清、均化、成型、退火、切割、研磨、清洗、检验等数十个环节，都要一点一点去摸索试验，至少在国内，从事的是前人没有做过的事情，用"煎熬"来形容丝毫不过分。以料方开发为例，美国康宁、日本旭硝子等外国企业在全球范围内申请了大量TFT-LCD玻璃基板配方专利，进行严密布局，大幅挤压开发空间。我国TFT-LCD玻璃基板配方研发工作不够系统，缺乏针对浮法工艺的玻璃配方开发。

为了攻克这一技术难题，在彭寿院士带领下，重点实验室副主任曹欣和他所在的团队开展了无数次的高温熔制实验，据他介绍，"实验出料时，我们的高温实验炉温度会达到1640度，这时要打开炉门，穿上高温防护服用夹子把炉内铂金坩埚中的玻璃液倒入成型磨具中，为后期的理化与工艺性能测试制备样品。"这样的实验团队每天都要做，每次需要7~8小时。夏天，1640度的高温熔制实验对他们来说是一个巨大的挑战，再穿上厚重的防护服，每次实验结束后都汗流浃背，同事经常互相开玩笑说："这个夏天保准瘦5斤！"

历时4年1000多个日夜的科技攻关，经过上千次配方试验，研发团队参与建立了TFT-LCD玻璃澄清实验数据库，搭建了国内首套锡槽物理动态试验平台，创新开发了完全具有自主知识产权的电子玻璃基板核心料方体系。

与研发过程一样，设备制造和安装的精度要求充满挑战，中研院所属装备制造板块企业通力协作，蚌埠凯盛、机电院、深圳凯盛、智能自动化院、凯盛机器人等第一时间积极响应,立即派出经验丰富的技术团队赶赴现场,与产线工作人员并肩作战,共同研究改进方案,优化生产工艺,严格把控每一个零部件的质量,确保设备的制造精度达到行业领先水平。其中,全自动拉边机调试是最为关键和复杂的环节,技术团队日夜奋战在现场,对设备的各项性能指标进行反复测试和调整,不放过任何一个细微的偏差。

设备安装调试完毕,生产攻关道路上也困难重重。高世代TFT-LCD浮法玻璃基板科技攻关的过程很大程度上就是与Particle战斗的过程。所谓Particle,指的是玻璃表面2~10微米的极微缺陷,产品刚下线之初,每片玻璃的Particle多达上万个,有人说Particle下降到300以内永远不可能实现。

为了打赢Particle攻坚战,团队在几十个参数变量中,寻求多个参数的匹配,早上讨论工艺和参数,夜里出结果,每天分析、总结参数变化,寻找规律提出对策建议,进行改善,再分析下步如何走,全天候与Particle战斗,探索出了一条高世代TFT-LCD浮法玻璃基板品质提升的"中国方案"。在2年多时间内,总经理助理金良茂、梁波,加工部部长詹楠带领攻关小组硬是将Particle数量从上万个降到40以内,产品良率提高30%。

为了精准对策条纹、减少Particle,需要不定期高温在线更换传输辊道。刚开始没有经验,经常出现断辊情况,设备科科长高多军,在多次失败的前提下,虽然压力大,但是毫不气馁;设备科工程师90后小伙子赵顺,连续长时间工作都已虚脱;80后小伙子田旭来回奔跑好几天,嗓子都喊哑……每个人都竭尽全力,硬是摸索实践出一套成功方法并日趋成熟。

2021年初,公司抓住时机,顶着疫情逆行低于市场价格从国外进口了一套精加工核心装备。国外公司安装费开价6000万元,并叫嚣"不找我们肯定干不成"。团队顶着压力,在没有一张图纸的情况下,集中精兵强将,机电能动部副部长王昌振凭着一种拼劲和永不服输的精神,发挥专业特长,带领团队吃住在现场,加班加点不断调试,全部进行自主安装。

无论有多么难,没有一个往后退,都是争前恐后往前冲;

所有的一切,只为争分夺秒如期实现产品达标;

不到2个月,设备已经正常运转。

在产品攻关阶段,200多名技术人员,1400多个日夜艰苦探索、辛勤耕耘,遇到重重压力,克服了重重困难,攻克数百项技术,用4年时间完成了国外公司数十年的攻关历程,实现了中国高世代液晶玻璃基板从0到1的突破。

在长期的实践和探索中,团队总结凝练了产品攻关的指导思想:坚定信心、科学谨慎、敢于创新、追求卓越。也许,只有经历了整个过程的人,才能深刻体会这16个字的深刻内涵,才能体会科技成果产业化过程的艰辛和不易,才能为了共同的梦想继续努力。生产负责人邵廷荣便是其中之一,这位在玻璃行业奋战了30多年的老兵,对TFT-LCD玻璃基板有着很深的造诣和感情,同时对高世代玻璃基板项目也倾注了大量的心血和汗水。

"确实挺有意思"

玻璃本身玲珑剔透不含杂质,高世代 TFT 玻璃基板是玻璃领域的"高配",对此要求达到极致,因此必然会遇到很多普通玻璃研发生产中不曾遇到的困难和问题。

"能够解决这些问题,确实挺有意思的",张冲说,能在科研攻关中找到乐趣,才具有坚守下去的信心和勇气,"苦中作乐"蕴含的是一种情怀。探索中国玻璃领域的无人区,这种情怀显得弥足珍贵。

没有情怀、哪来使命;没有使命、哪有责任;没有责任、如何前行。玻璃从砂砾中来,向晶莹中去,恰如每个科研团队要走的攻关之路,恰如科技工作者对真理的信念与追求,恰如淡泊名利敢为人先的创新之心。

"优化高世代液晶玻璃基板原片生产工艺,系统解决浮法液晶玻璃表面微缺陷难题需要我们保持追求真理的兴趣和好奇心,坐得住'冷板凳',多问几个'为什么'",团队工程师朱明柳说,6 年前,原先在国家重点实验室做基础研究的他转岗到生产一线,在攻关过程中眼镜都烤化了 2 副,但丝毫不影响他的积极性,对事业的热爱和执着成为团队年轻人成长的最大动力。

0.002 毫米,微乎其微的落差,不论是肉眼还是触摸都分辨不出。这样一个微乎其微的数字,加注微乎其微的计量单位,却成了以中研院副院长、中国建材工程集团玻璃工程公司总经理江龙跃为代表的一群科研人"死磕到底"的目标。

2019 年中秋节之夜,至今让江龙跃印象深刻。那一晚,为降低玻璃基板的厚薄差,整个技术团队在生产线上不眠不休。"当天我们其实已经调整了一天的工艺参数了,但就是没将厚薄差降到0.03毫米内,折腾到晚上快11点了,又是中秋团圆佳节,大家都想放弃了。"江龙跃回忆道:"但大家总想着再试一次,就最后一次,最后一次我们调整参数是晚上11点,等生产测评结果出来要4个小时,那一晚的凌晨3点,看到结果的那一瞬间,我们沸腾了,厚薄差降下来了!"

不仅如此,正是这样不眠不休的"死磕到底"的钻研精神,让江龙跃和团队将厚薄差的极限一降再降:最小的厚薄差为0.002毫米,平均稳定在0.008毫米以内。

"玻璃基板加工直接决定玻璃板面的最终品质。开发新一代研磨装备,突破高世代玻璃基板精密磨抛工艺关键技术,可以进一步提高产品的核心竞争力和市场占有率。"品质保证部副部长于浩说,作为中科院上硅所毕业的材料学博士,他坚持把科研做在生产线上,将个人理想和企业需求紧紧结合在一起。

"当我在攻关中遇到困难的时候,我就想到我们这个团队,一个电话,他们都来了,从而支撑起继续面对困难继续战斗的决心和勇气。"公司董事长、总经理曹志强说,事实证明,团结就是力量,坚持就是胜利。

这条线肩负着中国高世代TFT-LCD浮法玻璃基板技术打通、产品跑通、市场化开拓、产能翻倍、装备国产化、投资压降、培养团队、提升管理理念和水平等重任,得到了党中央和国务院、各部委、当地党委政府和社会各界的高度重视和关注,中国建材集团、凯盛科技集团更是全力支持。

项目先后入选国资委 2019 年"十大创新工程",产品亮相国家"十三五"科技创新成就展、获第 23 届"中国国际工业博览会大奖"、入选 2023 年国资委发布的中央企业科技创新成果产品手册"关键材料"领域分类,团队获国家重点研发计划项目"执行优秀团队",这些,都是对说"确实挺有意思的"团队的最好褒奖。

2024 年,团队将继续向着更高的目标努力,去创造更多"挺有意思"的奇迹:攻克 8.5 代 OLED 玻璃基板关键技术,升级建成中国首条 8.5 代 OLED 玻璃基板生产线,进而推进 10.5 代、OLED/Micro-LED 玻璃创新研发及产业化,把高世代显示玻璃技术和产业化路径全部打通。

科技攻关,就像从砂砾成为玻璃的过程一样,没有坦途,依靠 365 天,终将璀璨。

我和数学的故事

翟承平

一

我老爸是学数学的,他说他在初中的时候就写过一篇文章叫作《零的故事》,当时还登载在报纸上,全家都为此而得意了一段时间呢!后来他在法国拿到了数学专业的学位之后,因为希望能够回国顺利找到工作,又去拿了"电气工程"专业的学位。但是他一生中最有兴趣的还是数学。"文革"中,设计院全体去了"五七干校",差点解散了。干校之后分在四川自贡,属于"劳改对象",偷偷帮着技术人员计算的熔窑燃气喷嘴,效果极佳!技术人员中悄悄流传:"后台老板"名不虚传,就是厉害!数学这东西真管事啊!虽然那时候不能说是他计算的,但是那几天我看老头儿还是特别高兴,晚上扫完了楼道,回到家又偷偷眠上几口小酒儿……

二

接着说说"数学"。说了一会儿老爸,也说说我自己。说来惭愧,我只念到初中毕业就再也没进过学校的大门。我对初中的数学,自我评价是"不怎么样",主要原因是脑子比较迟钝,反应比较慢,不够灵活。给我印象最深的是有一次测验,一道平面几何的证明题,我明明是证出来了,教数学的韩老师却扣了我一分,得了个4分。可刘作新、黄艾榕、唐大甫他们都是5分啊!于是不服气的我去找韩老师,韩老师笑道:"你的证明要说也没错,就是方法太笨了。你看看人家的证明,做条辅助线,七八步就证出来了,可你的证明整整用了二十几步才证出来!你要是不服气,给你的4分加一笔!奖励你一个'牛'字!嘿,跟牛一样!"这就是我初中时的数学水平——跟牛一样笨!

三

到了 1978 年，那会儿我在院里的仪表设备仓库里负责仪表维修。正好电大招生，那年电大只有两个专业：机械和结构。

院里派了几个设备所和建筑所的青年去上了电大。因为"专业不对口"，不让我去。求爷爷告奶奶地央告宣教科，晚上还去书记家堵着门软磨硬泡，最后总算是"开恩"，给了一个"旁听电大数学、物理"的不脱产指标，每周有两三个半天去电大旁听，不许影响本职工作。

老爸知道了，还挺高兴，对我说：数学、物理都是基础知识，学学有好处！特别是数学，学不好数学，物理也学不好！有了这两门基础，碰到专业问题也容易解决。其实上学是学不到解决问题的"秘诀"或者是什么"锦囊妙计"的，而是要学习解决问题的方法，有了这基础知识，就是掌握了解决问题方法的第一步！

对于我一个初中毕业生来说，旁听电大的数学课，那也不是一件容易的事儿啊！高中没念过，上来就是高等数学，就算那北师大的邵老师讲得极好，我还是跟听天书似的。没法子，自己开夜车恶补高中数学，那会儿孩子刚出世，夜里得换尿片、冲奶粉，成天弄得头昏眼花，不知是白天晚上。最烦的就是"三角函数"！那些变来变去的三角公式，当年自己看着书硬学，就跟带着刺吃鱼感觉差不多，伸着脖子瞪着眼地愣往下咽呀！从那以后就恨上三角函数了，提起来就头疼。

还有一恨，那就是"线性代数"。电大数学课讲到线性代数的时候，院里的收看点取消了，我们几个旁听生就都没有地方去上课，回部门干活去了，等于取消了电大旁听生的资格。我不甘心，就在仪表库里弄了一台九英寸的电视机偷着看，又不敢安装室外天线，信号不好，屏幕上花花点点跟下雪似的，就这么偷偷摸摸学的线性代数。说句实话，这段时间听课，听得跟做梦似的，什么"矩阵"啊，"行列式"啊……看得是迷迷糊糊，学完了都没明白。

一个是三角函数，一个是线性代数，成了我学数学中最烦的、学得最差的两段课程。

四

本想着我这个修仪表的可能这辈子都用不上什么三角函数，却没想到还没到两年，这三角函数可帮了我的大忙，让我大大地进了一步。

1979 年，院里有个科研课题，需要测量平板玻璃的应力，但是当时并没有一种能够自动定量连续测量玻璃应力的仪器。传统的测量仪器用人工目测，人为误差大且不能连续测量，要满足要求，就需要研制一台全新的仪器。当年不满三十岁的我，有点心比天高，竟然动了自己来试制这台仪器的念头，而且一发不可收拾。我利用仪表维修间的条件仔仔细细研究了当时仅有的两种人工检测的原理，把两种仪器拆装了无数次，自己琢磨了好久，想出了一种新的测量方法，自己觉得肯定能实现，但是在原理上说不说得通，还真吃不准。为此我曾经去过中国科技大学的力学实验室、天津大学力学所（毛主席纪念堂水晶棺的应力就是由天大力学所负责检测的，但他们用的是传统人工目测仪器）、清华大学光弹应力实验室请教这方面的专家，但得到的回答是"没有听说过这种方法"，或者是"目前除了巴比涅特法和塞纳蒙特法（两种传统仪器的原理），还没有其他方法能够定量检测透明体的应力"。只有中科大的伍小平老教授写信给我，鼓励我再看看有关的书，再仔细推导一下……

走访了高等学府，得到的这些回答确实挺让我沮丧的，我想我既然能有这个想法，也做了多次试验，自认为这种方法是可以的呀！为什么不能自己来论证它的合理性呢？求人不如自己干吧！于是去图书馆弄了一堆"光弹应力学"的大部头，专门翻看检测理论部分，看看人家是怎么推导的。俩月后，我悟出"光测弹性物质"的理论推导，基本上用的都是数学上的三角函数！啊！天呐，我的弱项啊！没有办法，一边翻书一边干吧！就这样整整用了几个礼拜，吃饭不香，睡觉不困，不分白天晚上就"迷"在三角函数里面了。到了某天半夜里，我终于在办公室里完成了整个推导，正向推、反向推都没有错，也就是说可以从数学上论证了我的检测方法是有理论依据的。我记得当时是发自内心地大笑一声，幸亏半夜里没有人，要不然旁边的人一定会认为我有病。我给伍小平教授写了信，附上我的推导过程，我又把每一步推导过程都拿给我老爸过目，让他帮我复核一下有没有错。当这些都得到了肯定的答复之后，我可是真正的"臭美"了好久啊！我真想把这些翻了无数遍的高中数学课本亲上一口！太可爱了！我亲爱的"三角函数"！这数学是真管用！

从1979年到我退休，根据这个原理制作出来的"平板玻璃应力检测系统"经过几度更新，一直是我院的定型产品，国内国外都有大型的厂家在使用。

五

接着聊我的"应力检测"和数学吧！

制造出一套玻璃应力检测系统，当然不只是一大堆三角公式的推导就能完成的，还牵扯到许多关于光学、力学、电学等好多学科的问题。就说数学方面吧！制造仪器时需要计算出一个叫作"分光片"的零件对光强的吸收系数，就要用到一个"超越方程"，我在电大旁听高等数学时，也没有接触过此类方程。不知道如何求解（近似解），老爸给我讲了用"牛顿迭代法"求近似解。还是做这套仪器时非常难受的一步，连计算带验证通常要用几个小时（精确到0.5%以上）。一直到1984年院里购买了一批"可编程序计算器"，自己编了个小程序，用这玩意，不到一秒钟，结果就出来了。说句实话，我编的那段程序用的是"设定了结果范围，然后从这个范围的上限到下限用相差0.0001的值代入到方程，当方程式左右相差小于精度要求时，代入的那个数就作为符合要求的近似解"。依旧是像韩老师说的，笨得如牛一般！全仗着电脑运算速度快，还真不在乎那几十分之一秒！

还有个很别扭的事儿。根据我推导的测量原理，这套仪器测量玻璃应力，函数传递关系不是线性的。因此，显示仪表的刻度不是等分的刻度。制作刻度盘要通过计算才可以刻下每一条刻度线，再通过照相制版，贴到仪器上。每套仪器的刻度不是相同的，要单独计算，工作量很大。自从有了这"可编程序计算器"，几分钟便可以给出一块刻度盘的全部数据尺寸。当然这些都是对这套仪器不断完善的过程中的事儿。1995年，工业电脑已经应用得比较广泛了，这套仪器的检测、运行、保护、报警等全部采用了工业电脑控制，非线性刻度问题迎刃而解！每个测量值求一个反函数，瞬间就显示出应力值，计算刻度这件让人头疼的问题再也不是问题了。

再后来，根据测量的应力值，又在电脑程序上翻了点新花样，弄了几个"自诊断功能"，直接在屏幕上报告玻璃生产线将要出现的情况，指示操作人员提前处理，以降低玻璃的破损率，提高产量。这套检测系统就成了"智能仪器"，不但在国内大型生产线上应用，也出口到了国外。这套工业电脑软件获得了全国建材行业计算机软件铜奖。

唉——数学加电脑啊！那真叫是如虎添翼！又是基础，又是摩登。

可是唯一让我感到挺沮丧的就是：不管是在"玻璃应力检测系统"的技术鉴定会上，还是给院里领导和专家汇报，或者是产品展示讲座……我讲得眉飞色舞，唾沫星子横飞，把自己都讲"嗨"了。听的人却似乎大都提不起精神，无论这些听众是专家还是领导。我知道这玩意确实牵扯到的学科多，也许是不太好懂，可是很多人都是高学历、教授级的人才，对于理论上的东西应该感兴趣才对啊！我当年为技术鉴定会写的"研制报告"着重介绍了推导过程，写得很细，一步一步都写得很清楚。给我老爸过目，他美得眼睛都眯起来了。他看明白了，告诉我："能够用数学的方式来证明，那就是最严谨的证明，因为没有比数学更为严谨的学问！"

可那是我爸！常言道："癞痢头儿子自己的好！"他说得没错，可我希望有更多的人认可。

有人听我讲,比请我吃饭还高兴呢!可听我讲的人,有的表示懂了,也有人表示赞赏。可我能看出来,他们没听懂,他们是为了自己的面子,或者是为了我的面子!还有人摇头道:"不懂,太深奥啦!多少年没上数学课啦,听得我牙都酸喽!"当然,也许有的人觉得听一个初中毕业的仪表工讲座太失身份……

时间长了,慢慢也就习惯了,不在乎这些。有人愿意听,我就讲,听不懂我可以打比方,不那么较真儿,通俗地说,明白就行了。不愿意听,我就躲开,免得尴尬。其实想开了什么都不在乎,无非是少了一些"相知""互动"的人生快感罢了。

六

再说一件"露脸"的!1978年到1983年,我一共写了3篇关于应力检测方面的文章,第一篇《关于对422型玻璃双折射检查仪改造的几点看法》发表在《玻璃》期刊上;第二篇《浅谈平板玻璃的表层应力》发表在院刊《玻璃工厂设计》上;第三篇《平板玻璃表层应力的连续测量》斗胆投到中国仪器仪表学会的权威性刊物《仪器仪表学报》编辑部。这家刊物是比较严谨的,对于这样的论文,他们会聘请专家审核并提出建议,我是1982年7月投稿,到1983年7月文章发表,整整一年,经过了7次审核和修改,稿子来来回回邮寄了7次,才得到编辑部的认可,来信说"拟在本刊物发表",但还有要求:要所在单位盖章证明此项发明不牵扯本单位的机密。

这事儿又让我犯难了,如果去找院办盖玻璃设计院的公章,那可有点麻烦,一定会有技术处、院保密委员会开会讨论,院长审查,主管科研的副院长签字……一套手续走全了最起码得个把月,万一再有什么领导提出异议,说不定这篇文章的发表就告吹了。这可怎么办呢?苦苦思索后想了个主意:因为当时我在设备仪表仓库维修仪表,我们仓库的主管领导是一个快要退休的"老革命",参加过解放战争和抗美援朝,本人没有什么文化,识字不多,肯定没有审查我文章的能力。跟这老头套套近乎,让他签个字,盖一个供应处章(我的上级部门),说不定能唬过去。于是,买了两包好烟,没事找老头一块晒晒太阳,没话找话地聊聊打老蒋……然后,顺顺当当就把老头的签字弄到手,盖了"主管部门"的公章。

文章发表了,我得意洋洋,想着我这初中毕业的仪表工,终于能在《仪器仪表学报》这顶级的刊物发表论文,那真是美得屁颠屁颠的。稿子一共4000多字,编辑部给了60多块钱的稿费,全都让我买了零食请客了,居然把给我签字的"老革命"给忘了,真是罪过，罪过啊！

七

从三十晚上就开始下雨，初一、初二都没停过，弄得这个年过得是凄风苦雨的。今天初三了，总算是个大晴天了，可是刮大风，也不愿意出门。太阳不错，坐在窗口，晒得暖洋洋的，沏上一杯茶，接着聊聊我和数学。

要说我这辈子干过的活儿，种类可算不少，打学生算起，学生、农民、电工、待业青年、乐队拉提琴的，算不算"演员"呢？不知道，进了玻璃设计院，在食堂当大师傅、炊事员，后来还开过叉车，调到仓库搞仪表维修当仪表工。1985年到1995年干了10年的录像，摄、录、编、配都干，拍科技专题片、新闻片，也跟电视台合作拍过电视剧……

当然，在这10年之中还一直没有放下我仪表、自控的活儿。1996年调到了院里的研究所，专门搞研究开发。1997年研究所解散了，又到了院里机电公司的技术组。一直到1998年才算是在院里的一个技术开发公司里安下身来。

话说1998年公司接了一个环保方面的项目，给生产静电收尘设备的厂家配套开发振打器控制系统，这话听着有点太"专业"，实际上就是要研制一套控制系统，控制对象是几十、几百甚至上千个振打器（收尘设备中的一种装置）。要控制振打的击打力度、动作时间、动作顺序、振打方式……原来这套控制系统都是用国外进口的，一方面贵，另外就是一旦出了问题，等外国人来处理也不及时。用户对我们的要求就是：一、全部国产化；二、技术服务、技术培训到位；三、比国外的便宜。

我拿到这个项目，试制的第一套就是有64个控制对象的水泥厂收尘设备的振打系统。做方案时看着那"乌泱乌泱"的一大堆控制对象，又是编号又是分组的挺复杂，心说头一次碰到这样的，以前都是一套控制系统针对一个对象，那多利索，不像这个，乱七八糟跟"八卦阵"似的，没有个规律！想到"八卦阵"，这八卦阵能不能用到"矩阵"？猛然脑子一激灵！"矩阵"！那不就是线性代数吗？这是又扎在我的软肋上了啊！

八

"矩阵"这个题目一旦想起来，心里就不能平静了。我查阅了国外同类控制系统的资料，外国人是根据控制对象的数量，设计同样数量的控制回路，有一个算一个。比如说我这次64个对象就是64个控制回路、128根连线，各管各的互不干扰。可是，我要是用个矩阵，只需要16个控制回路、16根连线！这成本岂不是太诱人了？

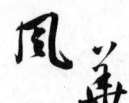

这是给人家客户干活,不像当年干"应力检测"那会儿,有的是时间琢磨,这可是有工期的,到了时间就得给人家交货,还得能用,否则耽误人家工期可是负不起这个责任。照国外的干,肯定没问题,自己试着用矩阵,本来对矩阵就不怎么懂,万一弄砸了怎么办?控制理论方法全都不一样,到时候再改回来那可来不及!经过几天的思想斗争,最后还是咬咬牙,拼一回!一头扎进旧书箱里,找出电大的《线性代数》书,看一段,琢磨一段,然后就直接用元件搭个模拟电路试一下,验证一下。这法子虽然比较笨,但是可以保证不出大错。其实,不走弯路更节约时间。说实话,也算是我命好,头一套控制系统只有64个对象,一个8×8的矩阵还是规模挺小的,大约半个月的时间,控制系统的方案就定下来了。工业电脑的软件立即开始制作,控制系统的箱盘设计、元件的采购安装同时进行……为了第一套系统的安全可靠,所有的元件安装接线都是我亲手干的。做软件时,那本《线性代数》书上让我画得五颜六色,大概除了我自己,谁也看不明白到底哪儿是重点,我这软件里的算法来自书上的哪一段内容……

在这段时间里,我还找了用户方的总工程师,讨教静电收尘设备关于振打方面的工艺要求,因为我深知一个控制系统是否"好用"的关键就在于这套控制系统能否让其所控制的对象满足工艺要求。我一个半路出家搞自控专业的,虚心向除尘工艺的人请教他专业范围内的知识,人家自然是感到高兴的,何况每次求教之后我都会自掏腰包跟他一块咪点小酒……"酒逢知己千杯少",直到如今,我们还是非常知心的好朋友。我把这些工艺上的东西,整理总结,归纳成为一些"小诀窍",在我的控制系统调试运行阶段,运用这些"小诀窍"来制定出非常符合实际的控制方式,使得控制效果很让人满意。

第一套应用"矩阵"方式的控制系统成功运行了还不到一个月的时间,这套控制系统的订单就接踵而来。这一年我们公司接了二十多套控制系统的订单,把我可忙晕了,有时候出差到现场技术服务,晚上七点钟刚回到家,九点钟又已经上了出差的火车……不行了!受不了啦!我得带徒弟了……

九

自从这套利用矩阵原理设计的"静电收尘设备控制系统"受到用户的好评,一发不可收拾,系统是越做越大,一开始多半是用在水泥厂、造纸厂,后来开始用在发电厂甚至大型的发电厂,如山西运城电厂、河南郑州电厂、安徽淮北电厂这些大厂。规模也就越做越大,甚至有的控制对象有几千个,使用小规模矩阵组成大型的矩阵……另外,由于研发这套控制系统时,和买方厂家的那个总师研究讨论的那个对于除尘工艺方面的那些个"小诀窍",我也想法利用"多元函数"和"数列"等概念,把它变成能够用数学语言来表达的方式,这样有些问题用电脑来处理就太方便了。只要在我这套系统的控制主机上加上几段程序,就能让系统"活"起来,成为所谓"智能化系统"。这样的方法几次用于大型系统上,都很成功,取得了理想的效果。

  对于这些大的电厂,他们的技术力量都非常雄厚,他们并不只是在乎你的产品是否好用,还要知道"好用"的道理,就是说既要知其然还要知其所以然!为此,我还应邀去过几个电厂为他们的技术人员做过讲座。每次给用户讲座,我都特得意,把我胸中的东西拿出来卖弄一番,总归是个露脸的事儿啊!比请我吃饭都高兴……

  后面的事儿跟数学没有什么关系,不聊了,就此打住。

忆玻院追梦路上

潘翠云

今年是中研院建院 70 周年,我有幸在大院里工作、生活 48 年,亲历了事业的沧桑巨变、跨越发展,可谓是"天翻地覆慨而慷"。蓦然回首,往事历历,几代人的共同奋斗,才取得今天事业的辉煌!我由衷地喝彩和自豪!更加感恩玻璃院几十年对我们的培养和教育,在玻院追梦路上,圆了一个个梦想。

追梦建设美好家园

我是 1975 年 11 月由院招工,和 50 名插队知青留城青年一起进院的。当时正值蚌埠和自贡两个点合并,南院建院工程紧张地进行中,我们成为建院的一支青年突击队,大院里到处活跃着朝气蓬勃的忙碌场景。边进行入院培训,边投身于劳动,为建院创业增砖添瓦。办学习专栏、出墙报、自编自演文艺节目、宣传慰问。搬运安置大批从北京、自贡搬迁来的家具,不管白天黑夜,随到随搬卸。欣喜一期工程南院办公楼和四栋宿舍落成,我实习参加了照明电气工程安装。之后,院又陆续扩建到 18 栋宿舍、北院办公楼。大家更是干劲十足,经常义务劳动,平整道路、种树植绿,亲手营造出整洁美丽的两个院区。亲历建院艰苦创业,建设美好家园,实现了第一个梦想。

追梦与玻璃院共成长

玻璃院是培养人才的好学校。1976年元旦后,我们被分到岗位。乘1978年全国科技大会的东风,国家百废待兴,院里非常重视岗位培养成才,为我们搭建了学习提高和事业发展的平台。开办了数理化、英语及相关专业基础等各种速成班,老师们亲切地称呼我们"小青年",热情地传授知识和技能。经过几年强化培训,一部分人陆续考入业余"五大"。我院给我们创造了失而复得的文化学习深造机会,加上我们的勤奋努力,我也取得了本科学历证书,圆了大学梦。

是时代发展的推动,更是玻璃院浓厚知识氛围的熏陶,激励我们将学到的知识很快运用到工作实践中,收获到学习成效和工作业绩,很多当年的"小青年"不断成长,历练出一批专业骨干和管理人才,为玻璃院事业发展贡献微薄之力,我也获得人力资源高级经济师职称,圆了我们奋斗事业梦。

时隔多年,每当我走在大院林荫道上,看着当年亲手种下的小树已长成参天大树,水杉、广玉兰美不胜收,楼前楼后和小广场的桂花树暗香盈袖。我们这群"小青年"也像小树一样,几十年在玻璃院阳光雨露的滋润下,与院共成长,一代代传承不息,发扬光大。

追梦幸福养老

2002年玻璃院转企改制后,彭寿院长多次指示:对院离退休移交社会化管理的老前辈,要充分考虑到他们为国家建设和玻璃事业发展做出过重大贡献,不忘来时路,关爱老前辈们,也是承担起为国家分忧解难的社会责任。在国家政策允许的范围内,秉承"平稳过渡、妥善安置、分步实施、逐步与社会化管理接轨"的维稳原则。"老吾老,以及人之老",关爱离退休老人,发扬玻璃院爱老敬老的优良传统。

院制定的"老人老办法、中人中办法、新人新办法"管理移交方案,体现了"待遇从优"。特别是改制前退休的200多位老人,一直享受从企业效益中补贴的退休金,让老人们享受到社会化和玻璃院"双重"的待遇和服务。

多年来，每年春节召开"团拜"会，彭寿院长率领导班子与老人们一起欢度佳节，发放慰问金。每年组织健康体检，上门走访慰问，及时送温暖、献爱心。

玻璃院保留了"离退休职工活动中心"，彭寿院长指示：要把中心创建成离退休"精神文化乐园"。他常来看望慰问，鼓励老人们老有所为，健康养老。活动中心装修提升环境，配备功能齐全的活动室和器材，更新空调设施。老人们健身锻炼，小广场上每天有广场舞队、太极队晨晚练。举办了20多届"重阳节"健康运动会，支持参加市和集团的书画艺术展，合唱、舞蹈、太极常参加大型演出和比赛。近百人参演励志电视剧《俺娘田小草》，很多场景在蚌埠院取景拍摄。评选优秀艺术作品，多次参展并入选中国建材艺术展书画文集。

活动中心注重引领老年朋友们通过展示才艺，寓教于乐，宣传和传承优秀企业文化，实现有教有学展才艺、有乐有为健身心，圆了幸福养老梦。

活动中心荣获安徽"省级示范老干部活动中心""省市级晨晚练示范点"，多次荣获省、市、建材集团及院"先进基层党组织"等荣誉称号。

　　玻璃院优秀的企业文化,玻院人走到哪里就传播到哪里,领导的关爱就送到哪里。院在蚌埠和太仓建福利性商品房,让离退休老同志享受了与在职职工同等的购房优惠待遇。近几年,有退休老人们陆续入住太仓凯盛河滨花园,也建成配套的活动中心,大大改善了老人们的居住条件。活动中心经常组织活动,2022年国庆的快闪"我和我的祖国",被推选发布在太仓科教新城公众号,原院党委副书记胡惠荣24年陪护失能妻子的感人事迹,发布到太仓融媒体宣传。玻璃院为我们离退休的老同志们圆了新家园的梦。

在太仓拍摄国庆快闪

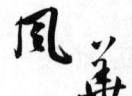

中建材玻璃新材料研究总院 1953—2023

一位党员志愿者的执勤日记

张菁

2月10日,周一,下着小雨的清晨让人备感寒意,选一条暖暖的围巾给自己多一些温暖,也想给自己多一些勇气,因为我和同伴今天有其他的任务。

我一人独自向禹会区十字巷防控点走去,没有人的小巷寂静无声,也更显得悠长。社区的小伙子给我发放了口罩和手套之后,就去了另一个防控点继续工作。我开始检查出门证和登记册,它们被装在一个布袋子里,和防控牌一起放在紧贴墙壁的椅子上,桌子虽然已经紧紧地和椅子靠在一起,但桌面上还满是雨水,真的不知道如果有人要办理出门证可怎么是好。无处躲雨的我也只能靠墙站在一位老妈妈家门口的屋檐下。

下雨的早晨,没有几个人出入,我安静地坐在门口,老妈妈坐在屋里跟我聊起了天,原来老两口都80多岁了,老伴是供电局的退休人员,1986年起就住在这里,帮着看看门、搞搞卫生,每个月有几百块钱。现在疫情严重,没有志愿者的时候就靠他们老两口,特别是晚上,谁家有外来人员,从哪里来的,来干嘛的,她都了如指掌。我问她,您是党员吗?她说不是,但这可是国家的大事,得管!我不禁对这个驼了背的老妈妈肃然起敬:她住在这样简陋的地方,生活应该也是极其节俭的,在国家有难的时候,她不仅没有怨言,还知道以国家大局为重!我说要跟她一起拍个合影,她开心地摘下口罩给了我一个甜甜的笑脸,我从她的笑脸上看见的满满都是幸福。

在10点左右的时候,我接到蚌埠院离退休处支部书记潘翠云大姐的电话,她说她已经跟社区主任协商好了,希望我能回自己的小区服务。刚好也有一位小区里面的老党员志愿者来到,我便跟老妈妈说明情况,她二话不说就坐到了门口的凳子上说:"你忙你的,我也是志愿者。"看着她那么认真的样子,我忍不住把她拍了下来,不知道她是不是最年长的志愿者,但她一定是最认真的那一位。

离开老人,我去了附近的防控点,找到和我交接工作的那位社区同志,向他做一个告知。远远地,我望见了那面立着的鲜红党旗,这里虽然只是屋檐下巴掌大的一块地方,但是因为有了这面鲜红的党旗,这里就是一个党员先锋岗;因为有了守护百姓的社区人员和志愿者,这里就是一个疫情防控点。那些不受约束、没有大局观、到处乱溜达的人睁开眼睛看一看吧,有多少这样辛苦奋战在防疫一线的同胞不眠不休地守护着我们,请收起自己的那点任性,让我们一起早日打赢这场战"疫",早日回到那阳光灿烂的日子。

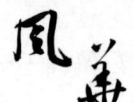

中建材玻璃新材料研究总院
1953—2023

传承与创新中的"青年玻璃梦"

刘爱丽

奋斗新时代，出彩新青年。说到"新青年"，我想在大家的印象当中，"新青年"这三个字最早是在什么时候出现的呢？……在1915年，有一本在"五四"运动中起到重要作用的革命杂志——《新青年》。陈独秀在其中发表的《本志罪案之答辩书》中提到，德先生和赛先生将救治中国政治上、道德上、学术上、思想上一切的黑暗。确实，高举着科学与民主两面大旗，这本杂志客观上为马克思主义在中国的传播起到了扫清道路的作用，为"五四"运动的爆发和中国共产党的成立奠定了思想基础。由此，贯穿中国整个20世纪的就是中国青年不屈不挠、忧国忧民、乐于奉献、敢于斗争的伟大爱国主义奋斗历程，就是中华民族反帝反封建、实现民族独立、谋求民族复兴而披荆斩棘的强国之路。

历史学家的研究发现，每个世纪的第二个10年发生的重大事件，往往决定了这个世纪的独特风格。20世纪的新青年为中国赢得了民族独立，那么作为21世纪的新青年，我们的独特风格是什么呢？没错，是传承与创新。

青春如初春，如朝日，如百卉之萌动，如利刃之新发于硎。时间定格在1971年，这一年，淮水之滨、涂山东麓，集合起中建材玻璃新材料研究总院的第一代青年创业者，他们内心怀抱着"珠圆玉润"的事业，也是他们的青春梦想：振兴中华民族玻璃工业。中研院66年的跋涉、求索和耕耘，与新中国玻璃工业的命运休戚与共、血肉相连。几代玻院人的青春奉献和风雨兼程书写了中研院从蚌埠走向上海、走向北京、走向世界的华丽篇章。现如今，我们凯盛的品牌已唱响世界，成为国内外玻璃领域一颗耀眼的明珠。这凝聚了一代又一代凯盛人的智慧和汗水，他们用无私奉献和接续奋斗，为凯盛的发展奠定了坚实的基础。

一代人有一代人的长征，一代人有一代人的担当。借着改革开放的东风，中国建材集团的企业发生了翻天覆地的变化。中国建材的营业收入从当初的20多亿元发展到2022年超过3000亿元，成为全球最大的建材制造商。在中国建材的战略引领下，中研院完成一系列重大突破：0.12mm 超薄电子触控玻璃获中国工业大奖，我们三获国家科学技术进步奖二等奖，生产出世界最高光电转换率铜铟镓硒薄膜太阳能冠军组件，建成投产世界首条大面积碲化镉发电玻璃生产线，业务总量从不到 5000 万元到今天销售额增幅高达 440 倍……

在科技攻关最前沿、在创新创业第一线、在生产经营主战场、在社会服务各领域、在"一带一路"大舞台，我们的前辈已为我们跑出了一个好成绩。在新时代，建材青年更应用传承和创新跑出更好成绩，将自己与一个个"建材创造""建材奇迹"紧密相连。我们的青年工程师的行囊永远收拾好放在办公室里，哪个项目需要随时就动身奔赴；我们创新攻关的青年科研人员在小试中试中经历过无数次的失败与成功；我们的青年设计人员加班加点，设计图纸改了又改直到满意……就是这样无悔付出、敢打敢拼，锻炼和造就了一批忠诚担当、团结奋斗的新时代生力军，在蚌埠院发展过程中书写了一段解放思想、与时俱进、调整转型的创新发展历史。

前程浩浩，回顾茫茫。当代青年生逢其时，更重任在肩。正如习近平主席在"纪念五四运动 100 周年大会"上提出的，新时代的我们要树立远大理想，热爱伟大祖国，担当时代责任，勇于砥砺奋斗，练就过硬本领，锤炼品德修为，保持初生牛犊不怕虎、越是艰难越向前的刚健勇毅，坚守传承、锐意创新，循着老一辈玻院人、建材人的铿锵脚步，继续为"玻璃梦"求索耕耘，用奋斗出彩的行动和业绩奏响无愧于时代的青春乐章！

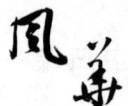

中建材玻璃新材料研究总院

有梦想作伴，便耐得住书斋五更寒

——中研院第三批赴美交流访学团队学习生活侧记

马银峰

2018年，美国新泽西州纽瓦克的春天来得特别晚，直到4月中旬还有一场暴风雪阻拦着春花绽放。5月初，春天终于到了，温润舒适的和风一夜间拂开了满树的樱花，点染了一地的新绿。在即将启程回国的凯盛集团第三批赴美交流团队成员眼里，迟来的春光更显得弥足珍贵。

坐落在纽瓦克的新泽西理工大学（NJIT）建校于1881年，是一所教育、科研、服务和经济发展并重的大学。近年来，NJIT与凯盛科技集团在新材料、新能源、新型房屋等领域的合作不断拓展广度和深度，其中NJIT为凯盛集团提供人员培训是合作内容的重要环节。2018年2月，由凯盛科技集团副总经理蒋洋带队的第三批赴美交流团队一行10人抵达纽瓦克，开始为期3个多月的学习交流。和前两次学习交流相比，本次凯盛集团派出的学习交流人员数量为历次最多，并首次派出工程技术人员参加建筑学专业的学习交流，标志着凯盛集团赴美访学交流活动向着全面、纵深方向又迈进一步。

团队抵达美国集结后，蒋洋同志第一时间组织全体团队成员召开班会，部署学习交流期间的学习、生活计划。彭寿总经理也专门主持视频会议鼓励团队成员，对团队在美期间的工作、学习与交流提出期望和要求。

肩负着凯盛人的期待和重托，团队成员们用百倍的热情克服了生活习惯差异带来的不便，迅速转换角色，投入学习。夜以继日的学习交流，让这3个多月的时间过得飞快。

成绩全优的"学霸"团队

先把时间拨回到5月，各门课程公布成绩的时候。公司财务（Corporate Finance）是一门关于公司财务管理方面的综合课程，大量的公式计算推导，加上时效性极强的金融财务案例分析，让班上来自很多国家的学生叫苦不迭。公布成绩的时候，授课教授对整体考核情况做了简单说明，满分100的期终考试，全班的平均成绩在60多分，鉴于这是门公认困难的课程，这是比较正常的。随后，教授特别介绍说，这次考试的最高分是95分，得到这个成绩的是来自中国的游今君同学！

和游今君一样，访学团队的所有成员都用所选课程考核全部A级的成绩给这一个学期的交流学习画上了一个圆满的句号。

美国高校的教学方法灵活、手段丰富，强调参与和互动，对参学的学生提出了非常高的要求。按照教授治学、教授治校的制度运行的西方高校，授课教师并不会因为来自凯盛的交流成员的特殊身份而给予团队成员较其他全日制学生更为宽松的考核标准。困难在前，团队成员们乐于面对、敢于挑战，立志用扎实的研习换来丰硕的成果。

3个月的学习，让团队成员有了个不成文的默契——互相发消息联系不到的时候，就直接去图书馆，因为图书馆自习室的信号不好，人一定在那儿……这就是访学团队在纽瓦克的日常。宿舍、食堂、自习室的三点一线，看似枯燥，但是由于问题的不断涌现、新知的不断接收，这一切在访学团队的眼里是丰富多彩的。

3月的一场暴雪，让整个学校都陷入瘫痪，但是凯盛访学团队的成员却并没有因为天气恶劣就取消了事先约定好的小组作业讨论。窗外大雪纷飞，自习室里组员们热烈地讨论问题，紧张地整理材料，最后一次点下保存按钮，完成国际市场营销课程的作业，已经是凌晨2点多了。参与讨论的马银峰和其他组员王琨、王熙和朱曼道别，走出自习室的时候，在雪后静谧校园的昏黄灯光下，居然迎面遇到了刚刚从建筑学院工作室结束模型制作的张万利、黎子峰两位同学……公司给的机会实在太宝贵，只争朝夕地多看多学，是团队集体的共识。

交流和展示，是超越学习成绩之外的使命

来到美国，实地了解先进的企业发展理念，充分融入校园社群文化，在学习课本知识之外，团队成员还牢记着自己的另外一重角色，跳出课本、走进社会，开阔眼界，广交朋友。

NJIT为凯盛的访学团队精心安排了多次当地企业的交流考察活动，考察对象包括世界知名的建筑设计事务所、有着"全美最佳雇主"称号的医疗仿生设备制造企业等不同业务类型的特色企业。在参观交流过程中，深谙企业运行实务的访学团队成员不断提出各种问题，从技术路径到经营理念，受访企业代表在交流过程中最常出现的话是："嗯，这是一个好问题！"和"你们的看法非常正确！"高水平的交流探讨，让宾主双方都十分享受。

无论是管理类还是建筑类别的课程，将学生随机分组形成临时团体共同完成一项或多项教学任务是非常常见的做法。访学团队的每位成员都有着被编入不同小组，和来自不同国家的陌生同学一起完成小组演讲、论文撰写等任务的经历。凯盛人以真诚、严谨、高效、博学的形象赢得了在校学生的尊敬和授课教师的赞许。

蒋洋博士的专业是材料科学领域，他在长期工作实践中，对高科技型企业的运营管理也有十分的见地。这次他重返校园，也以一个普通学生的身份和大家一起交流。他选修的科技管理（Management of Technology）课程也聚焦于企业与科技创新互相促进、相辅相成的辩证关系，教授拿出大量的时间交给学生，让大家以小组为单位就高科技领域的多个经营案例进行研究，并把研究结果以小组演说的形式和全班交流。蒋洋所在的小组里，成员来自亚洲、欧洲和北美，文化背景和教育经历各有不同，蒋洋用自己渊博的学识和多年来的积淀，不断在小组讨论中化解难题、廓清迷雾，很快就成为了他所在小组的意见领袖。

为了方便与当地学生交流，公司特别委托校方在住宿安排时为每一名成员都安排一个来自西方国家的学生室友。这一安排大大促进了团队成员融入校园生活的进程，收到了良好的效果。Jonathan Racki 是李俊杰的室友，也是学校 Honors 学院的"亲善形象大使"，成绩优异的他即将硕士毕业。3 个月来，李俊杰和 Jonathan 成了无话不谈的好朋友，Jonathan 还邀请李俊杰和凯盛团队的其他成员一起参与他们的娱乐活动、放映电影、参与公益。和当地学生近距离的接触，让凯盛团队的成员们迅速了解并融入了当地的文化，也在交流中展示出乐观积极的精神风貌。

团队生活是成长的催化剂

凯盛集团是一个大平台，尽管来自同一个企业，但是成员们之前在不同地区、不同领域埋头工作，在团队集结之前，成员之间也并不是十分熟识。10 人中，有来自工程设计、项目管理一线的技术人员，也有为承揽业务常年奔波洽商的经营骨干。大家日常工作各司其职，鲜有深入交流探讨的机会，这次学习，不但是从外部课堂获得知识的机会，通过团队内部磨合交流，了解到公司不同业务部门的运行模式和业务特点，从分到总地认识企业的发展轨迹，也成为团队成员在这次学习当中意外的宝贵收获。

来自海南分公司的展昕是这次访学团队中年龄最小的成员，性格诙谐幽默的他总戏谑地称自己为"岛民"。在培训之前，展昕对自己部门负责的高品质石英原料供应业务十分熟稔，对上海、深圳、蚌埠等地区公司的新玻璃、新材料、新能源业务并不十分了解。3

个月的集体生活，让他对企业的认识走出"孤岛"，更加完整清晰地认识到凯盛的发展愿景，对企业、对自己的未来充满信心……

尾声

初到NJIT的情景仿佛还在昨日，而大家却已经到了挥手作别之际。几个月的学习交流生活给每一个人留下的点滴回忆，必将成为伴随一生的片羽吉光。告别校园、告别团员虽然令人不舍，但是每一个成员心里更多的是关于未来的憧憬和信心，把希望装入行囊，带回到各自的岗位上，用它为凯盛梦增添更美丽的光芒！

"顺势而行"的建筑教育新理念

——中国建材工程集团蚌埠分公司教育类建筑设计心得

常方圆

天朗气清,惠风和畅,绿意盎然,书声琅琅,一派生机。

校园,氤氲着成长的快乐时光,孕育着无数个奇思妙想,更是梦想破土发芽的地方。优秀的校园设计应该蕴含进步的教育理念,传递树人成才的殷切期盼,促进孩子们优秀品格和正确人生观的养成。

当代的校园设计,正在从"固定式"——对场所和空间的塑造,逐渐转向"引导式"——对教学理念和教育模式的探索与还原。面对创新思潮与管理实际的摩擦碰撞,在场地与功能之间取得平衡,在设计中建构展示不同的教育理念,正逐渐变成优秀校园设计的切入点。

近年来,中国建材国际工程集团有限公司蚌埠分公司本着"提高技术,服务社会"的企业宗旨,大力开拓民用建筑市场,在教育类建筑中更是发展迅速,站在教育类建筑设计理念的前端。

一元与多元交汇

新时代教育工作的根本方针,是要培养担当民族复兴大任的时代新人,培养德智体美劳全面发展的社会主义建设者和接班人。新时代的校园设计应该紧跟时代教育理念,融入多元化的教育理念,加快推进教育现代化。

蚌埠分公司设计的蚌埠第一实验学校城南校区,2015年启动设计,2017年投入使用。该项目位于城南新区,用地面积72901m²,总建筑面积39770m²,包含小学部教学楼、初中部教学楼、行政图书馆、风雨操场、宿舍和地下停车场等建筑设施。

校园整体设计从学生和教师对校园的空间体验感出发,以院落化的营造方式,搭配中轴对称的布局，创造了多个亲切宜人且极具归属感的小尺度空间。校园整体展现简欧建筑风格，高耸的塔楼依次排列，强化了建筑的韵律感和空间感。原本规模庞大的校园，经过组团院落式空间的有机划分，被化解为各具功能特色的共享中心组团、小学组团、初中组团、体育运动组团及生活组团。教学楼内部的设计充分考虑学生日常的活动交流，在空间塑造上采用了多样化的设计手法，加宽的连廊、局部进退的走廊、架空的底层空间，为学生们创造了多元的学习交流空间和开阔富足的活动场所。

院落式组团皆垂直于双轴线中正南北轴线，确保校园拥有足够的采光。各组团围合而成的中心水景及节点空间、光伏一体化等环保设计理念，不仅增添了校园韵律和活力，更是将教学与自然生态系统融为一体，打造出一所生态校园。

基于同样的多元化理念，蚌埠分公司设计了新城实验学校临港分校。中轴对称的布局方式，烘托出学校建筑庄重、严谨的气质，高低错落的布局具有强烈的序列感，极好地丰富了城市的天际线。简欧建筑风格，四坡屋面与立面三段式的构图，表现出舒展富有张力的气质。独立教学楼通过连廊连通，半围合出一个开敞的景观绿园，营造出一元与多元交汇的和谐校园。

独立与共享并存

蚌埠市高新区作为蚌埠市自由贸易区的核心区域，将成为"工作－生活－休闲－学习"一体化高科技新城区。位于蚌埠市高新区的中国科学院蚌埠高新实验学校，也将成为该区最先进的重点学校，它所展示的教育理念，将引领周边地块，甚至整个新区实现科技、智慧、生态的规划目标。

中国科学院高新实验学校是近年来由蚌埠分公司设计的又一力作。整个项目工程总用地面积 $60445.417m^2$，规划容积率为 0.70，总建筑面积 $70055m^2$，含小学部教学楼、初中部教学楼、图书综合楼、食堂、风雨操场和地下车库。

为了让独立与共享在校园设计中相得益彰，将小学部与初中部采用院落的形式各自成团，各学部均以结构化的学习空间形成不同年龄段的基本院落，不同年龄段的教室可分可合，适应性强。非结构化的学习空间成为院落之间的共享核心。连廊适度加宽并融入各种功能，结合庭院及中心景观，形成了趣味化的学习和交往场所。各自享有独立教学院落外，又能共同分享活力交流院落，共同创造多元的学习交流机会。这种独立与共享并存的空间姿态正是"智慧城市"的核心面貌。

在独立与共享理念并存的同时，更充分考虑了安全因素。为小学部、初中部设计独立出入口、单独运动场地，在地下停车场设置专门的家长及学生等候区域，采用先进的智能控制系统，学生上学放学时可以不出校门等候接送，既提高了效率，又降低了安全事故的发生概率。

历史与未来携手

涡阳，道家学派创始人老子的故里。道家提倡"法自然"，主张还原事物本来面目，还原人的自然天性，这两者恰是最先进的教育理念。

涡阳县经开区龙山路学校项目由蚌埠分公司方案设计团队在一轮轮激烈的投标中脱颖而出，最终斩获该项目。由于地域文化特殊，该项目的设计理念，既要传承历史，挖掘一流学府的深厚文脉，设计中渗透道家"法自然"的理念，引导尊重学生的自然天性；也要融入未来，沿袭发展脉络和办学理念，架构中体现先进思想和创新思维，建造一座传统文化与开放精神和谐共生的现代化校园。

该项目用地面积93612m²，分为两所独立的学校。建筑呈对角线布置，凸起的建筑群与开阔的室外场地在三维空间里达到体量的均衡。

校园内部空间设计以中国传统书院为灵感，用院落与轴线相结合的典型布局方式，营造出一种具有学院领域感的宁静氛围。强调人与校园、传统和自然的共存与融合。院落暗含了中国人看世界的"微型宇宙观"，推开门窗，就可以看到天空、大地、树木……人与自然是亲近的、相互尊重的。在围合的院落中融入半开敞空间、灰空间等手法，使校园呈现开放的姿态，打造现代化的园林式学校。

景观设计的目标是给孩子们创造一个开放、多样、文化气息浓厚的校园环境。设计灵感来源于"知识书架"，校园整体景观用"书架"式的构图串联起来，形成路网及室外活动空间，如演艺广场、休憩庭院、屋顶花园等，给孩子们创造了私密谈话、团队协作及表现个人才能的开放性交往空间，从而增强他们的人际交往、社会认知、知识水平和个人体能。

此外，蚌埠分公司还承接设计了蚌埠市慕远学校、蚌埠二中禹会实验学校、蚌埠市铁三小、蚌埠市南山中学、蚌埠第二实验学校兰凤路学校、蚌埠市红旗一小、高新区小黄山学校等一大批优质的教育类建筑项目，为蚌埠市教育事业添砖加瓦。同时，分公司近年来还设计了一些高校项目，如安徽科技学院实训基地、安徽电子信息职业技术学院图书综合楼和双创中心、安徽财经大学西校区改造等项目，为大学校园增添了一道道亮丽的风景。

技术先导，匠心独运。关于未来，中国建材工程集团蚌埠分公司将不断践行"诚信、创新"的方针，用最专业的技术、最用心的设计，站稳教育类建筑设计理念的前端，为每一座校园增添一道道亮丽的风景，为每一位学生留下一段段美好的回忆。

凯盛青年的防疫志愿者日志

李若尘

不连续作战，疫情防控的压力变得越来越大。当我看到蚌埠院团委发出的志愿者号召时，就毫不犹豫地报名加入了蚌埠市团市委组织的青年突击队，签署了请战书，按下了红手印。

按照统一部署，我被安排到了蚌埠市航华社区开展定点志愿服务，主要负责看守小区大门，为没有办理出入证的居民办理出入证；劝说没戴口罩的居民佩戴口罩；检查需要外出工作居民的工作证明；为外出返回的居民消毒，同时完成社区交办的其他任务。在服务的过程中，我发现社区由于是老小区，居住了很多老年人，对待他们，就要特别注意工作方式，多一些耐心和细心。大多数居民都很理解支持我们的工作，纷纷向我们竖起大拇指，这就是对我们工作的最大鼓励。

由于小区有确诊病例，所以需要24小时不间断值班。当社区书记问我愿不愿意值夜班的时候，我立刻就同意了。因为这些社区的工作人员真的太辛苦了，年初二就开始值班，一直到今天都没有休息，作为青年突击队的一员，作为防疫工作的生力军，这也是我必须要承担的责任。

夜幕降临，我背着爱人装的棉衣，来到了晚上需要值守的小区楼下。小区门口这条路本来是社区居民前往体育场休闲锻炼的必经之路，如今却变得极为冷清，路上行人稀少，并且个个戴着口罩，行色匆匆。在巡逻的过程中，我发现一位正在倒垃圾的老奶奶没戴口罩，内心一惊，这可是有了确诊病例的楼栋啊，怎么可以这么不小心？于是快步走上前去，刚想出言提醒，这位老奶奶已经看到了我，对我说："小伙子，辛苦你了，这么冷的天还在这里值班，你是不是看到我没戴口罩，我的口罩用完了，我也是看晚上没人才出来倒垃圾，就怕影响别人。"听了这话，我突然想起包裹里还有两个备用口罩，便将这两个口罩递给了老奶奶，并叮嘱她尽量少出门，出门一定要戴口罩。

巡逻完毕，我在临时门岗里坐了一会儿，此时夜已经深了，也有了些许的困意，打哈欠呼出的白气已经清晰可见。其实报名参加志愿防疫，我很担心家人不支持，出乎意料的是，爱人特别支持我的行动，这是我最大的动力。翻了翻手机，看到青年志愿者群里，大家都在互相加油打气，一句句朴实的话语蕴含了坚定的信心。

挺起装备制造的脊梁

刘曼丽

走近蚌埠凯盛工程技术有限公司（以下简称蚌埠凯盛），现代化的科研、生产、管理现场井然有序，生产车间，技术工人们正在对一台台大型设备进行参数调节和组装，一派热火朝天的场面，10台套下线不久的光伏原片装备正准备发往东南亚国家。

从2004年7月成立至今，蚌埠凯盛在中建材玻璃新材料研究总院（原国家建材局蚌埠玻璃工业设计研究院，原简称蚌埠院，现简称中研院）和中国建材国际工程集团有限公司（原中国凯盛国际工程公司，原简称中国凯盛，现简称中国建材工程集团）的战略引领下，坚守"将大国重器牢牢掌握在自己手中"的决心，深耕玻璃成套装备制造，现已成为亚洲最大的玻璃装备制造集成商，至今占有国内外高端优质浮法玻璃装备制造80%的市场份额，先后荣获"制造业单项冠军""绿色工厂""服务型制造示范企业""智能制造系统解决方案供应商"等16项国家级荣誉。从自立自强到创新图强，蚌埠凯盛从玻璃装备制造起步、发展、腾飞、超越，走出了一条"建设具有全球竞争力的世界一流装备制造企业"的跃升曲线，创下了一个又一个中国"第一"，全体干部员工用激情与智慧铸就的厚实"家底"，不断书写出制造强国新篇章。

蚌埠凯盛是如何拓展"装备+"外延？又何以在中国版图甚至是世界装备版图中占据着重要位置走出一条高质量发展之路？

从实验厂到玻璃装备公司

先发优势是蚌埠凯盛至今能保持领先的重要原因，这源于其与玻璃的深厚渊源。

1975年，依托蚌埠院的支持，老一辈玻院人开始了玻璃设备的样机研发和制造的漫漫征程，设立了蚌埠凯盛的前身蚌埠玻璃工业设计研究院实验厂。随着我国经济形势不断向好，1999年2月成立了蚌埠华裕机电设备有限公司，依托其技术资源和人才优势，为企业装备制造的规模化生产提供了技术支撑，这是蚌埠凯盛日后成为科技型玻璃装备企业的先天优势。

2003年,时任蚌埠院党委书记、院长,中国凯盛总经理彭寿就认识到先进的玻璃装备在企业发展中的重要作用,多次强调"要把我们的玻璃装备产业做起来",这也是蚌埠凯盛成立的初衷。

也正是这句话给蚌埠凯盛的发展指明了方向,而蚌埠凯盛也早已准备好迈进客户导向和市场竞争的新时代。2013年浮法退火窑及热端DCS控制系统、MCC控制中心击败国外知名品牌及国内其他系统集成商,首次应用于信义营口、德阳浮法玻璃生产线,2014年实现对信义装备整线供货,打开了国内知名玻璃企业的装备市场。

2017年,为打通产品全产业链,在蚌埠院和中国建材工程集团的战略引领和大力支持下,蚌埠凯盛完成了行业第一次市场化的股权收购,吸收合并中意凯盛(蚌埠)冷端机械有限公司,顺利进入冷端优化切割系统和上下片等产品链条领域,重组了装备制造业务。两年后又重组蚌埠化工机械制造有限公司,自此,蚌埠凯盛完成了从单一的热端装备向全产业链产品的成功转型。

2020年,面对新冠疫情、逆全球化等不利因素的影响,蚌埠凯盛不断克服困难,立足国内市场,拓展合作领域和范围,畅通国内大循环,通过内部抓科技创新、管理创新,营业收入首破6.6亿元,比成立之初增长了300多倍,净利润增加了10余倍。

长期以来,蚌埠凯盛一直沿着玻璃装备这一产业链深耕发展,秉承对制造业的坚守,对企业战略的坚持,对产业报国的坚定,推动公司在玻璃装备制造业发展历程中创造了一个又一个奇迹,实现了跨越式腾飞。

从"这也不行,那也不行"到"世界第一"

高端装备往往以高新材料和技术为依托,而关键核心技术要不来、买不来、讨不来。不让别人"卡脖子",先得自己"挺腰板"。

压延机是蚌埠凯盛玻璃装备高质量发展的一个缩影,推动了创新链产业链的深度融合,为中国玻璃装备制造业的发展奠定根基。

2007年,随着国家节能减排政策的不断实施,绿色能源对光伏产业产品的需求日益增长,蚌埠凯盛把发展目标对准了光伏玻璃生产设备——压延机的核心技术上。

而在2009年之前,压延机生产完全被国外垄断,国内想要生产压延玻璃只能从国外进口设备。

2009年起,蚌埠凯盛开始立项研发,与中国建材国际工程集团有限公司机电院的技术团队通力合作，在经历近 2000 个日夜的艰苦攻关及一次次尝试、失败、再尝试后，终于能够生产出满足基本需求的常规压延机。

而真正投入到光伏玻璃生产线试验生产的时候，很多问题却来了。

压力传感器无法适应高温环境，稳定性较差，压力灵敏度波动范围大……"甲方说我们的产品这也不行，那也不行。"据该项目的负责人回忆。

一个个看似"不可能"的难题，却没有难倒这支团队。

程序反复写，试验反复做，蚌埠凯盛攻关团队沉下心来，对国内外压延机技术分类、现状进行广泛调研，对压延玻璃成型工艺进行认真分析，对生产存在的问题进行总结，在经过多次试验后，攻关团队最终攻克了辊压急冷成型工艺，该工艺在设计多级速差、同步转速工艺上还兼具薄玻璃生产技术的优势，解决了国内市场被国外长期垄断的局面。

2016 年起，随着市场需求的变化和技术的日益成熟，公司把目标瞄向了能够生产 2 毫米以下玻璃的压延机，经过一年研发，最终于 2017 年顺利量产了 2 毫米以下超薄玻璃的压延机装备。如今，企业更是在稳定生产且符合良率条件下，把超宽压延玻璃原板宽度拓展到了 3.8 米，把压延玻璃成型厚度压缩到了 1.5 毫米，成功开发出能够生产出世界最宽、最薄玻璃的压延机装备。

超薄光伏玻璃装备推动了国内外光伏产业向薄型、双玻组件、多层次趋势发展。该技术的成功巩固了企业行业标杆地位，推动了光伏玻璃产业的节能减碳。按照目前光伏玻璃 10.5 万吨日产能规模，采用 1.6 毫米代替 3.2 毫米光伏玻璃方案，全年可新增 431 亿元收入，如果按照 I 级能耗限额等级计算，每日节约能耗 13650 吨标煤，全年节约能耗 498 万吨标煤，直接减少 CO_2 排放 1315 万吨，极大地推动光伏玻璃产业"碳达峰、碳中和"。

更值得称道的是，在企业生产出超薄、超宽压延机后，国外垄断被一举打破，进口压延机的价格陡然下降了一半以上，而蚌埠凯盛压延机的价格比当前进口设备价格还要低三分之一左右。同时，玻璃厚度的减薄、装备的开发使得企业玻璃的生产成本进一步降低。

但是该企业并未满足于此，为提高光伏玻璃企业的产能，降低生产成本，蚌埠凯盛开始了大板宽的原板研发之路，2021 年，制造的自压式压延机在延安彩虹成功应用，该设备的成功引板投产具有里程碑式的意义，是目前同行业内类似设备所能产出的最宽最薄原片，2 毫米单线产量超过 300 吨 / 天，为后续更多种类的新能源玻璃问世打下了坚实基础。

广西新福兴硅科技有限公司 C 窑项目一窑五线成功引板，这是国内最大吨位的压延生产线，单线拉引量可达 340 吨 / 天，创造了装备制造的又一纪录。

蚌埠凯盛坚持边研发边生产，以生产促研发，仅压延机领域就获得相关专利 58 件，生产出的产品与市场需求始终保持一致,极具市场竞争力。

目前,蚌埠凯盛已经实现压延机上下游成套装备上百个。近年来,压延机在国内外玻璃生产线上承上启下,助力一个个高难度项目顺利完工。

在越来越多领域从跟跑、并跑到领跑发展

在科技型企业经营管理中,没有一项技术是可以一劳永逸的,必须持续创新,哪怕慢半拍都不行。除了自主研发,更追求量产后的质量稳定性与市场经济性,这就使创新的周期更为持久。

浮法玻璃退火窑是浮法玻璃生产的核心关键设备,直接影响玻璃的成品率、切裁、运输、深加工以及日常使用的安全性,主要功能是消除玻璃带中的残余应力和光学不均匀性,稳定玻璃内部结构,保证玻璃制品的机械强度、热稳定性以及其他各种性质。

超薄电子玻璃装备研发是一项前无古人的崭新的事业。作为蚌埠院核心装备开发板块,公司和机电院在蚌埠院战略指引下,承担了超薄电子玻璃生产线装备技术研发攻关。由于超薄玻璃需要逐级拉薄越往后越薄,只有0.2毫米不到,导致玻璃成型难、退火难。为解决问题,研发人员重新设计超微型高精度拉边机,同时对退火窑进行大量技术改进。经过研发人员不断的修正改进,最终实现超薄玻璃装备研发,并于投产后不到一年时间成功将玻璃厚度降低至0.3毫米,不断刷新中国超薄玻璃的极限。

作为核心技术装备,"超薄信息显示玻璃工业化制备关键技术及成套装备开发"获得2016年国家科学技术进步奖二等奖。在此基础上,公司成功开发出超薄高铝盖板玻璃TFT-LCD电子玻璃装备,完成了信息显示玻璃生产装备品种全覆盖,推动了国产浮法玻璃装备高端化。

基于此,蚌埠凯盛在浮法玻璃生产线成套装备领域,攻克了具有完全自主知识产权的大吨位退火工艺制度、大板宽横向温差和高能耗等技术难题,研制出生产5.4m板宽的3~25mm汽车和建筑玻璃的浮法玻璃退火窑,各项技术指标均达到国际领先水平。产品被评定为国家制造业单项冠军、安徽省首台(套)重大技术装备、安徽省工业精品、安徽省新产品。

浮法玻璃退火窑在0.12毫米超薄电子触控玻璃、8.5代TFT-LCD玻璃基板等"卡脖子"项目的解决过程中起到了至关重要的作用,为国内超薄玻璃、汽车玻璃等高端玻璃生产提供了坚实的装备技术保障,使国产高端玻璃装备逐步实现由跟跑、并跑向领跑的转变。

目前,蚌埠凯盛开发的浮法玻璃退火窑已广泛应用于国内和国际市场,客户群体遍布全国25个省市和韩国、沙特、马来西亚、越南等十几个国家和地区。

智能化、绿色化、国际化发展步伐加快

随着技术的发展,机器人正从服务业"出圈",向制造业进军。

走进蚌埠凯盛智能制造中心自动化焊接生产线,一排排全智能机器人"焊"将正挥舞着机械手臂,和工作人员一起赶制着退火窑立柱的订单任务。

2019年10月,首批2台7轴焊接机器人正式"上岗",标志着蚌埠凯盛人机协同作业施工体系首次在退火窑横梁焊接工艺上运用。据了解,该焊接机器人可以实现多维度自动化焊接,双工位设计,能有效提高60%焊件产能,提高98%焊接精准度,生产线成品率接近100%,极大降低了工人劳动强度,改善了车间工作环境。

站在10亿元规模的新起点,蚌埠凯盛装备制造业发展的步伐并未停止,一场以数字化为主线的产业变革为行业发展带来了新机遇。

为推动装备智能化发展,在国家产业政策引导下,蚌埠凯盛推动制造业开展数字化转型,通过引入MES、5G、云星空ERP、智慧园区管理等多个数字化管理系统,将非标产品的设计、制造、销售和财务与数字化系统深度融合,搭建以项目管控为核心,满足离散型制造工艺要求的数字平台,实现玻璃新材料高端装备生产运营的数字化、网络化、智能化与绿色化,建成安徽省级数字化车间。

经过数字化改造的生产车间,产品一次合格率由90.4%提升至98.5%,生产效率提升30%,车间年产能、产量提升50%以上。

2021年,5G+数字化车间成功入选2021安徽省"5G+工业互联网"十大创新应用名单。

数字化与装备制造业的深度融合,催生出企业全新的业态。近年来,公司为国内数十家企业转型升级提供可落地的解决方案,成为国内领先的"数智工厂"系统化解决方案提供商,得到了旗滨集团、新福兴集团、耀华集团、中联玻璃等知名企业的广泛赞誉。

2023年初,蚌埠凯盛玻璃新材料高端装备制造数字化车间,作为全国59个项目之一和安徽省唯一入选工信部2022年度智能制造标准应用试点项目名单。

伴随"制造"向"智造"升级的进程,蚌埠凯盛坚持开展对外交流合作,持续践行"一带一路"倡议,2022年签订美国加迪安项目,公司拉边机、切割系统和全套冷端装备逐步拓展至欧洲及中东市场。

2023年1月，公司研制的玻璃成套装备及自控系统成功出口沙特加迪安后，"走出去"的步伐更加稳健致远。蚌埠凯盛研制的高效退火窑和智能冷端装备等多款产品，顺利通过CE和UL认证，获得国际市场的通行证；同年6月，8台套玻璃成套设备在上海港重装码头顺利启程，以整船运输的方式发往海上丝绸之路沿线国家——马来西亚。

累土而不辍，丘山崇成。取得这样的成绩不是偶然，科技创新带给企业更多自信。近年来，公司先后建立了省认定企业技术中心、安徽省工业设计中心、安徽省技术标准创新基地（新型玻璃制造装备）和新型玻璃制造装备安徽省重点实验室等4个省级研发平台，多次承担工信部和省科技重大研发项目，获授权专利485项，其中发明专利94项，实用新型专利391项，科技创新成果带来的经济效益在企业主营业务中占比95%以上。

站在新起点，蚌埠凯盛装备制造业的征途仍在继续。

团十九大代表风采
江琦：青春逢盛会 奋斗正当时

江琦

2023年6月19日至22日，中国共产主义青年团第十九次全国代表大会在北京召开，1500余名团十九大代表肩负全国共青团员和广大青年的重托，共赴青春之约，共话青春之责任与未来。来自中建材玻璃新材料研究总院科研服务团支部的江琦就是其中一员。团十九大会议结束后，江琦怀着责任感使命感，对照习近平总书记和党中央的要求，在充分学习的基础上，紧密结合自身经历和工作实际进行了深入思考。让我们一起来听听他的心得感受和青春誓言……

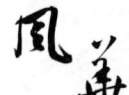

中建材玻璃新材料研究总院
1953—2023

江琦，1996年2月出生，中共党员，硕士研究生，毕业于中国矿业大学材料与物理学院凝聚态物理专业，现任中建材玻璃新材料研究总院科研服务团支部书记，从事玻璃新材料分子动力学模拟工作，中国共产主义青年团第十九次全国代表大会代表。

青春逢盛会，奋斗正当时

2023年6月，我作为团十九大代表参加了中国共产主义青年团第十九次全国代表大会，我感到无比自豪，这是党中央对青年科技工作者的高度关怀，是对中研院近年来改革发展、科技创新和党建工作发展的高度肯定，是中研院对青年工作的高度重视。

我感受最深的是：习近平总书记和党中央对共青团工作的高度关怀

6月19日上午10点，中国共产主义青年团第十九次全国代表大会在人民大会堂隆重开幕，中共中央总书记、国家主席、中央军委主席习近平等党和国家领导人出席，中央政治局常委、中央书记处书记、中央办公厅主任、中央和国家机关工委书记蔡奇代表党中央向大会致辞，共青团中央书记处第一书记阿东代表中国共产主义青年团第十八届中央委员会向大会作报告。当时我坐在靠前区域，见到习近平总书记的那一刻我非常激动！我激动，是因为对伟大的党热忱的爱，因为心中澎湃的爱国情怀，因为身而为华夏人的骄傲。在少先队献词和高唱国歌、团歌时，我和身边的代表都是满含热泪，心里充满了能成为1535位代表当中的一员的自豪，并立志践行习近平总书记的指示精神，努力成长为对党和人民忠诚可靠、堪当时代重任的栋梁之材。

我印象最深的是：团代表事迹在中国式现代化进程中的闪光足迹

我所在的安徽省团代表共49人，有消防员、初级中学教师、四级警长、徽州木雕代表性传承人、航空机电维修师、保护区江豚讲解员等各行业代表，大家都结合自身工作实际谈体会和认识，其中，中科院光机所青年代表不畏珠峰严寒，开展科考工作；长鑫存储青年代表不断创新奋斗，开展机台国产化和软件国产化等这些勇攀科技高峰的科研精神最令我敬佩，同样作为从事科研工作的团代表，我应该向他们学习，和他们一起在老一辈科学家精神的引领之下，在中国式现代化进程中，努力以科技创新不断挺起祖国的脊梁。

我体会最深的是：中研院在关键核心技术攻关及科研成果产业化、工程化的来之不易

我在团代会分组会上分享了中研院突破玻璃新材料"卡脖子"技术难题的故事。当前新材料领域存在不少被"卡脖子"的现象，我国玻璃行业在材料配方、生产工艺、设备设计等方面一直受到西方国家的技术封锁，中研院广大科技工作者认真贯彻落实习近平总书记关于科技创新和对玻璃行业的重要指示精神,在中国建材集团的战略引领下,在中国工程院院士、中建材玻璃新材料研究总院党委书记、院长彭寿的带领下,数十年如一日,在科研道路上孜孜以求、潜心筑梦,通过加强研发和集成创新,在显示材料和应用材料、新能源材料、优质浮法玻璃和特种玻璃产业,实现超薄浮法电子玻璃、高世代浮法液晶基板、30微米柔性可折叠玻璃、铜铟镓硒发电玻璃、碲化镉发电玻璃、疫苗用中性硼硅玻璃管、空心玻璃微珠等多项关键核心技术突破和工业化量产,打破国外技术封锁,取得了来之不易的成果,实现了中国玻璃技术和产业在国际上由追赶型进入领跑型。

作为中研院的青年,我们生逢其时、重任在肩,施展才干的舞台无比广阔,实现梦想的前景无比光明。作为团代表,我要模范践行彭寿院士的指示,敢于梦想、善于学习、勇于担当、乐于生活,努力学会"自找苦吃"、志存高远、脚踏实地,和广大中研院团员青年一起梦想、一起奋斗、一起前进。

我将深入学习贯彻习近平总书记关于科技创新和青年工作的系列重要讲话精神,反复研读习近平总书记同团中央新一届领导班子成员集体谈话精神,牢记责任和使命,全力宣传贯彻好大会精神,把学习团十九大精神与当前科研工作有效结合,在中研院成立70周年之际,以更加昂扬的姿态在实践中勇攀科技高峰,切实解决数值模拟计算科研攻关中的实际困难,将"问题清单"变成自己的"履职清单",以"不破楼兰终不还"的拼劲,在科技兴国战场上奏响更加激昂的青春乐章!

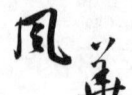

中建材玻璃新材料研究总院
1953—2023

凯盛节能硬汉柔情

薛承文

今年是共建"一带一路"倡议提出10周年。10年来,中国建材集团坚定不移走国际化道路,不断创新"走出去"模式,始终秉持"为当地经济做贡献、与当地企业合作、为当地居民服务"的合作共赢"三原则",为"一带一路"共建国家和地区提供高质量建材和工程技术服务。中国建材集团遍布全球的2万多名海外员工,在砥砺奋进中书写精彩答卷,在企业发展中实现共同成长,用一点一滴的默默奉献生动谱写"美美与共"的美好蓝图。现将他们在"一带一路"建设中播撒梦想种子、收获喜悦果实、书写丰富多彩人生的精彩故事记录如下,以飨读者。

一腔热血赴重洋　硬汉亦有柔情时

"爸爸……"听着国内视频中传来的1岁女儿咿咿呀呀的学语声,远在千里之外的薛承文满含柔情地应和着。

这一幕发生在中建材玻璃新材料研究总院所属中国建材工程集团成员企业上海凯盛节能工程技术有限公司在土耳其 BASTAS 项目的工地上。由于时差的关系，薛承文正在利用中午饭后的时间和远在国内的幼女视频连线互动，这个家在山东的汉子此刻流露出的柔情让人动容。由于工作的关系，他舍下尚在襁褓中的女儿，踏上了国外项目管理的征程。

时间退回到 3 个月前，接到公司通知后，当他办理签证准备前往土耳其的时候，他深感压力重重，在和妻子、父母的沟通中，满是担忧和顾虑，奶奶和父母年事已高、孩子年幼、房子装修在即等问题都要抛给妻子一个人去承担，他始终难以启齿，当不得不说的时候，他的妻子已经感觉到了他的为难，主动提出让他不要想太多，趁着年轻去奋斗，家里的事情交给她处理。就这样，薛承文在匆忙中舍下家里的事情，风尘仆仆地奔赴土耳其 BASTAS 项目工地。

"Stop，stop……"薛承文大声对工长喊着，原来 SP 锅炉在安装中一名土耳其当地公司的工长把管片的吊装方向搞反了，这样会导致后面工序无法施工。工长很不理解地赶紧让吊装停了下来，他知道，薛工（同事们对薛承文的称呼）让停下来一定是有重要的问题，当他们拿着图纸和薛工对照时才明白过来。明白了原因后，大家纷纷给薛工竖起了大拇指，这位工长说："是我们疏忽了，没有分清楚左视图和右视图的关系，谢谢薛工及时提醒，否则我们返工得浪费好几天的时间。"薛承文谦虚地说："这是我们两国图纸表达习惯不同造成的，只要我们以后多沟通交流，就可以避免。"工长主动和薛承文握手，表示感谢。

这一幕发生在项目安装施工的高峰期，薛承文来项目工地不到一个月，很快就和所有人员打成一片，融入项目的工作氛围中。他成熟的技术、丰富的施工经验及满含激情的工作态度深深感染着项目团队的每一个成员。

"薛工，薛工……走，去吃饭了"，都很晚了，薛工一下班就躺下没有起来，到现在饭都没有去吃。薛工的这种异常情绪是很少见的。当第二天早上同事找他的时候，他满脸悲戚地沉声说："昨天接到家里的信息，我的奶奶去世了。今天上午先转点钱过去，上午就能处理好，晚点过去上班，工地还有几件事需要去处理。"薛工自小在奶奶身边长大，对奶奶有着深厚的感情，他心底的悲伤是可以想到的，男儿有泪不轻弹，只是未到伤心时。此刻，拍拍肩膀胜过千言万语。这一幕发生在薛承文刚来项目工地的半个月。

中建材玻璃新材料研究总院
1953—2023

在繁忙的工作之余,团队成员经常一起交流,他积极提倡的一个观点:虽然中土文化、习惯截然不同,但是实事求是地看待问题、面对问题,大家才能形成客观的共识,否则各有角度,看法各有不同,那将导致无休止的争论,解决问题的效率将大打折扣,而且双方容易形成对立情绪,陷入恶性循环中。朴实的语言将解决问题的本质讲得通透,也很容易让人理解接纳。

薛承文是一个平易近人的人,一个土耳其管理人员对他的评价让人记忆犹新:他忧郁的眼神中略带儒雅而又不失激情。薛工就是这样一个好"战友",虽然他还很年轻,然而他对妻儿满怀柔情,对长辈充满深情,对工作一腔激情!这样三份情贯穿在他的生活和工作中,他让同他一起工作过的同事们钦佩不已!时代需要英雄,但是时代更需要千千万万像薛承文这样的平凡的人,在各自的岗位上书写时代的光荣与梦想。

强企报国追逐梦想　感恩奋进一路同行

龚宇昊

　　君子如玉，岁月如锉。入职凯盛重工已两年有余，从"一枚"纯"理工男"蜕变成从事宣传的党务工作者，一路走来，有感、有悟、有得。习近平总书记在党的二十大报告中指出："青年强，则国家强。"作为新时代青年，唯有坚定方向才能不惧波澜起伏，永朝逆风飞翔，唯有保持热爱、赤忱，才能乘风好去，长空万里，直下看山河，迎朝阳！

　　走出迷茫。少年自有凌云志，不负黄河万古流。人生海海，山山而川。毕业时激情满怀，多意气，多浮躁，缺乏人生的指引，执拗、自负，让自己撞了"南墙"，有过迷茫、有过喟叹，也有过属于自己的意难平。与凯盛相逢的意义就在此刻。中研院用70年的奋斗和坚守终蹚出一条中国玻璃技术及产业的"领跑"之路。凯盛重工经历92载风风雨雨，于尘埃中涅槃奋起重拾往日辉煌。这些告诉我，在山巅见证大河奔涌是一种豪迈，在低谷中寻找崛起的轨迹更是一种成熟。世间没有捷径，弯路就是捷径。

　　感恩遇见。入职后，有幸遇到人生中的导师，传道、授业、解惑，肯定我的成长，放大我的优点，做我的伯乐，就像踽踽独行在幽深巷道时，突然射来的一道微光，让我遇见了更好的自己。心在一艺，其艺必工；心在一职，其业必举。令人感动的是，院领导和公司领导为了我的快速成长，创造机会、搭建平台，让我去中研院学习。那段时光，成为我人生轨迹的转折点、融入凯盛的奠基石、感恩奋进的助推器。在院里各级领导的培养下、兄弟姐妹的帮助下，我很快成为善写作、会摄影、能作图、懂剪辑的"多面手"，更重要的是，中研院处处彰显出"创新、绩效、和谐、责任"的核心价值观，"凯盛人"身上展现出"敬畏、感恩、谦恭、得体"的行为准则，使我终身受益，也让我更加坚定了做"百年重工"重振雄风的见证者、参与者、建设者的信心和决心。

　　奔赴热爱。当代中国青年生逢其时，施展才干的舞台无比广阔，实现梦想的前景无比光明。处于转型发展关键时期的凯盛重工，创造了数不清的奋斗者的故事，擘画了老一辈和新一代"凯盛人"共同的美好蓝图。奋斗总会有牺牲，正确处理苦与乐、得与失、知与

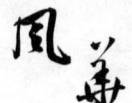
中建材玻璃新材料研究总院
1953—2023

行以及个人利益与集体利益、事业收获与家庭付出等关系，是"凯盛人"把准方向、顺从大势、学会取舍的人生价值所在。无数"凯盛人"因热爱披星戴月，为梦想星夜兼程，坚定不移做强做专煤机装备、做优做精建材装备、做大做全新能源装备，只为重拾"百年重工"昔日荣光。天道酬勤，力耕不欺。时间从不辜负对拼搏者的允诺，岁月也从不吝啬对奋斗者的褒奖，在中研院带领下，凯盛重工经营业绩连年增长，"凯盛一号"盾构机在长春项目现场表现出色，多项新产品增势良好，迅速成为拉动经营指标的重要动力……

船到中流，风浪更急；人至半山，山路更陡。少年不惧岁月长，彼方尚有荣光在。哪怕前程艰辛，眼底充满星光，手中紧握梦想。始终拥有一颗炙热向上的心，相信奋斗，相信凯盛，为"百年重工"奉献青春，与"大凯盛"一路同行！

责任　创新　奉献

——干出来的光电梦

王健

就在这个4月,新冠疫情还没有完全结束,我们却创下了历史上最好的生产纪录——前工程综合良品率达到97.4%。

几年前公司第一条线半成品首次下线,卤素灯照射下的板面,是一幅气泡结石组成的图案,当时很难想象会取得今天这样的成绩。国内第一条G4.5代液晶玻璃基板生产线诞生在中光电,填补国内行业空白,没有技术积累,很多工艺需要模仿和借鉴。大致相同的工艺流程,在别的地方可以生产出良品,在我们这里就是不行。

对于失败,可以找出一万个客观理由,但这不是我们中光电人的作风,因地制宜找到解决办法才是上策。每个人的人生也大抵如此,抱怨没有用,自力更生演好自己的剧本才是唯一出路。

信心来自于成型。为了杜绝短板、改善厚薄差等品质参数,我们对成型关键设备拉边机、牵引辊进行了颠覆式的改造。为降低玻璃缺陷,对通道搅拌段等也开展了很多细节改造。实践是检验真理的唯一标准,这些技术升级和改造都是结合实际需求的创新,不仅很好地改善工艺,提高玻璃品质,也诞生了多项发明专利和新型实用专利。

终端消费市场在不断升级,这是自然规律,是由人们对更美好生活的向往和追求所决定的。所以客户的要求只会越来越高,我们对供应商的要求也应越来越严格,整个产业链没有人可以停止脚步,否则会被淘汰出局。

产线的正常运转离不开技术人员的精细维护。而工艺人员更像老中医,他们动作细微,不惊天动地,但却要持之以恒地给产线参数做一些加减,保其一生无虞是最高目标。

工艺细微变化有时候很难察觉，却对产品有致命影响。工程师们可是有手段的，数据统计就是诊断问题的法宝。大量统计工作不断重复甚至有点枯燥，但它是一个极好的工具，可以帮助我们打破认知局限，去掌握未知的自然规律。我们很容易看到工务人员的汗流浃背，更要看到工艺人员勤勤恳恳贡献的伟大。

中国共产党百年纪庆

（七排律）

李志铭

神州大地起苍黄，旷野哀鸿泣国殇；
岂可文词评汉武，何堪笔墨画秦皇。
九千山水皆涂炭，四亿黎民尽饿肠；
遍处仁人愁眊目，丁时志士挺胸膛。
幽深石窟难停顿，小小红船易启航；
破浪乘风声浩荡，开天辟地韵悠扬。
依循马列明方向，遵守宣言确领纲；
战斧稍稍离武汉，旌旗漫漫出南昌。
几堆星火燎修水，诸路疲师会井冈；
聚力兴军攻要地，凝心建党指钢枪。
顺山随处藏磨难，逆水时常冒祸殃；
苍白寒霜铺赣野，殷红热血染湘江。
黎平郊外军情急，遵义城中会事忙；
唤雨呼风频辗转，开云拨雾细端详。
娄山关上传佳讯，赤水河边送吉祥；
翻越乌蒙军号响，会师吴起凯歌飏。
回眸阴晦弥华北，极目霞光漫太行；
何故硝烟遮紫汉，只缘魔鬼出东洋。
铮铮将士冲前线，默默妇孺当后方；
意气军民齐上阵，魂残日寇尽投降。

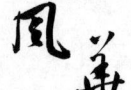
中建材玻璃新材料研究总院
1953—2023

延河碧水清尤澈，宝塔青松劲愈刚；
暮霭降临旱异彩，晨曦喷薄放光芒。
延安战报稍偏短，重庆和谈且漫长；
炮火难销无诧异，枪声又起也寻常。
英明统帅留西北，神勇奇兵逼沈阳；
鼓舞三军超激奋，誓消顽敌逝凶狂。
翻身猛虎翻崇岭，跨步雄师跨大江；
总统府中忙易帜，魔都街上不称王。
人民切切求岑立，社稷殷殷盼盛昌；
抗美援朝多护国，改天换地复安邦。
青山旧貌披新貌，原野时装换故装；
两弹威严凌阔宇，一星璀璨瞰边疆。
坚持改革兼开放，扬弃修墙竞闭窗；
广敞国门盈贵客，洽融世界谱华章。
实夯基础强工业，渐剔繁程惠贾商；
深圳街头机器响，凤阳村里稻花香。
崇文尚武怀精粹，重教尊师育栋梁；
四化宏图添异彩，五星旗帜闪豪光。
欢欣香港非游子，喜庆澳门归故乡；
虎踞龙盘何恺慨，天翻地覆更吭慷。
巡天揽月精神爽，入海擒蛟斗志昂；
致力攻关图跨越，潜心治国免分张。
倡廉习惯恒如铁，反腐及时猛似钢；
使命不违无阈界，初心既定有中央。
扶贫因策祛贫困，善小而为奔小康；
秀美乡村重打扮，新型城镇再梳妆。
文明文化千秋续，家训家风万代扬；
壮丽山河披锦绣，峥嵘岁月孕贤良。
家园和谐谋意福，民族复兴为富强；
华诞百年新幕启，惊天动地是沧桑。

桃花依旧笑春风

——中国战"疫"纪

(平水韵)[辘轳体]

李志铭

疫情起

桃花依旧笑春风,忽报人间出疫虫。
黄鹤楼前灵气走,归元寺里妙香空。
楚山凄暗忧朝北,汉水苍凉忍向东。
百姓难闻新岁乐,眉头心上满怔忡。

阻击战

病毒侵临知冷暖,桃花依旧笑春风。
千门尽闭人难见,万镇皆封路不通。
旷日宅家愁老叟,远程求学急儿童。
社区防控弥辛苦,百业尤期早复工。

保卫战

新冠病患医需急,救治精英汇聚中。
柳叶何须愁瘴雾,桃花依旧笑春风。
八方阻击严防守,四面逆行诚进攻。
疲倦白衣无所惧,悬壶济世向前冲。

总体战

雷火神山忙建设，方舱医院寄初衷。
联防队伍多强盛，救护资材渐足充。
毒蕾固然藏晦气，桃花依旧笑春风。
齐心战疫终无悔，喜看军民并立功。

传捷报

全民战疫出英雄，历尽艰难誓为公。
捷报传来新月满，硝烟散去夕阳红。
驰援四海除疑异，济助五洲求大同。
世界乱云多变幻，桃花依旧笑春风。

逐 光

陈 雯

今年是中研院建院 70 周年。70 年前,前辈们风餐露宿、不问归途,那精深博大的底蕴,不容来犯的风骨,包容平和的心态,永远探索、永远向前的精神追求,是我们可以鉴史明今的无穷宝库。

一代人有一代人的使命,一代人有一代人的责任。70 年后的今天,玻院人几经辗转,坚定守护,在玻璃新材料的征程中越战越勇,那些藏在时光里的难题,那些揉进岁月中的砂砾,犹如暗室明珠,在精心雕琢下,璀璨可见,一项项创新成果、一座座标志工程、一个个世界纪录,见证着枝繁叶茂、花开九州的铮铮誓言。

愿勤劳的玻院人奔赴山海,初心如磐!
愿伟大的中研院波澜壮阔,星辉满载!

琉璃瓦,沉百年的光
泥土香,承淮水滋养
时光流淌,我如此渴望
在指针之下,与你诉今朝

繁星皎,落在我肩膀
我常想,描绘你模样
点石成金,落笔成信仰
凝聚了微光,折射三千行

回望那倔强的坚守,化曲折万重

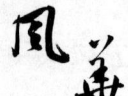 中建材玻璃新材料研究总院
1953—2023

读时间长河，筑寰宇锦绣
翻越那勇敢的孤独，抵命运交锋
风雨晦明间，用勋章歌颂

黎明破，初生的脸颊
追寻中，垒砌成远方
沿着脚印，一步步拉长
一颗心落成，剔透的海棠

仰望那跳跃的星火，挣脱了枷锁
注缤纷颜色，绘壮丽银河
倾听千百温度诉说，从未有退缩
是牵绊的梦啊，无畏而鲜活

春雨洗去彷徨，已点亮，滚烫的心脏
我和你一样，沿着那道光，向未来启航

借我们一点月光，可逆流而上
北极星作伴，指引着航向
我们有同样的梦想，青春不彷徨
游广袤天地，百年谱荣光
览浩瀚山河，百年启序章

一片玻璃的梦想

孙文韬

小小的沙土
默默地流动
熊熊的火焰
让你渐渐消融

轻轻地漂浮
缓慢地凝固
那阵阵冷风
让你变得坚强

你让我们依恋温暖
你给我们家的安稳
轻柔的光暖暖抚过
默默改变我们的生活

世界因你变得更美丽
我愿为你奉上赤子心
你走遍山川与大地
传递着红色的梦想和初心

阳光进怀抱
你充满力量

你驶向远方

也在天空翱翔

你的面前充满色彩

你的指尖触摸未来

柔软的心张开翅膀

坚强的灵魂绽放光芒

世界因你变得更美丽

我愿为你奉上赤子心

你走遍山川与大地

传递着红色的梦想和初心

大事记

大事记

2019 年

1 月

1月8日，上海市勘察设计行业隆重举行纪念改革开放40周年峰会暨上海市勘察设计行业协会八届二次会员大会。经评选工作组、专家顾问组和专家终审组三轮评审，中国建材工程集团斩获2项大奖：公司党委书记、董事长彭寿荣获"纪念改革开放40周年上海市勘察设计行业功勋人物"；公司荣获"纪念改革开放40周年上海市勘察设计行业标杆企业提名奖"。

1月13日，凯盛科技集团在蚌埠中光电科技有限公司举行了简朴而又热烈的工程建设誓师大会，全面吹响了中国首条浮法8.5代TFT-LCD玻璃基板示范线点火投产的攻坚冲锋号角。

1月15日，中国建材工程集团在上海召开2018年度中层管理者述职考核会。

1月18日，中国建材工程集团四川分公司及德国CTF公司中国部揭牌仪式在成都市高新区峰汇中心隆重举行。

1月18日下午，成都中建材光电材料有限公司召开2018年度总结表彰会暨年产100兆瓦大面积发电玻璃生产线全面投产誓师大会。

1月18日，蚌埠院党委书记、院长彭寿在双流会见了成都市双流区区委书记韩轶一行，双方就碲化镉发电玻璃项目以及在双流区扩大投资进行了座谈交流。

1月24日，中国建材工程集团19个任期届满的党支部在公司党委的统一部署和指导下，于2019年1月圆满完成了党支部换届选举工作。

1月30日下午，凯盛集团2018年度总结表彰大会在上海召开。会议全面贯彻中国建材集团2019年工作会议精神，总结凯盛集团2018年工作，表彰先进，分析形势，部署2019年工作。

1月31日，受中国建材工程集团党委书记、董事长彭寿委托，公司党委副书记、总裁孙建安，副总裁、财务总监杨雨民，副总裁、总工程师葛承全，党委副书记、纪委书记陶立纲，副总裁邢宝山、王丛笑，工会主席蒋荣英，分别走访慰问了部分退休老干部，为他们送去新春的祝福。

2 月

2月6日—7日，中国建材股份总裁、凯盛科技集团董事长、中国建材工程集团董事长彭寿率团先后到访俄罗斯、哈萨克斯坦，会见了哈萨克斯坦总理、俄罗斯欧洲水泥总裁,并慰问了集团项目建设团队。

2月6日,俄罗斯工程院伊万·亚历山德洛维奇·格里什曼诺夫奖颁奖仪式在莫斯科隆重举行。中国建材股份总裁、蚌埠院院长彭寿获得2018年度俄罗斯工程院伊万·亚历山德洛维奇·格里什曼诺夫奖。

2月14日,根据凯盛科技集团党委要求和洛玻集团党委工作安排,中国洛阳浮法玻璃集团有限责任公司召开领导班子和党员领导干部2018年度民主生活会。

2月15日,凯盛集团承建的美国SUNPIN集团加州柯格林北岸96.75MW光伏电站项目竣工暨100MW新项目签约仪式在项目现场隆重举行。

2月18日,在山东省德州市调研春季农业生产工作的中共中央政治局委员、国务院副总理胡春华带队来到中国建材集团所属凯盛浩丰(德州)智慧农业产业园进行了实地调研。

2月20日,安徽省委书记李锦斌一行到蚌埠调研,其间,专程考察了蚌埠院,并在中国玻璃新材料科技产业园参观了新玻璃、新材料、新能源等科技创新产品,蚌埠院党委书记、院长彭寿详细汇报了企业创新转型情况。

2月21日,在沙特王储访华之际,中国建材股份总裁、凯盛科技集团董事长、中国建材工程集团董事长彭寿应邀在北京会见了来华访问的沙特阿拉伯能源、工业和矿产资源部部长KhalidAl-Falih和副部长AbdulazizAlabdulkarim。

2月23日,国务院国资委党委书记郝鹏赴河北省邯郸市魏县、邢台市平乡县调研国资委定点扶贫工作,其间专程赴中国建材凯盛君恒药玻项目现场调研指导。

2月23日,应中国建材股份总裁、凯盛科技集团董事长彭寿的邀请,沙特阿拉伯能源、工业和矿产资源部副部长Abdulaziz带领沙特能源、工业和矿产资源部,沙特工业发展基金局官员和AZMEEL国际公司高层到凯盛集团在蚌埠产业进行考察。

2月25日,中国建材股份总裁、凯盛科技集团董事长彭寿在凯盛科技本部会见了濮阳县县长孙庆伟。

2月27日,山东省烟台市政府考察组在烟台市原政协主席范庆梅率领下莅临蚌埠院调研。

2月28日,"中国建材-法孚未来工业联合工程中心"揭牌仪式在上海隆重举行,开启了双方深化合作的新序幕。

3月

3月4日,在全国"两会"胜利召开之际,四川省眉山市西南智慧农业项目成功建成并顺利定植运营。

3月8日下午,为庆祝"国际劳动妇女节",凯盛科技集团本部在北京开展了"口红DIY"主题活动,希望全体女职工通过亲自动手,定制出属于自己的口红,度过一个健康、和谐、快乐、温馨、难忘而有意义的节日。

3月8日,为进一步激发院女职工爱岗敬业、锐意进取的工作热情,充分发挥"半边天"的作用,蚌埠院工会和妇联联合组织开展了2019年"我们的节日·三八国际妇女节"系列活动。

3月13日,安徽省委副书记信长星到凯盛集团所属凯盛光伏材料有限公司调研。受凯盛科技集团总经理彭寿委托,凯盛科技集团常务副总经理马立云汇报了产业发展情况。

3月13日上午,中国建材工程集团作为主要起草单位编制的国家标准《浮法玻璃生产成套装备通用技术要求》项目启动暨标准草案研讨会在蚌埠召开。

3月14日,中央候补委员、重庆市委常委、常务副市长吴存荣与中国建材股份总裁,凯盛科技集团党委书记、董事长彭寿在北京就深化凯盛科技集团与重庆市的战略合作进行会谈,并见证5.0中硼硅药玻产业园项目签约。

3月14日,徐州市委副书记、市长庄兆林一行来到了徐州市经济开发区中建材铜铟镓硒薄膜太阳能电池生产及设备制造项目现场调研指导工作。

3月15日上午,蚌埠院组织青年志愿者赴蚌埠市中环线经开区段开展2019年春季植树活动。

3月18日—19日,中国建材集团党委常委、纪委书记杨杰一行先后到中国建材工程集团和蚌埠院调研指导纪委"三转"工作,中国建材集团纪委副书记、纪检监察部主任宋江涛,中国建材股份公司纪委书记崔淑红,纪检监察部副主任王晨陪同调研。

3月20日,蚌埠院文联一届五次会议在蚌埠召开,蚌埠市文联主席曹杰、副主席张凯,蚌埠日报社全媒体发布中心主任、公益联盟会长朱素贤等出席会议。

3月22日,蚌埠院党委高度重视,认真指导所属各级党组织召开2018年度组织生活会并开展民主评议党员工作,多措并举确保工作立足实际取得实效,让组织生活会成为全体党员的"全面政治体检"。

3月27日—30日,中国建材集团党委副书记孙力实先后赴中国建材工程集团越南代表处、印尼佳通项目调研指导工作。

3月28日,由中国机械冶金建材工会主办的全国机械冶金建材系统"讲工匠故事 展劳模风采"主题活动培训会在蚌埠院举行。

3月29日，新疆凯盛领导班子召开2018年度民主生活会。中国建材工程集团党委委员、副总裁邢宝山等到会指导。

3月30日，2019年北京世界园艺博览会省区市参展工作会在北京延庆召开。中国建材股份执行董事、副总裁，凯盛科技集团党委书记、总经理彭寿出席了本次会议，并与主办单位签订了参展协议。

4月

4月1日，根据凯盛科技集团党委《关于认真开好2018年度民主生活会》的通知要求，成都中光电科技有限公司召开了2018年度领导班子和党员干部民主生活会。

4月8日—18日，中国建材工程集团工会主办的2019年职工乒乓球比赛在公司"凯盛之家"举行。中国建材工程集团工会主席蒋荣英出席闭幕式并为获奖运动员颁奖。

4月10日—11日，烟台市委副书记、市长陈飞率队调研凯盛集团在蚌企业。凯盛科技集团董事长、蚌埠院院长彭寿热情接待了陈飞一行。

4月11日，安徽省人大常委会副主任谢广祥率调研组到蚌埠院就科技创新平台建设情况进行专题调研。

4月12日—13日，四川省雅安市委书记兰开驰率队到蚌埠院考察。雅安市委常委、市委秘书长吴宏，市委常委、副市长田兆龙陪同。

4月13日，中国建材股份总裁、凯盛科技集团董事长彭寿与河南省鹤壁市委副书记、组织部部长张然在鹤壁就深化双方战略合作进行会谈，并见证了战略合作框架协议签约。

4月15日，中国建材工程集团组织开展知识产权管理规范贯标培训，旨在全面贯彻《企业知识产权管理规范》（GB/T 29490—2013），深化落实公司知识产权标准化工作。

4月19日，中国建材工程集团副总裁、总工程师葛承全率专家工作组前往哈萨克斯坦奥尔达600t/d浮法玻璃厂建设项目现场进行调研指导。

4月23日，为深入探讨光伏建筑一体化（BIPV）在中国的应用和推广，寻求解决其发展过程中的标准和难题，凯盛科技集团牵头，邀请中国建筑设计院、中国建筑科学研究院等相关单位及日本光伏知名企业代表共聚北京、共谋发展。交流会由凯盛科技集团副总经理蒋洋主持。

4月24日，蚌埠院团委在南京雨花台烈士陵园和侵华日军南京大屠杀遇难同胞纪念馆开展了2019年五四青年节"青春心向党·建功新时代"特别主题团日活动。

4月27日，中国农业国际合作促进会、中国农业工程学会联合主办的第十届中国国际现代农业博览会（CCIMAE 2019）在北京中国国际展览中心举行。凯盛集团旗下中国建材工程集团有限公司、凯盛浩丰（德州）智慧农业有限公司、凯盛光伏材料有限公司、中建材桐城新能源材料有限公司、中建材（宜兴）新能源有限公司、中建材（合肥）新能源有限公司、扬州中科半导体有限公司集体参展。

4月28日，上海市普陀区总工会隆重举行"追梦新时代 建功新普陀"——2019年普陀区庆祝"五一"国际劳动节劳模先进表彰大会，中国建材工程集团副总工程师左泽方荣获"普陀工匠"荣誉称号。

4月28日，凯盛集团在蚌埠召开组织和宣传工作培训会，深入学习宣传贯彻落实习近平新时代中国特色社会主义思想和党的十九大精神，落实国务院国资委"中央企业基层党建推进年"要求和中国建材集团党委工作部署。

4月28日上午，凯盛科技浮法玻璃运营中心浮法玻璃销售专题会在凯盛晶华玻璃有限公司召开，凯盛科技集团党委书记、总经理彭寿莅临会议并做重要指示。

4月29日上午，共青团凯盛科技集团第一次代表大会在蚌埠隆重召开，庆祝"五四"运动100周年。

4月29日下午，凯盛科技集团团委组织青年团员代表参观渡江战役总前委孙家圩子旧址，丰富青年团员的文化生活，激发青年团员的爱国主义热情。

4月30日，中国建材工程集团"玻璃技术创新攻关青年团队"荣获"上海市青年五四奖章（集体）"。

4月30日，中国建材股份总裁、凯盛科技集团董事长彭寿与安徽省池州市委副书记、市长雍成瀚在池州就深化双方战略合作进行会谈。

5月

5月6日，凯盛科技集团董事长彭寿在北京集团总部会见了来访的张家口市市长武卫东一行，双方就深化凯盛科技集团与张家口的项目合作进行会谈。

5月6日，发展改革委产业协调司副司长卢卫生到蚌埠调研硅基新材料新兴产业重大基地承接产业转移和硅基产业发展情况。蚌埠市常务副市长郑东涛陪同，凯盛科技集团董事长、蚌埠院院长彭寿详细汇报了超薄玻璃最新成果。

5月7日，中国建筑材料联合会会长乔龙德到蚌埠院考察指导工作并召开了专题会议。

5月7日，凯盛科技集团董事长、蚌埠院院长彭寿在中国玻璃新材料科技产业园会见了鹤壁市委副书记、市长郭浩一行，双方就全面深化硅基新材料领域合作发展达成共识。

5月7日，中国建材集团团委主办的"奋斗新时代 出彩新青年"演说比赛，在未来科学城北新中心报告厅举行。蚌埠院青年员工刘爱丽代表凯盛科技集团以总分第五的优异成绩斩获最佳风采奖和三等奖，中国建材工程集团青年员工管炜东获优秀奖。

5月10日，国际应用玻璃科学期刊主编马里奥·阿法蒂加托教授到访蚌埠院，并做学术报告。凯盛科技集团董事长、蚌埠院院长彭寿会见了马里奥一行。

5月15日，蚌埠院工会举办了职工篮球比赛。

5月18日，中国建材工程集团、蚌埠凯盛工程技术有限公司、中建材（宜兴）新能源有限公司、蚌埠院共同研发的"太阳能超薄光伏玻璃工艺及装备开发"项目，在上海通过了中国建筑材料联合会组织的科技成果鉴定。

5月18日，著名经济学家程恩富教授到蚌埠院考察。蚌埠市委常委、市政府副市长胡启望陪同。

5月18日上午，安徽华光光电材料科技集团有限公司和凤阳县中都城乡建设有限公司共同出资建设的凤阳凯盛硼硅酸盐特种玻璃生产线在凤阳举行点火仪式。

5月21日，由中国玻璃网主办，主题为"连接、跨界、赋新"的2019中国玻璃产业发展年会暨第六届"金玻奖"颁奖盛典（ACCGI 2019）在北京举行。蚌埠院以总得分第一的成绩获匠心企业奖。

5月22日—25日，中国硅酸盐学会主办的第30届中国国际玻璃工业技术展览会在北京中国国际展览中心（新馆）隆重召开。凯盛集团成员企业在本届展会上成果丰硕。中国建材工程集团与巴基斯坦ORIENT集团在凯盛集团展台举行了600t/d高档浮法玻璃生产线工程总承包项目签约仪式。蚌埠院与上海燕龙基环保企业（集团）有限公司以及德国阿盖尔集团摩根森有限公司在凯盛集团展台举行了燕龙基新沂全自动碎玻璃光学分选生产线项目的三方签约仪式。

5月24日，国家民委副主任刘慧一行到蚌埠院调研，副省长杨光荣陪同调研。

5月27日—31日，中国建材集团第二届"西南水泥杯"乒乓球比赛在成都市乒乓球运动管理中心举行，凯盛科技集团总分位列第二并荣获混合团体和女子单打冠军。

5月29日，国际标准化组织建筑用玻璃标准化技术委员会光伏与建筑一体化产品工作组（ISO TC160 SC1 WG9）消息，由中国建材工程集团主编的《建筑用光伏玻璃组件透光率测试方法》国际标准提案通过投票，在ISO正式立项。

5月30日，中国建筑材料联合会举办的"'两个二代'技术装备创新提升研发成果汇报会暨总结表彰大会"在北京召开，蚌埠院院长彭寿荣获组织推进"两个二代"技术装备创新提升研发攻关重大贡献奖先进个人。

6月

6月3日，中国建材工程集团召开2019年"防风险、除隐患、遏事故"安全生产月启动会。

6月3日，上海硅酸盐工业协会和上海市硅酸盐学会联合举办的上海国际先进陶瓷技术研讨会在国家会展中心（上海）召开。中国建材工程集团代表应邀做报告，并与新材料领域专家进行了深入的交流与互动。

6月4日，第十三届国际太阳能光伏与智慧能源展览会在上海新国际博览中心隆重召开。凯盛集团携手各成员企业亮相展会。

6月4日，第十三届（2019）国际太阳能光伏与智慧能源（上海）展览会上，蚌埠院与马来西亚安德利光伏有限公司在中国建材展台举行了马来西亚大型光伏地面电站项目的签约仪式。

6月5日，蚌埠院工会在凯盛宾馆餐厅举办了"我们的节日·浓浓端午情"包粽子送香包活动。

6月16日，内江市委副书记、市长郑莉率团到凯盛集团在蚌企业考察。凯盛科技集团党委书记、董事长，蚌埠院党委书记、院长彭寿热情接待了郑莉一行。

6月18日，中国建材集团总经理曹江林在西南水泥总裁、党委副书记姚钦，凯盛集团副总经理、总会计师汤李炜的陪同下到凯盛集团所属成都中建材光电材料有限公司视察工作。

6月18日上午，中国首条8.5代TFT-LCD玻璃基板生产线点火仪式在凯盛科技集团所属蚌埠中光电科技有限公司举行。

6月20日，成都市政协副主席、双流区委书记韩轶率团到蚌埠院调研。

6月24日，蚌埠院邀请了蚌埠市红十字会特聘专家来院开展"安全生产月"应急救援知识讲座及演练活动，蚌埠院副院长汤红运、工会主席汤晓东、质量安全部部长王建军、节能环保所所长王贵祥出席活动。

6月26日，蚌埠院深化"三转"试点工作动员部署会在蚌召开，蚌埠院党委副书记李志铭出席会议并讲话，蚌埠院纪委副书记陈俊杰和纪检监察室主任汤晓东参加会议，会议由党群工作部部长陈雯主持。

6月26日，上海市经济和信息化系统召开庆祝建党98周年大会暨先进典型交流会。会议表彰了一批优秀共产党员、优秀党务工作者和先进基层党组织。中国建材工程集团玻璃设计院党支部荣获上海市经济和信息化系统"先进基层党组织"称号。中国建材工程集团党委副书记、总裁孙建安出席会议并接受表彰。

6月26日，为进一步规范公司外事管理，明确外事工作流程，提高外事工作水平，中国建材工程集团在上海召开外事办理流程培训会。

6月27日，中国建材工程集团总包承建的缅甸敏巫220MW地面光伏电站项目（一期）成功并网发电并举行了隆重的竣工仪式。缅甸联邦共和国国务资政昂山素季、缅甸电力部及相关领导参加仪式。

6月30日，中国建材工程集团总承包的邯郸中建材300兆瓦碲化镉薄膜发电玻璃一期项目联合车间顺利封顶。

7月

7月8日，中国建材股份总裁，凯盛科技集团党委书记、董事长，中国建材工程集团党委书记、董事长彭寿与光明食品（集团）有限公司党委书记、董事长是明芳在上海光明集团总部就中国农业现代化智能化的发展进行会谈。

7月10日，凯盛科技集团与张家口市人民政府举行战略合作框架协议签约仪式。张家口市市长武卫东，凯盛科技集团党委书记、董事长彭寿出席仪式并签约。

7月10日，中国建材工程集团与德国蒂森克虏伯集团就水泥窑炉烟气SCR举行战略合作框架协议签约仪式。

7月17日—30日，凯盛集团在蚌埠举办了2019年新员工入职培训，来自北京、上海、蚌埠、南京、杭州、深圳、成都、黄山、盐城、内江、大连等11个地区的182名新员工参加了此次培训。其中，博士4人、硕士73人、本科103人、大专2人，涵盖了材料、电气自动化、建筑、新能源等专业。

8月

8月1日，凯盛科技集团团委积极组织志愿者参加中国建材集团团委主办的"善建"七彩课堂活动，并给贫困县的孩子们捐赠了爱心书包和文具，带去了凯盛集团的关心和陪伴。

8月9日，受中国建材股份总裁，中国建材工程集团党委书记、董事长彭寿委托，中国建材工程集团党委副书记、总裁孙建安，副总裁、总工程师葛承全一行来到中国人民解放军某部亲切看望慰问官兵，送去慰问品和节日祝贺。

8月14日，每年一次的传统体育赛事——"凯盛科技股份杯"凯盛集团在蚌企业游泳比赛暨蚌埠院第五届"浪淘沙"职工游泳比赛在蚌埠水利和顺大酒店水立方游泳馆举行。

8月19日，2019年上海企业100强榜单出炉，中国建材工程集团跻身"2019上海企业100强"及"2019上海服务业企业100强"。

8月21日，2019年度美国《工程新闻纪录》（ENR）"全球最大250家国际承包商"和"国际工程设计公司225强"榜单发布。中国建材工程集团分列第143名和第156名。

8月25日，凯盛科技集团董事长、蚌埠院院长、蚌埠中光电科技有限公司董事长彭寿先后到生产线检查部署，号召全体员工牢记责任使命，只争朝夕，奋力打造具有国际领先水平的精品工程。

8月26日，中国首条8.5代TFT-LCD玻璃基板生产线在蚌埠一次引板成功，项目也由烤窑升温、联动调试阶段正式转入试生产阶段，为产品批量下线奠定了坚实基础。

8月26日，中国建材集团2019年科技工作会议在北京召开。中国建材集团董事长、党委书记宋志平作了题为《打造材料创新优势，增强核心竞争力，建设世界一流产业投资集团》的重要讲话。

8月28日，2018年度上海市政府质量奖颁奖仪式在上海市人民政府隆重举行，许昆林副市长为获奖单位和个人颁奖。中国建材工程集团成为全市10家荣获本届组织类质量金奖的单位之一，孙建安总裁代表公司上台领奖。

8月28日，中国建筑材料企业管理协会在北京召开第五届全国建材企业文化年会暨中国建筑材料企业管理协会文化建设分会成立大会，中国建筑材料联合会会长乔龙德出席会议并讲话。会议发布了"2018—2019年度全国建材企业文化建设典范、突出贡献人物、示范基地"，凯盛科技集团获得多项奖励。

8月29日，2019世界人工智能大会在上海召开，中国建材工程集团团委积极响应上海市经济和信息化团工委号召，组织青年参加了此次大会的志愿服务工作。

8月30日，安徽省经济和信息化厅党组书记、厅长牛弩韬一行在蚌埠市委常委、副市长胡启望陪同下到蚌埠中光电科技有限公司8.5代TFT液晶玻璃基板生产线调研，受凯盛科技集团董事长、蚌埠院院长彭寿委托，蚌埠院副院长、总工程师、蚌埠中光电总经理张冲热情接待了牛弩韬一行。

9月

9月1日，由5省市市场监管局共同组织，以"守初心　勇担当　强质量　圆梦想"为主题，旨在宣传、交流、学习苏浙皖赣沪质量管理优秀的企业，促进长三角地区企事业单位管理质量共同提升的2019年苏浙皖赣沪"质量月"启动仪式在南京举行。江苏省副

省长王江出席启动仪式。中国建材工程集团被推荐为苏浙皖赣沪质量管理100佳。

9月4日,重庆市铜梁区委书记唐小平、区委常委廖强一行访问凯盛科技集团,凯盛科技集团董事长彭寿、常务副总经理马立云热情接待了来宾,双方就进一步扩大合作进行了充分交流并达成初步共识。

9月5日,山东省委副书记杨东奇在德州市委副书记张传忠陪同下到凯盛浩丰(德州)智慧农业有限公司陵城基地调研。凯盛浩丰总经理马铁军热情接待了调研组。

9月6日,中国建筑材料联合会党委书记、会长乔龙德一行到新疆凯盛建材设计研究院调研指导工作。

9月9日,蚌埠院组织开展了"防风险、保平安、迎大庆"应急消防演练。蚌埠院电气总监兼质量安全部部长王建军担任现场指挥。

9月11日,蚌埠院举办"我们的节日·中秋——第四届'人月圆'环山健步走"活动。蚌埠院党委副书记李志铭、工会主席汤晓东及蚌埠院各单位、各部门共计200余人参加了活动。

9月18日,中国建材工程集团举办了2019年职工羽毛球比赛。来自6个分工会与3家子公司工会的近90名职工报名参加了本次比赛。比赛设立团体赛、男子青年组、男子中年组及女子4个项目。

9月18日,蚌埠院自主研发的中国首片8.5代TFT-LCD玻璃基板在安徽蚌埠成功下线,标志着我国自主研发的高世代液晶玻璃基板将实现工业化生产。

9月19日上午,为深入了解企业在深化改革、创新发展等方面的工作开展情况,国务院国资委党委书记、主任郝鹏到中国建材集团所属凯盛科技集团旗下的中建材(合肥)新能源有限公司现场调研。

9月21日,中国建材工程集团副总裁、总工程师葛承全率专家团队前往中玻尼日利亚500t/d浮法玻璃项目现场进行点火前检查。

9月26日,凯盛科技集团团委组织在京成员企业团组织开展"我与祖国共奋进——国旗下的演讲"特别主题团日活动,共有59名团员青年参加了此次活动。

9月26日,由中国建材工程集团主办、上海新建重型机械有限公司协办的"壮丽70年 奋斗新时代"主题歌咏活动在上海新建举行。

9月27日,蚌埠院组织广大党员群众参观凯盛集团在蚌企业,开展"不忘初心、牢记使命"主题党日暨庆祝中华人民共和国成立70周年巡礼活动。

9月30日,共青团蚌埠院第八次代表大会在蚌埠胜利召开。

10月

10月8日,上海市普陀区人大常委会主任罗勇伟到中国建材工程集团调研,普陀区市场监管局局长虞亚光等陪同。

10月8日,北京世园会颁奖典礼在延庆凯悦酒店举行。在颁奖典礼上,国际园艺生产者协会秘书长、北京世园会国际竞赛总评审团主席提姆·布莱尔克里夫先生宣布了最终大奖及各类奖项的获奖结果。中国建材工程集团工程总承包的中国建材凯盛科技展园获得了北京世园会组委会银奖。

10月8日,黑龙江省佳木斯市高新区年产100兆瓦碲化镉弱光发电玻璃项目正式开工。

10月10日,受安徽省科技厅委托,蚌埠院组织业内专家对其所承担的省重大专项计划项目——"全海深(11000米)固体浮力材料用超细超强空心玻璃微珠及其产业化技术研究"(编号:16030901055)进行了验收。

10月10日,中国建材集团党委书记、董事长宋志平一行到徐州铜铟镓硒薄膜太阳能电池生产及设备制造项目工地现场视察指导工作。

10月13日,中国矿业大学管理学院党委书记董靖率团到蚌埠院访问交流党建工作,凯盛科技集团党委副书记、工会主席,蚌埠院党委副书记李志铭热情接待了访问团。

10月15日,2019年湖南(长沙)装配式建筑与工程技术博览会在长沙国际会展中心举办,展会由湖南省住房和城乡建设厅、长沙市人民政府主办,集中展示了住房建设新理念、新技术、新产品,凯盛集团新房屋、新能源事业成员企业亮相展会。

10月17日,应彭寿董事长邀请,美国麻省理工学院土木工程系Franz Ulm教授和校产业合作关系办公室项目主任Graham Rong博士访问凯盛科技集团并做学术报告。凯盛科技集团副总经理蒋洋主持了学术报告会。

10月17日,中国驻哈萨克斯坦使馆公使衔经济商务参赞王健率领驻哈使馆工作人员和中国国际商会驻哈代表及新华社驻哈记者一行,深入中国建材工程集团建设的奥尔达600t/d浮法玻璃项目,进行现场调研和党建工作检查指导。

10月23日,中国建材股份总裁、凯盛科技集团董事长彭寿在北京凯盛科技集团总部会见了鹤壁市市长郭浩,双方就进一步推进和扩大合作进行了充分交流并达成初步共识。

10月25日,中国勘察设计协会公布了"勘察设计企业工程项目管理和工程总承包营业额2019年排序名单"。在工程总承包营业额排名中,中国建材工程集团位列第8名,较2018年提升2名,连续3年名列前10。

中建材玻璃新材料研究总院
1953—2023

10月25日，中国建材工程集团举办第一届"快乐健步走，环游梦清园"活动。活动得到了公司领导的关心和支持，员工们踊跃参加，上海地区各部门共计200余人参加了活动。

10月25日，安徽省住房和城乡建设厅主管设计工作负责人李长青到蚌埠院调研。汤红运副院长热情接待了调研组。

10月28日上午，株洲中建材光电材料有限公司碲化镉薄膜太阳能发电玻璃项目一期工程开工仪式在醴陵市隆重举行。

10月29日，宁夏建材集团股份有限公司和中建材凯盛机器人（上海）有限公司在银川签署智能装车机器人系统商用战略合作协议，中国建材水泥智能装车发运系统投入商用仪式正式启动。

10月29日，蚌埠院举办第四届"夺锦标"职工羽毛球比赛，蚌埠院工会主席汤晓东、副主席王海英出席活动。比赛共设男子甲组（35岁以下）、男子乙组（35岁以上）、女子及男子双打4个项目，共计40余人参加了比赛。

11月

11月7日，中国建材工程集团为蒙古国Erdes Plazm公司建造80t/d瓶罐玻璃生产线工程总承包项目的签约仪式在上海举行。

11月8日，中国建材股份总裁、凯盛科技集团董事长彭寿在北京凯盛科技集团总部会见了兰州市副市长左龙，双方就推进和扩大合作进行了充分交流并达成初步共识。

11月11日，中国建材工程集团为乌克兰Berezan Float Glass Plant, LLC公司建造600t/d浮法玻璃生产线的工程总承包项目签约仪式在上海举行。

11月11日下午，凤阳凯盛硅材料有限公司生产的硼硅3.3玻璃开始装箱运往土耳其，标志着我国首批自主研发的高档硼硅酸盐特种玻璃出口发达国家。

11月12日，中国建材股份党委副书记、总裁，中国建材工程集团董事长彭寿到桐城智慧农业产业园项目现场、中国建材桐城新能源材料有限公司及中建材浚鑫（桐城）科技有限公司调研指导工作。

11月13日，工业和信息化部、中国工业经济联合会公布了第四批制造业单项冠军企业（产品）及通过复核的第一批制造业单项冠军企业的名单，蚌埠凯盛工程技术有限公司的浮法玻璃退火窑和蚌埠中恒新材料科技有限责任公司的电熔氧化锆产品荣膺国家第四批制造业单项冠军。

11月14日，凯盛科技集团党委巡察组召开巡察凯盛光伏材料有限公司巡察反馈会议。凯盛科技集团巡察工作领导小组组长、凯盛科技集团党委副书记、工会主席李志铭出席巡察反馈会议并讲话，凯盛科技集团巡察组组长、洛玻集团党委副书记、工会主席陈静通报巡察反馈情况，凯盛光伏党支部书记、董事长陈勇做表态发言，凯盛光伏总经理徐根保主持会议。

11月18日下午，凯盛科技集团召开统一战线和思想政治工作座谈会，凯盛科技集团党委副书记、工会主席李志铭与本部的统战对象和青年员工进行了一次深入的座谈交流。凯盛科技集团党群工作部副部长、团委书记高鹿鸣主持会议。

11月19日，中国建材股份总裁、凯盛科技集团董事长彭寿率团访问位于越南河内的Viglacera公司总部，并与Viglacera董事长阮文俊进行了亲切会谈。参加会谈的越方领导还有Viglacera总经理阮英俊、副总经理黄金彭。

11月21日下午，中国建材工程集团2019年职工男子足球友谊赛在上海市体育宫举行。公司党委副书记、纪委书记陶立纲，工会主席蒋荣英到赛场为参赛队员加油鼓劲。

11月22日，中国建材股份总裁、凯盛科技集团董事长彭寿在凯盛科技集团总部会见了佳木斯市市委书记徐建国，双方就进一步推进和扩大合作进行了充分交流并达成共识。

11月24日，安徽省副省长何树山一行到蚌埠院调研。省政府副秘书长汪春明、省经信厅副厅长王厚亮、蚌埠市领导胡启望、市政府秘书长吴道俊等陪同。受蚌埠院党委书记、院长彭寿委托，副院长兼总工程师张冲热情接待了调研组一行，并汇报了改革创新和新兴产业发展情况。

11月25日，凯盛科技集团党委书记、董事长，中国建材工程集团党委书记、董事长彭寿率团抵达哈萨克斯坦努尔苏丹市进行工作访问，并视察了凯盛集团总包建设的奥尔达浮法玻璃项目。

11月25日—26日，中国建材集团党委书记、董事长周育先深入安徽省石台县调研集团扶贫工作，与池州市委书记王宏、市长操龙灿进行了会谈，现场调研了中国建材集团帮扶援建项目，并出席了扶贫工作座谈会暨捐赠仪式。

11月26日，凯盛集团在上海召开了2019年经营形势分析会，对集团所属企业的业绩完成情况和全年预期进行了梳理、分析和总结。凯盛科技集团党委书记、董事长，中国建材工程集团党委书记、董事长彭寿出席会议并作出重要指示。

11月26日上午，中国建材集团党委常委、副总经理王于猛到中国建材工程集团总包的越南富美玻璃项目调研。

11月28日，安徽省委书记李锦斌到桐城调研，其间专程考察了中建材桐城新能源材料有限公司和中建材浚鑫（桐城）科技有限公司。

11月29日，凯盛君恒有限公司5.0中性硼硅药用玻璃项目一期工程开工仪式在重庆铜梁隆重举行。凯盛科技集团常务副总经理马立云、重庆市铜梁区委书记唐小平等领导出席了开工仪式。

12月

12月3日，由中国勘察设计协会组织，旨在全面总结全国勘察设计行业70年来的光辉历程、发展成就和宝贵经验，树立70年奋斗历程中涌现出的优秀单位、优秀人物典型、优秀勘察设计项目的"全国勘察设计行业庆祝新中国成立70年系列活动"落下帷幕。中国建材工程集团董事长彭寿荣获优秀企业家（院长）称号，中国建材工程集团荣获优秀勘察设计企业称号，中国建材工程集团承担的东莞南玻超白光伏电子太阳能玻璃生产线工程和成都南玻1000t/d特种玻璃生产线工程被评为优秀勘察设计项目。

12月3日下午，中国工程院举行"2019年当选院士颁证仪式"，主席团名誉主席宋健、周济出席仪式，中国工程院党组书记、院长李晓红为新当选院士颁发证书并讲话。蚌埠院院长彭寿参加颁证仪式并上台领取证书。

12月3日，中国建材集团党委副书记孙力实到凯盛浩丰（德州）智慧农业有限公司进行专题调研，凯盛浩丰董事长解长青、总经理马铁军热情接待了孙力实一行。

12月4日，凯盛科技集团副总经理、总会计师汤李炜率检查组赴河南省中联玻璃有限责任公司检查督导安全环保工作。

12月7日，淮南市委副书记、市长张孝成在中国工程院院士、中国建材股份总裁、凯盛科技集团董事长、蚌埠院院长彭寿陪同下，到凯盛重工有限公司考察调研，并深入生产一线现场指导工作。

12月9日，淄博市委书记江敦涛率调研组到凯盛集团在蚌企业调研，中国工程院院士、凯盛科技集团党委书记、董事长、蚌埠院党委书记、院长彭寿接待了江敦涛一行。

12月10日上午，凯盛科技集团在蚌埠组织召开了8.5代TFT-LCD玻璃基板智能工厂项目启动会，开启了高世代液晶玻璃基板智能制造的"凯盛加速度"。

12月11日，中国建材工程集团为沙特AZMEEL集团建造600t/d超白浮法玻璃生产线工程总承包项目签约仪式在沙特工业城市朱拜勒举行。

12月11日，安徽省委常委、政法委书记姚玉舟在蚌埠调研，其间来到凯盛科技股份有限公司年产5000万片手机触控显示模组生产线项目及安徽天柱绿色能源科技有限公司"生态多功能警务e站"项目调研。

12月11日，中国建材工程集团正式被认定为"2019年度国家知识产权示范企业"，期限自2019年12月至2022年11月。

12月13日，全球契约中国网络主办的2019实现可持续发展目标中国峰会在京隆重举行，会上公布了"2019实现可持续发展目标企业最佳实践"评选结果，中国建材工程集团荣获"2019实现可持续发展目标企业最佳实践"。

12月16日，由中国企业改革与发展研究会主办的"2019中国企业改革发展峰会暨成果发布会"在京隆重召开。蚌埠院主创的《为国有企业高质量发展提供政治保障的"五牛"精神研究与实践》荣获一等奖。

12月16日，2019年（第十二届）建材行业智能制造大会暨建材智能制造标杆企业现场交流推广会在安徽滁州举行。中国建材工程集团申报的"工业互联网平台试点示范"项目获得通过，并荣获2019年度"建材制造业与互联网融合发展试点示范企业"称号。

12月23日下午，蚌埠院召开统战和意识形态工作会议，总结2019年统战和意识形态工作，部署2020年工作。

12月24日，上海市委书记李强，市委副书记、市长应勇会见了2019年上海地区新增中国科学院、中国工程院院士，代表上海市委、市政府向新当选的两院院士表示祝贺，对广大在沪院士长期以来为上海经济社会发展、科技事业进步所作出的贡献表示感谢。中国工程院院士、中国建材股份总裁、中国建材工程集团董事长彭寿应邀参加会见。

12月26日，雅安中建材年产300兆瓦碲化镉发电玻璃项目开工奠基仪式在四川雅安经济开发区隆重举行。

12月26日，中建材新疆尉犁20MW光伏发电项目现场人员，针对突发的极端天气情况，迅速启动大风天气应急预案，组织人力按部就班地实施作业，光伏送电线路按要求逐步全部安全停运。

12月26日，全国企业管理现代化创新成果审定委员会发布了第二十六届全国企业管理现代化创新成果。其中，蚌埠院的《科研院所以打造全产业链为目标的跨国并购与整合》荣获创新成果二等奖。

12月27日，2019年蚌埠市质量大会在市政府召开，会上表彰了第四届蚌埠市政府质量奖和质量奖提名奖获奖组织和个人。蚌埠院荣膺本届蚌埠市政府质量奖。

12月27日，中国工程咨询协会公布了2018年度全国优秀工程咨询成果奖获奖项目名单，中建材蚌埠玻璃工业设计研究院所属工程咨询院申报的"成都中建材光电材料有限公司年产80兆瓦碲化镉薄膜太阳能电池生产线项目可行性研究报告"和"攀枝花市石墨产业发展规划"2个项目，分别荣获2018年度全国优秀工程咨询成果奖一等奖和二等奖。

12月31日，中国建设工程造价管理协会公布了2019年度全国工程造价咨询企业信用评价结果，经评审会评定，蚌埠院在全国1244家参评企业中脱颖而出，被评为2019年度AAA级工程造价咨询企业。

2020年

1月

1月8日，凯盛集团2019年度总结表彰大会在蚌埠召开。会议全面贯彻中国建材集团2020年工作会议精神，总结凯盛集团2019年工作，表彰先进，研究部署2020年工作。

1月8日，中国建材集团党委书记、董事长周育先到凯盛集团在蚌企业调研经营发展、产业布局和科技创新等情况。中国建材集团党委常委、总会计师詹艳景参加调研。

1月15日，国务院国资委新媒体平台、《国资报告》杂志联合发起的"2019年十大创新工程"和《安徽日报》主办的2019年度安徽"十大新闻"评选结果揭晓，凯盛科技集团"中国首片自主研发8.5代液晶玻璃基板下线"以高票同时入选。

1月15日，中国建材工程集团副总裁、总工程师葛承全一行前往哈萨克斯坦奥尔达浮法玻璃项目调研。

1月16日，发展改革委发布了2019年（第26批）新认定国家企业技术中心名单，凯盛集团所属中国建材工程集团和凯盛科技股份有限公司技术中心被认定为国家企业技术中心分中心。

1月19日下午，安徽省2020年高层次人才迎春茶话会暨新当选院士座谈会在合肥稻香楼宾馆举行。中国工程院院士、蚌埠院院长彭寿应邀出席会议并发言。

1月20日，临沂市委常委、兰陵县委书记任刚率调研组到凯盛集团在蚌企业调研，凯盛科技集团常务副总经理、蚌埠院常务副院长马立云接待了任刚一行。

1月20日，凯盛科技集团2019年度工作汇报会在蚌埠召开。中国工程院院士，凯盛科技集团党委书记、董事长彭寿出席会议并讲话，党委委员、常务副总经理马立云主持大会并做总结发言。凯盛科技集团领导班子成员出席汇报会。

2月

2月7日，中国建材凯盛科技集团旗下凯盛君恒有限公司紧急安排一批5.0中性硼硅药用玻璃管原材料，与国内制瓶企业合作加工生产 1000 万支疫苗包装用玻璃瓶，免费提供给国内开展新冠病毒疫苗研发的单位使用。

2 月 26 日，中国工程院院士，凯盛科技集团党委书记、董事长，蚌埠院党委书记、院长彭寿在京与 GPC 集团主席丹尼尔通过视频连线签署了波兰 150 兆瓦地面光伏电站总承包合同。

2 月 26 日，在中国建材集团召开 2 月份月度工作电视电话会议后，中国工程院院士，凯盛科技集团党委书记、董事长，中国建材工程集团党委书记、董事长彭寿立即主持召开领导班子会议，传达部署集团月度会和集团党委书记、董事长周育先重要讲话精神。

2 月 27 日，中国建材工程集团召开 2020 年度生产经营工作部署视频会议。

2 月 29 日，中国工程院院士，凯盛科技集团党委书记、董事长，蚌埠院党委书记、院长，凯盛集团疫情防控工作小组组长彭寿来到蚌埠中光电科技有限公司检查疫情防控、指导科技攻关工作。

3 月

3 月 2 日，蚌埠院 2020 年工作会议在蚌埠召开，全面部署 2020 年生产经营任务。

3 月 12 日，中国建材集团在 2020 年 3 月月度会议上发布了 2019 年度"六星企业"名单，中建材（合肥）新能源有限公司、深圳国显科技有限公司、中建材轻工业自动化研究所有限公司、深圳市凯盛科技工程有限公司、蚌埠凯盛工程技术有限公司 5 家企业经过三轮评选，获得该项殊荣。

3 月 13 日，中国建材工程集团荣获上海市普陀区 2019 年度区域发展贡献一等奖，普陀区长寿路街道办事处副调研员高长林莅临中国建材工程集团颁发奖状，并对企业疫情防控和复工复产情况进行调研。

3 月 18 日，凯盛科技集团与沭阳鑫达新材料有限公司通过远程视频的方式举行了高层合作会谈，并签订了战略合作协议。

3 月 19 日，凯盛科技集团与海西州人民政府、柴达木循环经济试验区管委会通过远程视频的方式举行了"超白太阳能玻璃及深加工和硅质原材料采选工程项目"云签约仪式。

3 月 20 日，中国工程院院士，凯盛科技集团党委书记、董事长彭寿在京会见了大家保险集团有限责任公司总经理徐敬惠。

3 月 25 日，凯盛科技集团与秦皇岛市政府就中国耀华玻璃集团有限公司后续发展和双方深度战略合作，通过视频方式举行会谈。

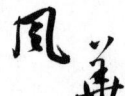
中建材玻璃新材料研究总院
1953—2023

3月26日，在中国建材集团召开2020年度党风廉政建设和反腐败工作会议后，蚌埠院纪委随即召开七届六次（扩大）会议。

3月26日，凯盛集团通过视频会议方式召开2020年度工作会议。

4月

4月1日，凯盛科技集团与台湾玻璃中国控股有限公司通过远程视频方式举行战略合作框架协议"云签约"仪式。

4月2日，凯盛科技集团与青岛市人民政府、莱西市人民政府、青岛昌阳集团通过远程视频方式签订了碲化镉薄膜太阳能电池项目战略合作协议。

4月2日，蚌埠市召开工业攻坚年推进大会。受中国工程院院士，凯盛科技集团党委书记、董事长彭寿委托，凯盛科技集团党委委员、常务副总经理马立云出席大会并做交流发言。

4月2日，中国建材工程集团设计并总承包的山西利虎浮法二线升级改造项目点火仪式顺利举行。

4月8日，凯盛集团与阳光电源股份有限公司在安徽蚌埠签署战略合作协议。

4月20日，凯盛集团与远东控股集团在上海签署战略合作协议，双方将全面拓展在能源、金融等领域的合作。

4月26日，中国工程院院士，蚌埠院党委书记、院长彭寿到蚌埠中光电科技有限公司检查指导工作。

4月26日，凯盛科技集团团委所属各级团组织、团员团干和优秀青年集体、个人，获得省市级和中国建材集团各类表彰及荣誉共计66项。

4月26日，中国建材工程集团团委所属各级团组织、团员团干和优秀青年集体、个人，获得上海市、中国建材集团和上海市经济和信息化系统各类荣誉表彰共计12项。

4月27日，中国工程院院士，凯盛科技集团党委书记、董事长，蚌埠院党委书记、院长彭寿深入石台县小河镇栗阳村调研定点扶贫工作。

5月

5月7日，中国工程院院士，凯盛科技集团党委书记、董事长，蚌埠院党委书记、院长彭寿在蚌埠会见了来访的安庆市委常委、常务副市长张君毅。

5月9日，中国工程院院士，中国建材股份总裁，凯盛科技集团党委书记、董事长彭寿应邀访问阿里云总部。

5月18日，中国工程院院士，凯盛科技集团党委书记、董事长，中国建材工程集团党委书记、董事长彭寿在上海会见了来访的五粮液集团有限公司副董事长邹涛一行。

5月27日，中国银行安徽省分行行长刘旭伟一行到蚌埠院调研，凯盛科技集团常务副总经理，蚌埠院党委副书记、常务副院长马立云热情接待了刘旭伟一行。

5月27日下午，安徽省委组织部考核组副组长谢为群率考核组在蚌埠市委组织部部长马天齐的陪同下到凯盛科技集团在蚌企业调研。

5月29日，中国工程院院士，凯盛科技集团党委书记、董事长彭寿在北京会见了大家保险集团徐敬惠总经理一行，双方就共同拓展高新技术产业与保险金融领域的深度合作达成一致，签署了全面战略合作协议。

5月29日，在第四个"全国科技工作者日"到来之际，科技部高技术研究发展中心在北京组织召开了国家重点研发计划重点专项项目负责人座谈会。蚌埠院牵头承担的"高世代电子玻璃基板和盖板核心技术开发及产业化示范"项目团队成为"十三五"玻璃新材料领域唯一获此殊荣的优秀团队。

6月

6月1日，中国建材工程集团邯郸碲化镉项目核心工艺设备CSS顺利抵达项目现场，标志着邯郸碲化镉项目由机电安装阶段全面进入工艺设备安装调试阶段。

6月2日，蚌埠院2020年"安全生产月"暨"世界环境日"活动启动会在蚌埠召开，蚌埠院副院长汤红运对2020年安全、环保工作进行部署。

6月3日，蚌埠院召开党委理论学习中心组学习会议，专题传达学习习近平总书记两会期间重要讲话精神和全国两会精神。

6月6日，以"国家科技创新体系建设"为主题的九三学社中央第24次科学座谈会在合肥召开。中国工程院院士、蚌埠院院长彭寿应邀参加，并做专题报告。

6月8日，中国建材集团总经理曹江林到凯盛科技深圳地区企业调研指导工作。中国工程院院士，凯盛科技党委书记、董事长彭寿主持会议并做工作汇报。

6月9日，中国工程院院士、中国建材股份总裁、凯盛科技集团董事长彭寿在上海会见了GPC集团主席Daniel Tain先生。

6月10日，中国建材工程集团召开2020年"消除事故隐患，筑牢安全防线"安全生产月启动会，中国建材工程集团党委副书记、总裁孙建安出席会议并做动员讲话。

6月15日，中国工程院院士，凯盛科技集团党委书记、董事长，蚌埠院党委书记、院长彭寿在中国玻璃新材料科技产业园会见了来访的河南省委常委、洛阳市委书记李亚。

6月20日,由蚌埠市市场监督管理局组织的《薄膜太阳能发电系统与建筑一体化规程》地方标准审查会在蚌埠院召开。

6月22日,蚌埠院对所属在蚌企业进行安全、环保联查。

6月30日,凯盛科技集团、中国建材工程集团和蚌埠院召开庆祝中国共产党成立99周年暨"两优一先"表彰大会。

7月

7月1日,中国建材工程集团的"玻璃新材料研发及产业化标准化试点"项目获批上海市2020年第一批标准化试点项目。

7月13日,安徽省经济和信息化厅公布了对2017年认定的省制造业创新中心评估结果,由蚌埠院牵头组建的安徽省硅基新材料创新中心成为唯一超过90分的省制造业创新中心,是此次评估中唯一获评"优秀"的省制造业创新中心。

7月20日,蚌埠院随市双拥办慰问团赴铜陵市枞阳县,慰问连日来奋战在防汛抗洪一线的武警蚌埠支队官兵,给日夜奋战在抗洪第一线的官兵送去了八宝粥、熟食和功能饮料等慰问品,并向他们致以崇高的敬意。

7月21日,工业和信息化部、住房城乡建设部、交通运输部、农业农村部、国家能源局、原国务院扶贫办六部门发布2020年第32号公告,确定智能光伏试点示范项目和示范企业名单。中国建材工程集团成为全国19家之一、上海市唯一一家企业入选智能光伏试点示范企业。

7月30日,中国建材工程集团与上海核工程研究设计院有限公司在中国建材工程集团举办了核工业废料处理技术交流会。

8月

8月2日,国务院国资委党委书记、主任郝鹏深入国资委定点帮扶的河北省邯郸市魏县调研脱贫攻坚工作。中国工程院院士,中国建材股份总裁,凯盛科技集团党委书记、董事长彭寿向调研组做了汇报。

8月5日,人民网、中国工业报、安徽日报、蚌埠日报等4家媒体的数十位记者在蚌埠市委宣传部、市科技局等领导同志陪同下,走进蚌埠玻璃工业设计研究院高新技术产业化基地——中国玻璃新材料科技产业园参观采访。

8月11日,中国建材工程集团承包的阿根廷科尔多瓦省65兆瓦光伏电站项目正式开工建设。

8月14日，中国工程院院士，凯盛科技集团党委书记、董事长彭寿在北京会见了山东省青岛市高新区管委主任、工委副书记李鸿雁。

8月14日，凯盛集团在北京召开2020年上半年工作视频电话会议及职工（会员）代表大会。会议深入学习习近平总书记系列重要讲话和重要指示批示精神。

8月16日，中国建材工程集团的"新型轻质高功率光伏组件及其智能化生产车间系统研究"项目获批上海市2020年度"科技创新行动计划"国际科技合作领域项目。

8月18日，中国建材工程集团总承包的爱思嘉现代农业产业集群项目开工奠基仪式在河南开封举行。

8月18日，中国建材工程集团的"基于工业互联网的EPC建材工业一体化服务平台"项目获批2020年上海市发改委服务业发展引导资金项目。

8月18日，2020上海企业百强榜出炉，中国建材工程集团再次入选"2020上海企业100强"及"2020上海服务业企业100强"。

8月25日，中国建材所属凯盛科技集团柔性可折叠玻璃工业化生产在蚌埠启动。

8月25日，凯盛集团在蚌埠举办了新员工入职培训，来自北京、上海、蚌埠、深圳等地区的145名新员工参加了培训。

8月26日，首届中国建材集团"善用资源日"开放活动——凯盛科技站在蚌埠隆重开启。

8月26日，中国工程院院士，中国建材股份执行董事、总裁，凯盛科技集团党委书记、董事长彭寿到秦皇岛就耀华新项目规划建设工作进行调研，秦皇岛市委副书记、市长张瑞书陪同调研并参加座谈。

8月27日，凯盛科技集团与沙河市政府就深度战略合作举行会谈。中国工程院院士，凯盛科技集团党委书记、董事长彭寿与沙河市委副书记、市长王文玉出席会议。

9月

9月2日，受安徽省科技厅委托，蚌埠院组织业内专家对其所承担的省科技重大专项计划项目——"双玻组件用高硬宽谱增透型超薄光伏玻璃关键技术及产业化研究"项目进行了验收。

9月3日，中国建材工程集团中标2020年工业和信息化部智能制造系统解决方案供应商项目。该项目聚焦凯盛集团"1336"发展规划中的一个核心——玻璃新材料、三个支撑——科研、装备、工程，旨在考核周期内提供玻璃新材料智能制造数字化车间集成解决方案服务。

9月8日，中国工程院院士，凯盛科技集团党委书记、董事长，蚌埠院党委书记、院长彭寿在中国玻璃新材料科技产业园会见了来访的中材人工晶体研究院党委书记、董事长李勇。

9月12日上午，主题为"线上经济赋能高质量发展"的世界制造业大会江淮线上经济论坛在合肥开幕。中共安徽省委书记李锦斌出席开幕式并致辞，省委副书记、省长李国英主持开幕式。中国工程院院士，中国建材集团总工程师，蚌埠院党委书记、院长彭寿作为央企领导受邀出席开幕式。

9月12日，世界制造业大会江淮线上经济论坛震撼开幕，此次大会首次采用云端办会的形式，通过云开幕、云论坛、云展示、云签约的"四朵云"，向世界呈现了一场精彩的制造业"盛宴"。凯盛科技集团所属中建材蚌埠玻璃工业设计研究院携全球唯一全流程化30微米柔性可折叠玻璃、中国首片8.5代浮法液晶玻璃基板、创世界最薄纪录的0.12mm超薄浮法电子玻璃、服务深海深空战略的高性能空心玻璃微珠等高新产品在展会上登云亮相。

9月13日，中国建材工程集团、蚌埠凯盛工程技术有限公司共同研发的"优质浮法玻璃生产线智能冷端技术及装备的研发与应用"项目，在上海通过了中国建筑材料联合会组织的科技成果鉴定。

9月15日，以"智能、互联——赋能产业新发展"为主题的第22届中国国际工业博览会（简称工博会，CIIF）在国家会展中心（上海）隆重举行。凯盛集团携显示玻璃材料、新能源材料和应用材料最新研究成果及高端产品亮相展会。

9月15日，第22届中国国际工业博览会期间，以"后疫情时代新材料产业的挑战和机遇"为主题的中国上海新材料产业发展高峰论坛隆重举行。中国工程院院士、中国建材工程集团董事长彭寿受邀出席论坛并发表以《新材料强国背景下我国先进功能材料的高质量发展》为题的主旨演讲。

9月15日，在第22届中国国际工业博览会上，中建材凯盛科技集团中性硼硅药用玻璃管荣获"中国国际工业博览会大奖"（简称CIIF大奖），同时获奖的还有北斗三号导航卫星、人体肺部气体磁共振成像系统等10项技术和产品。

9月16日，安徽省经济和信息化厅公布"2020年安徽省首批次新材料"名单，蚌埠院节能环保所"玻璃熔窑用红外高辐射节能涂料"和凯盛光伏材料有限公司"铜铟镓硒太阳能电池组件"成功入选。

9月17日，中国工程院院士，中国建材集团总工程师，中国建材股份党委副书记、总裁，凯盛科技集团党委书记、董事长彭寿，在中共洛阳市委副书记、市长刘宛康陪同下，率团到中钢洛耐科技股份有限公司接受红色教育。

9月21日，凯盛科技集团与深圳市龙华区人民政府举行共建国家新型光电材料技术创新中心合作框架协议签约仪式。

9月23日，由中国建材工程集团主编、蚌埠院等单位参编的《浮法玻璃生产成套装备通用技术要求》国家标准送审稿审查会在蚌埠召开，会议一致同意《标准》送审稿通过审查。

9月24日上午，中国（安徽）自由贸易试验区在合肥正式揭牌，这标志着安徽自贸区开始启动运行，长三角三省一市实现自贸区全覆盖。与此同时，合肥、芜湖、蚌埠三个片区同步启动运行。

9月25日，由中国建材工程集团和蚌埠院联合主办、蚌埠凯盛工程技术有限公司承办的"2020年度质量月·公司/院电控专业技术及智能制造交流研讨会"在蚌埠凯盛成功举办。

9月28日，蚌埠院举办了"我们的节日·中秋——第五届'人月圆'环山健步走"活动。蚌埠院各单位、各部门的200多名员工参加了活动。

10月

10月7日，"后疫情时代武汉理工大学高质量发展战略合作暨合并组建20周年大会"在武汉召开，中国工程院院士彭寿应邀出席会议并作为优秀校友代表发言。

10月10日，蚌埠院党委认真贯彻习近平新时代中国特色社会主义思想和党的十九大精神，深入学习习近平总书记视察安徽重要指示和在科学家座谈会上的重要讲话精神，增强"四个意识"、坚定"四个自信"、坚决做到"两个维护"，对蚌埠院直接管理的13个基层党组织党建工作组织开展检查考核，抓严抓实全面从严治党主体责任。

10月11日—14日，2020年国际显示技术大会在武汉光谷科技会展中心召开。本次大会由国际信息显示学会（SID）北京分会、台北分会、香港分会、科技部"战略性先进电子材料"总体专家组联合主办。凯盛集团携显示玻璃材料领域的最新研究成果及高端产品亮相展会。

10月13日，中国工程院院士、中国建材集团总工程师、中国建材工程集团董事长彭寿在上海会见法国达索系统全球执行副总裁罗熙文。

10月14日，科技部科学技术信息研究所产业情报研究中心主任郑彦宁率团到凯盛科技集团访问交流。受中国工程院院士、中国建材集团总工程师、凯盛科技集团董事长彭寿的委托，凯盛科技集团党委副书记、工会主席李志铭热情接待了郑彦宁一行。

10月15日，由中国工程院、宁波市人民政府主办，化工、冶金与材料工程学部、中国科学院宁波材料技术与工程研究所等单位共同承办的2020绿色化工国际高端论坛暨材料化学与绿色合成工艺国际研讨会在宁波开幕。中国工程院院士，凯盛科技集团党委书记、董事长彭寿应邀出席论坛并发表了题为《新发展格局背景下我国新能源材料的创新发展与思考》的主旨演讲。

10月19日，由中国建材工程集团承担的上海市引进技术的吸收与创新计划项目——"高硼硅玻璃工程优化集成和生产技术攻关"项目顺利通过验收。

10月20日，以"河源滨江新城、华南石英硅谷——打造广东东源千亿级硅产业基地"为主题的中国（东源）硅产业技术与市场高峰论坛在广东省河源市举行。中国工程院院士，凯盛科技集团党委书记、董事长彭寿受邀出席开幕式，并做题为《新发展阶段硅基新材料的创新发展》的报告。

10月21日上午，凯盛科技集团召开发明专利工作推进电视电话会议。凯盛科技集团副总经理蒋洋出席会议并讲话。

10月22日，中国建材联合会会长乔龙德到河南中联玻璃有限责任公司调研中国浮法玻璃二代技术成果示范线，对示范线采用的蚌埠院节能环保所自主设计的复合梯度保温技术给予了高度评价。

10月22日，中国建材工程集团"平板玻璃智能冷端产线"项目经上海市高新技术成果转化项目认定办公室审定，被认定为上海市高新技术成果转化项目。

10月22日下午，凯盛科技集团与四川大学举行产学研合作备忘录签署暨彭寿院士"四川大学讲席教授"聘任仪式。校企双方在长期友好合作的基础上将进一步深化合作。

10月23日下午，应南方科技大学创新创业学院院长、讲席教授，澳大利亚国家工程院外籍院士刘科邀请，中国工程院院士、中国建材集团总工程师、中国建材股份总裁，凯盛科技集团党委书记、董事长彭寿出席南方科技大学创新创业大讲堂，并以《让创新基因不断传承 让中国材料领跑世界》为题做专题讲座。

10月25日，由中国建材工程集团总承包的越南富美600t/d超白浮法玻璃生产线项目成功点火，标志着越南富美玻璃项目正式竣工投产。

10月26日，中国工程院院士，中国建材集团总工程师，凯盛科技集团党委书记、董事长彭寿在中国玻璃新材料科技产业园会见了来访的国家电投集团北京电力公司党委书记、董事长马国林。

10月27日，第十五届Asia Solar亚洲光伏创新展览会暨合作论坛在杭州国际博览中心举行。凯盛集团在本届展会上重点展示了新能源、新材料等业务平台的技术和产品。

10月27日，中国建材工程集团总承包的定西中建材年产100MW碲化镉薄膜太阳能电池项目在甘肃定西举行开工仪式。

11月

11月6日，中国建材工程集团与土耳其Duzce Cam公司就伊斯坦布尔300t/d超白压延玻璃项目签署总承包合同。

11月6日，凯盛科技集团组织蚌埠院、华光集团的安全环保专家组成联合检查组，赴凯盛科技集团部分在蚌企业检查督导安全环保工作。

11月6日，凯盛集团与濮阳市人民政府在上海签署战略合作协议。双方将本着"合作共赢、平等互利"的原则，在玻璃新材料、新型建材、乡村振兴、科研开发等方面开展全方位合作，加快濮阳产业发展步伐，促进区域经济发展。

11月13日，以"湾区先行 园区引领"为主题的第二届深圳（国际）产业·园区·创新峰会在深圳举行。会议特邀中国工程院院士、中国建材集团总工程师，凯盛科技集团党委书记、董事长彭寿，为现场嘉宾、观众带来了以《创新链、产业链、资本链"三链"融合构建创新生态圈》为题的主题演讲，并参加同期举办的500强圆桌会议。

11月13日，华知认证有限公司审核组对中国建材工程集团知识产权管理体系进行首次监督审核，此次审核重点考核公司知识产权管理体系认证日期至今体系运行实施的情况。

11月15日，蚌埠院与广东省东源县人民政府签署共建合作协议，并举行"浮法玻璃新技术国家重点实验室硅材料研究中心"和"东源县硅材料创新中心"揭牌仪式。

11月18日，中国建材集团党委书记、董事长周育先一行到成都中建材光电材料有限公司调研指导工作，并组织召开中国建材集团部分在蓉企业工作汇报会。

11月20日，由工业和信息化部、安徽省人民政府共同主办的以"显示：让世界更精彩 让生活更美好"为主题的2020世界显示产业大会在合肥市隆重开幕。中国工程院院士、中国建材集团总工程师，凯盛科技集团党委书记、董事长彭寿应邀出席开幕式，并在院士讲坛上做了题为《信息显示关键材料的现代化发展》的主旨报告。

11月25日，蚌埠院牵头承担的国家重点研发计划"高世代电子玻璃基板和盖板核心技术开发及产业化示范"项目2020年度进展报告会在蚌埠召开。

11月28日，凯盛科技集团与天合光能股份有限公司签署战略合作协议，签约仪式在

"2020中国首届光电材料高峰论坛"现场举行。

12月

12月2日,中国建材工程集团与孟加拉国Nasir集团就建设第三条浮法玻璃生产线（600t/d）工程项目签署总承包合同。

12月2日,中共上海市委、市人民政府隆重举行"2020年上海市劳动模范（先进工作者）和上海市模范集体表彰大会"。中国建材工程集团副总工程师左泽方荣获"上海市劳动模范"。

12月5日,浮法玻璃新技术国家重点实验室在蚌埠召开第二届学术委员会2020年度会议。

12月7日,中国工程院院士,中国建材集团总工程师,中国建材股份总裁,凯盛科技集团党委书记、董事长彭寿率团访问五粮液集团,并与五粮液集团党委书记、董事长,五粮液股份有限公司党委书记李曙光会谈。

12月11日,第十九届全国质量奖在北京揭晓并在中国质量大厦举行了隆重的颁奖仪式。中国建材工程集团EPC承建的中建材电子信息显示超薄基板项目荣获"全国质量奖卓越项目奖"。

12月16日,凯盛重工有限公司与辽宁三三工业有限公司签署盾构机/TBM掘进机项目合作协议。中国工程院院士、中国建材集团总工程师、蚌埠院党委书记、院长彭寿,辽宁三三工业有限公司董事长刘远征出席签约仪式。

12月17日,2020中国交通投融资年会在郑州举行。会上颁发了"2020年度中国公路学会交通投融资年度创新项目奖"和"2020年度中国交通投融资年会优秀论文奖"。蚌埠院和四川交投新能源有限公司共同承建的"光伏发电玻璃在交通领域节能建筑一体化中的技术应用——四川交投天全服务区示范项目"荣获创新优秀奖。蚌埠院科技顾问李正章出席会议并领奖。

12月23日,中国建材工程集团与英国Capital Dynamics基金公司全资持股的项目业主公司Nemsis Solar S.L.U.签署了西班牙Puerto Real二期50MW光伏地面电站EPC总承包工程合同。

12月23日,国家重点实验室矿产资源研究所组织的"硅基原料提纯及深加工技术进展和产业化技术研讨会""在蚌埠召开。

12月23日,中国工程院院士,中国建材集团总工程师,中国建材股份总裁,凯盛科技集团党委书记、董事长彭寿在蚌埠会见了GPC集团主席Daniel Tain先生并签署了波兰二期 200 兆瓦地面光伏电站项目合作备忘录。

12 月 26 日，凯盛科技集团 2020 年度财务工作会议在蚌埠召开。

12 月 29 日，中央文明委公布了第六届全国文明单位名单，经过严格复查认定，蚌埠院继续保留"全国文明单位"荣誉称号。蚌埠院自 2015 年 2 月 28 日获得"全国文明单位"以来，6 年间连续 3 次通过该项荣誉的复审。

12 月 29 日，2020 年全国建材企业管理创新大会在长沙隆重召开，会议以"开拓、创新、人文"为主题，就企业如何通过推进管理创新、实现企业高质量发展等问题进行经验交流和研讨，来自全国建材企业的百余名代表参加大会。凯盛科技集团、中国建材工程集团、上海凯盛朗坤联合申报的"基于实现企业党建工作平台化管理的'互联网＋党建'模式构建与实施"成果荣获"2020 年全国建材企业管理现代化创新成果经典案例奖（一等奖）"。

12 月 30 日上午，凯盛科技集团在蚌埠召开 8.5 代 TFT-LCD 玻璃基板二线工程启动会议。

12 月 30 日，经过市经信部门审核推荐、第三方评定机构组织专家评审、网站公示等严格程序，全省最终评定出 20 户企业为"2020 年安徽省工业和信息化领域标准化示范企业"。蚌埠院名列其中。

2021 年

1 月

1 月 4 日，中国工程院院士、中国建材集团总工程师、中国建材股份总裁、中国建材工程集团董事长彭寿在上海会见了美国 Unifrax 集团中国区总经理张淳一行。中国建材工程集团党委书记、总裁马立云与美国 Unifrax 集团上海公司代表 David 先生参加会谈。中国建材工程集团总经济师何文与美国 Unifrax 集团张淳就吉林松原新建 100t/d 玻璃纤维生产线的工程设计签署合同。

1 月 7 日，中国工程院院士，中国建材集团总工程师，凯盛科技集团党委书记、董事长彭寿在上海会见宜兴市委书记封晓春。

1 月 8 日，安徽省市场监督管理局、安徽省教育厅和安徽省经济和信息化厅联合公布了 2020 年安徽省发明专利百强排行榜，凯盛科技集团所属企业蚌埠院和合肥神马科技集团有限公司分列第 30 名和第 79 名。

1 月 12 日，凯盛集团与北汽集团所属北京海纳川公司举办线上视频技术交流会，凯盛科技集团副总经理蒋洋、中国建材集团科技管理部总经理助理王茂生、北京海纳川公司首席技术官陈伟刚、英纳法企业管理（上海）有限公司技术总监李江涛等出席会议。

1月14日，凯盛集团召开2020年度成员企业经营汇报暨中层干部综合考评民主测评会，总结交流2020年重点工作，谋划布局2021年工作。

1月20日，凯盛集团召开2020年度总结表彰大会暨职工代表大会。

1月23日，中国建材工程集团承建的邯郸中建材第二代大面积碲化镉薄膜发电玻璃生产线成功下线首片光电转换效率为13.08%的发电玻璃。

1月26日，蚌埠院承担的安徽省科技重大专项定向委托类项目"OLED显示用玻璃基板关键技术研究开发"项目启动会在浮法玻璃新技术国家重点实验室召开。

1月29日，中国工程院院士、中国建材集团总工程师、凯盛科技集团董事长彭寿与金顶资本控股集团主席丹尼尔先生通过视频连线，签署了总金额超亿欧元的波兰地面光伏电站二期200兆瓦总承包合同。

1月29日，为表彰中国建材工程集团2020年在扶贫工作方面做出的突出贡献，上海市普陀区长寿路街道商会邀请公司参加迎新团拜会，并颁发"2020年度脱贫攻坚贡献奖"和"2020年度慈善公益贡献奖"。

1月29日，凯盛科技集团召开2020年度直属企业纪委书记考核述职评议会。中国工程院院士，中国建材集团总工程师，凯盛科技集团党委书记、董事长彭寿出席会议并讲话。

2月

2月9日，在阴历新年来临之际，蚌埠院举办2021年离退休干部春节团拜会。

2月18日，安徽省委副书记、省长王清宪在蚌埠市调研重点项目建设期间，专程来到蚌埠中光电科技有限公司考察8.5代TFT-LCD超薄浮法玻璃基板生产线。

2月19日，蚌埠市双招双引和工业发展大会召开，市委书记黄晓武出席会议并讲话。会议表彰了2020年度全市十强工业企业和纳税突出贡献工业企业、工业强市和招商引资先进集体和先进个人，凯盛科技集团在蚌多家企业名列其中。

2月20日，凯盛科技集团与福建省龙岩市人民政府在蚌埠签订战略合作框架协议。

2月24日，经美国国家可再生能源实验室（NREL）测试证实，中国建材凯盛科技集团旗下蚌埠玻璃工业设计研究院所属德国Avancis公司生产的30×30平方厘米铜铟镓硒（CIGS）太阳能电池组件的光电转换效率达到19.64%。

3月

3月1日,凯盛集团建设的单体规模10MW薄膜光伏建筑一体化(BIPV)应用示范项目运营一周年,累计发电超1100万千瓦时,收益约900万元。按照运营时间25年计算,项目累计收益约2.2亿元,节约燃煤约11.7万吨,减少二氧化碳排放约26.5万吨,为推进资源全面节约和循环利用,实现碳达峰、碳中和交出了一份亮眼的成绩单。

3月2日,凯盛科技集团与国元证券股份有限公司在蚌埠签署全面战略合作协议。双方将通过全面战略合作,共同推动产业和资本的进一步融合发展,开启互利共赢新征程。

3月5日,彭寿代表履职的第9年,再次站在全国两会这一重要政治平台,与众多代表委员一道在畅所欲言中凝聚共识,在集思广益中明确方向,在新征程上昂首阔步前行。

3月6日,十三届全国人大四次会议安徽代表团举行全体会议,审查《国民经济和社会发展第十四个五年规划和2035年远景目标纲要(草案)》。安徽代表团团长李锦斌,副团长王清宪、邓向阳、刘惠、沈素琍、谢广祥、王翠凤出席会议。王清宪主持会议。全国人大代表、中国工程院院士、中国建材集团总工程师、凯盛科技集团党委书记、董事长彭寿在会议上做题为《打好关键核心技术攻坚战,突破一批"卡脖子"技术》的发言,表示完全赞成纲要草案,建议在安徽设立国家硅基材料技术创新中心和战略性新兴产业集群,将安徽打造为中国硅谷、世界硅谷。

3月12日,由中国工业报社主办的"2020中国工业创新标杆、示范企业及创新人物遴选活动"揭晓,彭寿院士荣膺"2020中国工业企业创新领军人物"称号,中国建材工程集团荣获"2020中国工业创新标杆企业"称号。

3月12日,在2021年全国两会闭幕后的第一天,凯盛科技集团召开党委理论学习中心组学习会议,专题学习传达习近平总书记两会期间重要讲话精神和全国两会精神。

3月12日,中国工程院院士,中国建材集团总工程师,凯盛科技集团党委书记、董事长彭寿在北京会见四川自贡市委书记范波,双方就深化产业合作、实现共赢发展进行了充分交流。

3月12日,中国工程院院士,中国建材集团总工程师,凯盛科技集团党委书记、董事长彭寿在北京会见甘肃酒泉市委书记吴仰东,双方就加快产业、区域经济发展,实现合作共赢进行了充分交流。

3月18日,全国人大代表,中国工程院院士,中国建材集团总工程师,中国建材股份总裁,凯盛科技集团党委书记、董事长彭寿在圆满完成大会各项议程和任务后,第一时间来到中国建材集团所属各企业,分享参会感受,深入宣讲两会精神。

3月18日，中国工程咨询协会组织评选的"2020年度全国优秀工程咨询成果奖"评审结果已公示，蚌埠院申报的《蚌埠中光电科技有限公司8.5代TFT-LCD超薄浮法玻璃基板生产线一期工程可行性研究报告》和《凯盛君恒河北药用玻璃制品有限公司5.0中性硼硅药用玻璃生产线扩建项目可行性研究报告》等2个项目，分别荣获2020年度全国优秀工程咨询成果奖一等奖和二等奖。

3月18日，蚌埠院节能环保所承担的安徽盛世新能源材料科技有限公司320t/d光伏二线玻璃熔窑保温节能工程顺利竣工。

3月21日，中国建材凯盛科技集团旗下凯盛科技股份有限公司发布公告，公司将新增投资超10亿元，建设超薄柔性玻璃二期项目，建成后将形成年产1500万片6~8英寸30至70微米超薄柔性玻璃及相关贴合产品的产能。

3月26日，中国工程院院士，中国建材集团总工程师，凯盛科技集团党委书记、董事长彭寿会见山东淄博市委书记江敦涛，双方就央地战略合作，共同实现高质量发展进行了充分交流。

3月29日，中国（安徽）自由贸易试验区蚌埠片区建设新闻发布会召开，自安徽自贸试验区正式揭牌以来，作为蚌埠片区建设的骨干力量，凯盛集团在中国工程院院士、中国建材集团总工程师、凯盛科技集团董事长、蚌埠院院长彭寿带领下，不断发挥硅基新材料科技创新优势，加强玻璃新材料新技术研发，加速玻璃新材料新成果转化，加快玻璃新材料新产品突破，全面提升产业层次与整体竞争力，全力助推蚌埠建设世界级硅基制造业中心、安徽打造万亿级"世界硅谷"。

3月30日，全国政协副主席、全国工商联主席高云龙在合肥主持召开在皖企业座谈会，围绕"发挥企业创新主体作用，壮大国家战略科技力量"主题交流研讨。中国工程院院士，中国建材集团总工程师，凯盛科技集团党委书记、董事长，中建材蚌埠玻璃工业设计研究院党委书记、院长彭寿应邀参会并做交流发言。

3月31日，中国建材工程集团与中国银行上海市分行在沪签署《银企战略合作协议》。

第一季度，凯盛集团实现合并营业收入同比增长超30%，利润总额和净利润同比翻番，以开局即决战、起步即冲刺的精神，加速贯彻落实中国建材集团确定的玻璃新材料"3+1"战略布局，迈出了"十四五"开局坚实的第一步，再造"凯盛震撼"。

4月

4月1日，为庆祝中国共产党建党100周年，凯盛科技集团按照党史学习教育"学党

史 悟思想 办实事 开新局"工作要求,召开统战和思想政治工作暨"我为群众办实事"座谈会。

4月8日,中国建材集团副董事长李新华到凯盛集团在蚌企业考察调研并主持召开座谈会,进一步推进集团企业之间加强交流合作。

4月11日,全国人大常委会副委员长、民进中央主席蔡达峰在安徽调研期间,专程来到凯盛科技集团在蚌埠研发和产业基地,听取了中国工程院院士,中国建材集团总工程师,凯盛科技集团党委书记、董事长彭寿关于企业历史沿革、科研开发、人才培养、产业发展等相关情况的汇报。

4月11日,由100位院士、专家组成的国家产业基础专家委员会4月2日正式成立。作为专业化、战略性决策参谋机构,国家产业基础专家委员会将围绕产业基础高级化,以科学咨询支撑科学决策,致力于推进产业基础能力提升,助力制造强国建设。中国工程院院士,凯盛科技集团党委书记、董事长彭寿受邀参加会议,并被聘任为国家产业基础专家委员会委员。

4月11日,主题为"创新驱动、高质量发展"的第九届中国电子信息博览会(CITE 2021)在深圳会展中心隆重举行。中国工程院院士,凯盛科技集团党委书记、董事长彭寿应邀出席开幕式,并在论坛上做题为《创新驱动新型显示材料高质量发展》的主旨演讲。

4月12日,蚌埠院召开2021年月度工作会议,总结季度工作,分析当前形势,加速战略落地。

4月12日,安徽省科学技术奖励暨加快建设科技创新攻坚力量体系推进大会在合肥举行,省委书记李锦斌出席会议并讲话,省委副书记、省长王清宪主持会议。由蚌埠院、安徽凯盛基材、中国建材工程集团共同完成的"超轻高强空心玻璃微珠制备技术及产业化"成果被授予安徽省科技进步一等奖。

4月13日,中国建材工程集团顺利通过工业和信息化部《信息化和工业化融合管理体系 要求》(GB/T 23001—2017)体系认证,获得两化融合管理体系评定证书。

4月14日,中国工程院院士,中国建材集团总工程师,凯盛科技集团党委书记、董事长彭寿在北京会见江苏宿迁市委书记王昊,双方就深化战略合作,推动新玻璃、新材料、新能源产业协同及高质量发展进行了充分交流。

4月15日,蚌埠院、蚌埠中光电科技有限公司、中建材(蚌埠)光电材料有限公司、蚌埠中建材信息显示材料有限公司、安徽凯盛基础材料科技有限公司等企业联合在蚌埠中光电开展有限空间作业安全专项培训,旨在提高员工安全意识,切实加强有限空间作业安

全管理，有效防范安全事故发生。

4月16日，凯盛科技集团召开2021年第一季度直管企业纪委书记汇报会。会议认真学习了习近平总书记在党史学习教育动员大会上的重要讲话精神，传达了中央纪委国家监委、驻委纪检监察组及中国建材集团纪委近期重要会议精神。

4月19日，中国工程院院士、中国建材集团总工程师、中国建材股份总裁、凯盛科技集团党委书记、董事长彭寿在北京会见九江市委常委、副市长蒋文定并进行工作座谈，双方就深化战略合作，推动新玻璃、新材料、新能源产业协同及高质量发展，打造光伏建筑一体化示范工程等进行了交流。

4月21日，2021年度凯盛科技集团与金融机构对接会在蚌埠召开。中国工商银行、招商银行、广发银行、平安银行、北京银行、天津银行、中泰证券、中信证券、申万宏源证券等20家金融机构受邀参会，并参观了凯盛科技旗下重要子公司。

4月22日，由中国工程院和上海市共同建设的中国工程院院士专家成果展示与转化中心在上海嘉定揭牌。中国工程院院士、中国建材集团工程师、凯盛科技集团董事长彭寿应邀出席并向参会领导介绍了中国建材和凯盛科技的创新成果。

4月23日，凯盛科技集团与东台市经济开发区签署了"三新"产业基地项目合作协议。

4月29日，凯盛科技集团与威海市政府、威高集团有限公司在京进行战略合作洽谈并签署相关协议，将进一步加速推进中性硼硅药用玻璃产业链国产化。

4月30日，中国工程院"信息显示关键材料发展战略研究"重点战略咨询项目启动会在北京召开，中国工程院党组成员、秘书长陈建峰院士出席，中国建材集团党委书记、董事长周育先出席会议并致辞。

4月30日，凯盛（自贡）新能源太阳能新材料一期项目在自贡川南新材料产业基地点火投产。

5月

5月1日，中国建材龙泰新能源材料产业园项目投产仪式在福建省龙岩市举行。龙岩市委书记李建成出席仪式，中国工程院院士、中国建材集团总工程师、中国建材股份总裁、凯盛科技集团党委书记、董事长彭寿，龙岩市委副书记、市长张国旺出席仪式并致辞。

5月5日，河南省代省长王凯到中国建材（濮阳）光电材料有限公司调研。

5月6日，第31届中国国际玻璃工业技术展览会在上海新国际博览中心开幕，中国建材凯盛集团及所属多家企业参展并在开幕式当天签约11个项目。

5月7日,凯盛集团在上海举办2021年度金融机构交流会。中国工程院院士,中国建材集团总工程师,凯盛科技集团党委书记、董事长,中国建材工程集团董事长彭寿出席会议并讲话。

5月7日,中国工程院院士、中国建材集团总工程师,凯盛科技集团党委书记、董事长彭寿出席中国联合装备集团"十四五"战略规划研讨会并到合肥神马科技集团有限公司调研指导工作。

5月8日,安徽省首台本土制造的盾构机"凯盛一号"在中国建材凯盛科技集团所属凯盛重工有限公司下线,填补了安徽省重大装备制造业在该领域的空白,将形成产业化、规模化发展格局,带动相关制造业和配套产业的发展,提高安徽省装备制造业的整体水平。

5月12日,中国工程院院士,中国建材集团总工程师,凯盛科技集团党委书记、董事长彭寿在北京会见无锡市锡山区委书记周文栋,双方就开展产业合作进行了充分交流。

5月13日,由安徽省住房和城乡建设厅主持的安徽省地方标准《太阳能光伏与建筑一体化技术规程》大纲修订编制会及《薄膜太阳能光伏与建筑一体化技术规程》团体标准立项评审会在蚌埠召开。此次会议标志着凯盛集团致力于建筑领域碳中和的标准制定工作正式启动,将为凯盛集团薄膜光伏发电玻璃推广提供科学、系统、有影响力的支持。

5月13日,受中国科学院院士、固体力学与微纳米力学专家、清华学堂钱学森力学班创办首席教授郑泉水邀请,中国工程院院士,中国建材集团总工程师,凯盛科技集团党委书记、董事长彭寿做客清华大学钱学森班,讲授题为《玻璃创造美好世界》的X-idea"挑战性问题"专题讲座。

5月15日,蚌埠院副院长汤红运率队对上海燕龙基城市矿产示范基地凤阳项目、安徽凯盛基础材料科技有限公司柔性玻璃的应用与产业化研究项目开展安全生产大检查。

5月18日,由国际玻璃协会首倡并牵头,玻璃协会联盟、ICOM-玻璃组织共同推进,全球玻璃学术界和产业界共同支持的"2022年国际玻璃年"倡议获得了第75届联合国大会第66次全会的正式批准。

5月21日,中国建材集团党委书记、董事长周育先到凯盛科技集团所属深圳市国显科技有限公司调研指导工作。

5月22日,中国建材集团党委宣传部组织经济日报、英才杂志、中国企业报、企业观察报、中国建材报、中国建材杂志等主流媒体走进凯盛集团,实地感受企业高质量发展成果。

5月26日,凯盛集团召开2021年"安全生产月"暨"安全生产万里行"启动会,再次启动高质量发展的动员令。

5月26日,凯盛集团与上海市普陀区签署战略合作协议,将进一步深化玻璃新材料领域全面合作,共同打造光电玻璃技术及装备国家工程研究中心和凯盛集团上海运营总部,打造集研发、设计、工程总包、智能制造于一体的国际化科技型企业集团。

5月26日,中国工程院院士、中国建材集团总工程师,凯盛科技集团党委书记、董事长彭寿在上海会见淄博市沂源县委书记王义朴,双方就开展玻璃新材料产业合作进行了深入交流。

5月30日,是全国第五个"全国科技工作者日"。节日前夕,习近平总书记在两院院士大会、中国科学技术协会第十次全国代表大会上发表重要讲话并向全国广大科技工作者表达了节日问候。凯盛科技工作者表示要时刻牢记嘱托、不负使命,在新时代创新创造中奋斗建功,努力实现中国玻璃新材料领域高水平科技自立自强。

6月

6月3日,全国人大常委会委员、安徽省人大常委会副主任谢广祥带领部分安徽省全国人大代表到蚌埠院调研。中国工程院院士,中国建材集团总工程师,凯盛科技集团党委书记、董事长,蚌埠院党委书记、院长彭寿热情接待了代表团一行。

6月4日,在中国工程院院士、中国建材集团总工程师、中国建材股份总裁、中国建材工程集团董事长彭寿的见证下,上海凯盛节能工程技术有限公司与中建材(合肥)新能源有限公司签订了世界首套玻璃窑烟气捕集回收利用二氧化碳项目。

6月5日,由亚洲光伏产业协会(APVIA)、中国可再生能源学会(CRES)、中国循环经济协会可再生能源专业委员会(CREIA)等机构和组织联合主办的SNEC第15届(2021)国际太阳能光伏与智慧能源(上海)展览会在上海新国际博览中心隆重举行。中国建材凯盛集团多项新能源材料和光伏建筑一体化(BIPV)产品参展并在6月4日签约11个重量级项目。

6月7日,中国工程院院士,中国建材集团总工程师,凯盛科技集团党委书记、董事长,蚌埠院党委书记、院长彭寿赴亳州市考察调研。

6月8日,中国工程院院士、中国建材集团总工程师、中国建材工程集团董事长彭寿和邯郸市委副书记、市长樊成华到中国建材工程集团承建的年产300MW第二代大面积碲化镉发电玻璃生产线项目现场调研指导工作。

大事记

6月8日，中国建材集团党委书记、董事长周育先陪同中国医药集团党委书记、董事长刘敬桢调研集团所属凯盛君恒有限公司，并就加速疫苗用预灌封玻璃管国产化举行座谈会。

6月15日，中国工程院院士、中国建材集团总工程师、凯盛科技集团董事长彭寿在上海会见了金顶资本控股集团主席丹尼尔先生。

6月15日，中国建材工程集团与印度Gold Plus公司就建设两条800t/d浮法玻璃生产线项目签署总承包合同。

6月16日，中国建材集团党委书记、董事长周育先到凯盛科技集团在蚌埠部分企业调研指导工作。

6月17日，蚌埠市委理论学习中心组学习（扩大）会议召开。中国建材集团党委书记、董事长周育先应邀做专题辅导报告，中共蚌埠市委书记黄晓武主持会议并讲话。

6月17日，中国建材凯盛科技集团与宿迁市人民政府签署战略合作协议，聚力打造新能源材料科技创新策源地和千亿级新能源材料产业集群，标志着双方携手迈入高质量发展新阶段。

6月19日，中国建材集团党委书记、董事长周育先到中建材（宜兴）新能源有限公司调研指导工作。

6月19日，中国建材集团"健跑百年路奋斗新征程"第92站活动在安徽省蚌埠市渡江战役总前委孙家圩子旧址举行。中国建材集团党委书记、董事长周育先，党委常委、副总经理常张利；党委常委、副总经理王于猛；中国工程院院士、中国建材集团总工程师，凯盛科技集团党委书记、董事长，蚌埠院党委书记、院长彭寿；中国建材集团资本运营部总经理张华，安全环保部总经理李宁，安全环保部总经理助理吴潇，董事会办公室业务经理邱艾平出席活动。

6月24日，中国工程院院士、中国建材集团总工程师、凯盛科技集团董事长彭寿赴中国工业互联网研究院调研交流。中国工业互联网研究院院长徐晓兰、凯盛科技集团副总经理张健陪同调研。

6月28日，上海市勘察设计行业协会在浦东BAC竹园艺术中心隆重举行庆祝建党100周年"变革——百年·百事·百人"颁奖典礼，中国建材工程集团总承包建设的中建材电子信息显示超薄基板项目和中国工程院院士、中国建材工程集团董事长彭寿分别荣获大奖。

6月29日，中国工程院院士、中国建材集团总工程师、凯盛科技集团董事长彭寿，参加中国（上海）国际显示产业高峰论坛，通过视频方式寄语，对活动的隆重举行表示了热烈祝贺。

7月

7月1日，凯盛集团在蚌埠隆重召开庆祝建党100周年暨表彰大会。

7月5日，中国工程院院士、中国建材集团总工程师、凯盛科技集团董事长、中国建材工程集团董事长彭寿在上海会见桐城市委书记徐雄，双方就加强产业合作进行了深入交流。

7月6日，中国工程院院士、中国建材集团总工程师、凯盛科技集团董事长彭寿在蚌埠会见武汉市人大常委会副主任但长春，双方就加强特种玻璃产业战略合作，共同打造"中国健康谷"进行了深入交流。

7月7日，中国工程院院士、中国建材集团总工程师、凯盛科技集团董事长彭寿在北京分别会见宜宾市珙县县委书记雷涛和安阳市龙安区委书记李可，并就新玻璃、新材料、新能源产业发展进行深入交流。

7月9日，中国工程院院士、中国建材集团总工程师、凯盛科技集团董事长彭寿受邀赴约旦驻华大使馆，与约旦驻华大使 Hussam A.G.Al Husseini 会谈。

7月11日，中国工程院院士、中国建材集团总工程师、凯盛科技集团董事长彭寿在承德会见了中共承德市委书记董晓宇，双方就新材料领域的创新和发展进行了广泛而深入的交流。

7月15日，周育先代表赴皖参加"国际新材料产业大会"的企业界主要负责同志与安徽省委副书记、省长王清宪举行会谈，曹江林、邓向阳、章曦和新材料领域院士代表出席会议。与会人员就促进新材料产业发展进行了深入交流。

7月16日，由安徽省人民政府、国际玻璃协会主办，中国科学技术学会指导的"国际新材料产业大会"在蚌埠召开，本次会议主题为"新材料　新动能　新生活"。

7月16日，第二届中国光电材料大会暨硅基新材料产业合作对接会在安徽蚌埠隆重召开。

7月22日，中国工程院院士、中国建材集团总工程师、凯盛科技集团董事长彭寿与吉林省白山市市长马坚在京举行会谈，双方就玻璃新材料、矿产资源综合开发利用等方面合作进行了深入交流。

8月

8月13日，凯盛科技集团成功发行10亿元碳中和绿色公司债券，成为建材行业首只碳中和概念债券。

8月14日，安徽省委常委、合肥市委书记虞爱华与中国工程院院士、中国建材集团总工程师、凯盛科技集团董事长彭寿商谈深化项目合作。

8月27日，中国工程院院士、中国建材集团总工程师、凯盛科技集团董事长彭寿在京会见沂源县委书记王义朴，双方围绕新能源、新玻璃、大健康产业发展进行深入交流，并签署战略合作协议。

8月27日，凯盛科技集团与中国建筑材料工业地质勘查中心举行战略合作协议签约仪式，双方将在建筑光伏一体化、绿色矿山建设、未来协同发展等方面加强合作。

8月27日，沂源县人民政府与凯盛科技集团签署《战略合作框架协议》，沂源县拟将下属国有投资公司山东鲁中投资有限责任公司持有的山东省药用玻璃股份有限公司65，446，453股股份（占总股本11%）无偿划转给凯盛科技集团，划转完成后，凯盛科技集团成为山东药玻第一大股东。

8月31日，凯盛科技集团旗下三家上市公司在深圳联合举办2021年中期业绩推介会。中国工程院院士、中国建材集团总工程师、凯盛科技集团董事长彭寿，凯盛科技集团副总经理、总会计师汤李炜出席推介会。

9月

9月6日，凯盛科技集团党委书记、总经理张健赴安徽省池州市石台县调研乡村振兴帮扶项目并召开座谈会，就进一步发挥企业科技创新优势，打造产业振兴、生态宜居、人才培养三大工程深入交流。凯盛科技集团党委副书记、工会主席李志铭，石台县委书记李军，县委副书记、县长靳武陪同调研。

9月7日，凯盛科技集团、蚌埠院、中国建材工程集团先后在北京、蚌埠召开集体学习会，专题学习习近平总书记在中央党校（国家行政学院）中青年干部培训班开班式上的重要讲话精神和中国建材集团党委常委讨论凯盛集团战略执行情况专题会精神。

9月9日，按照中国建材集团深入推进党史学习教育"我为群众办实事"实践活动安排，凯盛科技集团召开"我为群众办实事"重点民生项目推进座谈会。

9月10日，蚌埠市委理论学习中心组学习（扩大）会议召开，中国工程院院士，凯盛科技集团董事长，蚌埠院党委书记、院长彭寿应邀做专题辅导报告。市委副书记、市长操龙灿主持会议，市政协党组书记、主席杨森出席会议。

9月16日，安徽省副省长周喜安到成都中建材光电材料有限公司调研。凯盛科技集团副总经理、新能源绿色建筑应用研究院院长王丛向省领导做了工作汇报。

9月18日,中国建材凯盛集团太阳能装备用光伏电池封装材料项目奠基仪式在宜兴举行。

9月24日,凯盛集团大干100天战略落地动员大会在蚌埠召开。

9月24日,增强长三角欠发达区域高质量发展动能暨皖北承接产业转移集聚区建设推进大会在蚌埠召开。安徽省委书记李锦斌,省委副书记、省长王清宪,发展改革委副主任、国家长三角办副主任丛亮,上海市委常委、副市长吴清,江苏省副省长惠建林,浙江省副省长朱从玖以及科技部、工业和信息化部、财政部、自然资源部、生态环境部、商务部、国务院国资委、中国银保监会有关负责同志出席会议。中国工程院院士,中国建材集团总工程师,蚌埠院党委书记、院长彭寿应邀参加会议。

10月

10月9日,中国建材工程集团总承包建设的葡萄牙Solara 4220MW大型光伏电站在位于葡萄牙南部的项目现场如期举行通电仪式。

10月11日,中共中央政治局委员、全国人大常委会副委员长王晨在安徽省委书记郑栅洁陪同下,来到蚌埠院对利用具有自主知识产权的创新成果建设的中国玻璃新材料科技产业园考察调研。

10月11日,安徽省委书记郑栅洁赴凯盛科技集团新型显示产业基地调研指导。中国工程院院士、中国建材集团总工程师、凯盛科技集团董事长彭寿介绍相关情况。

10月12日,工业和信息化部在蚌埠组织召开国家玻璃新材料创新中心建设方案论证会。会议认为,国家玻璃新材料创新中心建设基础良好,建设方案合理可行,建设任务及目标明确,建设资金方案合理,一致同意国家玻璃新材料创新中心建设方案通过论证。

10月14日,中国联合装备集团有限公司2021年三季度运营会及"十四五"战略规划研讨会在北京召开。

10月19日,第十六届Asia Solar亚洲光伏创新展览会暨合作论坛在杭州国际博览中心隆重召开。凯盛集团所属中国建材工程集团全新亮相展会,并凭借着强大的技术研发和创新实力,获得"2021年亚洲光伏创新企业奖",这是Asia Solar对凯盛集团自主创新技术的充分肯定,也是凯盛品牌在光伏行业技术先进性和理念前瞻性的最佳体现。

10月21日,中国建材凯盛集团自主研发生产的8.5代TFT-LCD玻璃基板、碲化镉发电玻璃与中国空间站、C919国产大飞机、"九章"量子计算机、"奋斗者"号全海深载人潜水器等重大科技成果,同台亮相国家"十三五"科技创新成就展,向公众展现中国建材集团在玻璃新材料领域的创新成就。展会开幕前两天,科技部部长王志刚、副部长李萌等参观了中国建材玻璃新材料创新成果，询问了成果产权和应用情况，对此给予高度评价和赞赏。

10月23日，2021年全国玻璃科学技术年会在广西壮族自治区北海市召开，中国工程院院士、武汉理工大学首席教授、博士生导师姜德生，澳大利亚工程院院士、澳大利亚蒙纳什大学教授程一兵，中国工程院院士、中国建材集团总工程师、国际玻璃协会顾问委员会主席彭寿应邀出席大会并做报告；中国硅酸盐学会副理事长晋占平，武汉理工大学副校长陈文分别在开幕式上致辞。

10月26日，中共中央总书记、国家主席、中央军委主席习近平等党和国家领导人前往北京展览馆，参观了国家"十三五"科技创新成就展。中国建材凯盛集团自主研发的中国首片8.5代TFT-LCD玻璃基板、碲化镉发电玻璃与中国空间站、"九章"量子计算原型机、"嫦娥五号""奋斗者"号全海深载人潜水器等国之重器成为本次展览的亮点，受到党和国家领导人的高度肯定。

10月28日，凯盛科技集团党委书记、总经理张健与中国民航机场建设集团总经理、党委副书记、副董事长王永强举行工作座谈，双方就进一步深化战略合作进行交流。

11月

11月1日，工业和信息化部发文公布"2021年国家技术创新示范企业"名单，认定全国58家企业为"国家技术创新示范企业"。蚌埠院、中国建材工程集团凭借多年的科技创新能力、成果转化能力、产研融合能力与行业影响力成功入选。

11月3日，2020年度国家科学技术奖励大会在北京隆重召开。清华大学、中建材环保研究院（江苏）有限公司等单位联合研发的"工业烟气多污染物协同深度治理技术及应用"项目成果荣获国家科学技术进步奖一等奖。

11月3日，工业和信息化部发文公布第五批"国家级工业设计中心"名单，蚌埠院凭借多年的工业设计能力、科技创新能力、成果转化能力、产研融合能力与行业影响力成功获批，创新能力再获国家级最高认可。

11月4日，第四届中国国际进口博览会在上海开幕。本届进博会，凯盛集团在智能装备展区设立了占地面积500平方米的展台，采用富有现代感的设计理念，集中展示了凯盛集团并购的境外企业，包括德国阿旺西斯、德国新格拉斯，以及意大利奥利维托在薄膜太阳能电池、半导体、药用玻璃技术等领域的骄人成果。

11月6日，第四届中国国际进口博览会期间，中国工程院院士、中国建材集团总工程师、凯盛科技集团董事长、中国建材工程集团董事长彭寿在上海分别与来访的驻马店市委书记鲍常勇，商丘市委副书记、市长摆向阳举行会谈，双方就推进"双碳"示范目标、创新产业链合作模式等方面进行深入交流。

11月6日，中国工程院院士、中国建材集团总工程师、凯盛科技集团董事长、中国建材工程集团董事长彭寿在上海分别会见了法国达索系统全球执行副总裁罗熙文（Sylvain Laurent）、GPC集团主席Daniel Tain，双方就深化国际合作、促进产业数字化转型升级等进行了深入交流。

11月9日，蚌埠院牵头建设的国家玻璃新材料创新中心获得工业和信息化部批复组建，成为"十四五"期间首批国家制造业创新中心。

11月9日，中国工程院院士、中国建材集团总工程师、凯盛科技集团董事长、中国建材工程集团董事长彭寿与GPC集团主席Daniel Tain代表双方签订了波兰262MW地面光伏电站项目总承包合同。

11月11日，中国工程院院士、中国建材集团总工程师、凯盛科技集团董事长彭寿受聘为武汉理工大学战略科学家并应邀做学术报告。

11月15日，按照中国建材集团党委要求，凯盛科技集团和蚌埠院分别召开党委理论学习中心组学习会，深入学习贯彻习近平总书记在党的十九届六中全会上的重要讲话和全会精神，就切实抓好学习宣传和贯彻落实工作进行安排。

11月16日，中国建材集团通报表彰了2021年政研课题优秀成果，凯盛集团多项课题入选优秀成果，获奖总数在全集团名列前茅。

11月16日，安徽省经信厅一级巡视员王有军在蚌埠市政府副秘书长龙晓娣陪同下，到国家玻璃新材料创新中心考察指导工作并召开会议。

11月19日，中国工程院院士、中国建材集团总工程师、凯盛科技集团董事长、中国建材工程集团董事长彭寿与中国农业银行上海分行党委书记、行长陈其昌在上海举行工作会谈，就深化合作促进绿色发展进行深入交流。

11月30日，凯盛科技集团党委召开警示教育视频电话会，深入贯彻全面从严治党要求，教育警示广大党员领导干部进一步增强廉洁从业意识，切实做到警钟长鸣、引以为鉴。

11月30日，凯盛集团2021年度财务工作会在蚌埠召开，会议传达了中国建材集团2021年度财务工作会议精神。

12月

12月1日，蚌埠院与中国人民解放军海军士官学校合作建立实验室和教学实践基地签约仪式在蚌举行。

12月4日，凯盛科技集团与蓝思科技股份有限公司举行战略合作签约仪式。

12月8日，安徽省科技厅公布2022年安徽省科技支撑碳达峰碳中和科技创新专项（第一批）项目计划，蚌埠院承担的"近零能耗建筑光伏围护结构技术研究与示范"项目以及中建材（合肥）新能源有限公司承担的"玻璃窑炉烟气二氧化碳高效捕集关键技术及产业化示范应用研究"项目分别入选。

12月8日，中国建材工程集团总承包建设的哈萨克斯坦奥尔达设计日熔化量600吨玻璃生产线点火仪式在锡尔河畔的项目现场隆重举行。

12月8日，在中国建材集团的战略引领下，由蚌埠院所属安徽凯盛基础材料科技有限公司主持研制的"全海深海底地震仪玻璃球舱"，在马里亚纳海沟成功完成其首次万米海试与试验性应用任务，填补了我国万米级国产海底地震仪玻璃球舱的空白。

12月15日，中国建材集团与池州市委、市政府举行工作座谈，双方就进一步落地落实战略合作协议进行深入交流。

12月16日，中国建材工程集团与印度Gold Plus公司就建设300t/d超白压延玻璃生产线项目举行云签约仪式。

12月16日，凯盛集团与法国圣戈班集团通过视频形式召开技术研讨会，双方就余热回收、碳捕捉和碳储存、平板玻璃熔窑全氧燃烧技术应用以及燃料及能源变化对耐火材料配制的改变等议题进行了技术交流。

12月19日，凯盛科技集团8.5代TFT-LCD超薄浮法玻璃基板二期项目在蚌埠开工。

12月22日，经美国国家可再生能源实验室（NREL）测试证实，蚌埠院旗下德国Avancis公司生产的30×30平方厘米铜铟镓硒（CIGS）太阳能电池组件的光电转换效率达到19.8%。

12月27日，中国工程院院士，中国建材集团总工程师，凯盛科技集团董事长彭寿赴太原考察调研，与山西省委常委、太原市委书记韦韬进行交流座谈。

2022年

1月

1月6日，中国工程院院士、中国建材集团总工程师、中国建材工程集团董事长彭寿通过视频会见了韩国KCC集团会长郑梦翼，双方签署了印尼1200t/d浮法玻璃生产线总承包工程合同。

1月14日，中国工程院院士、中国建材集团总工程师、凯盛科技集团董事长彭寿在北京会见了四川省眉山市副市长、天府新区眉山管委会主任邹汝林一行。

1月23日，凯盛集团2021年度总结表彰大会在蚌埠召开。中国建材集团党委书记、董事长周育先，党委副书记、总经理李新华出席会议并讲话，蚌埠市委书记黄晓武出席会议并致辞。

1月23日，蚌埠院党委召开2021年度党组织书记抓党建述职测评会。

1月24日，在阴历新年来临之际，蚌埠院举办2022年新春老干部团拜会。

2月

2月6日，中国工程院院士，中国建材集团总工程师，凯盛科技集团董事长，蚌埠院党委书记、院长，中国建材工程集团董事长彭寿先后深入凯盛在皖中央应用研究院、显示材料和应用材料、新能源材料、优质浮法和特种玻璃等板块企业和项目，看望慰问春节期间坚守岗位的一线员工，了解企业生产经营和项目建设情况。

2月6日，壬寅虎年春节假期期间，蚌埠院召开领导班子务虚会，回顾过去、查找不足、谋划未来，进一步理清思路、达成共识、聚力发展。

2月8日，中国工程院院士、中国建材集团总工程师、凯盛科技集团董事长、中国建材工程集团董事长彭寿分别会见了无锡市委常委、江阴市委书记许峰和普陀区委书记姜冬冬。

2月9日，科技部公布了"十四五"国家重点研发计划"稀土新材料"重点专项2021年度立项结果，中国工程院彭寿院士团队、黄小卫院士团队、聂祚仁院士团队联合国内主流面板企业共同申报的"高端显示玻璃基板用稀土抛光材料及其应用关键技术"项目成功入围。

2月11日，由第75届联合国大会第66次全会批准设立的2022年联合国国际玻璃年在瑞士日内瓦联合国欧洲总部万国宫隆重开幕。

2月12日，国家玻璃新材料创新中心成立暨中建材玻璃新材料研究总院成立大会在安徽蚌埠隆重举行，开启玻璃新材料创新发展新征程。

2月12日，中国建材集团党委书记、董事长周育先到凯盛科技集团所属蚌埠中光电科技有限公司调研指导工作。

2月13日，安徽省委副书记、省长王清宪先后到凤阳小岗村和蚌埠市调研凯盛科技集团数字智慧农业温室项目、新型显示产业园，并出席国家玻璃新材料创新中心暨中研院成立仪式。

2月21日，凯盛科技集团2022年度工作会议暨第一届职工代表大会第五次会议在上海召开。

2月21日，凯盛科技集团召开2022年度党风廉政建设和反腐败工作会议，学习贯彻习近平总书记重要讲话和中央纪委六次全会精神，传达中国建材集团党风廉政建设和反腐败工作会议精神。

2月24日，中国建材工程集团与孟加拉国Meghna集团就建设600t/d浮法玻璃生产线项目举行了云签约仪式。

3月

3月5日，全国两会开幕，中国工程院院士、中国建材集团总工程师、凯盛科技集团董事长彭寿连续10年以全国人大代表身份参会。

3月6日，中国建材集团收到国务院国资委专门感谢信。信中充分肯定凯盛科技集团所属凯盛君恒有限公司在国资委定点扶贫、乡村振兴工作中的突出贡献。

3月11日，在2022年全国两会闭幕当天，凯盛科技集团召开党委理论学习中心组（扩大）学习会议，专题学习传达习近平总书记两会期间重要讲话精神和全国两会精神。

3月12日，中国工程院院士、中国建材集团总工程师、凯盛科技集团董事长彭寿在京会见佳木斯市委书记王秋实一行。

3月15日，中国工程院院士、中国建材集团总工程师、凯盛科技集团董事长彭寿赴中国医药集团所属中国生物北京生物制品研究所调研。

3月15日，凯盛科技集团召开3月月度分析会。中国工程院院士、中国建材集团总工程师、凯盛科技集团董事长彭寿出席会议，听取成员企业交流汇报并讲话。

3月22日，中国工程院院士、中国建材集团总工程师、凯盛科技集团董事长彭寿在蚌分别会见中能建绿色建材有限公司党委副书记彭元平一行和五粮液集团公司党委副书记、副董事长、总经理邹涛一行。

3月23日，安徽省政协副主席姚玉舟在蚌开展"新春访万企，助力解难题"活动期间，来到凯盛科技集团所属安徽华光光电材料科技集团有限公司调研。

3月25日，中国建材工程集团与沙特阿拉伯FASENERGY公司签署战略合作协议。

4月

4月1日，中国工程院院士，中国建材集团总工程师，凯盛科技集团董事长，中研院党委书记、院长彭寿率领导班子深入中研院办公区和生产生活区开展安全生产大检查。

4月8日，凯盛科技集团与洛阳市举行工作会谈，中国工程院院士、中国建材集团总工程师、凯盛科技集团董事长彭寿与河南省委常委、洛阳市委书记江凌，洛阳市委副书记、市长徐衣显就持续深化战略合作，携手打造玻璃新材料全产业链进行深入交流，达成广泛共识。

4月14日，凯盛科技集团召开4月月度分析会，总结一季度工作成绩，部署下一步重点安排。

4月20日，凯盛科技集团召开2022年度第二季度安全环保第一责任人会议暨安全环保工作会。凯盛科技集团党委书记、总经理张健出席会议并讲话，副总经理王丛笑主持会议。

4月21日，中国工程院院士、中国建材集团总工程师、凯盛科技集团董事长、中研院党委书记、院长彭寿在蚌会见来访的洛阳市委副书记、市长徐衣显。

4月29日，为加速推进凯盛科技集团玻璃新材料"3+1"战略布局落地，凯盛优质浮法和特种玻璃板块召开4月经营分析会暨整合工作部署会。

4月29日，全球首条日熔化量1200吨的一窑八线光伏玻璃生产线在安徽桐城引板成功。

5月

5月6日，中国工程院院士、中国建材集团总工程师、凯盛科技集团董事长彭寿赴武汉理工大学，与武汉理工大学党委书记信思金，党委副书记、校长杨宗凯围绕科研合作、人才培养等方面进行深入交流，副校长王发洲参加。

5月12日，凯盛科技集团通过"线上+线下"的方式举办2022年度基层党组织书记、纪检干部培训班。

5月18日，凯盛科技集团召开5月月度经营分析会。中国工程院院士、中国建材集团总工程师、凯盛科技集团董事长彭寿出席会议并讲话。

6月

6月2日，以"材料创造美好世界"为主题，中研院牵头，联合全省16个地市的81家企业共同发起的安徽省新材料产业协会揭牌仪式在蚌埠举行。

6月6日，中国工程院院士、中国建材集团总工程师、凯盛科技集团董事长彭寿赴芜湖与安徽海螺集团党委书记、董事长杨军进行交流会谈。

6月21日，秦皇岛市委书记王曦率调研团到凯盛科技集团在蚌企业考察调研。中国工程院院士、中国建材集团总工程师、凯盛科技集团董事长彭寿与王曦就加强央地合作、实现共赢发展进行深入交流。

6月24日，中国建材工程集团与巴基斯坦Ghani玻璃有限公司就建设两条浮法玻璃生产线（450t/d+570t/d）的余热发电项目举行了云签约仪式。

6月30日，为热烈庆祝中国共产党成立101周年，凯盛科技集团在蚌埠召开2022年上半年工作会议暨"两优一先"表彰大会。

7月

7月11日，中国建材工程集团在国际招标中，经过多轮激烈角逐，成功中标韩国KCC玻璃集团印尼1200t/d浮法线环保工程总承包项目。

7月11日，国务院国企改革领导小组办公室发布中央企业所属"科改示范企业"2021年度专项考核评估结果，凯盛科技集团连续两年获评优秀。

7月22日，中国工程院院士、中国建材集团总工程师、凯盛科技集团董事长彭寿在京先后会见宿迁市委书记王昊、宜兴市委书记封晓春。

8月

8月16日，中国共产党中国建材工程集团第二次代表大会在上海召开。

8月17日，中国建材工程集团与印度EMERGE集团、孟加拉国Nasir集团举行总承包合同签约仪式。中国建材工程集团董事长彭寿在线签署了孟加拉国400t/d浮法玻璃生产线冷修改造工程总承包项目合同，并见证了印度EMERGE集团300t/d太阳能玻璃生产线的签约。

8月18日，中共定西市委副书记、市长戴超一行到中国建材工程集团调研，双方就推进碲化镉薄膜太阳能发电玻璃和设施农业等项目建设进行了交流。

8月29日，中国共产党中研院第八次代表大会在蚌埠隆重召开，来自全国各地的代表齐聚一堂，共商中研院改革发展大计。

9月

9月14日，凯盛科技集团在河北魏县举行中硼硅玻璃管3号窑炉点火仪式暨棕色中性硼硅玻璃管新产品发布会。

9月19日，中建材（合肥）新能源光伏电池封装材料二期暨二氧化碳捕集提纯项目投产仪式在合肥举行。

9月19日，中国建材集团党委书记、董事长，中国建材股份党委书记、董事长周育先到合肥神马、中辰轻机调研指导工作。

9月23日，2022世界制造业大会在合肥举办。大会以"制造世界创造美好"为主题，探索制造业高质量发展新路径。大会期间，中国建材集团作为三家受邀央企之一亮相大国制造专题展，凯盛科技集团作为中国建材集团玻璃新材料的核心平台携创新研发成果集中亮相，向世界充分展示近年来创新发展成绩。

9月24日，中国共产党凯盛科技集团第二次代表大会在蚌埠召开。

9月29日，安徽海螺集团有限责任公司党委书记、董事长杨军到中国建材桐城新能源材料有限公司和中建材浚鑫（桐城）科技有限公司调研，中国工程院院士、中国建材集团总工程师、凯盛科技集团董事长彭寿陪同调研并举行工作座谈。

10月

10月11日，中国工程院院士、中国建材集团总工程师、凯盛科技集团董事长彭寿率团到访埃及，会见了埃及公共事业部部长Mahmoud Esmat，就技术和产业合作进行深入交流，并签署了埃及开罗玻璃公司压延玻璃项目三期建设合同，以实际行动服务构建国内国际双循环新发展格局。

10月13日，中国工程院院士、中国建材集团总工程师、凯盛科技集团董事长彭寿率团到访土耳其，在伊斯坦布尔代表中国建材工程集团签署与土耳其、北非多家企业的4条新能源玻璃生产线总承包合同，见证中国建材工程集团所属子公司上海凯盛节能与土耳其OYAK集团签署的余热发电项目，在欧亚进一步树立了国际工程服务的"凯盛品牌"。

10月14日，中国工程院院士、中国建材集团总工程师、凯盛科技集团董事长彭寿在波兰首都华沙见证了中研院与GPC公司签署的4个光伏电站总承包合同，项目总规模达到了327MW，为双方在全球范围内长期合作又迈出了坚实的一步。

10月15日，中国工程院院士、中国建材集团总工程师、凯盛科技集团董事长彭寿率团到访德国，先后调研了AVANCIS公司、CTF公司、Singulus公司三家凯盛集团在德企业。

11月

11月13日，安徽省经济和信息化厅厅长冯克金到蚌埠凯盛工程技术有限公司调研工业互联网平台、智能化及数字化建设情况。

11月17日，由商务部、科技部、工业和信息化部、发展改革委、农业农村部、国家知识产权局、中国科学院、中国工程院、深圳市人民政府共同主办的第24届中国国际高新技术成果交易会——2022全球清洁能源科技创新博览会在深圳国际会展中心召开。凯盛科技集团携新能源材料产品亮相。

11月17日，2022年全国建筑材料行业大会在北京召开，大会期间举行了全国建筑材料行业碳达峰推进大会、全国建筑材料行业科技创新大会和全国建筑材料行业标准质量创新大会。会上发布了"2022年度全国建材行业十大科技突破领军企业"榜单，中国建材工程集团成功上榜。

11月26日，第二届国际新材料产业大会、第三届中国光电材料大会暨硅基新材料产业合作对接会在蚌开幕。中国建材集团党委书记、董事长周育先受邀出席会议并致辞，蚌埠市委书记黄晓武，两院院士干于勇、丁文江、王玉忠、谢毅、张联盟、王运敏、彭寿，以及省市、高校及行业、企业相关领导和嘉宾、主流媒体分别出席会议。

12月

12月12日，由中研院牵头申报的"十四五"国家重点研发计划"OLED显示玻璃材料关键技术开发"项目正式获得科技部批准立项。

2023年

1月

1月5日，中国建材工程集团与土耳其SISECAM集团签署了800t/d超白光伏玻璃生产线项目工程设计合同。

1月7日，由中国工程院、中国硅酸盐学会、中国建材集团主办，中国工程院化工冶金与材料工程学部、深圳市发改委、深圳市龙华区委区政府、国家玻璃新材料创新中心承办的"国际玻璃年"国际工程科技战略高端论坛在深圳隆重举行。

1月9日，凯盛科技集团召开2022年度职能部门和部门负责人述职汇报会，各部门负责人分别就年度工作进行述职。

1月11日，凯盛科技集团召开2022年度成员企业工作汇报会，汇报总结成员企业2022年生产经营情况，规划2023年工作任务。

1月12日，凯盛科技集团2022年度总结表彰大会在上海隆重召开。

1月17日，中研院和中国建材工程集团在上海召开2022年度领导班子和中层干部述职测评会暨党组织书记抓党建述职评议会。中国工程院院士，中国建材集团总工程师，中研院党委书记、院长，中国建材工程集团董事长彭寿出席会议并讲话。中国建材工程集团党委书记、总裁马立云主持会议。

1月29日，中研院党委召开会议，进一步学习贯彻党的二十大精神，进一步贯彻落

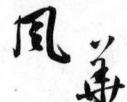

实中国建材集团工作会议部署，全面分解推进蚌埠市委、市政府对接合作座谈会工作任务，全面谋划2023年工作。

2月

2月2日，凯盛科技集团与五粮液集团举行工作会谈。中国工程院院士、中国建材集团总工程师、凯盛科技集团董事长彭寿与五粮液集团党委副书记、副董事长、总经理邹涛，就进一步夯实合作基础、深化合作共识、强化协同发展、拓宽合作空间进行深入交流。

2月6日，凯盛科技集团召开2023年安全环保工作会议，会议深入贯彻全国安全生产电视电话会议和中央企业安全生产工作会议要求，认真落实中国建材集团安全生产工作会议精神，总结凯盛科技集团2022年安全生产和节能环保工作，部署安排2023年重点工作。凯盛科技集团党委书记、总经理张健出席会议并讲话，会议由副总经理解长青主持。

2月14日，中研院和中国建材工程集团在上海召开2023年度工作会议暨党风廉政建设和反腐败工作会议。

2月23日，凯盛科技集团召开2023年度工作会议。

3月

3月7日，工业和信息化部原材料工业司副司长邢涛在安徽省经济和信息化厅副厅长程英春陪同下，到凯盛科技集团在蚌企业调研。中国工程院院士、中国建材集团总工程师，凯盛科技集团董事长，中研院党委书记、院长彭寿陪同并介绍相关情况。

3月19日，第七届"中国工业大奖"获奖企业和项目正式揭晓。中国建材凯盛科技集团所属成都中建材光电材料有限公司的"大面积碲化镉发电玻璃关键技术开发及产业化"项目荣获"第七届中国工业大奖"表彰奖，成为玻璃领域唯一获奖项目。这也是凯盛科技集团继中研院"超薄触控玻璃关键技术与成套装备开发及产业化"项目荣获第五届"中国工业大奖"后，再次斩获"中国工业奥斯卡"。

3月24日，中国工程院院士、中国建材集团总工程师、凯盛科技集团董事长彭寿率团访问日本，先后到访三菱商事株式会社、AGC株式会社、千代田化工建设株式会社和岛津制作所等行业领军企业，与公司高层深入交流，就新材料、新能源、"双碳"等领域强化战略合作，实现共享发展达成了一致意见。

4月

4月9日下午，安徽省委书记韩俊赴蚌埠市调研经济社会发展情况，其间专程来到中研院，听取了中国工程院院士、中国建材集团总工程师、凯盛科技集团董事长、中研院党委书记、院长彭寿关于企业创新发展情况的介绍。

4月10日，凯盛科技集团与华能新能源股份举行工作会谈。中国工程院院士、中国建材集团总工程师、凯盛科技集团董事长彭寿，华能新能源党委书记、董事长王力军出席会议。双方表示，将在国内外新能源领域密切协作，以实际行动践行国家"双碳"目标部署，共谋高质量发展。

4月20日，安徽省委副书记程丽华赴蚌埠市，就粮食生产、农业产业化、农业科技创新等进行调研，其间专程来到中研院考察，中国工程院院士、中国建材集团总工程师、凯盛科技集团董事长、中研院党委书记、院长彭寿围绕科研布局、重大科研成果、高精尖人才建设等情况进行了详细介绍。

4月26日，上海—雅加达境外投资座谈会暨项目签约活动在雅加达举行，上海市委副书记、市长龚正，中国驻印度尼西亚特命全权大使陆慷，上海市委副秘书长、市政府秘书长马春雷出席。中国工程院院士、中国建材集团总工程师、凯盛科技集团董事长、中国建材国际工程集团董事长彭寿应邀率团出席签约并作为6家中资企业代表之一交流发言。

5月

5月6日，由中国硅酸盐学会主办的第32届中国国际玻璃工业技术展览会在上海开幕。凯盛科技集团在本次展会上重点展示了以研发和工程服务为核心，聚焦"显示材料和应用材料产业、新能源材料产业、优质浮法玻璃和特种玻璃产业"三大业务板块的最新技术和创新产品，并签署了多个合作项目。

5月12日，凯盛科技集团与新疆金风科技股份有限公司、浙江海得智慧能源有限公司围绕零碳项目开发建设和解决方案进行战略合作。凯盛科技党委书记、董事、总经理张健，金风科技总裁曹志刚，海得智慧能源董事长、总经理郭孟榕出席。

5月16日，中研院牵头承担的"十四五"国家重点研发计划"OLED显示玻璃材料关键技术开发"项目启动暨实施方案论证会在京召开，中国建材集团总经理李新华出席会议并讲话。

5月18日，中国建材国际工程集团与土耳其SISECAM集团签署了熔化量800t/d超白光伏玻璃生产线项目工程总包合同。

5月24日，SNEC第十六届（2023）国际太阳能光伏与智慧能源（上海）大会暨展览会在上海新国际博览中心隆重举行。凯盛科技集团聚焦行业前沿，携多款全新自主研发的新能源材料创新成果和光伏建筑一体化（BIPV）产品和技术亮相展会，并签署多个合作项目，展现出强劲的研发创新能力与品牌实力。

5月25日，2023中关村论坛开幕，习近平总书记专门致贺信提出"推动科学技术更好造福各国人民"。论坛期间，由中国建材凯盛科技集团依托中研院自主研发的30微米柔性可折叠玻璃，作为20项重大成果之一，在重大科技成果专场发布会上实现首发并亮相前沿科技与未来产业展。

6月

6月1日，根据中国建材集团党委学习贯彻习近平新时代中国特色社会主义思想主题教育调研工作方案，中国建材集团党委副书记、总经理李新华率队到凯盛科技集团在蚌企业开展发电玻璃专题调研。在蚌期间，李新华会见了蚌埠市委书记黄晓武，实地深入凯盛光伏材料有限公司现场调研指导。

6月5日，中国工程院院士、中国建材集团总工程师、凯盛科技集团董事长、中国建材工程集团董事长彭寿与韩国KCC Glass集团副社长朴元柱先生在线签署了印尼熔化量1200t/d浮法玻璃生产线安装工程合同。

6月15日，工业和信息化部发布了第五批专精特新"小巨人"企业名单，在中国建材集团指导推荐下，中研院所属深圳凯盛科技工程、中建材环保研究院（江苏），凯盛科技股份所属安徽凯盛应用材料，凯盛新能源股份所属中建材（合肥）新能源共4家企业成功入选。至此，凯盛科技国家级专精特新"小巨人"企业增至11家。

6月15日，由世界品牌实验室（World Brand Lab）主办的2023年"中国500最具价值品牌"发布会在北京举行，"凯盛"品牌首次参评，即以518.69亿元人民币的品牌价值，位列榜单183位。

6月16日，中国工程院院士、中国建材集团总工程师、凯盛科技集团董事长彭寿应邀访问欧洲，先后前往法国圣戈班总部、NEXWELL集团、WELINK公司，就全面深化合作、开拓双碳事业、推动新能源业务在欧高质量发展进行会谈和磋商，达成多项共识。其间，彭寿还主持召开了凯盛科技集团在欧企业负责人会议，并到在欧企业和项目调研指导工作。

7月

7月20日，中国建筑材料联合会党委书记、会长阎晓峰一行在中国工程院院士、中国建材集团首席科学家、中研院党委书记、院长彭寿的陪同下，到凯盛光伏材料有限公司、凯盛新型显示产业园、凯盛工程技术有限公司、蚌埠中光电科技有限公司、中国玻璃新材料科技产业园进行专题调研。

7月25日,淮北市委书记覃卫国一行到中研院调研,与中国工程院院士、中国建材集团首席科学家、中研院党委书记、院长彭寿就深化央地合作进行深入交流。

7月25日,凯盛科技集团召开科学技术委员会成立大会暨第一届第一次全体委员会议。中国工程院院士、中国建材集团首席科学家、凯盛科技集团科学技术委员会主任委员彭寿,凯盛科技集团党委书记、董事、总经理张健,中国建材集团科技管理部副主任王重海出席会议并讲话。

8月

8月28日,凯盛科技集团第一期中青年干部培训班顺利开班,凯盛科技集团党委书记、董事、总经理张健在开班动员讲话中转达了中国建材集团党委书记、董事长周育先,党委副书记、总经理李新华和中国工程院院士、中国建材集团首席科学家彭寿对此次培训的要求和期望,并以《管理者工程系统思维的三个案例》为题进行专题讲授,来自成员企业的38名中青年干部参加了培训。

8月29日,由工业和信息化部、黑龙江省人民政府共同举办,以"合作共享新机遇、创新激发新动能"为主题的第六届中国国际新材料产业博览会在哈尔滨举行。在中国建材集团的精心组织下,凯盛科技集团积极参与其中,重点展示了自主研发的0.12mm浮法电子触控玻璃、30μm超薄柔性可折叠玻璃、中性硼硅药用玻璃、铜铟镓硒发电玻璃、碲化镉发电玻璃、高性能晶硅太阳能组件等核心产品。

9月

9月14日"新青年 新风貌"中建材玻璃新材料研究总院青年才艺大赛拉开帷幕。

9月19日,第23届中国国际工业博览会在国家会展中心(上海)开幕,中央政治局委员、上海市委书记陈吉宁,上海市委副书记、市长龚正,中国工程院党组书记、院长李晓红等领导出席开幕式。中研院、蚌埠中光电科技有限公司、凯盛科技股份有限公司、中国建材国际工程集团有限公司联合攻关的8.5代TFT-LCD玻璃基板,从559件参评展品中脱颖而出,与来自全国不同领域和行业的9项重大原创性成果一同荣膺第23届"中国国际工业博览会大奖",这也是彭寿院士团队连续两届荣获该奖项。

9月27日,中国工程院院士、中国建材集团首席科学家、中研院党委书记、院长彭寿应邀访问欧洲,先后前往法国、意大利、英国,与多家企业就全面深化合作、推动高质量发展进行会谈,并达成多项共识,以实际行动践行"一带一路"倡议。

10月

10月12日,2023年(第五届)全球工业互联网大会暨工业互联网融合创新应用·行业推广行动案例发布大会在桐乡开幕。中建材玻璃新材料研究总院凯盛AGM工业互联网平台成功入选"工业互联网融合创新应用·行业推广行动"十大典型案例,并受邀作主题演讲,分享数字化转型的实践与收获。

10月23日,国家企业技术中心2023年评价结果公布,中国建材国际工程集团有限公司国家企业技术中心以93.4分获评"优秀"等级,在全国约1800家参评企业中排名第38位,体现了国家对中国建材工程集团国家企业技术中心综合实力和技术创新能力的认可,彰显了企业自主创新能力的持续提升。

10月30日,凯盛科技集团举行首批凯盛技能大师授奖仪式暨第一期技能人才专题培训班开班。凯盛科技集团有限公司党委副书记、董事陶立纲出席会议并讲话,凯盛学院院长李志铭出席会议。凯盛科技集团总经理助理、党委组织部(人力资源部)部长周鸣主持会议。各二级企业分管领导和组织人事部门负责人、蚌埠地区骨干企业负责人参加会议。

11月

11月9日,工信部2023年度智能制造试点示范行动公示名单正式揭晓,凯盛科技集团所属中建材(合肥)新能源有限公司入选2023年度智能制造示范工厂揭榜单位,中国建材国际工程集团有限公司、蚌埠中建材信息显示材料有限公司、河南省中联玻璃有限责任公司3家企业入选智能制造优秀场景名单。至此有2家企业获得智能制造示范工厂,6家企业获得智能制造优秀场景名单。

11月14日,由凯盛科技集团工会主办,洛玻集团(凯盛新能)工会承办的"洛玻杯"凯盛科技集团足球赛成功举办。凯盛科技集团党委副书记、董事陶立纲,洛玻集团、凯盛新能党委书记、董事长谢军,凯盛科技集团国际业务总监、国际合作部部长、办公室主任张皓出席并颁奖,中研院工会主席蒋荣英主持颁奖仪式。

11月16日,中国工程院院士、中国建材集团首席科学家、中建材玻璃新材料研究总院党委书记、院长彭寿到访中国建筑材料联合会并与党委书记、会长阎晓峰举行工作会谈。

11月21日,中国社会科学院主办的第六届北京责任展暨《企业社会责任蓝皮书(2023)》发布会在京召开,凯盛科技集团可持续发展报告获五星评级,并荣获"犇牛奖之责任新秀奖"。

11月22日，从国际标准化组织（ISO）官网获悉，由中国建材国际工程集团有限公司牵头制定的国际标准 ISO 23237：2023《Glass in building—Laminated solar photovoltaic glass for use in buildings—Light transmittance measurement method》（建筑用光伏玻璃组件透光率测试方法）正式发布。

11月24日上午，第三届国际新材料产业大会在蚌埠市隆重开幕。大会以"新材料创造新价值"为主题，由安徽省人民政府、国际玻璃协会、中国建材集团有限公司、中国宝武钢铁集团有限公司共同主办。

11月25日，第四届中国光电材料大会在安徽蚌埠隆重举办。大会以"创新材料 赋能未来"为主题，由中国硅酸盐学会、安徽省发展和改革委员会、安徽省科学技术厅主办，安徽省新材料产业协会、蚌埠市人民政府、中建材玻璃新材料研究总院承办。

12月

12月8日，中建材玻璃新材料研究总院党委召开主题教育调研成果交流会。中国工程院院士、中国建材集团首席科学家、中研院党委书记、院长、主题教育领导小组组长彭寿出席会议并讲话。

12月11日，在"中欧合作伙伴对话——共塑绿色发展新动能"大会上，中国建材工程集团和德国CTF太阳能公司合作的"大面积、高效率碲化镉发电玻璃技术产业化及应用项目"入选中欧绿色低碳发展合作典型案例。

12月12日，国务院国资委党委主题教育第一巡回督导组分两组先后深入中建材玻璃新材料研究总院及所属企业开展督导调研。

12月15日，中国企业改革与发展研究会发布了2023中国企业改革发展优秀成果名单。凯盛科技集团有限公司投资与资本运营团队《战略引领 资本助力 打造玻璃新材料高质量发展强引擎》、中建材玻璃新材料研究院集团有限公司《以实现玻璃新材料科技自立自强为目标的核心技术攻关和成果转化体系管理》、蚌埠凯盛工程技术有限公司《以科技自立自强，赢得发展主动，推动玻璃装备制造业高质量发展》荣获一等奖。

12月15日，建筑材料行业科技创新大会在北京市举行，大会公布了2023年度"十大科技突破领军企业"等荣誉榜单。凯盛科技集团有限公司荣获"十大科技突破领军企业"称号，中建材玻璃新材料研究总院首席专家张冲获评"十大科技突破领军人物"。

12月22日，中国建材国际工程集团有限公司工会第四次代表大会在上海隆重举行。大会由公司党委副书记、副董事长徐斌主持。公司党委书记、总裁马立云出席大会并致辞。

12月28日,中建材玻璃新材料研究总院高质量发展暨成立70周年大会在蚌举行。中国建材集团党委书记、董事长周育先,中国工程院化工、冶金与材料工程学部,武汉理工大学,沙河玻璃技术研究院,秦皇岛玻璃工业研究设计院,中国新型建材设计研究院发来贺信。中国工程院院士、中国建材集团首席科学家、中研院党委书记、院长彭寿,中共蚌埠市委书记黄晓武,武汉理工大学党委书记信思金,中国建材集团首席营运官、凯盛科技集团党委书记、董事长尹自波出席并讲话,中国工程院院士张联盟,凯盛科技集团党委副书记、总经理张健分别宣读贺信。